人 民 军 队 征 战 丛 书　　《人民军队征战丛书》编写委员会

抗日战争

反攻凯歌

1943 年 6 月—1945 年 9 月

张　陈　方华玲　编著

人民出版社

总　序

　　1927 年 8 月 1 日凌晨，南昌城头的枪声划破了黎明前的黑暗，中国共产党领导下的人民军队由此诞生。之后，这支人民军队在党的领导下，历经风雨，不断发展壮大。从土地革命战争到抗日战争、解放战争，再到抗美援朝战争，人民军队在每一个历史阶段都发挥了重要作用，都为民族独立和人民解放事业作出了巨大贡献。

　　在土地革命战争时期，南昌起义部队与秋收起义队伍在井冈山会师后，逐步形成中国工农红军，并在以毛泽东同志为主要代表的中国共产党人领导下，由城市转入农村，在农村建立和扩大根据地，深入开展土地革命，一次次粉碎国民党军的"进剿"、"会剿"和"围剿"。在第五次反"围剿"斗争遭到严重挫折后，中央红军进行了举世闻名的二万五千里长征，使革命转危为安，打开了中国革命的新局面。而留在南方根据地的红军和游击队则在险恶的生存环境下，紧密依靠群众，坚持了三年不屈不挠、英勇顽强的游击战争。

　　在抗日战争时期，东北各地自发成立的各抗日义勇武装，纷纷举起抵抗日本帝国主义侵略的大旗，并最终会聚成中国共产党领导的东北抗日联军。1937 年全民族抗战爆发后，红军主力部队改编为国民革命军第八路军（简称"八路军"，后改称"第十八集团军"），活动在江西、福建、广东、湖南、湖北、河南、浙江、安徽等八省的红军游击队集中改编为国民革命军陆军新编第四军（简称"新四军"）。在中国共产党倡导的以国共合作为基础的抗日民族统一战线旗帜下，中国共产党以全民族的全面抗战为总路线，以持久战为总方针，独立自立地领导八路军、新四军、华南抗日游击队和东北抗日联军等武装，深入敌后开展游击战争，创建扩大根据地，不断壮大力量，并发起百团大战。在敌后抗战进入严重困难时期后，中国共产党一面顽强地坚持独立自主与自力更生的对日作战，一面反投降、反分裂，不断粉碎国民党顽固派的反共摩擦，经过不懈的艰苦斗争与浴血奋战，终于战胜重重困难，最终迎来了抗日战争的伟大胜利，在全民族抗战中发挥了中流砥柱作用。

在解放战争时期，中国共产党为争取国内和平，一面与国民党政府谈判，一面不断击退国民党军队的进攻。到1946年6月，国民党在美国支持下，撕毁停战协定和政协协议，悍然对解放区发起全面进攻。解放区军民奋起反击，中国共产党领导的武装部队也开始陆续使用"人民解放军"称号。在连续粉碎国民党军队的全面进攻和重点进攻后，人民解放军遵照中共中央的战略计划，由战略防御转入战略进攻，将战争推进到国民党统治区，经过辽沈、淮海、平津三大战役，以摧枯拉朽之势摧毁了国民党赖以维持其反动统治的主要军事力量，转入了向全国进军的新阶段。以渡江战役为起点，中国共产党领导人民军队向仍残存于大陆的国民党军队展开了大规模进攻，并在胜利进军的凯歌声中，迎来了新中国的诞生。从此，中国彻底摆脱了半殖民地半封建社会的悲惨命运，真正实现了民族的独立和解放并走向富强。

新中国成立后不久，朝鲜内战爆发。美国立即进行武装干涉，同时侵入中国台湾海峡，将战火烧到鸭绿江边。中共中央和毛泽东等在国家安全面临严重威胁的情况下，经过艰难曲折的抉择，作出了"抗美援朝、保家卫国"的决策，组成中国人民志愿军赴朝作战。中国人民志愿军同朝鲜人民军密切配合，经过连续五次战役，将侵略军从鸭绿江和图们江边赶回到了"三八线"

附近，迫使侵略者展开谈判，并最终在停战协定上签字。抗美援朝战争的胜利，不仅保卫了朝鲜民主主义人民共和国和中国的安全，而且捍卫了远东和世界和平，对国际局势也产生了深远影响。

2027年8月1日，是中国人民解放军诞生100周年纪念日。为此，我们组织编写了这套《人民军队征战丛书》。丛书分为4篇共16部：土地革命战争篇分为《星火燎原》《铁血破围》《万里远征》《烽火南国》4部；抗日战争篇分为《孤悬喋血》《深入敌后》《巩固发展》《艰苦奋战》《反攻凯歌》5部；解放战争篇分为《大开局》《大转折》《大决战》《大追击》4部；抗美援朝战争篇分为《艰难决策》《席卷千里》《战场逼和》3部。这套丛书的作者，都是从事军事历史与军事理论研究或教学的专业人员，因此特色明显。

一是宏观与微观相汇融。各部书大多以时间顺序作为纵线，不仅从战略层面记述了各场战争的来龙去脉、决策过程，而且对战争中的重要环节和场面进行了全景式地画面描绘。历史纵深感强，场景复杂宏阔。在重点叙述人民军队作战行动壮阔画卷的同时，还细致入微地记述了众多革命先烈和英雄人物，立体、具体、多元地呈现了我军征战的历程。

二是学术性与生动性相兼顾。各部书在学术上保持权威、可靠、严谨的基础上，文风鲜明活泼、语言晓畅明白，力求深入浅出地将历史讲清楚、讲生动。特别是书中融入大量权威的将帅传记内容与战争当事者原汁原味的回忆史料原文，使对人民军队征战的叙事更加活泼多姿、引人入胜，具有较强的可读性。

三是史与论相结合。各部书坚持马克思主义历史观，严格依据正史讲述战争的发生发展进程，同时引入大量的原始电报、文件、档案等历史资料，力争重要引言与对话皆有出处，不作臆断发挥，以保证严谨与严肃性。同时，各部书注重恰如其分地加入适当的历史背景分析、战略战术评价等，画龙点睛地揭示出战争发生的矛盾源头与战争发展的内在规律，以给读者以更为深入的思想启迪。

希望广大读者能够通过这套丛书，更全面更准确地了解人民军队征战的辉煌历史与优良传统，以利于更好地把握今天、面向未来，以昂扬向上的精神风貌投身于全面建设社会主义现代化国家和实现中华民族伟大复兴的事业中去。

由于我们水平有限，且本套书史料繁杂，涉及面广，难免有疏漏和不当之处，恳请读者批评指正。

《人民军队征战丛书》编写委员会
2025 年 8 月

目　录

第 一 章

反攻大势肇始华北

八路军游击战轰轰烈烈，华北敌后战场出现新气象——卫南、林南歼敌，晋冀鲁豫打响反攻前奏——王近山"顺手牵羊"——罗荣桓"顶李送于"，山东地区攻守易势——南、北岱崮炮声震天——鲁南击毙"混世魔王"——滨海军区获得大捷——华北反攻势头已现

八路军游击战轰轰烈烈，华北敌后战场出现新气象

1943 年的秋天，华北大地天高气爽，西风惬意。

在各根据地里，到处都可以听到抗日军民们喜悦的歌声，老百姓们唱道："1943 年哟，环境大改变……"在根据地边沿地区，群众更是欣喜若狂："八路军主力下山哟，下山来……"

此时，敌后的战场上已出现明显的转折。

从 1942 年秋季以后，日寇发动的"华北治安战"即"一蹶不振"。[1]1943 年日军在华北进行的秋季"扫荡"，成为强弩之末。这次"扫荡"以失败告终后，日军在华北除局部地区外，已无力再进行大规模的"扫荡"。

日本大本营不得不改变对侵华日军的作战指导方针：大致确保现占据地域，努力摧毁对方的反攻，遏制对帝国本土的空袭。防止对方的反攻，第一次成为日军"新的战略设想"。[2]

另一边，敌后抗日根据地军民度过严重困难时期之后，军事、政治、经济力量全面增强。自 1943 年春夏以来，由于深入贯彻"敌进我进"方针，

八路军已经把斗争的焦点逐渐引向敌占区，在全民的有力配合下，八路军各军区逐渐化被动为主动。

晋察冀军区派出各主力军的三分之一或二分之一、地方军的全部，深入敌后，广泛开展游击战争，许多支武工队先后进入敌占区。北岳区在 1943 年上半年的反"扫荡"斗争中，共歼敌 1700 余人。至 1943 年底，该区共恢复和发展了 2000 多个村庄，建立了 5 个县的抗日民主政权。冀中区发展了地道战、地雷战，创造了"院落伏击战""化装奇袭"等新战法。"雁翎队"、水上游击队更是声名远扬。冀东区派出大批武工队、小部队，攻克敌据点 40 余处，基本上恢复了原有的基本区，并开辟了北宁铁路以南、滦河以东的部分新区。

武工队在敌占区纵横出没，大显神威，日军惊呼出现了"心腹之患"，不得不抽出部分兵力加以对付，有效地减轻了抗日根据地的压力。彭德怀就曾经高兴地指出："武装工作队在一个地区活动得久了，在老百姓中生了根，就可以创造出隐蔽的游击根据地，把敌人占领的土地从敌人的口中挖出来。"[3]

晋冀鲁豫各军区在 1943 年共派出近 1000 支武工队和小部队，开展变游击区为根据地及在敌占区建立隐蔽的游击根据地的斗争。太行、太岳、冀南 3 区军民联合对 5 月"扫荡"太行区的日伪军发起反攻，歼敌 2500 余人。至年底，冀鲁豫、太行、太岳和冀南等根据地，由武工队和小部队恢复和扩大的面积，约占全年恢复和发展总面积的五分之三。其中，冀南军区拔除和逼退敌据点 140 余处，恢复和开辟了 10 个县。

敌后武工队的大量派出，不仅取得了重大成绩，同时也激活了群众的抗战热情，并创造出了许多群众性游击战争的具体打法，如地雷战、地道战、铁道游击队、水上游击队等等。彭德怀高兴地说："有了武装工作队，我们的政治影响和抗日活动可以深达敌伪心脏，收到很大成绩。"[4]

白洋淀是咱家乡，保卫家乡理应当。
只要不当亡国奴，喝口淀水也舒畅。

鬼子一天不消灭，绝不放下手中枪。

这是活跃在冀中平原白洋淀地区的水上游击队自编的《队员之歌》。

冀中平原不仅有一望无际的平原，还有不少河港湖泊。白洋淀是冀中较大的湖泊。它位于保定以东，汇合唐河、潴龙河诸水，通过大清河，注入海河，是天津、保定之间的航运中枢。白洋淀内盛产鱼虾、菱藕和芦苇，周围则种植大米，是北方的鱼米之乡。

自从 1938 年日军进入白洋淀，便在赵北口和同口等大村镇安上了据点。自此以后，日军的汽艇就在淀内横冲直撞，撞翻了捕鱼船，撞折了莲荷，就连鱼鹰也遭毒手。淀内外 46 个村庄惨遭日军烧杀抢掠，白洋淀这片富饶大地成了人间地狱。

群众被夺去了渔船，被赶出了村庄，有的还遭到无端杀害。但日军的凶残并不能使人民屈服，白洋淀人民的抗日斗争情绪日益高涨，他们纷纷组织起来，充分利用水淀有利的地形，开展水上游击战争。

中共新安县委和抗日县政府成立后，即在水乡三区成立了一支水上抗日武装——三区小队。不久，他们又以水上猎户为骨干，以 40 支大抬杆（水上打猎用的火枪）为武器，成立了一支水上抗日游击队。因为他们使用的是火枪，为防止枪上的药孔被水打湿，队员们常在枪口点火处插上一根雁翎，所以县委书记侯卓夫命名它为"雁翎队"。这些水上游击队在冀中军区的大力支援下，充分利用淀洼有利地形，采取机动灵活的战术，开展水上游击战，不断打击附近的日伪军，虽屡遭"围剿"，白洋淀水上游击队活动却轰轰烈烈，越来越发展壮大。

1943 年 9 月 14 日黎明，天空晴朗，水面上一层薄薄的雾气，随着阵阵微风散去，淀洼里、苇塘里，无一条船航行，显得格外宁静。就在这时，水上游击队三小队驾着鸭嘴小船悄悄地进入设伏地点，然后又个个头顶荷叶，身披水草，脖子上挂着手榴弹进入了阵地。约 7 时，敌船过来了。前头是货船，押运的敌人都坐在最后三条大船上，在几丈高的桅杆上吊了个箩筐，一名瘦猴似的伪军坐在筐里，拿着望远镜不停地向四周苇塘观察。水上游击队三小队队长郑少臣叮嘱大家："放过货船，集中火力对付后面的三条押运船。"过了半个钟头，100多条货船过去了。三条押运船接近了苇塘。这时，敌人正在吃早饭，大部分都站在船舱里，只有少数敌人在船面上，戒备也不严。敌人乘的第一条船刚一转弯，队长郑少臣对准坐在箩筐里放哨的伪军就是一枪，将他打了下来。紧接着，伏在苇塘里的队员们一齐开枪射击。突击组乘机勇猛地冲上第一条船，只几分钟，就将船上的敌人全部解决了。

在这同时，王贵、张亮和李向其也迅速带领一部分队员拦腰阻击，收拾第二条船上的敌人。队员们跳上船，一连打死了几个敌人，船上的一个大个子伪军举着手缴了枪，其余的伪军紧跟着也都缴了枪。事后才知道，这个大个子伪军就是伪河防大队大队长秦凤祥。

对第三条船的战斗也打响了。但由于船上的敌人架起了重机枪，一阵扫射，游击队员的攻击受阻。郑少臣当即命令在第二条船上架起机枪，向第三条船猛烈射击。苇塘中的王贵也把枪口对准了第三条船。张亮游过去，一手抓住船帮，一手抽出手榴弹朝敌船投去，敌人的重机枪被打哑巴了。船上的敌人龟缩在船舱里不敢抬头，正在这个当口，10多名游击队员携带大刀，潜游到敌船跟前，迅速冲上敌船，一阵挥刀猛砍，敌人顿时死伤一片，重机枪也被夺了过来。两名日军端着刺刀叫着扑过来，赵波左右开弓，两枪结束了他俩的性命。剩下的敌人，有的举手投降，有的钻进被子里，抖作一团。最后，队员张大清在炉灶旁边发现一个鼓绷绷的麻袋，踢了一脚，麻袋竟然颤抖起来。他抓住麻袋使劲一抖，跌出一名满脸络腮胡的日军来，原来这家伙正是凶残的日军小队长部十加三郎。

这次伏击战，仅用了半个多小时就胜利结束，缴获步枪100多支、轻重机枪各1挺和大批其他军用物资。

太阳升高了，水上游击队员们喜气洋洋地押着100多条船，浩浩荡荡地凯旋。三小队机智勇敢地开展水上游击战，有效地保卫了白洋淀水上抗日根据地，人民群众热情称赞他们：

> 白洋淀上好武装，日日夜夜保家乡，
>
> 东边打来西边转，岸上不行蹲水塘；
>
> 驾着渔船快如梭，鬼子汽船赶不上，
>
> 急得鬼子团团转，小船又回老地方；
>
> 瞅准机会打伏击，揍它一个冷不防，
>
> 鬼子碰上吓破胆，人仰船翻缴了枪。

此后，白洋淀的游击队不断壮大。到 1945 年初，白洋淀三小队已发展成拥有 3 个中队、100 多人的抗日部队，文新县大队发展成有 200 多人的文新支队，后正式编入冀中第三十八区队。**5**

冀中地道战也声名远扬，它是英雄的冀中人民和人民军队在抗日战争中的伟大创举，是具有中国特色、适合平原斗争的人民战争的一种很好的方式。冀中的地道被人民群众称为"地下万里长城"，这是冀中军民在平原改造地形的伟大工程，他们依托地道进行了多种复杂的政治、经济、文化和军事斗争，这种斗争是漫长而艰苦的，同时充满着革命英雄主义的壮烈场面，伴随着悲痛和胜利的欢笑，为粉碎日本侵略军对冀中根据地的多次"扫荡"和"治安强化运动"，为夺取抗日战争的胜利，发挥了重要的作用。到 1943 年，冀中军民已经创造性地把地道战与高房和地面斗争紧密结合起来，并配合地雷战、冷枪战，歼灭敌人。群众称之为"天、地、荫"三道相结合。此时，地道战已发展得日臻完善，战斗力越来越强，敌人越来越没有办法，冀中地道战的名声也越来越响。**6**

提到地道战，就不得不提到地雷战。由于地雷战的广泛适用性，它在各抗日根据地都开展得很好。其中，山东海阳的地雷战尤为著名。1943 年秋天时，赵疃村民兵队长赵同伦到区上开会，武委会主任托着两颗地雷说："这家伙很厉害，一炸一大片，谁要？"不等别人答话，赵同伦跳到台子上，把两颗地雷抱了去。回村后，他马上找来赵守福等几个民兵骨干一起研究埋地雷的方法，琢磨使用地雷的"道道"，随后真的炸倒了十几个敌人。

大家亲自品尝了用地雷炸鬼子的味道，就一起要求上级多发几颗地雷，可区上说："现在我们的兵工厂条件差，一时难以大量生产地雷，大家要多动脑筋，自己想办法解决。"赵守福等几个人苦苦摸索，最后根据放炮打石头的原理，研制出一颗石雷，经过试爆，效果很好。于是，大家就地取材，在石头上凿个圆洞，填进炸药，安上导火索，制成拉雷、绊雷、滚雷等各种石雷杀伤敌人。

这种方法一村传一村，很快就普及了整个海阳县。地雷战轰轰烈烈地发展起来了。几乎村村都自制地雷，不仅造出了大批石雷，还进一步研制出了铁雷。于是，各村又很快掌握了制造铁雷的技术。造出了石雷、铁雷之后，大家经过反复研究、试验，又创造出一种飞行爆炸雷，由大雷引爆小雷，大老远就飞过去，追着日伪军的屁股炸。他们还在雷坑里埋上了石子、铜片、碎锅铁之类的东西，极大增强了杀伤力。还有人发明了一种空中绊雷，挂在敌人必经之路的树杈上，专炸日军的指挥官和骑兵。此后，大家进一步开动脑筋，发明创造，使地雷的品种不断增多。由开始的拉雷、踏雷、绊雷，发展到头发丝雷、水雷、标语雷、飞行雷等30多种。地雷的种类多了，埋雷方法也多了。埋雷的方法也不断改进，由单一布雷发展到大摆地雷阵。于是，敌人所到之处，大小路口、山坡、树林、河套、瓜田、菜园，甚至住户的台阶下、水桶底、衣箱里，都装有地雷，敌人走到哪里都有地雷声。

为了对付地雷，狡猾的日军想出了鬼点子。有一天，日军要去抢粮食，便从驻地抓来一些老百姓，强迫他们牵着牲口在前边踏雷开路。见到这番情景，大家又气又急，为了不伤害无辜群众，只能强压怒火，不拉预埋的地雷。敌人见阴谋得逞，不禁扬扬得意，第二天准备再次故技重施。谁知道大家连夜又想出对策，发明了一种长藤雷。等前面的群众一走过雷区，迅速扯动长线。随着几声巨响，后面的敌人一个个被炸得血肉横飞。

日军被地雷吓破了胆，以后又让伪军在前面寻雷、起雷。抗日军民见机又有了新发明，研制出一种真假子母雷。在一个坑里，上面是假雷，下面是真雷，还故意留下埋雷的痕迹。伪军发现了，起出了假雷，大家再立即拉动下面的真雷。

日军见此计不成，就不起雷了，见到可疑的地方，就用石子或面粉之类的东西撒出一个圆圈，压上一个写有"雷田"字样的纸条，以提醒后面的人。大家见此，也跟着在旁边撒上几个圈，然后专门在中间的空隙地带埋上雷。后面敌人来了，东绕西绕，最后还是踩在了地雷上。

敌人见画圈不灵，又想出鬼点子。用一根长长的竹竿，前头钉上一些铁钩子，由几个伪军战战兢兢地推着它排雷。于是，大家再把夹子雷加以改装，用胶皮连着绳子，绳子再连着胶皮，把夹子和地雷的距离拉长。当伪军推着带钩子的竹竿排雷时，铁钩子挂着胶皮向前一推，后边的地雷恰好在敌人脚下爆炸。

但敌人仍不甘心失败，又从青岛搬来一批工兵，用探雷器开路。于是，大家又连夜试验，研制出一种灵敏度极强的头发丝雷。探雷器一触即炸，日军工兵还没反应过来，就已经被炸得粉身碎骨了。

正是在这种残酷的斗争条件下，地雷战的水平不断提高，同时推广的面积也越来越大，日军正逐渐陷入困境。正如歌谣里唱的那样：

> 海阳的铁西瓜，
>
> 威名传天下。
>
> 今天炸，明天炸。
>
> 今年炸，明年炸。

轰轰轰，直把那日军，打发回"老家"。

　　……[7]

　　在山东，铁道游击队利用铁路消灭日军，缴获敌人的枪支物品，破坏铁路，支援正规军的行动，让这支队伍名声响亮。铁道游击队发展至1943年，已经与微湖大队、滕沛大队合编为鲁南军区独立支队。其中，微湖大队为第一队，300余人；铁道游击队为第二队，400余人；滕沛大队为第三队，300余人。游击队更加壮大了，战斗业绩也越来越突出。[8]

　　敌后武工队、"雁翎队"、铁道游击队、地道战、地雷战……这种壮阔的人民游击战争，不仅有力地体现和配合了八路军"敌进我进"的方针，也使日本侵略者体验到了组织和武装起来的中国人民的无穷力量。正如毛泽东在抗日战争时期一再强调的"兵民是胜利之本"，"战争的伟力之最深厚的根源，存在于民众之中"。[9]日本侵略者之所以胆敢欺负中国人民，主要的原因在于中国民众的无组织状态。克服了这一缺点，就把日本侵略者置于数万万站起来了的中国人民之前，使它像一头野牛冲入火阵，中国人民一声唤也要把它吓一大跳，这匹野牛就非烧死不可。针对当时社会上存在的"唯武器论"，毛泽东鲜明地指出："武器是战争的重要的因素，但不是决定的因素，决定的因素是人不是物。"中国与日本帝国主义虽然在军力、在经济力上的比较处于弱势地位，但是一定要透过事物现象看本质。"力量对比不但是军力和经济力的对比，而且是人力和人心的对比。军力和经济力是要人去掌握的。"[10]不广泛发动人民群众的力量，也就不能有广大的游击战。只有实行人民战争，才能陷敌于灭顶之灾，才能克服一切困难，才能坚持持久抗战，取得最终的胜利。

　　历史正是如此发展，日本侵略者这头"野牛"已经开始在人民游击战争的熊熊烈火中挣扎，它的政治生命和军事生命正在日益枯竭。而与日本侵略者正在走向衰败的景象恰恰相反，中国的抗日军民熬过了一个又一个难关之后，正在进入一个崭新的上升时期。

卫南、林南歼敌，晋冀鲁豫打响反攻前奏

从 1943 年秋开始，日军在敌后战场特别是在华北敌后战场，已逐渐失去了战场的主动权，八路军已在若干地区逐渐占有局部的优势。八路军部分主力分别在太行山区和山东地区，东西并举，率先发起了主动反攻。

1943 年 4 月，国民党第二十四集团军总司令庞炳勋、副总司令孙殿英率其大部向日本投降。伪第二十四集团军在日军配合下，向冀鲁豫和太行抗日根据地进犯，侵占部分地区。为了保卫和扩大根据地，给进犯的日伪军以歼灭性打击，太行抗日根据地军民打响了反攻前奏。

1943 年 7 月上旬。麻田八路军总部。

自左权牺牲后，八路军总部参谋长与副参谋长的职位重新调整，参谋长的职务已由滕代远担任。

这一天，滕代远接到了第一二九师的报告：一切准备完毕，即将发起林（县）南战役。

在太行山南部，以陵川、林县为中心的地区，曾是国民党第二十四集团军的防区。该集团军总司令为庞炳勋，下辖第二十七军（驻陵川地区）、第四十军（驻林县地区）、新五军（驻临淇地区），共 2 万余人。

1943 年 4 月下旬，该部在日军华北方面军第一、第十二军各一部大举进攻下，新五军军长孙殿英和集团军总司令庞炳勋先后率一部分部队投敌，与伪军杜淑部合编为伪暂编第二十四集团军，部署于新乡至安阳间平汉铁路上各要点及两侧地区。

八路军总部和第一二九师一直密切关注着太（行山）南形势的急剧变化。

1943 年 4 月 25 日，第一二九师曾发出指示，部署、组织南援游击支队与随军地方工作团南下，寻找机会展开群众工作，打击日军。此后，又派出

一个主力团南下豫北地区，一个主力团南下陵川地区。

1943年7月10日，盘踞在平汉路以东的伪军暂编第二十七军杜淑部及浚县、滑县地区的伪独立第一、第二旅计8000余人，向八路军冀鲁豫军区卫（河）南地区大举进犯。与此同时，盘踞在平汉路以西的伪军第五军、第七军和太行保安队等部，也在其前敌总指挥刘月亭等的率领下，分别从辉县、临淇、水冶出发，进犯并侵占了林县县城及周围地区。

对此，第一二九师决定主动出击，在林县以南发起反攻，挫灭伪第二十四集团军的嚣张气焰。

这个计划上报给八路军总部后，滕代远连忙找到彭德怀商议。

彭德怀看了一遍第一二九师的作战计划，说道：

"我看行，庞炳勋、杜淑、刘月亭这几个人，我们已盯他们很久了。现在我们的主力比较集中，困难时期基本上过去了，战士们士气也很高，该主动打几仗，壮壮我们的军威了。"

滕代远表示同意，补充说："我们这一仗，争取大胜。重在初战嘛！第一次主动反攻，要给其他地区的部队开个好头，做个榜样出来。所以打起来，还是慎重一些。"

彭德怀点了点头，说："现在庞炳勋有了日军支持，所以他才敢这么猖狂。咱们可以两处出击，在林县发起进攻时，让冀鲁豫军区在卫河以南也发起进攻，让敌人无法兼顾。"

"这样好。我去起草个作战命令，争取尽快发出去。"滕代远说。

接到八路军总部的指示后，刘伯承和邓小平很快召开了林南战役的部署大会。

刘伯承开门见山："这次我们要以太行军区、冀南军区主力各一部，晋察冀军区之警备旅及地方武装部队共计15个团，另有抗大第六分校等部队，共同展开这次重要作战。"

"林南是我们的进攻重点，同时，冀鲁豫军区在卫河以南也要展开卫南战役，以配合我们进攻林南的作战。"邓小平补充道。

"师里已决定，"刘伯承接过来说，"由师参谋长李达担任林南战役的前线总指挥。要以优势兵力，首先分割包围、各个歼灭林县县城刘月亭的前敌指挥部及其周围的桑园、南北陵阳、东西夏城、曲山等地之伪军和伪第五军主力牛瑞亭第四师师部及其十团，以震撼其全局。然后，相机向林县县城以南地区发展，扩大战果，消灭东姚、合涧、临淇和平罗等地之伪军。对日军据点，则以少数兵力围困，切断其与伪军之间的联系。对可能出援的日军，要以阻击、侧击的手段予以抑制、迟滞，在有利条件下则消灭之。"

为此，参战部队分东、西2个兵团。西兵团以第二团、第三团、第二十团、第三十二团、警备第三十二团和第七六九团，另附属2个工兵排组成，由太行军区第三军分区司令员黄新友、政治委员何柱成指挥。其任务是"以林县县城及城西北之桑园、城东北之大小菜园等地为第一步攻击目标，以神速动作消灭上述地区之伪军；对南关槐树池据点之日军，以少数兵力围困，切断其与伪军的联系，如果该敌出援，则予以打击，并相机消灭之。第一步任务完成后，迅速向南扩大战果"。

东兵团以第一团、第十团、第十三团、第三十四团、警备第二团和第七一一团，另附属一个工兵排组成，由抗大第六分校校长徐深吉为司令员，太行军区第七军分区司令员皮定均为副司令员。其任务是：以南北陵阳、蒋里、东西夏城和曲山等地为第一步攻击目标，迅速消灭上述之敌。以警备第二团监视姚村、何家之伪独立旅，并以第十三团一部伸到林县至安阳间公路上的横水附近，阻击可能由水冶、安阳来援的日伪军，保障在林县县城及其周围作战部队的安全，该团主力攻击歼灭林县城东蒋里之伪军。东兵团在完成上述任务后，主力迅速向林县以南之东姚、合涧方向推进，扩大战果。然后，以一部向北消灭姚村、何家伪军杨振兰独立旅。

刘伯承和邓小平一边在地图上指点，一边接着下达指示：另外，太行军区第五军分区参谋长李景良和平汉义勇军参谋长李少清指挥一部分兵力，向水冶、观台一线活动，阻击可能由安阳出援之敌；抗大第六分校第一、第四大队组成林南游击支队，在东姚、临淇、原康地区，袭扰敌人；太行军区第四、第五军分区部队和冀鲁豫军区、太岳军区的部队，同时向平汉线、白晋线的日伪军，尤其是平汉线上的伪军第二十四集团军所属部队进行有力进攻，以配合林南战役。

命令下达后，各部队纷纷行动。

冀鲁豫军区司令员杨得志，将展开卫南战役、配合林南作战的任务交给了第四军分区。军分区司令员赵承金、政委张国华随即部署任务，决定以所辖第十六团、第二十一团、新编第四路、卫河支队、骑兵团一部及滑县、卫南 2 个县大队，大约 4000 人的兵力，采取集中优势兵力各个歼灭的办法，一口一口地吃掉敌人。

1943 年 7 月 30 日凌晨，敌主力 2000 余人向新四路驻地官桥营一带作试探性攻击。赵承金即命新四路坚守阵地，从正面吸引敌人，另以第十六团、第二十一团等大部兵力由两翼向敌侧后包围。结果一仗就打得敌人晕头转向，无力招架，共毙伤伪军 240 余人，俘虏伪团长以下 840 余人，缴获步枪 1000 余支和部分弹药。

首战告捷，八路军指战员的士气为之大振。稍事休整后，他们即长途奔袭，直插伪第四十六师师部驻地焦虎集，于 7 月 31 日夜，突然将敌包围起来。

焦虎集是个比较大的村庄，四周有围墙，墙外有道壕沟。敌人自从进了卫南，就先失去了七分胆，到了黑夜更加惊恐万分，离着很远就听见围墙上的敌哨兵一惊一乍地喊："谁？口令！"进攻部队开始以为被敌人发觉了，过了一会儿见敌人还是扯着喉咙喊，才明白敌哨兵是在替自己壮胆，便悄悄地涉过外壕，迅速登上围墙。敌人发觉了，但为时已晚。八路军的轻重机枪、迫击炮齐响，掩护冲锋部队迅速占领围墙，冲进了焦虎集。村内敌人从睡梦中被枪炮声惊醒，不知所措，慌乱抵抗。一股伪军窜到围墙西门，误把占领西门的八路军部队当作自己人，糊里糊涂地被缴了械。冲进村内的部队发挥八路军善于打夜战、近战、巷战的特长，以神速动作，大胆穿插分割，用猛烈火力杀伤顽抗之敌。天发亮时，八路军的骑兵团一部也参战了，他们从南门打到东门，又从东门打到西门，和其他部队一起，很快全歼守敌，消灭伪第四十六师800多人。

接着，部队凭着两战两胜的锐气，于8月2日夜又强袭了驻在瓦岗集的伪独立第一旅。至次日下午3时，八路军将敌全部歼灭，毙伤伪军600余人，俘伪旅长以下1000余人。

几战连胜之后，第四军分区决定暂时休整，消化战果。

很快，半个月的休整结束了，第四军分区的部队决定下一步进攻袁庄。袁庄和大范庄正是伪第二十七军杜淑残部的集中据点。

袁庄和大范庄是两个较大的村子，相距2公里左右。袁庄四周有3米多高的围墙环绕，围墙外有护城河，水深1米多。东、西有两个大寨门，为出入村寨之要道，敌防守严密，火力较强；南面有一个小门，北面没有门，敌配置兵力较少。村内共驻有伪第四十六师残部和伪独立第二旅的2300余人，为首的是伪第四十六师师长李旭东。大范庄驻有杜淑的军部。

第四军分区司令员赵承金决定：打袁庄，要避开东、西两个寨门，从其防御比较薄弱的南、北两面攻击。第十六、第二十一团担任主攻，第十六团攻打南门，第二十一团攻打北面，新四路、卫河支队和2个县大队在袁庄西2公里处负责打援和阻击逃敌，骑兵团在东、西门佯攻。第十六团攻占围墙后，再派出一个连阻击大范庄增援之敌。军分区指挥所设在袁庄北一公里的一个小村里。1943年8月17日，第四军分区在驻地高平镇召开了誓师动员大会，政委张国华作了战前动员。随后，各部队于8月18日夜开进预定作战位置。

1943年8月19日凌晨2时，第十六团团长常仲连分兵两路，摸向袁庄。他身先士卒，静悄悄地蹚过齐胸深的护城河，架起梯子登上了围墙。

夜色漆黑一团，常仲连在围墙上走了几十步，突然碰到一个伪军哨兵。那哨兵头也不抬地问："干什么的？"

　　常仲连急中生智，装着敌长官的腔调："我是司令部的，来检查你们的防备。"随后，他又问起了这一段的兵力、火力情况。伪军哨兵信以为真，规规矩矩地做了回答。说话间，常仲连发现不远处有一伙伪军正在注意他们，急忙大声说："你们要守好这段，别的地方不用管，我去检查。"说完，他急忙脱身返回，布置战士们登城。不一会儿，八路军的队伍上来了很多，敌人已经有所察觉，只听远处一名伪军说："刚才和我们说话的口音不对，是八路军上来了！"紧接着，他"啪"地开了一枪，子弹打中了常仲连的腹部。

　　听到枪声，登上围墙的八路军部队立即展开猛烈攻击。两名战士将常仲连背下城墙，抬往后方。第十六团其余的战士冲上城墙，迅速占领重要地段，冲向庄内。

　　这时，第二十一团的几名战士在火力掩护下，也用木梯子在护城河上搭成了便桥，并冲到围墙下，迅速挖了一个2米多宽的墙洞，把装满炸药的推车推到墙洞里，拉响导火索。"轰"的一声巨响，围墙被炸开一个大缺口。趁敌人惊慌失措之际，第二十一团冲锋部队沿着突破口也冲入庄内，和第十六团一起，与敌人展开了激烈的巷战。

　　在袁庄东、西门担任佯攻的骑兵团见此情景，也摆出真进攻的架势，吹响冲锋号，子弹像雨点般朝围墙上的敌人射去。袁庄四面八方的枪声、手榴弹声响成一片，打得伪军不知八路军来了多少部队，很快就退缩到庄内一个三层楼的师部里和一个两层楼的旅部里。

　　守在2公里外大范庄里的杜淑，闻听战报，忙集中大范庄附近全部伪军，亲自指挥向袁庄增援。八路军打援部队马上投入战斗，庄内的战士也改变策略，以少数兵力封锁袁庄内突围的伪军，集中大部兵力向其援兵反击。

　　19日10时左右，袁庄内外的八路军与伪军展开激烈的肉搏战，善于打硬仗的八路军英勇无比，气势夺人，先后击退了敌援兵7次冲锋。敌多次进攻未能奏效，锐气已减。八路军抓住时机开始猛烈反击，增援的伪军溃败而逃。八路军骑兵团一部又在后面追杀一阵，增援的伪军逃到大范庄再也不敢出来了。

此时，袁庄内被围的伪军在绝望中已大部投降。赵承金要求集中兵力歼灭最后两个大楼里的残余伪军。在八路军猛烈的打击下，楼内的伪军已经军心涣散，混乱一片。伪师长李旭东枪毙了2名伪军，也稳不住军心。总攻时间一到，只听几声巨响，八路军战士用迫击炮轰击、炸药爆破，将楼墙炸开几处。守楼伪军纷纷举手缴枪。李旭东趁着混乱，越过围墙，涉水而逃。

袁庄战斗于19日15时结束，歼灭伪军2200余人。

第四军分区趁热打铁，在当天晚上又向伪军军部驻地大范庄发动攻击。败将杜淑及残余伪军形同惊弓之鸟，闻风丧胆，未开几枪即向卫河以西狼狈逃窜。"

整个卫南战役，八路军共歼灭伪军5600余人，收复和开辟了卫河以南地区。

在袁庄、大范庄战斗激烈之时，林南战役也已全面展开。

1943年8月16日夜，林南战役的参战部队分别由平顺、壶关和涉县等地出发，急行军至林县西、北地区隐蔽集结。17日上午，东、西兵团的先遣分队开始向敌前哨据点逼近，实施佯攻，下午又突然后撤，借以麻痹敌人。

黄昏后，进攻正式开始了。八路军东、西兵团主力分别从集结地出发，对林县县城及其周围之敌进行远距离奔袭。

这天晚上比较凉爽，月光不太亮，东兵团主力部队深一脚浅一脚地行进在崎岖不平的山路上。经过半夜跋涉，部队避开伪军的前哨据点，从东、西两面包围了林县东北的南北陵阳、东西夏城和蒋里等伪军据点，以吸引敌人的注意力，配合西兵团攻打林县县城的作战行动。

西兵团在完成对敌包围后，于18日零时30分，即集中兵力和兵器，强攻林县县城的敌指挥中枢。第七六九团率先对城西北附近的伪军据点展开攻击。第二十团趁机由城西、第三团从城东同时发起强攻，一举攻入城内。但到天明以后，伪军经过数次反扑，又夺占了南门和西南角，妄图以火力封锁八路军的前进道路。

18日午时，第二十、第三团同时对刘月亭的前敌指挥部发起猛攻。这次战斗异常艰苦，一直打到18时，才将刘月亭的指挥部和伪保安司令部解决。刘月亭负伤逃跑，其参谋长何光弟被击毙。与此同时，八路军警备第三十二团一部全歼了刘月亭的警备营，第七六九团一部也攻克了城西桑园、郝家庄的伪军据点。

此时，林县县城内还有部分日军，顽固据守，拒不投降。18时，警备第三十二团击溃了城外马圈的伪军后，于24时，与第二十团全部、第七六九团一个营一起对城内头道营被围的日军发起进攻。

日军见势不妙，乘夜突围，逃至南关，县城再次陷入八路军的包围之中。至19日，除了这部分日军外，林县县城及附近的伪军全部被肃清。日军为了解救这部分被困人员，调动了数架飞机向进攻的八路军轮番轰炸、扫射，直到有一架被击落后，才悻悻离去。

八路军西兵团见日军火力猛烈，便留下部分围困部队，主力则挥师南下，击溃林县以南合涧、原康的伪军，飞速进击临淇。

21日24时，八路军第三十二团与警备第三十二团在临淇外围全歼伪独立旅第一营。但刚进入临淇时，即遭到驰援而至的辉县日军的攻击，为避免日伪夹击，八路军撤出了战斗。

23日，西兵团开始向辉县以北之东西平罗的伪军第八纵队进击。当日21时，八路军第二团和警备第三十二团开始攻击西平罗。第二十、第三十二团等部攻击东平罗。但西平罗一仗打得十分激烈残酷。八路军一度攻入村内，大量地杀伤了敌人，后因弹药消耗太多也未能将敌人全歼，自己伤亡也不小，只好撤出战斗，转移至原康地区待机。东平罗的伪军在八路军的连日猛攻之下，被迫于 26 日弃村南逃，该地区遂为八路军第三十二团占领。

这个时候，八路军东兵团也取得了很大的战绩。18 日零时 30 分，东兵团除以警备第二团一部监视敌正面前哨据点姚村、何家的伪军杨振兰独立旅外，其他各部先后向各自当面的伪军据点展开了攻击。

第七七一团及第十团一部直杀向北、南陵阳的伪第五军第四师牛瑞亭部主力第十团。敌人凭借砖石结构的房屋负隅顽抗，八路军战士奋起冲击，激战至 13 时，将守敌全部歼灭。14 时，皮定均指挥第一团和第三十四团也攻克了东西夏城。

接着，太行军区七分区副司令员兼第一团团长方升普率团从西、第三十四团团长蒋克诚率团从东，一齐向曲山发起进攻。曲山正是伪第五军第四师师部所在地，经 2 个小时的战斗，敌人溃败，伪师长牛瑞亭南逃。至 19 日晚，蒋里、姚村、何家的伪军也全部被消灭。

至此，林县附近只剩下被围在南关的日军。

伪军庞炳勋、孙殿英因连遭歼灭性打击，计划向东逃窜。为此，八路军决定趁日军援兵尚未完全到达之际，以西兵团主力继续向盘踞辉县以北的伪军进击，以东兵团主力由东姚地区经盘石头南下，截击可能由淇河东窜的伪军。伪军在八路军的猛烈打击下，一路狂奔，于 24 日逃到了平汉线一带，八路军已没有再追击的必要。

同在 24 日，日军援助林县南部被困部队的分队已经进入林县地区，其中安阳出援的日军 1000 余人甚至到了林县，辉县出援的日军 400 余人也进至临淇。八路军西兵团的第七六九团沿途阻击，另外 2 个团则飞速靠近。日军唯恐被包围聚歼，乘着黑夜强渡淇河退往林县县城方向。当时，正值连日大雨，山洪暴发。在八路军的追击下，仓皇渡河的日军被淹没，冲走 100 余人。

由于渡河困难，八路军停止追击，林南战役至此胜利结束。

林南战役从 1943 年 8 月 18 日零时 30 分开始，到 26 日结束，历时 9 天，共歼灭日伪军 7000 余人，攻克敌据点 80 多处，解放人口 40 多万。[12]

经过卫南和林南战役，林南、辉北的广大地区被八路军控制，日伪军被压缩在沿水（冶）林（县）公路至临淇、四寨、南村等主要城镇和据点内。1943 年 9 月，太行军区在太南建立第七、第八军分区。第七军分区司令员皮定均，政治委员高扬；第八军分区司令员黄新友，政治委员江明。到 1944 年 3 月，太南抗日根据地面积达到 8000 平方公里，人口近 100 万，各级抗日民主政权和县、区地方武装均已建立。

王近山"顺手牵羊"

林南战役后不久，彭德怀与刘伯承一起离开了太行抗日根据地，回到延安，参加整风学习，并准备参加中共第七次全国代表大会，八路军总部、中共中央北方局和第一二九师的工作转由邓小平负责。

与此同时，一部分八路军部队也奔赴陕甘宁边区。他们的目的，则是为了保卫党中央的安全。

1943 年 3 月，蒋介石的《中国之命运》一书出版[13]，宣扬"一个主义（三民主义）、一个政党（国民党）、一个领袖（蒋介石）"的理论。蒋介石并不是随便说说，他还要把这一理论体现在行动上。因此，1943 年夏季，从日军的"扫荡"中悟出了一些门道的蒋介石，发动了第三次反共高潮，调动 3 个集团军，准备进攻陕甘宁边区，闪击延安。

对此，毛泽东一面狠揭蒋介石的险恶用心，一面调动兵力保卫延安。第一二九师的王近山就是在这种情况下奉命率领太岳第二军分区第十六团赴延安去担负保卫党中央的新使命的。他此时已是第三八六旅旅长，原第三八六旅旅长陈赓已升任太岳纵队司令员。

王近山是八路军中的一员虎将，打起仗来身先士卒，勇猛果敢，人称"王疯子"。他是湖北黄安（今红安）人，1930 年参加中国工农红军，同年加入中国共产主义青年团，1932 年转入中国共产党；红军时期曾任红四军第十师排长、连长、营长、团长、副师长，红三十一军第九十三师师长，参加了鄂豫皖、川陕苏区反"围剿"和长征；全民族抗日战争爆发后，任八路军第一二九师第七七二团副团长、第七六九团团长、第三八五旅副政治委员，参加了神头岭、响堂铺等战斗和晋东南反"九路围攻"。王近山此行奉命开赴延安，担负保卫党中央、保卫毛主席的使命，他感到非常光荣。

王近山率部辗转迂回、日伏夜行，终于在 1943 年 10 月 18 日到达了临汾东北、洪洞东南的韩略村附近。

这一带的群众基础很好，部队一到，群众就开始站岗放哨、封锁消息、烧水做饭。在同地下工作者的接触中，一个消息引起了王近山极大的注意。地方的负责人介绍说：最近每天上午都有若干辆日军汽车，满载物资，在少数部队的掩护下，由临汾出发，经过这里东去，支援对根据地进行"扫荡"的敌人，下午又满载从抗日根据地抢掠的财物，经此返回临汾。地方的负责人介绍完情况后，又补充说：最近敌机动兵力正在根据地腹地"扫荡"，这里根本没有大的兵力可资调动，正是打击敌人千载难逢的良机。

王近山一听，大喜过望，决定抓住有利战机，在韩略村伏击敌人，迅速解决战斗后，再奔赴延安。

下定决心后，王近山丝毫不敢大意，带领团、营干部进行实地勘察，了解敌情。

当地的敌人是参加"扫荡"太岳根据地的日军一部。10 月初，日军集中了驻山西第一军的第三十六、第六十二和第六十九师团，加上伪军，共约 2 万人，采用"车轮战术"，企图将太岳根据地"全部摧毁"，建立"山岳剿共实验区"。

韩略村距离日军"扫荡"的前线指挥部所在地临汾只有 25 公里，是临屯公路上的一个据点。临屯公路恰好从韩略村中间通过，村西南一带地势险要，公路两旁是 2 丈多高的陡壁，易下不易上，是个打伏击的好地形。

但这里也有不少不利因素：韩略村离敌人县城很近，就在敌人据点的眼皮底下，如果战斗不能速决，或走漏消息，敌人就会迅速赶至韩略村。这样的话，第十六团不仅无便宜可捡，而且还要面临极大的危险。

但王近山就是这样，即使困难再多，只要有机会，他就绝对不会放过。经过认真的研究、演练，王近山部署部队进入伏击阵地。

经过四五个小时的耐心等待后，日军的汽车终于来了。

观察哨仔细数着，一辆，两辆，三辆……共有13辆汽车，其中三辆还是小汽车。进入伏击圈后，车上的日军还在又吃又喝，又说又笑，根本没有发现任何设伏的迹象。

"啪！啪！"随着两颗红色信号弹的升空，设伏部队同时开火，猛烈的枪弹立时将日军打得晕头转向。战斗中，这股日军出奇地顽强，有的跳下车来，端着刺刀向公路两旁冲击，有的依托汽车向公路两旁射击。10余名敌人还迅速聚集成一个小的战斗群，向设伏的重机枪阵地反击。

战斗打了3个多小时，120多名日军中，只有3人钻进窑洞逃脱了性命。

战后，从缴获的日军文件上得知，这次被歼灭的敌人，原来是日军派遣军司令部组织来太岳区参观"车轮式扫荡"的一个"战地观战团"，其成员是日本"支那派遣军步兵学校"第五、第六中队和其他部队的一些军官，内有少将旅团长1名、联队长6名，其余的也都是中队长以上军官。

韩略村伏击战对日军是一个沉重的打击。他们马上从临汾调来500多人，在6架飞机的支援下，来韩略村追击王近山部。王近山面对急于报复的日军，冷静、沉着地进行了突围部署，他说："敌人是来报复的，来者不善。我们不必与敌硬拼，要化整为零，分成若干小分队，利用夜暗，迅速行动，突出敌人的包围。"**14**

第二天上午9时，部队无一伤亡地全部突围到达预定会合地点洞子沟。王近山兴奋地对战友们讲：

我们的任务本来是行军，可是碰到了歼灭敌人的机会，在不违背上级意图、不影响完成上级赋予的任务、情况又有利的前提下，我们就应该机断行事，积极歼敌。我们人民军队的第一职责，就是随时随地不放弃任何歼灭敌人的机会。不仅要懂得"枪声就是命令"，还要懂得积极作战、寻机歼敌的道理，这才是合格的指挥员。战争，永远是手快打手慢，有备打无备。**15**

韩略村战斗中，王近山"顺手牵羊"，捡了个大便宜。

部队略加休息，继续向延安方向开去。

罗荣桓"顶李送于"，山东地区攻守易势

第一二九师在太行山区主动发起反攻，打得如火如荼的时候，罗荣桓领导第一一五师在山东地区也发起了反攻作战。

自从毛泽东确定罗荣桓为山东统一的军事领导核心后，山东的局面随之发生了明显的变化。罗荣桓对山东的军事力量进行了精简整编，将山东纵队与第一一五师的各直属机关合并，改为新的山东军区，辖鲁南、鲁中、胶东、清河、冀鲁边、滨海6个军区。胶东军区司令员许世友，区党委书记兼政委林浩；冀鲁边军区司令员黄骅，区党委书记兼政委王卓如；清河军区司令员杨国夫，区党委书记兼政委景晓村；鲁中军区司令员王建安，区党委书记兼政委罗舜初；鲁南军区司令员张光中，区党委书记兼政委王麓水；滨海军区司令员陈士榘，区党委书记兼政委符竹庭。

但新的重担和旧有的病情（罗荣桓当时患有严重的痔疮）使得罗荣桓的病更重了。再不治病，他已经无法工作了。1943年4月间，罗荣桓在夫人林月琴和原第一一五师的卫生部部长谷广善等陪同下，从滨海驻地出发，越过陇海路，经过苏北的淮海区、盐阜区到淮北区，然后渡过洪泽湖，于5月

28 日到达驻在淮南区盱眙县东南黄花塘的新四军军部。

陈毅代军长立即风尘仆仆从前线赶回来。当天晚上，他请罗荣桓和林月琴吃了一顿小笼汤包。5 月 31 日，新四军军部召开了欢迎会，晚间还演了戏。

在这里，罗荣桓开始接受罗生特医生的全面身体检查。

医生发现：罗荣桓左、右两侧的肾脏都有病变。但这种病变究竟是肾肿瘤还是多囊肾，由于当时没有 X 光机，无法再做进一步检查，罗生特大夫只好决定暂且进行保守治疗。

为了让罗荣桓能够安静地休养，新四军的领导特意把他安排在一个环境幽静的地方。在一片水稻田和芦苇丛中，有几间桑竹掩映的新茅屋。在这里听不到枪炮声，听到的是鹊噪蝉鸣、蛙声一片。可是，没多久，国民党军李仙洲部入鲁的消息传来，罗荣桓已无心静养，于 6 月 20 日便踏上归程。

在路上，罗荣桓对守护在担架旁的林月琴说："我要订一个五年计划，争取再活五年，打败日寇，死也瞑目了。"

林月琴抑制着自己的焦虑心情，安慰他说："你的计划一定能够实现，将来革命胜利了，就有条件把病治好了。"

"是吗？"罗荣桓微微一笑，没有再说什么。他开始考虑李仙洲的问题。

李仙洲，黄埔军校第一期的学生，山东长清县人，是蒋介石嫡系中著名的山东籍将领。卢沟桥事变后，他曾率第二十一师到居庸关、八达岭一带对日军作战，后在忻县参加了歼灭日军板垣师团一部的"南怀化之战"，负了重伤。1938 年 1 月，他任第九十二军军长。1939 年秋，蒋介石密令他进入山东，进行反共摩擦。他率部从湖北通城北进到皖北阜阳一线。皖南事变后，蒋介石为了同新四军搞摩擦，又命令李仙洲暂停入鲁。1943 年蒋介石在全国发动第三次反共高潮时，一面阴谋策划进攻陕甘宁边区，一面命令李仙洲部即行入鲁，以增强山东的反共力量。

李仙洲部入鲁之时，甲子山战役刚刚结束不久，八路军与于学忠部之间仍有芥蒂。于、李如果合流，国民党顽固派的力量将大为增强，而使八路军在三角斗争中处于不利的境地。

1943 年 1 月，李仙洲投石问路，先令其暂编第 30 师师长路可贞率一个团北越陇海路，在砀山以北至微山湖之间建立了立足点。李仙洲看到路可贞站住了脚，就于 3、4 月间亲率主力过陇海路进入鲁西，同时通过当地投降派跟日军联络，企图取得日军谅解。但日军为了加强对山东的控制，并不买李仙洲的账。李仙洲部到达单县后，日军纠集了 1000 余人的兵力，配合汽车、坦克，向李仙洲进攻。激战至黄昏，李仙洲部伤亡严重，连夜转移至微山湖西侧。八路军冀鲁豫军区的部队为加强抗日合作，从侧翼袭扰日军，并为李仙洲部负伤的官兵换药。但李仙洲却认为这是企图动摇他的军心，对八路军的态度十分不友好。他甚至命令第一四二师师长刘春霖、副师长牛乐亭率 3 个团东越微山湖和津浦路以后，与刘桂堂部勾结，共同对付八路军。

但李仙洲入鲁的同时，也带来了他与于学忠矛盾的加剧。李仙洲尚未入鲁之时，便大挖于学忠的墙脚，派人联络属于学忠管辖的山东各地方实力派，加委封官，引起了于学忠的极大不满。

于学忠的防地在沂、鲁山区和诸（城）日（照）莒（县）山区。其中，诸日莒山区是滨海区北部的重要山区，北与沂山山区衔接，南与甲子山区相连，是沟通滨海区与胶东区联系的重要依托。这些山区，在全面抗战开始时，本来是共产党领导的游击队首先开辟的。可是，自 1939 年春季以来，它们先后为沈鸿烈、于学忠等部所占据。

但于学忠与八路军并不是不共戴天的死对头。自从 1939 年于学忠部入鲁后，共产党、八路军和于学忠的东北军一直保持着统一战线关系，从各方面支持他们抵抗顽固派的压力，掩护他们与大后方联系的交通线，甚至供给他们给养，配合他们反"扫荡"，等等。1943 年 2 月间，于学忠部遭日军"扫荡"时，八路军曾予配合，允许于学忠部退入八路军防地。罗荣桓因势利导，派人疏通，3 月间做到互派代表联系，4 月间约定恢复电台联络。

1943 年 4 月下旬，李仙洲部刘春霖师由鲁南向天宝山区进犯，妄图迅速东进，与于学忠会合，抢占沂蒙山。6月间，李仙洲部的第二梯队开始向冀鲁豫八路军展开进攻。在这种情况下，罗荣桓立即动身由淮南返回山东。

但罗荣桓刚一回来，就接到一个噩耗：1943年6月30日，冀鲁边军区司令员黄骅被刺杀。

在山东6个战略区中，1942年、1943年间处境最困难的就要数冀鲁边区了。为了加强冀鲁边区的工作，罗荣桓多次抽调第一一五师的干部到那里去。黄骅是在1941年夏天被派去的，当时任教六旅副旅长兼冀鲁边军区副司令员。1942年春，罗荣桓又把1939年从那里调出的邢仁甫调回去，任教六旅旅长兼冀鲁边军区司令员。与此同时，罗荣桓还抽调了卢成道、王文模、黄荣海等一批干部去担任领导工作。1943年3月11日在实现军事领导一元化的时候，罗荣桓任命黄骅为冀鲁边军区司令员，调邢仁甫去延安学习，但邢仁甫却借故拖延没有动身。

1943年6月30日19时，黄骅、卢成道正在新海县赵家村学堂召开边区侦察工作会议。突然，军区司令部手枪队队长冯冠魁带了四五个人闯进室内，向黄骅、卢成道及与会人员开枪扫射，然后慌忙逃窜。黄骅、卢成道等5人当场牺牲。

罗荣桓经调查得知，冯冠魁系土匪出身，当过伪军，投奔八路军后仍然匪气十足，但他刺杀黄骅却是邢仁甫所指使。

邢仁甫是旧军人出身。他早年加入中国共产党，曾参与领导本地抗日武装起义，1940年调离冀鲁边区，担任过第一一五师政治部的军区工作部部长。因为他在冀鲁边区有一定影响，1942年春，又被派回边区。冀鲁边区有很多人是他的老部下，由于他平时喜欢拉拉扯扯，有些人受到他的笼络，跟着他跑。黄骅为此经常帮助、教育他，而他却仇视批评，反而视黄骅为"眼中钉"。山东军区任命黄骅为冀鲁边军区司令员，而调邢仁甫去延安学习，邢仁甫更是认为是黄骅把他挤出边区，夺了他的权。他借口准备去延安，离开机关后，带着电台和一部分部队住在小岛上。这次事件发生后，他还频频发报，向山东分局、山东军区表示自己的"忠诚"，根本不承认冯冠魁刺杀黄骅是他所指使。而另一方面，邢仁甫却挑拨拉拢一些人，要把部队拉出来跟他"另开创一个局面"。此时，罗荣桓由于尚未掌握邢仁甫指使刺杀黄骅的确实罪证，所以决定继续对他采取争取、挽救的方针。但后来，到1943年底，邢仁甫还是公开叛变投敌了。他由天津辗转到了国民党统治的洛阳，被国民党第一战区司令蒋鼎文委任为"挺进第一纵队司令"。之后，邢仁甫又在天津投降日伪军，被委为"六县剿共司令"。日本投降后，他又当上了国民党军统特务。直到1949年解放天津时，邢仁甫才被捕获归案，被押到盐山县就地正法。为纪念黄骅，后来黄骅被害的地方新海县改为黄骅县。

在罗荣桓处理黄骅被刺一案时，山东的局势正在不断地变化着。

1943年6月间，蒋介石看到于学忠与李仙洲之间矛盾重重，难以合作，便以调整全国抗战态势为名，将苏鲁战区同苏鲁皖战区合并为第十战区，调于学忠出鲁整训，实际上是罢了他"苏鲁战区总司令"的官。同时，蒋介石要李仙洲入鲁接替于学忠，还升任李仙洲为第二十八集团军总司令兼苏豫皖第一路挺进总指挥，又把于学忠原在山东所辖的地方武装新三十六师（刘桂堂部，驻鲁南）、暂十二师（赵保原部，驻胶东）、保安第二师（张步云部，驻滨海北部）都拨归李仙洲建制，以扩大李仙洲的势力。

罗荣桓得悉于学忠部即将西去，便将原在东北军工作过的一些干部请来共同分析形势，他说："国民党不信任东北军，所以要于学忠和李仙洲换防。按常理，于学忠应当等李仙洲来了再走，但是于学忠如果搞得漂亮一点，最好不等李仙洲来，拍拍屁股就走，这对我们可就有利了。"

大家完全同意罗荣桓的估计，认为：如果八路军能把李仙洲顶住，再给于学忠提供便利条件，他完全可能先期出鲁。

罗荣桓高兴地说："好，如果于学忠真是这样走，我们就礼送他出境。至于李仙洲，则要坚决顶住，绝不能让他过来。"

于是，一个"顶李送于"的对策迅速形成。

1943 年 7 月 4 日，朱瑞、罗荣桓、黎玉、萧华报告中共中央，建议"对于部西开不加钳制，并在一定条件下给予便利。对李部东进北上尽量迟滞其时间，并在自卫原则下，乘其伸入我根据地立脚未稳之际，予以歼灭一部之打击……对于部防区附近于之地方部队，争取可能争取者，歼灭某些最坚决反共部分，力求控制鲁中山区及莒、日、诸间山区，并互相联络，以便继续向外围发展"[16]。

7 月 15 日，中共中央书记处复电山东分局并告北方局："（一）同意你们对付于学忠、李仙洲的方针。（二）对友好者坚决团结之，对顽固而暂时尚未向我进攻者则设法中立之，对向我进攻者则坚决反击之，这就是你们应付各派国民党军队的原则。但一切磨擦仗均须将顽方攻我压我情形电告中央，以便通知国民党中央，杜断其借口及诬蔑。"[17]

几天后，李仙洲部还在鲁南徘徊时，于学忠果然不等李仙洲接防便开始撤离了。事前，于学忠与八路军已约定：于学忠部撤离驻地时，以烟火为号，八路军即去接防。于学忠部可在鲁中根据地的坦埠（位于沂水与蒙阴边界处）和旧寨（坦埠以西）两地，通过八路军的防区，于学忠部通过时，八路军筹备粮草，予以欢送。

于学忠部通过津浦路西去，空出来的沂鲁山区和诸日莒山区顷刻之间身价百倍。在这两块山区周围的伪军和顽固派，包括驻在鲁山以南的山东最大的一股伪军吴化文部，盘踞在诸城一带的已经公开投敌的伪军张步云部，诸日莒山区北部安丘一带的伪军厉文礼部，还有原驻鲁南、后转至日（照）莒（县）公路以北的张里元部，对于这两个山区都垂涎三尺，妄图染指。

为了赶在敌人前面占领于学忠部退出的阵地，7 月 4 日、12 日，山东分局、山东军区命令鲁中区和滨海区的部队分别向沂鲁山区和诸日莒山区大规模进军。

从 7 月中旬到 8 月上旬，八路军同在日军支持下的张步云部、吴化文部和厉文礼部展开激烈战斗，基本控制了日（照）莒（县）公路以北的诸日莒山区，以及青（州）沂（水）路以东、安（丘）莒（县）边区和青沂路以西的北沂蒙地区等原东北军驻地。八路军在进攻厉文礼的据点时，还击毙了窝藏在那里的国民党山东别动纵队司令秦启荣。

经过这一系列战役，新开辟的解放区面积达2000余平方公里。至此，山东境内已无国民党军主力部队。各地方顽固派群魔无首，乱成一团。罗荣桓等抓住这一有利的历史先机，终于大大改善了八路军对敌斗争的形势。

在已经控制了诸日莒山区和北沂蒙地区后，罗荣桓又把重点转向南面。

1943年7月26日，罗荣桓、黎玉作出在天宝山区或蒙山山区乃至鲁中区的腹地击退或歼灭李仙洲北犯部队的部署，要求慎重初战，要集中优势兵力寻求在运动中歼灭李仙洲部的机会。

8月13日至18日，鲁南军区司令员张光中、政委王麓水，按照罗荣桓的指示，集中主力第三、第五团及地方武装一部，在天宝山地区国民党军刘春霖部的侧翼，纠缠扭打，进行反击。顽军虽然受到损失，但仍越过滋（阳）临（沂）路窜至费（县）北，又遭鲁中第二团的打击，只好退回滋临路南，盘踞在平邑以南的流峪、常庄一带。

在此期间，津浦路西的冀鲁豫军区也开始反击李仙洲部的主力。9月，八路军于曹县阻击进犯鲁西南根据地的李仙洲部，毙伤顽军2000余人，俘虏6000余人。

李仙洲部入鲁时有2万余人，到这时剩下不到8000人。李仙洲看到大势已去，北进无望，只得灰溜溜地撤回皖北。其先头部队刘春霖部也于9月5日在邹县北过津浦路西去。

当喜讯传来时，罗荣桓兴奋地说："这就了却了我们多年来的心事。""这是山东军民的杰作。"中共中央山东分局曾在《抗战四年山东我党工作总结与今后任务》中说："既是历史先机，就是难得、不常有的，当着历史先机已经出现，或许是很短的（一月甚至一周），但它能给予我们的，往往能使我们完成多年所不能完成的事业。"**18**阻李仙洲入鲁从而占领了山东战略制高点,正是这样的事业。

南、北岱崮炮声震天

就在罗荣桓全力打击李仙洲之时,日军乘机纠集各路伪军,发起了新的"扫荡"。

敌人的大"扫荡"首先在鲁中地区开始。1943 年 11 月 9 日晚,日军在伪军吴化文部的配合下,纠集万余人,从蒙阴、新泰以东的土门、沂水同时出动,以北沂蒙地区的坡里、金星头(蒙阴东北)为中心,四面向八路军合围,企图歼灭八路军主力,侵占刚刚迎来解放的北沂蒙地区。

八路军对此早有防备。敌军一出动,八路军除留下小部分部队坚持内线、支持群众斗争外,大部队实行"翻边战术",迅速撤离敌人合击圈,转移到外线。敌人合围失败,气急败坏,只好在根据地内大肆"清剿"。这时,留在内线的小部队配合外线部队积极打击敌人。鲁中第二军分区第十一团第八连的指战员,凭借险要地势,坚守南、北岱崮 15 天,抗击了 2000 名敌人在飞机、大炮掩护下的无数次进攻,取得了毙伤敌伪军 300 余人的巨大胜利。

南、北岱崮,坐落在蒙阴东北、坡里附近。两崮相距约 2 公里,中间连着一道山梁,两个崮峰各有 10 多丈高,刀削一样陡直。在北崮西面、南崮南面的石缝间,各筑有一个小小的瞭望楼,可以看到很远的地方。

日伪军"扫荡"鲁中的时候,鲁中军区指示第二军分区第十一团第三营:大部队将跳到外线作战,你们要凭借南、北岱崮的险要地形,坚决扼守,牵制敌人主力,掩护后方机关及人民群众转移。

由于南、北岱崮的地理位置非常重要,第三营第八连的 2 个排平时就分别驻守在 2 个崮上。每个崮都有构筑的工事、住人的岩洞、贮藏弹药和物资的地方。接到上级命令后,第三营将第八连第一、第二排共 60 余人部署在南岱岗上,第八连第三排和第七连一排及营部部分人员共 70 余人部署在北岱岗上。

1943 年 11 月 10 日,北岱岗西北方向来了一股日军,有 100 多人。他们大摇大摆、耀武扬威地走着,当走到山脚时,踏上了八路军预先埋设的地雷。随着轰隆隆的爆炸声,10 多名日军被送回了"老家"。敌人心惊肉跳,队伍顿时大乱。停了一会儿,日军才开始向岗上打炮,打了几炮,看没动静,就退到西面的村里去了。

13 日晨,这批日军再次出动,直奔南、北岱岗,不过可不是 100 多人了,而是足有 500 人的样子。他们扯起日本旗,先是打了一阵炮,然后分三路向南、北岱岗发起进攻。

此时的岗上是静悄悄的。战士们在掩体内、岩石旁怒视着敌人,却一枪不发。当进攻北岗的日军离岗顶还有 100 多米的时候,有人喊了一声:"打!"顿时,岗上枪声大作,子弹像雨点一样倾泻到敌群中,日军纷纷倒下。几乎是同时,南岗也传来了激烈的枪声。日军没来得及还击,就连滚带爬地退下山去。不一会儿,日军的一个机枪组一路向南岗方向跑去,他们想到南岗西北的一个小山上实施火力掩护,可是刚爬到山顶,就踏上了第八连埋设的地雷,"轰隆"一声,机枪和射手们一起飞上了天。

日军的第一次进攻就这样失败了。他们接下来又发起两次进攻,结果都和第一次一样。到下午 4 时左右,垂头丧气的日军只好退回村里去了。

第二天,日军没有发起进攻,而是派出飞机反复盘旋侦察地形。看来,日军是想发起更大规模的战斗。

果然,15 日、16 日两天,日军先用飞机和大炮对两岗轮番轰炸,然后组织部队进攻。这回他们改变了战术,把主要力量集中于南岗,对北岗只是佯攻。战场转移到了南岗。

8 架敌机轮番轰炸,一时间爆炸声震耳欲聋,山顶上浓烟滚滚。轰炸一停,日军便呼喊着朝南岗扑去。守在南岗的战士们静待时机,等敌人一近,一齐开火,敌人退了,就静休待敌。结果,日军攻了两天,只留下了几十具尸体，又撤了回去。

从 17 日起，日军不断增调部队和飞机，投放毒气，连番进攻，仍未见效。23 日，日军第三十二师团参谋长亲自前来督战，还拉来 4 门榴弹炮和 1 门很大的重炮，运来大量炮弹，对着两崮不分昼夜地猛烈轰击。南、北岱崮顿成一片火海，炸弹炒豆似的爆炸，弹片满崮呼啸，发出尖厉的啸声，除了火光和硝烟，崮上什么也看不清楚了。

工事一次又一次地被打坏，又被战士们一次又一次地修复。崮上的泥土被炸翻一层，树木、枯草全被炸烂烧焦。水，成了崮上的奇缺物资。

战斗到 29 日，日军仍然未能前进一步。夜幕降临了，刮起了七八级大风，不一会儿，下起鹅毛大雪。战士们喜出望外，不顾刺骨的寒风，纷纷拿着破布到外边接雪。水的问题终于解决了。

当夜，上级发来命令：扼守任务已胜利完成，部队立即撤下山去。

战士们用绳子和床单连成长索，悄悄地从崮上溜了下去，越山沟，贴石岩，绕过日军的岗哨，神不知鬼不觉地钻出了重围。[19]

罗荣桓得知这一战的消息后，以山东军区的名义予以嘉奖，授予第八连以"岱崮连"的光荣称号。南、北岱崮之战不仅保护了鲁中广大军民的及时转移，而且也给罗荣桓创造了发起反攻的条件。罗荣桓将目光扫向山东全境，研究了其他各区的敌情。他看到敌人由于兵力不足，在向鲁中"扫荡"时，其他地区均因兵力被抽走而采取守势，立即命令各军区根据各自的情况，主动发起进攻，狠狠打击敌人，以牵制"扫荡"鲁中之敌。各军区奉命出击，很快形成了山东全区范围内一次有计划有准备、互相密切配合的反"扫荡"，使敌人顾此失彼，首尾不能兼顾。

鲁南击毙"混世魔王"

在鲁南击毙刘桂堂更是大快民心。

刘桂堂，放羊娃出身，从小结识了一些土匪，十几岁便开始拦路抢劫，逐渐形成一股庞大的匪帮。他由于面如锅底，在土匪中又排行第七，便得了个"刘黑七"的绰号。全面抗战前，他祸害山东，流窜于华北各地，洗劫鲁南寺彦村时，一次便杀了700多人。全面抗战初期，他投降日寇，跟随日军进攻胶东抗日根据地。1939年，刘桂堂又宣布"反正"，蒋介石给了他一个第三十六师的番号。李仙洲入鲁后，刘桂堂得到了国民党嫡系部队的直接支持，便更加猖狂起来。

自国民党军第一四二师刘春霖部被赶出鲁南后，刘桂堂也遭到沉重打击。他见大势已去，遂率其残部再次公开投靠日军，被编为伪和平救国军第十军第三师，部署在费县南柱子一带，成为揳进天宝山与抱犊崮两块根据地之间的一个钉子。

罗荣桓早就想除掉这根钉子了。鲁南的日军主力开向鲁中后，罗荣桓即指示鲁南军区司令员张光中：寻找时机除掉刘桂堂。

张光中经过侦察得知：刘桂堂现仅有1500余人的队伍，已转到东柱子一带修筑了据点。东柱子在费县城南约20公里处，西距梁邱敌据点约11公里，从西北到东南三面环山，东南约1.5公里处为柱子山。西面隔一条沙河约800米处为西柱子。刘桂堂率2个卫士队、2个重机枪连、1个骑兵连、2个传令班、2个特务班共600余人驻在东柱子；其余兵力驻在柱子山、西柱子一带。

于是，张光中根据这个情况部署了任务：以第三团全部（5个连）、尼山独立营3个连、第五团和费滕独立营各1部及军区特务连共12个连的兵力，执行消灭刘桂堂部的任务。第三团以主力负责主攻东柱子，以1个连及尼山独立营部署在梁邱以东，准备阻击可能出援之敌；第五团负责攻占柱子山等外围据点；费滕独立营和军区特务连为总预备队。指导原则是：远程奔袭、分进合击，打击其首脑与主力，务求全歼。

1943年11月15日下午，各部队准备完毕，迅速奔赴预定地点。负责攻打东柱子的第三团在团长王吉文、政委刘春的带领下，于当晚 9 时多发起进攻，战士们踏着月色跑步前进，连续突破刘桂堂的两道防御工事，与敌人展开激烈巷战。爆破手乘机把小炸药包当作手榴弹连续投入后方敌群，炸得敌人鬼哭狼嚎。其中一包炸药被投入了马棚，成群的战马受惊后挣脱缰绳四处狂奔，冲乱了敌人的阵脚。敌人组织了两次反击都被击溃。第五连突击班班长、战斗英雄林茂成立即突入敌司令部大院，消灭了抵抗的敌人，但是只抓到一批俘虏和刘桂堂从胶东抢来的小老婆，没看到刘桂堂本人。

在严厉的追问下，刘桂堂的小老婆说："刘桂堂带着 20 个卫士逃往西南炮楼去了。"第三团战士立即严密包围了西南炮楼，可攻下炮楼之后，仍然未见刘桂堂。

这时，第四连派人前来报告：刘桂堂已被打死。原来第四连负责在外围打击逃敌。庄子里战斗激烈时，忽有 3 个人从围子上攀绳而下，急匆匆地跑了出来，第四连战士当即开枪打死了最前面的一个，剩下一高一矮两人慌忙分头向东逃跑。战士们连忙追赶，先后将逃跑的二人打死。随后找老乡们来辨认，其中一人正是刘桂堂。

这时刚过夜半，王吉文和刘春下令部队打扫战场后，一起出寨到打死刘桂堂的现场察看。借着月光和手电筒，大家看得很清楚，一个短粗矮胖的家伙倒在山坡上，大头、圆脸、鼓鼓眼，子弹是从右前额打进的，从左后脑出来，炸了个洞。跟着来看热闹的老乡们一齐说："这就是被打死的刘黑七，我们终于迎来好日子啦！"[20]

消灭刘桂堂的消息像长了翅膀，飞快传开，附近的老百姓牵羊、抬猪、担着粉条，前来慰问八路军。大家敲锣打鼓，鸣放鞭炮，像过节一样快乐。

据《解放日报》报道：某村一位老大娘，焚香祝拜：要"保佑我的救星——八路军"。天宝区的千百群众抬着"民众救星"4 个大字的横幅，鸣锣击鼓，送给八路军。在一个数千军民的祝捷大会上，群众向手刃刘桂堂的战斗英雄贺荣贵欢呼致敬。[21]

11 月 24 日，罗荣桓、黎玉、萧华、李作鹏致电中央军委、集总，报告歼灭刘桂堂详情：（一）经连续 3 昼夜激战，攻克壤下、要下、燕庄、刘家庄一带敌伪据点 12 处，击毙刘桂堂以下官兵 200 余、敌伪 500 余，俘 400 余，解放人质及民夫 300 余，缴获重机枪 4 挺、轻机枪 9 挺、手炮 4 门、步马枪 400 余支、花机关枪 3 支、短枪 18 支、电台 1 架。**22**

此役大捷，不仅有力地配合了鲁中军区反"扫荡"作战，而且极大提高了共产党、八路军的声威，明显改善了鲁南根据地的斗争环境。

滨海军区获得大捷

滨海军区也发起了攻打赣榆城的战役。

赣榆位于陇海铁路东段北侧，是日伪军"蚕食"滨海沿海地区的前哨阵地。其守军是伪和平建国军第三十六师第七十一旅李亚藩部及伪保安队、盐警等，共 2000 余人。为打通海（州）青（岛）公路，日军拟于 12 月统一指挥李亚藩等部向北"蚕食"，并事先令临沂之日伪军增设了鱼窝、杨庄、三官庙、小南庄等据点。为先发制人，打乱日军之"蚕食"计划，配合鲁中军区反"扫荡"作战，滨海军区决定集中第六、第二十三团及地方武装，发起赣榆战役。

李亚藩原系东北军第五十七军军长缪徵流的副官，后投降日军。其所属第一四一团团长张星三与第一四二团团长黄胜春矛盾很深，黄胜春苦于实力不济，敢怒而不敢言。滨海军区利用这一矛盾，经过长期工作，争取了黄胜春，使之应诺在滨海军区攻击第一四一团时按兵不动。同时，还争取了第一四一团团长之副官刘宫城，并派人打入该团，接应部队攻城。

11 月 19 日晚，滨海军区第六团第一、第二营和第二十三团分别隐蔽进入赣榆城东北之渊子头、张家圈和元马厂、三里庙、五里堡等地待机。入夜，第六团第二连副连长何万祥率 24 名突击队员到达赣榆城门外潜伏。21

时 30 分,刘宫城带 4 名侦察员化装成运粮的老百姓,以"出城催粮晚归"为由,骗开城门,潜在门外的突击队以迅雷不及掩耳之势,解决了守门伪军一个排,占领了城楼,并点火发出信号。滨海军区第六、第二十三团迅速突入城内,向纵深发展。从梦中惊醒的李亚藩慌忙传令第一四二团投入战斗,团长黄胜春抗命不从,令所属部队不准抵抗。攻城部队即集中兵力围歼伪军旅部、第一四一团、伪盐警和保安队。伪军凭借旅部坚固碉堡群,固守待援。20 日上午 7 时,新浦援军被第二十三团打退。滨海军区部队一面进行连续军事打击,一面展开政治攻势,宣读劝降信,并派俘虏把信送给李亚藩。

在李亚藩欲作垂死挣扎之际,第六团步兵炮连发 3 弹,发发命中伪军核心碉堡和李亚藩公馆。在强大的火力打击和政治攻势下,李亚藩待援无望,抵抗无力,被迫率残部 1600 余人列队缴械投降。至此,赣榆城宣告解放,粉碎了日伪军"扫荡"滨海区沿海一带和打通海青公路的计划。此役,共歼伪军 2000 余人,缴获轻机枪 5 挺、掷弹筒 10 具、长短枪 1600 余支、子弹 2.5 万余发、粮食 10 万公斤,以及其他军用物资。《解放日报》称此役"创造了今年入冬以来我军再次之空前大捷"[23]。

11 月 21 日,滨海军区部队又乘胜攻克赣榆城周围之海头、兴庄等日伪据点 13 处。22 日,当日伪军从新浦、青口等地反扑时,滨海军区部队主动撤出赣榆城。26 日晨,日军偷袭驻赣榆西北的马家旦头村之滨海军区机关。符竹庭在组织部队反袭击时,坐骑受惊,撞于寨门,脑部负重伤。罗荣桓闻讯即派随军医生、奥地利泌尿科专家罗生特赶去抢救。符终因伤势过重,医治无效而牺牲,时年 30 岁。

符竹庭年岁不大,却是一名老红军了。他 1913 年出生在江西省广昌县的一个农民家里,1928 年秋天参加了工农红军。参加革命后,他一直都在部队做政治工作,是红军中优秀的青年政治工作干部之一。1932 年调任红十一师第十九团政委时,罗荣桓便认识了他。长征中,符竹庭任红二师政治部主任，同罗荣桓一起渡过了金沙江。到陕北后，两人又同在"红大"深造，结下了深厚的友谊。当符竹庭牺牲的消息传来时，罗荣桓无限悲痛，一连数日茶饭不香，心绪不宁。以后每逢谈起符竹庭，罗荣桓总是无限怀念和惋惜地说："太可惜了，这么好的一位青年干部牺牲了。"**24**

华北反攻势头已现

赣榆城战斗之后，鲁中的八路军部队也适时地转入了攻势。1943年12月4日，鲁中军区集中了约5个团的兵力，并有地方武装与广大民兵广泛开展破袭战相配合，从四面向盘踞在鲁山以南、东起东里店、西至大张庄、北至石桥（均在沂水西北）这一地区的伪军吴化文部展开进攻。经过4昼夜的战斗，八路军攻克了北沂蒙地区的东里店、大张庄、岱崮、石桥等20余处据点，歼敌800余人。

胶东区、清河区和冀鲁边区也积极开展游击战，加强了自己的阵地。胶东八路军在20天内连续攻克12个敌伪据点，并歼灭与打击了数股出动骚扰的敌人，共歼日伪军700余人。

在山东各个战略区胜利出击的形势下，日伪军被迫收缩，于1943年12月13日全部退回老巢。

1944年1月26日，延安《解放日报》发表了《山东军民反"扫荡"胜利》的社论。社论说："敌人此次'扫荡'战，是企图用尽矮脚鬼所能想到的一切军事的经济的残暴手段，来消灭敌后八路军，与破坏华北民主抗日根据地，来'准备'其对民主同盟国的'长期战争'。我山东军民的反'扫荡'的斗争，也比过去任何一次来得持久、主动、有准备、有计划，山东军民的团结一致，斗争的奋不顾身和战术的灵活机巧，在这次斗争中有了极其优良的表现。"**25**

1943年9月，日本在欧洲的同盟意大利投降，并掉转枪口对德宣战。德国则在苏联的大举反攻下节节败退。日本希望德、意两国在战略上给予援助的梦想，像肥皂泡一样在风中破灭了。

在太平洋战场上，美国举起战略铁锤，屡屡重击，先后夺取阿留申群岛、所罗门群岛、吉尔伯特群岛，并将占据在新几内亚的日军敲击得四处奔逃。日本的太平洋战线已经塌陷。

日本法西斯陷入了完全被动的局面。

1943年9月30日，坐卧不安的日军大本营召开御前会议，沮丧地提出了一个"绝对国防圈"的设想：

这一"绝对国防圈"在太平洋和东南亚方面，包括连接千岛群岛、小笠原群岛、加罗林群岛和新几内亚西部、巽他群岛、缅甸等地的一个环形区；在中国则包括察哈尔、绥远、山西、山东、河北等华北5省，上海、南京、杭州一带的华中三角地带，以及武汉地区和广州附近地区。

日本对这个"绝对国防圈"的想法是：在东面太平洋地区，尽力阻止盟军的进攻；西面要保住和打通中国大陆，力保从中国到亚洲南部的交通线畅通。在这个设想中，中国大陆的战略地位在于：一是在日军太平洋防御作战中，中国大陆是最重要的基地；二是太平洋防线一旦被盟军打烂，日军则准备与盟军在中国大陆展开最后决战。*26*

"绝对国防圈"设想的提出，标志着日军正式转入战略防御的历史阶段。而中国大陆在日军的战略防御阶段，则有着至关重要的地位。但问题的关键在于，日军能不能保住对中国大陆的占领？

华北地区的八路军自1943年下半年已逐渐展开反攻，到1944年正式进入了局部反攻阶段。中共中央北方局在关于1944年工作方针的指示中已明确要求华北的各八路军部队，"团结全华北人民的力量，克服一切困难，坚持华北抗战，坚持抗日根据地，积蓄力量，准备反攻，迎接胜利是1944年全华北的方针"*27*。

身在延安、眼观世界风云变幻的毛泽东，对于共产党和八路军应采取的策略，更是看得一清二楚。1944年4月12日，毛泽东在延安召开的党的高级干部会议上充满信心地说，我们"现在的任务是要准备担负比较过去更为重大的责任。我们要准备不论在何种情况下把日寇打出中国去。为使我党能够担负这种责任，就要使我党我军和我们的根据地更加发展和更加巩固起来，就要注意大城市和交通要道的工作，要把城市工作和根据地工作提到同等重要的地位"**28**。

确实如此，进入1944年后，华北地区的八路军根据各自的条件和特点，上足子弹、端起刺刀，向日伪军发起了一波又一波的局部反攻……

注 释

1. 日本防卫厅战史室编：《华北治安战》（下），天津市政协编译组译，天津人民出版社1982年版，第100页。

2. 日本防卫厅战史室编：《华北治安战》（下），天津市政协编译组译，天津人民出版社1982年版，第287页。

3. 彭德怀：《八路军七年来在华北抗战的概况》，中国抗日战争军事史料丛书编审委员会编：《八路军·回忆史料》（1），解放军出版社2015年版，第37页。

4. 彭德怀：《武装工作队的组织与斗争》（1943年1月），《彭德怀军事文选》，中央文献出版社1988年版，第157页。

5. 帅荣、李健、贾桂荣：《水上游击建奇功》，中国抗日战争军事史料丛书编审委员会编：《八路军·回忆史料》（5），解放军出版社2015年版，第55页。

6. 旷伏兆、魏洪亮、刘秉彦：《冀中的地道斗争与地道战》，中国抗日战争军事史料丛书编审委员会编：《八路军·回忆史料》（6），解放军出版社2015年版，第127页。

7. 赵守福、于化虎：《海阳地雷战》，中国抗日战争军事史料丛书编审委员会编：《八路军·回忆史料》（5），解放军出版社2015年版，第61页。

8. 杜季伟：《铁道游击队的创建和发展》，中国抗日战争军事史料丛书编审委员会编：《八路军·回忆史料》（5），解放军出版社2015年版，第59页。

9. 《论持久战》（1938年5月），《毛泽东选集》第二卷，人民出版社1991年版，第511页。

10. 《论持久战》（1938年5月），《毛泽东选集》第二卷，人民出版社1991年版，第469页。

11. 赵承金：《忆卫南战役》，中国抗日战争军事史料丛书编审委员会编：《八路军·回忆史料》（7），解放军出版社2015年版，第38—43页。

12. 徐深吉：《林南大捷》，中国抗日战争军事史料丛书编审委员会编：《八路军·回忆史料》

（7），解放军出版社 2015 年版，第 44—53 页。

13.《蒋中正先生年谱长编》第七册，"国史馆"、中正纪念堂、中正文教基金会 2015 年版，第 305 页。

14. 袁学凯、王友亮：《王旅长指挥我们在韩略伏击日军》，《一代战将——回忆王近山》，军事科学出版社 1992 年版，第 149—154 页。

15. 王媛媛：《司令爸爸，司机爸爸》，解放军文艺出版社 2010 年版，第 27—28 页。

16.《关于对待李仙洲、于学忠之军事部署》（1943 年 7 月 4 日），中共山东省委党史研究室编，常连霆主编：《山东党的革命历史文献选编（一九二〇——一九四九）》第六卷，山东人民出版社 2015 年版，第 45 页。

17.《中共中央书记处关于对付国民党各派军队的原则给山东分局等的指示》（1943 年 7 月 15 日），中共中央文献研究室、中央档案馆编：《建党以来重要文献选编（一九二一——一九四九）》第二十册，中央文献出版社 2011 年版，第 487 页。

18.《罗荣桓传》，当代中国出版社 2021 年版，第 178—185 页。

19. 陈宏、张栋：《岱崮战斗》，中国抗日战争军事史料丛书编审委员会编：《八路军·回忆史料》（7），解放军出版社 2015 年版，第 67—73 页。

20. 刘春：《混世魔王刘桂堂的覆灭》，中国抗日战争军事史料丛书编审委员会编：《八路军·回忆史料》（7），解放军出版社 2015 年版，第 76—81 页。

21.《鲁南我军急袭将军营，生俘伪军二百余，刘逆被歼后费县人民狂欢庆祝》，《解放日报》1943 年 12 月 7 日。

22. 黄瑶主编：《罗荣桓年谱》，人民出版社 2002 年版，第 348 页。

23.《山东八路军二次大捷，克赣榆城歼伪军一旅，俘伪旅长团长等十二百名》，《解放日报》1943 年 11 月 26 日。

24.《罗荣桓传》，当代中国出版社 2021 年版，第 187 页。

25.《山东军民反"扫荡"胜利》，《解放日报》1944 年 1 月 26 日。

26. 日本防卫厅防卫研究所战史室：《中华民国史资料丛稿（译稿）：1 号作战之一，河南会战》（上），天津市政协编译委员会译，中华书局 1982 年版，第 5 页。

27.《中共中央北方局关于 1944 年工作方针的指示》（1944 年 1 月 1 日），《中共中央北方局：抗日战争时期卷》（下），中共党史出版社 1999 年版，第 606 页。

28.《学习和时局》（1944 年 4 月 12 日），《毛泽东选集》第三卷，人民出版社 1991 年版，第 945 页。

第 二 章

苏中发动局部反击

> 周佛海的悲鸣——筹划车桥战役,准备奏响反攻序曲——车桥响起枪声,"反战同盟"斗士松野觉中弹牺牲——狭路相逢勇者胜——南坎拔除"硬钉子"——讨伐陈泰运——苏中好比"汉高祖的关中"——巧设"口袋阵",新四军三垛横扫日伪军

周佛海的悲鸣

冬去春来,残雪正在消融。1944 年的早春,苏中大地上的田野里又长出嫩绿的麦苗。反"清乡"斗争的胜利,带来了形势的进一步好转。

此时,世界反法西斯战争已转入了决定性的进攻阶段,同盟国达成了开辟第二战场的协议,实现了苏联红军和美英联军的统一行动。在亚洲,根据开罗宣言,美军在太平洋战场上发动对日反攻作战,打破了日军在太平洋战场的防线,危及日本的本土安全和海上通道。中、美、英联军在印缅战场的攻势作战也获胜利,日本军国主义在战略上完全陷入被动境地。

日本军国主义为扭转被动局面,从陆地保障日本本土与南洋的联系,并破坏美国空军由中国陆地起飞对日本本土的轰炸,决定孤注一掷,实施打通中国大陆交通线作战。但由于兵力不足,日军不得不从华中占领区的 14 个作战师团中抽走 8 个师团,使华中地区仅剩 6 个师团和一部分新组成的部队,共约 17 万人,作战能力大大下降,占领区难以巩固。日伪军官兵也士气低落,互不信任,矛盾四起,一些伪军、伪职人员眼见形势不利,主动与新四

军、共产党地下组织、抗日民主政府秘密联络，寻找出路或拖枪反正。

在南京的大汉奸周佛海，于 1944 年的第一天就发出感叹：

> 今年内必有狂风暴雨，惊涛骇浪，余辈大有为大浪卷去而沉入海底之可能也。瞻念前途，忧心曷极！**1**

又在 1944 年 2 月 11 日深夜写下了这样的日记，发出最后的悲鸣：

> 八时半起，先后赴财部（指伪财政部）及中储（指伪中央储备银行）。下午，赴国民政府，代为主持清乡会议。五时半散会，返寓稍憩。七时宴出席各代表于国际俱乐部。国际战局如此变化，清乡不仅不能确立治安，恐兵力上、物质上、精神上均将江河日下，大乱之情形恐今年内即将逐渐实现也。焦虑万分。公博、思平、孛孛来谈。十二时寝。**2**

筹划车桥战役，准备奏响反攻序曲

此时，苏中的形势与其他抗日根据地一样，得到进一步恢复和发展。在苏中战场上，日军尽管还在进行"延期清乡""高度清乡"，但兵力使用上已是捉襟见肘，而且老兵成分越来越少，士气越来越低；而中国共产党领导的苏中区则基本上处于相对稳定的发展状态。到 1943 年 11 月底，县以上早已建立了抗日民主政权，区一级政府一般都经过局部改选，半数以上的乡有了共产党的支部和群众组织，基层群众优势基本确立，并开始进行以乡政权为重点的基层政权改造。地方武装已能独立担负打击、歼灭日伪军和坚持原地斗争的任务，主力部队随时可以用于机动作战。

三仓河是苏中抗日根据地的中心地区，到了 1944 年 2 月，形势已相当稳定。此时，家家户户正忙着蒸年糕、扎花灯、杀猪宰羊，热热闹闹。

一天，苏中军区领导人围坐在木炭盆边，兴致勃勃地谈论着当前的形势和未来的发展。

新四军第一师师长兼苏中军区司令员粟裕和大家一样高兴。一年多来，新四军紧紧依靠广大人民群众，团结一切抗日阶层，利用日伪之间的各种矛盾，坚持斗争，熬过了最困难的时期，不仅坚持了原有的阵地，保持和积蓄了有生力量，而且给予了敌人沉重的打击，进一步巩固和扩大了根据地。

"中央规定我们目前的工作中心为练兵、生产、整风学习三大任务，准备迎接大反攻的到来。"粟裕总结完 1943 年的工作后说。

"可是我们连一个稳定的地区都没有，领导机关也经常处于流动状态，怎么整风、生产啊？"不知道是谁开始发牢骚了。

陈丕显拨了一下火盆中的木炭，抬起头来说："是呀，我们连办一个党校的地方也没有呀！"

"今年打败希特勒，明年打败小日本，已成为定局。干脆主动寻找战机，发动一次新的战役，改变这个局面！"叶飞依然不改爽直脾气。

粟裕一边倾听着大家的意见，一边频频点头。粟裕是一位极其敏锐的指挥员，他早已预感到与日寇决战的时刻就要到来了。"争取有利时机，推进局部的战略反击！"沉重地打击日伪，为即将到来的大反攻和最后战胜敌人创造更有利的条件。这是他此时心中的想法。

他就着木炭火盆暖了暖手，走到军用地图前，拉开布幔，手指按在淮安以东的车桥、曹甸说："我们是不是可以在这里打一个大仗？"粟裕的炯炯目光告诉大家，他早就未雨绸缪，胸有成竹："这里正好是我第一、二、三、四师的结合部，打下车桥，我苏北、淮北、淮南根据地将连成一片，各部队主力能够互为依托，敌如不集中强大兵力绝不敢来犯！"

车桥坐落在涧河（又名菊花沟）两岸，东西 2 华里，南北 1.5 华里，河道上有 5 座桥梁，俯瞰全镇，形如"车"字，是以得名。敌伪占领该地后，驻扎日军一个小队，40 余人，伪军一个大队，500 余人。他们加高围墙，拓宽外壕，架设铁丝网，修建了53座碉堡，构成了绵密的交叉火力网。以车桥为中心，在外围还有十几个坚固据点相拱卫。车桥地处中心，来援方向较多，但敌两个师团部的驻地徐州、扬州，距车桥都比较远，不一定来援，其主要增援方向可能来自淮安。

管文蔚对这片地区最熟悉不过了。他说：这着棋妙啊！车桥攻克后，新四军横扫运河线上的敌人据点将势如破竹，这对于将来进行大的战略反攻来说太有利了。

粟裕接着说："车桥、曹甸是敌第64师团和第65师团的结合部。这两个师团分属于不同的领导体系。第64师团属于华中派遣军序列，第65师团属于华北派遣军序列，两部之间配合差，对我很有利。我们可以揳入其结合部，然后扩大战果，胜利是有把握的。"

后来粟裕在报新四军首长的电文中，对组织车桥战役的理由做了详细说明：

我们此次组织车桥战役是根据下述理由出发的：

（一）苏中敌人正积极布置进行"扩展清乡"，大约在四月初可能开始实行。若如此，则四分区机关必须由丰利地区北移台南地区，三分区领导机关必须移联抗地区，而联抗地区太小，且系水网，因此三分区之机关尚须移一部分到台南，因此我们必须让出台南地区给三、四分区机关转移。

（二）敌人"屯垦"重心在盐东及台北，将来实行，台北也很难容纳我们机关，二分区领导机关尚须向兴化转移。

（三）江都至泰州以南如果"清乡"，则一分区机关部队亦须转移到高邮地区，因此一分区南部也很难容纳三分区之机关部队。

（四）在"扩展清乡"遍及三、四分区全部及一、二分区之一部后，则各"清乡"地区势必要撤退大批部队及干部出来，为便于各分区集中精力反对"清乡"，则其撤退之部队及干部当由区党委及师部负责直接领导，因此我们直属机关必然很大，如仍摆在台南海边，不仅难于进行整训，且有遭敌严重打击之危险。虽三师能将盐城地区借给我们驻扎，但我们人员太多，且有许多不便，如分一批人到淮南或四师地区去专门领导整风，则领导分散亦有不便，因此必须有颇大机动地区安插，而便于干部整风及部队之整训。

（五）车桥、曹甸地区敌人属徐州六十五师团系统，在军事上说来，其车桥、曹甸、泾口之据点过于突出，且为其弱点；在行政上说来，淮安属淮海省管辖，系日伪两个系统之界线，正可被我们利用。我们估计在车桥战役后，敌必大举报复，在其报复之后我不再刺激敌人，在敌人兵力不够的现势下，不一定对我们再作大的进攻；如小的进攻，我们当易于应付。即或敌人作大举"扫荡"，则必须由徐州及扬州两个系统统一指挥才行，但如此大举布置，则我们也易预为准备，且其配合亦不一定十分密切。同时敌人亦有让我主力向西北转移而便于其东南之三、四分区"清乡"企图，因此我们才决定组织此战役，不知是否正确，尚乞指示。**3**

苏中区党委会决定由粟裕负责战役全面的组织指挥，副师长叶飞负责车桥前线战场指挥。紧接着又召开团以上干部参加的作战会议，具体研究制订作战计划、方案。作战部门提出了三个攻坚方案，供作战会议讨论：一是由东向西，先攻泾口，后攻车桥；二是车桥、泾口同时攻击；三是先攻车桥，后取泾口。经过分析比较，择优选取了第三方案。第三方案的优点很明显，粟裕力主此案。他认为：首先，打下车桥，敌人可能放弃一大片地区，我们可以得到最有利的战役效果。其次，车桥处敌中心地区，是敌人的心脏，工事坚固又有日军驻守，敌人自以为安全，而敌人认为安全的地方，往往是我最容易得手的地方，这是战争的辩证法。我们可以采取掏心战术，隐蔽接敌，突然进攻，必能收出奇制胜之效。最后，车桥周围的地形也对我有利。作战会议一致决定选择第三方案。粟裕又为这次战役定下了攻坚打援并举的方针，坚决攻占车桥，并歼灭敌人一批增援部队。

粟裕调集主力部队 5 个多团的兵力，还有地方部队参战。作战编组是：以第七团为第二纵队，负责主攻车桥；以第一团、第三军分区特务营及泰州独立团一个营为第一纵队，担任对两淮方向之警戒，完成歼灭或击退援敌之任务；以第五十二团及江都独立团、高邮独立团各一个营组成第三纵队，担任对淮安、曹甸、宝应方向之警戒，完成歼灭或击退援敌之任务；以师教导团第一营及第四军分区特务团（2 个营）及炮兵大队组成总预备队。粟裕强调，这次战役中安排打援的部队多一些，但并不是"以打援为主"，战役的目的是攻取车桥，解放这一片地区。过去对日军作战打的都是游击战，这次是游击战和运动战相结合，是一定规模的对日军攻势作战，这在苏中抗日游击战争中还没有先例。

作战会议结束，粟裕特意把第七团团长兼政委彭德清和参谋长俞炳辉留下，斩钉截铁地说："成败胜负，关系重大，你们团一定要完成任务，哪怕敌人筑了铜墙铁壁，也要砸开它！"彭德清坚定地表示："请首长放心，我们一定拿下车桥！"

粟裕接着又将严振衡找来，命令他立即从作战科、侦察科、通信科各抽调一二名参谋，带两名机要员和一部电台，挑选侦察员、徒步通信员、电话员（带总机）各一个班，调师教导团第一连，由管理科配好行政和生活保障人员，安排一名得力的副官带领。这些人员编组好以后由严振衡统一管理和指挥，护送、陪同叶飞副师长去第一军分区淮宝地区，有重要作战任务，详细情况由叶副师长具体交代。对护送叶飞副师长到作战前线的路线，粟裕也对严振衡作了详细指示：尽量陆地行军，避免水上行军。路上一定要注意侦察警戒，昼伏夜出，严格保密，保证安全到达。

大部队行动保密工作十分重要。这一带是水网地区，封锁消息有不少有利条件，粟裕早就布置宝应县委动员 3 万多民兵和群众，于曹甸、安丰等地筑路打坝，筑起了顶宽 1 丈、高出水面 5 尺，穿越湖荡，绵延约 15 公里的五条大坝，以便于攻击部队隐蔽接敌，奔袭车桥。又组织了数以千计的船只，穿越宽阔的马家荡、绿草荡水面，把部队、云梯和其他器材以及担架队运送到车桥附近。还组织精干民兵，利用黑夜开沟挖塘，破坏敌伪据点之间的道路、桥梁，协助军队埋设地雷、放哨和监视敌人。

为保证战役的胜利，粟裕认真抓好了战前准备，特别是协同作战的准备。他要求部队充分摸清摸透地形、敌情，包括敌之工事构筑、火力配置及与之有关的一切方面的详细情况，进行目标明确、目的清楚、要求具体的针对性练兵。主攻车桥的第七团挑选干部进入车桥据点侦察，把车桥周围地形与开进路线勘察得清清楚楚；拟制了详尽的作战方案，最后又用 15 天时间，模拟敌人和地形地物进行战前练兵。

苏中大地上一场酝酿已久的向日本侵略者发起局部反攻的风暴就要来临！

车桥响起枪声，"反战同盟"斗士松野觉中弹牺牲

1944 年 3 月 4 日午夜，皎洁的月光给大地铺上了一层轻柔的薄纱，车桥高耸的围墙、林立的碉堡清晰可见。按照预定计划，第三旅旅长陶勇指挥第二纵队，从南、北两个方向成冲锋队形摸向土围。

5 日凌晨 1 时 50 分，月光下的围墙上突然搭上几十副云梯，一阵短促的骚动中，突击队员翻上墙头。片刻过后，南、北数十颗信号弹飞上天空，战士们潮涌般地越过了深壕。

碉堡内的敌人对新四军的突然降临极度恐惧，慌乱中胡乱放枪。被誉为"飞将军"的第六连战士陈福田，腰上别满手榴弹，背上梯子，冒着弹雨，飞身爬上碉堡顶盖，抢起十字镐挖了个窟窿，将一连串的手榴弹塞进了碉

堡，碉堡燃烧起来了。

一连向围墙上的两个碉堡发起进攻时，战士蔡心田发挥"百步穿杨"的神技，飞步接近碉堡，一枚手榴弹凌空而起，准确地从敌人枪眼里投进了碉堡。突击组冲了上去，全歼驻守的伪军；接着，又向伪军补充大队部发起进攻。

告捷的信号弹此起彼伏地窜上夜空。不到一个小时，1000余名新四军战士次第攻入市镇，向街心发展。第二连泅渡了两道2丈多宽的外壕沟，突破围墙，在伪军尚未来得及占领碉堡时就将其大部歼灭。第四连由西南角突破围墙后，越过敌火力封锁，在墙上开洞，迅速打进伪警察局，伪军措手不及，全部被俘。第六连泅水渡壕时，被伪军哨兵发现。前卫班奋勇前进，活捉敌哨兵，先后占领两个碉堡，随即向纵深发展，越过第二道围墙，攻击东南碉堡。

5日上午10时，伪军补充大队驻守的两个碉堡，被第七团攻占。新四军冲进屋内进行白刃战，全歼守敌，俘获伪大队副以下80余人。11时，伪军一个中队全部投降。

车桥镇上硝烟正浓，新四军第三师参谋长洪学智率一个骑兵排，飞奔叶飞指挥部，并带来了第七旅部队攻克朱圩子的捷报。第三师部队的策应，保障了第一师作战部队北面侧后的安全。

下午2时许，车桥内的碉堡陆续被新四军占领，只剩下日军和伪军大队部的两个小围子尚未被攻克。新四军攻击部队以山炮、迫击炮向敌人据守的圩子发起轰击，将敌人的一些大碉堡及暗堡打塌。

正当陶勇的攻坚纵队围歼凭坚固守的日军之际，车桥西北的阻援战斗也打响了。

新四军早就在车桥西北的芦家滩一带为日寇援军准备了"坟墓"。这里南有涧河，宽20余米，水流湍急，河岸险陡，不易徒涉；北面是一片草荡，宽约0.5公里，长约1公里，芦苇密布，淤泥陷入；中间形成狭窄的口袋形地域，淮安到车桥的公路就由这里穿越。来援之敌进入这个地域后施展不开，有利于新四军在这里歼敌。

就在这里，新四军第一团第三营早就构筑了阻击阵地，在阵地前沿敷设了地雷；突击部队主力第一、第二营和特务营隐蔽于芦家滩以北和西北一线，待机出击。

5 日下午 4 时多，淮安 240 余名来援日军乘坐 7 辆卡车，恶狠狠地猛扑过来。这时，东北风大起，黄尘遮日，飞沙扑面。这在当地都是罕见的。老百姓都说："新四军有神灵保佑，天降鬼风，帮助新四军打胜仗。"

第一团第三营战斗警戒分队在周庄与敌接触后撤回，引诱敌人深入。日军进至韩庄附近，距离新四军阻击阵地约 500 米时，第三营的轻重机枪猛烈开火。敌军在慌乱中，进入新四军在公路以北预设的地雷阵。触发雷、引发雷，一阵接着一阵爆炸，炸得敌人血肉横飞，伤亡 60 余人。日军锐气大挫，被迫退回韩庄。

这时，驻淮阴、淮安、泗阳、涟水等地的日军第六十五师团第七十二旅团的第六十大队，在山泽大佐统率下，急速分批驰援车桥之敌。叶飞下令："坚决阻击来援之敌！"

黄昏，风沙依旧，天色昏暗。7 时许，韩庄之敌在多次偷袭第三营阵地失败后，又集结主力猛攻，企图突破新四军正面阵地，均被新四军击退。

新四军愈战愈勇。第一团第二营和特务营组成的突击部队犹如猛虎下山，分成 4 个箭头扑向日军。

第六连首先攻入，进占韩庄西头。闽东红军老战士、"孤胆英雄"、第三排排长陈永兴，在手榴弹爆炸声中，率先冲入敌群。第六班班长许继胜端枪紧跟，率领战士与日军拼开了刺刀。

日军横尸 60 余具。

第四连和特务营第一连分别由北、西两个方向攻入韩庄，随后第五连也自东面突破，把日军阵型截成 4 段，和敌人展开白刃战。10 时许，第三营俘虏的日军军官中，有一名身负重伤而又狂呼乱叫的军官，身挂银鞘指挥刀，战士们把他抬到包扎所时，已经死了。经俘虏辨认，此人正是山泽大佐！

正当韩庄展开白刃战之际，草荡东侧发现一簇簇火光：一部分日军由伪军淮安保安团 30 余人带路，趁暗夜从新四军阻击阵地右翼徒步偷越芦苇荡，进至草荡东北面，遭到第一团第七连和泰州独立团第一、第二连的堵击。敌一部逃向三面环绕河道的小马庄。晚 10 时许，第一团第一营攻击小马庄之敌。第三连第三班班长刘作勇带领全班首先飞速跨过庄北小桥，抢占房屋。经过逐屋争夺，反复冲杀，新四军迫使敌人退据数间小土屋。

6 日 2 时许，经多次打击，敌援兵溃乱，四散逃窜。有的跳进芦苇淤泥里，有的窜到新四军打援纵队指挥所附近，被警卫员、通信员捉住。天色大亮后，战士们仍在到处搜捕溃敌。"活捉鬼子呀！""缴大炮啊！"的呼喊声，此起彼伏。

正在此时，西面又响起了一阵马达声，汽车载着 120 余名日军，企图进至小王庄、韩庄一线，遭新四军特务营、第二营拦路阻击，转身逃回周庄据点。就在汽车马达的轰鸣声中，一群头发焦枯、脸目烧肿、浑身污秽的日军，没命地向公路奔逃，被新四军一连跟踪追上，统统捉了回来。

与此同时，偷渡芦苇荡的 30 余名伪军，绕到新四军师指挥部附近后，也被山炮连战士一个不剩地"照单全收"了。曹甸、塔儿头方向的新四军打援左纵队，也在大施河击退了来援日军。至此，宝应城以南的日本侵略军全部龟缩在据点里了。

车桥战役以歼灭日军 465 人（包括俘虏中尉山本一三以下 24 人）、伪军 483 人，缴获 02 式平射炮 2 门及其他军用品无数的辉煌胜利，向全国人民告捷。**4**

车桥战役的捷报传到延安，新华社向全国播发了新四军收复车桥的消息，赞扬这是"以雄厚兵力"打的一个"大歼灭战"。延安《解放日报》发表了祝贺这一胜利的社论。在延安的陈毅军长也发去了嘉奖电。第十八集团军总政治部宣传部在《抗战八年来的八路军与新四军》一书中曾经指出："在抗战史上，这次战斗是俘日军最多的一次。"[5]

在车桥战役中被俘的日军炮兵中尉山本一三说："这大概是你们新四军抗日以来在江苏省和日军作战最大的一次胜利吧，俘虏我们那么多人是没有过的吧？""你们在坟地上埋设地雷的预谋，加上坟地周围设置的战壕，适时地掀开伪装，突然地出现，这是你们战术胜利的绝妙计策吧？""这次战斗我们犯了轻视新四军的错误。"说到这里，山本一三的目光不由得露出了敬畏的神色，他突然收紧下巴："你们的粟裕埃拉伊！埃拉伊！（日语'了不起'）"[6]

在车桥战役中被俘的一等兵水野正一伸着大拇指说："我佩服新四军作战巧妙，惊叹新四军士兵攻击精神旺盛。"伍长石田光夫感叹地说："我现在清楚知道了，日本兵战斗意志，完完全全比新四军低下。"他们凄然喟叹："皇军日暮途穷了！"

但在车桥战役中，日本反战同盟苏中支部盟员松野觉，勇敢地参加战场喊话，不幸中弹牺牲。[7]

松野觉出生于日本的广岛，入伍后为丸山旅团平间大队上等兵，在苏中丰利战斗中被新四军生俘。刚被俘时，松野觉对新四军持有强烈的敌意，曾以绝食自杀等方式进行对抗。一天，叶飞、陶勇等人专门来看望他，并同他一起吃午饭。他得知来者是新四军的副师长和旅长时，不禁大吃一惊。他当兵三年，根本没有见过师长、旅长，更不用说一起吃饭了。于是，他向叶飞、陶勇深深鞠了一躬，恳切地要求参加新四军。征得同意后，他走上了新的战斗岗位，不久加入了日本反战同盟苏中支部。以后，每次战斗中，松野觉都活跃在最前方。在他的努力和影响下，苏中新四军部队中的日本人逐渐增多，形成了一支重要的对敌斗争力量。

车桥战役后，新四军苏中部队乘胜扩大战果。不久，曹甸、泾口、泾河、周庄、塔儿头、望直港、张家桥、扬恋桥、蚂蚁甸、蛤拖沟、鲁家庄等12个乡镇的日伪军据点全部解放，百万人民重见天日！当地人民莫不欢腾万状。苏中、苏北、淮南、淮北4块抗日根据地从此连成一片。

车桥战役揭开了华中敌后战场反攻的序幕，它说明抗战的最后胜利已经在望了。

狭路相逢勇者胜

车桥战役以后，如何进一步推进对我较为有利的苏中斗争形势，是粟裕思考问题的重点。

此时，日伪对第四分区的"清乡"已转为以政治伪化为主，同时准备对第一、第三分区进行"扩展清乡"，对第二分区进行"强化屯垦"。粟裕从抗战的整体局势出发，对当前苏中敌情和形势作了深刻分析，认为：日寇目前正以大力进攻平汉、粤汉铁路，相对减弱了后方的力量。但对已"清乡"的地区不会放松，将继续加紧进行"扩展清乡"与"屯垦"计划，因兵力不足，又不大可能从别的地方调兵来苏中，势必主要依靠并集中使用现有力量，这样就使我们有打破其"扩展清乡"计划的可能。经过思考，粟裕把握了整个形势发展的本质，提出了对敌斗争的新策略：对敌人的"扩展清乡"与"强化屯垦"采取打破的方针。对第四分区的反"清乡"则仍提"坚持"斗争，而不提粉碎敌人的"清乡"。因为过早地提粉碎敌人的"清乡"，容易引起轻敌和急躁，导致敌人的报复，使群众遭受不必要的损失。同时，苏中区此时的领导重心已经转向准备反攻，如果第四分区形势再度紧张，对全局会有干扰。

1944年5月，苏中主力特务第四团以奔袭行动突入"清乡"区的封锁线，与在那里坚持的地方武装和民兵配合，两次攻克"清乡"区内伪军据点童家甸。坚持在启东、海门地区的地方武装攻克了伪军据点竖河镇。各县警卫团、区队、民兵攻克日伪据点28处，歼灭日伪军近千人。攻克这些据点既削弱了敌人的有生力量，同时也进一步摸清了日伪军在"清乡"区内据点守备的实际战斗能力。

粟裕任书记的中共苏中区党委根据形势发展，指出反据点斗争是一切工作的中心环节，要用一切办法来达到反据点斗争的胜利，使敌人被迫放弃小据点，集中到大据点，并使大据点一个个处于孤立局面。

于是苏中全区展开了对日伪的攻势作战。粟裕思索已久的打破敌"扩展清乡"并进一步推动局部反攻的军事斗争方案渐趋成熟。

1944 年 6 月 3 日，粟裕分析全国的抗战和苏中斗争形势，向新四军军部提出："于最近进行一次较大的战役"，以粉碎敌之"扩展清乡"计划。

实施这个战役，粟裕提出了两个具体方案。

第一个方案：在敌封锁线上打开缺口，以便于今后工作和加派兵力进入"清乡"区内，并造成打破敌"扩展清乡"的有利条件，因此第一个战斗必须先在第四分区进行。

第二个方案：如上述第一个方案的第一个战斗尚未进行，敌人即开始"扩展清乡"前的大"扫荡"，则我暂停在第四分区"清乡"区封锁线上打开缺口的原定计划，集中主力 4 个团的兵力在东台以东地区，寻找敌人弱点，于运动中歼敌一路或数路，以打破其计划。

粟裕决定以第四分区敌封锁线东北边缘的南坎据点为主要攻占目标，得手后乘胜再打下八总据点，以打开封锁线上缺口，达成今后我主力进入"清乡"区内便利条件。6 月 5 日，粟裕正式下达作战命令，并把主攻任务交给第七团、特务第四团等，其他主力部队、地方兵团、区队和民兵的作战任务，都相应作了安排。苏中四地委也作了相应部署。[8]

新四军第一师在苏中发动的连续攻势，使日军惊恐不安。日寇急急忙忙从关东军调来一个师团，开进第四分区，妄图在苏中境内的局部地区挽回败局。

1944 年 6 月 22 日，车桥战役"主攻手"第七团接到了粟裕司令员的命令：立即归建陶勇的第三旅，有重大任务。

团长彭德清立刻集合部队，离开车桥大捷后的整训地东台唐家洋，以日行 60 公里的速度直奔目的地。6 月 23 日上午 10 时左右，部队进入如皋中部耙齿凌附近。

副团长张云龙兴致勃勃地对彭德清说："我看司令员又有大动作了，说不定要交给我们团艰巨的任务。"

彭德清若有所思地说："我也一直在考虑这个问题。车桥战役对敌打击很大，日寇的悲观情绪日甚一日。据情报人员说：3 月 20 日，东台有 15 名日军脱下战靴，向东方祭拜，痛哭流涕地说：'天皇啊！实在是毫无希望了，我们只好一死以报陛下！'然后，12 人集体上吊，3 人切腹自杀。伪军反正也越来越多。我觉得应该是跟敌人痛快干一场的时候了！"

张云龙说："咱们团休整的时候，兄弟部队可没有闲着。你看人家四团，两次攻克童家甸，多风光啊！"

突然，左前方传来了清脆的枪声。彭德清策马加鞭赶到前方，只见平原上黑压压一片敌人，估量着有近 1000 名日伪军，正在追赶一支地方抗日武装，情势十分危急。

"三营呢？"彭德清这才发现前卫营不见了。"已经过去了。"通信员报告。

"把三营调回来，合击敌人！赶紧放枪，把敌人吸引过来！"螳螂捕蝉，黄雀在后！

日军确实是一支训练有素的部队，听到枪声以后，立即缩进一片乱坟包内，并派出一小队日军向新四军进行试探性攻击。500 米，400 米，300 米……小个子日军指挥官不停地叫喊，他的战刀越来越清晰，灼灼发光的刀尖指着一个方向。

彭德清顺着他的指向望去："不好！日寇真狡猾！"那是一条干沟，横贯东西不见尽头，沟面很宽，沟底很深，两旁筑有高高的沟堤，堤上生长着稀稀落落的芦草。那可是一条现成的野战防线，也是一条很安全的交通壕。无论谁占领了，都进可攻、退可守。更重要的是，新四军现在唱的是"空城计"，敌人一旦占领干沟，继续攻击，整个新四军部队便要暴露在开阔地上，十分被动。

彭德清看看背后，部队还没有赶上来，望望前面，日本兵已冲到干沟南面。情况紧急得叫人透不过气来。彭德清正在焦灼万分的时候，远方传来教导队队长秦镜的喊声："团长！团长！鬼子在哪儿？"

秦镜，身高力大，战斗勇猛，长着一脸络腮胡，生就了一副大嗓门。

"先占领前面的干沟！"彭德清立即命令。

秦镜拔出驳壳枪来，大喝一声："跟我来！"飞也似的冲上去了。

这时，敌人占领了南面的沟堤以后，穿过沟底，向北运动。北坝上刀光闪闪，机枪狂叫。教导队被阻拦在一马平川的开阔地上。一次冲锋不得接近，再次冲锋没跑几步又被敌人的火力压住了。

秦镜拉开嗓门喊着："同志们！听口令，一起上，别拉脚，冲呀！"教导队是第七团的骨干训练班，队员全是具有战斗经验的正、副班长。在惊天动地的呐喊声中，百十名队员像浪涛一样涌上去。

日寇也不是省油的灯，"甜瓜"手榴弹像冰雹一样从空而降。狭路相逢勇者胜！后退，白送死，前功尽弃！英勇的新四军战士立在沟堤下面，捡起冒着青烟的手榴弹扔了回去。

手榴弹，在空中爆炸。硝烟弥漫，弹片横飞，沟堤很快被烟尘吞没了。

突然，百十把闪着寒光的刺刀突破硝烟，像脱弦之箭一样向敌人直飞过去。日本兵恐慌了，躲躲闪闪地往后退却。小个子日本军官拖着战刀，头也不回地逃到南面去了。

干沟两旁形成了对峙局面。

教导队的威猛攻势，使日军误判战情。他们派出2个小队，向西、向南冲过去，准备包抄阵前的新四军"主力"。可是西面是第七团第一营，南面是第七团第三营，好一个分割围歼的机会。

彭德清与张云龙简单合计了一下。

"命令三营掉转'龙头',吃掉南进的日军 2 个小队;命令一营卷起'龙尾',把西进的敌人 1 个小队裹住;教导队……"彭德清回头对张云龙笑了笑,"这条硬棒的'龙身',顶在干沟边上!"

"苍龙"把一条"毒蛇"紧紧围住,拔剑斩蛇的条件已经成熟。彭德清下命令道:"司号长,调六连跑步上来。"

第一、第三营把敌人放到眼前,端着刺刀迎了上去,敌我展开了惨烈的白刃格斗。第六连连长彭家兴左手握着手榴弹,右手拎着驳壳枪,精神抖擞地站在彭德清面前大声说:"团长,怎么打?"

"纵深地带的那个乱坟包,"彭德清指着方向告诉他,"是这股敌人的指挥部,你们连插进去,捣垮它。那个地方不仅有 40 个鬼子,还有百十个伪军。"

敌人一见第六连冲过去,也气势汹汹地迎上来了。他们光着脑袋,露着胸膛,端着刺刀嗷嗷乱叫。一场激烈的白刃格斗开始了。

太阳像个火球一样熏烤着干旱的土地。旷野上,刀光跳动,尘土飞扬。

简直奇怪,20 世纪 40 年代的这个现代战场上竟然听不到一声枪响!敌我双方似乎都铁了心要让对方见识本国的武士精神,滚杀过来,滚杀过去,那气势好似古战场上的两军交战。

"糟糕,六连顶不住了!"团指挥所里有人担心地叫了一声。

"还是增加部队支援他们吧。"张云龙提议。"不用!"彭德清虎着脸说。

著名的战斗英雄"飞将军"陈福田牺牲的整个过程,彭德清看得清清楚楚,他太了解他的战士们了,他知道他们的智慧与英勇!

陈福田为了打敌人一个措手不及,一直把日军放到跟前,然后,持枪领先冲入敌群,被 3 名日军缠住。开始,2 名日军助威,一个上阵,一对一地和他拼刺刀,头一个被他刺穿了胸膛,第二个被挑着脑袋撂倒了。就在这时候,最后一个日军推上子弹朝他打了一枪,陈福田身负重伤以后,还赶上前去还了那最后的日军一刀……

"看呀!六连反击了!"话音没有落,在一片喊杀声中,日军被赶进了乱坟包。

"快看，快看，坟包里窜出了一个日本兵！"指挥所里的人都喊了起来。

那日本兵穿着黑色的长筒皮靴，拿着手枪，提着战刀。正是这支部队的小个子指挥官。

彭连长飞身追了过去。可恶的日寇回过头来就是一枪，只见彭连长踉踉跄跄追了几步，倒下了……

一座草房前，战士们正用半生不熟的日语喊话，要躲在房里的几名日本兵投降。许久，不见答话，大家以为敌人被说服了，慢慢地靠近草房。突然，草房里飞出了手榴弹，一挺"弯把子"机枪也叫开了。一名战士倒在血泊中。

彭德清怒不可遏："命令部队迅速结束战斗，不要恋战抓俘虏，死活都是一个样！"

战士们利用房墙死角向里射击。草房着火了，房梁被烧塌，从房门里窜出一名满身是火的日本兵。他左冲，右冲，发现四面都是新四军的部队，拔出刺刀自杀了。

忽然有人大声喊着："团长！团长……"彭德清顺着他的手势望去，一眼看见了打伤六连连长的那个日本强盗。彭德清脑子里"嗡"的一声，热血直往上涌。

"秦镜，把这家伙交给你！""团长，我有数啦！"

那家伙逃到干沟南面，地上趴着射击的几名日军残兵败将，也慌慌张张地跟着他向西逃去。

凶手在干沟南面跑，秦镜在干沟北面追。凶手越跑越快，秦镜越追越急，两人很快拐过山包不见了。

干沟这边的战斗一结束，整个战场上的枪声全部消失了。彭德清牵挂着第三营的情况，向南走去。走了大约3里路的光景，他发现道旁、坟边、灌木丛里，到处都是敌人的尸体。无须再问，冲到南面来的一小队日军，在这里被第三营歼灭了。

但是，营长陈桂昌的头却耷拉着，丝毫没有胜利的喜悦。"听到枪声以后，部队立即停下，副营长吴景安带着九连的一个班去侦察，半路上，和一小队鬼子遭遇了。吴景安带着战士们以一当十，跟敌人展开了英勇战斗……战斗胜利了，可吴景安同志牺牲了。"

彭德清摸了摸吴景安还散发着余热的血脸，忍住悲痛说："赶紧集合部队，我们还有新的任务。"

这时，张云龙领着部队开过来了，在他身后，跟着秦镜，这个长着满脸络腮胡子的猛士，头上扣着个钢盔，腰里挂着一把战刀，大摇大摆地过来了。他见彭德清站在那里看他，走上前来，没头没脑地说："团长，刚才我们俩拉开了架子站在那里，足足盯了一袋烟工夫。那家伙撒野了，抡起战刀朝我的脑门上砍了过来，我一闪，差点儿把他晃倒。我想，老子不跟你多啰唆了，提起刺刀，从他的背上狠狠地插下去，一刀把他钉在了草地上。"说着，秦镜从挎包里掏出了一顶日本军帽递给彭德清，军帽后面绣着4个汉字：加藤大尉。

彭德清接过日本军帽，没有说话，翻身上马，把手中加藤的军帽挥了一下，喊道："同志们！"

部队立刻安静下来。

"我们打了一个漂亮的遭遇战，非常好！但是，我们目前不是谈论这场胜利的时候，还有一个伏击战在等着我们！等打完这仗，我们一起庆功！出发！"[9]

据粟裕后来回忆称：这次激战，共击毙日军中队长加藤大尉以下日伪军200余人，活捉日军小队长以下14人、伪军200余人。[10]

南坎拔除"硬钉子"

南坎镇位于如东县掘港以东，是日伪军的一个重要据点，驻有日军一个小队和伪军一个连，加上警察，共有 300 多人。这里地理位置比较突出，但并不孤立，四周有好几个据点互相呼应。

由于第七团刚打完遭遇战，粟裕对原定的南坎战役由第七团攻坚、特务第四团打援的部署作了新的调整，改由特务第四团攻坚，第七团担任掘港方向打援任务。

特务四团团长程业棠正骑着枣红马，向第三旅司令部飞驰而去。他已经知道第七团打了一个漂亮的歼灭战。

到了司令部，只见旅长陶勇和政委吉洛（姬鹏飞）正商谈着什么。他们一见到程业棠，迎上前来握着他的手热情地说："老程，你们在童家甸这一仗打得很漂亮，为全分区反据点斗争开了一个很好的头！"

吉政委说："就像演戏一样，拉开了一个序幕。"

程业棠不好意思地说："我们比七团差远了。现在部队士气高昂，要跟七团比一比，你就把南坎这颗'硬钉子'交给我们吧！"程业棠还不知道粟裕已经把主攻任务交给特务四团了。

陶勇把程业棠按在凳子上说："别慌，今天我已叫伙房多加了两个菜，还请了几个'陪客'，来招待你这个老乡。"陶勇和程业棠都是皖西人，早在红四方面军时，他们曾一同拼杀在河西走廊。

程业棠一听心里有数了，主攻任务跑不了，就痛快地说："首长，这个情我领下了！"

1944 年 6 月 26 日深夜，三颗红色信号弹划破夜空，特务第四团第一、第二营同时向日伪碉堡发起攻击。顷刻间，小镇四周，枪声大作，喊杀震天。新四军如同天兵天将，从空而降。日伪军从睡梦中惊醒，仓促应战。

新四军先攻占了伪军据守的 4 座碉堡，歼灭伪军 100 余人；接着集中火力、兵力攻击据守在核心阵地的日军，最后以火攻解决战斗，又歼日军 12 人。第七团全歼由掘港向南坎增援之敌，消灭日军丹木中队长以下 14 人、伪军 100 余人。各部队密切配合，乘胜连克八总店、鲍家坝、六甲和北新桥等日伪据点。

战斗结束后，陶勇和吉洛正策马巡视硝烟已散的日军碉堡废墟，程业棠骑马奔来。

程业棠打了胜仗，高兴不已，老远就张大嗓门喊："首长好！"

陶勇兴冲冲地说："老程，这颗'硬钉子'终于被你们拔掉了！"吉洛在旁边说："你们要好好总结经验教训。"

"是！"程业棠声音洪亮地回答。

民兵和群众扛着战利品唱着歌走过。陶勇感叹道："南坎这一仗打得这样干脆利落，是与苴镇人民的支援分不开的呀！"

南坎一仗，歼灭日伪600多人，在"清乡"封锁线上打开了一个缺口。

这天，陶勇正在兴致勃勃地摆弄着一支新缴获的日军机枪，粟裕签署的嘉奖令到了。上面写着：

> 陶司令员，吉政委并各战斗部队指战员：
>
> 如中胜利，南坎攻克，捷音传来，全师共庆。两次大捷，对于打击敌汪扩展清乡阴谋，意义甚大。望各按原定计划，相机扩大战果，对烈士、伤员，从优抚恤调治，对有功将士，分别奖励，并在"七·一"、"七·七"表扬。

陶勇看罢全文，交给吉洛，在一边早已按捺不住笑容的张震东对陶勇说："陶司令，这下好了，最困难的关头到底被我们闯过来了！"[11]

在攻克南坎据点胜利的鼓舞下，在"清乡"区坚持的地方兵团、区队和广大民兵，掀起了波澜壮阔的夏秋季攻势，高潮一直持续到10月间。据不完全统计，夏、秋季攻势仅地方兵团作战就达192次，区队和民兵作战131次，共攻克据点25处，逼使日伪军撤走据点44处。

讨伐陈泰运

正当全国抗日形势好转，苏中军民向日伪发动夏秋攻势的时候，陈泰运为了个人利益而寄希望于蒋介石，愈来愈向反共方向转化。

陈泰运的税警团共有3个纵队、4个团的番号，原是新四军统战的对象，几年来新四军均以友军对待之。他在兴化以东、泰州东北、兴东东南的三角水网地区驻防。日军"扫荡"时，新四军还经常给予他有力的援助。然而随着形势的发展，陈泰运看到美帝国主义扶持蒋介石反共，以为打败日本后，美国将取代日本在华的地位，蒋介石又会卷土重来，因此改变了原先的中立态度，转为反共。陈泰运指挥所部不断攻击新四军，断绝新四军南北交通，杀害新四军干部，甚至伙同伪第二十四师夹击新四军"联抗"部队，与伪第二十六师分段对第三分区实行封锁，又派遣特务到第三、第四分区进行造谣破坏。

在此种情况下，粟裕与其他新四军领导人多次商量对策，一致认为陈泰运既已蜕变，勾结日伪，成为反共势力，是新四军心腹之患，如不给予必要的打击，将对新四军争取伪军、扩大统一战线、实行民主建设，产生极为不利的影响。因此，7月8日，苏中区党委报告华中局和新四军军部，建议对陈顽予以歼灭性的打击。

据粟师长报告：自韩德勤溃败后，李明扬、陈泰运之流失去其桥梁作用，且已成为我争取伪军、扩大统战和实行民主之障碍，甚至危害我们之坚持。当时彼即以渝方之合法地位，到处予伪军以委任，及给予战后之各种保证。当我进行统战时，其则以渝方名义假各士绅以通匪之罪名威胁。当我在与其对士绅发动群众进行减租减息与推动宪政时，彼即以武装特工进行暗杀，活埋我方之人员及居民，造成恐怖世界。尤其当去年敌伪对我南通各地进行"清乡"时，彼即指使其潜藏于我地方之国特，公开勾结敌伪，自充"清乡"之爪牙，致使我该地九个行政乡反"清乡"遭受严重损失。而在其与联抗接壤之地区，彼曾公开或秘密配合敌伪向我进袭，并曾攻占联抗管辖之八个乡地区。现敌伪正拟向我苏中三分区（泰、皋、海安以南）进行"扩展清乡"。李、陈积极使其国特在我三分区进行各种活动，并有乘敌"扩展清乡"时，采取积极窜扰三分区或以武装配合敌伪之企图。若任其如此，则远胜四分区国特对我之危害。查李明扬虽系优柔寡断之人，但为取得渝方之信任与保持其地位，则不惜损害我方利益，包庇特务头子凌绍祖等，夜间对我方破坏，并与陈泰运部队武装合伙，以与我相抗衡。实际上，李、陈武装已成国特对我破坏之护符，故其地区则已成为今日国特之巢穴。然渝方以陈泰运为李之副指挥，一方面在利用李过去对我友好关系以麻痹我们，便利其特务破坏；另方面则以陈监视李之行动，而掌握其实权。因此李、陈间仍有矛盾存在，但不至于破裂，为欲消灭李明扬对我之障碍与危害，或进而争取其进步，则必须予陈泰运部以歼灭打击之。**12**

中共中央于1944年8月26日复电华中局，要求对陈泰运部"站在自卫立场，采取坚决的斗争方针"，"甚至歼灭他"。**13**

针对陈部武器精良、老兵较多、战术灵活的特点，第一师兼苏中军区组成野战司令部，集中特务第一、第二、第三、第四团和"联抗"第一、第二团共6个团兵力，采用长期围困、对壕作业的战术，迫使陈部出逃，从运动中歼灭其有生力量。9月21日，战斗打响，新四军各部按照预定方案，分路出击，分割围困，逐次歼灭。经40余天的围困和作战，至10月31日，讨陈战役基本结束，歼灭陈部2200余人。11月上旬，陈泰运率残部900余人逃往泰州。东台、泰县、兴化、紫石（今海安）4县交界地区，为新四军所控制。

这一年，粟裕领导和指挥的新四军第一师主力部队和地方部队与日伪军作战 825 次，共歼日伪军 1.6 万人。

苏中好比"汉高祖的关中"

中共中央和毛泽东在 1941 年 2 月的指示电中曾说：

> 第三是苏鲁战区。这是目前华中的基本根据地，主力所在，用力最大，并应准备于一年内消灭反共军聚集大量武装力量的地方，但你们应把这地方看作向西向南发展的策源地。他在总任务上的作用是出干部、派军队向西边南边去的地方，好像汉高祖的关中。**14**

这里把包括苏中在内的苏鲁战区作为"华中的基本根据地"和"向西向南发展的策源地"，赋予了它"好像汉高祖的关中"的战略任务。

粟裕领导的苏中地区经过几年战斗和建设，已建成了名副其实的"关中"。新四军在苏中能控制和储备的人力、物力、财力，在华中战略区中均占首位，成为华中抗日根据地的一块坚强前哨阵地。它不仅有足够的力量坚持和巩固现有地区，而且有力量随时执行发展和支援新区的任务，完全起到了"汉高祖的关中"的战略作用。

夏去秋来，正是收获的季节，但由于苏中新四军主力的南调，苏中军民却虚惊一场。苏中新四军主力南调一事，在后面有专门叙述。

新四军第一师主力南进后，日本侵略军为了加强敌后沿海地区的防御，又以为苏中有隙可乘，即调山本旅团及孙良诚伪第二方面军一个师赶到苏中，企图进一步"蚕食""伪化"苏中地区。孙良诚由开封调来，担任伪苏北绥靖公署主任，为扩大自己的地盘，将伪第二十二师主力特务第二团排挤出宝应城，将其调至兴化以南的周庄、河口一线安设据点，对新四军军部和苏中抗日根据地造成了极大威胁。

苏中军区遵照新四军军部的指示，在运河以东的江高宝地区，发起向伪军孙良诚部的进攻，以策应淮南、淮北军民粉碎日伪军打通三河的企图。1945年2月22日，军区教导旅2个团，向高邮、宝应、兴化、盐城之间的沙沟、崔垛日伪军据点发起突然进攻。部队破冰前进，勇猛突击，一气攻克了沙沟、崔垛据点，毙、俘伪军副团长以下900余人。

但是，这几次战斗都没有大量杀伤敌人，起不到震慑作用。

巧设"口袋阵"，新四军三垛横扫日伪军

1945年4月中旬，苏中军区得悉伪军孙良诚部第四十二师到宝应接防，原驻军伪第五集团军独立团马佑铭部将经三垛移防兴化以南周庄一带。苏中军区领导人当即决定在三垛、河口之间设伏，在运动中歼灭伪军独立团和日军护送队。新四军遂集结第五十二团、第三军分区特务第五团、江都独立团等3个团，组成河南、河北2个纵队，由第十八旅旅长刘飞指挥，设伏于北澄河两侧3.5公里的狭长地带上，布置了一个伏击、聚歼马团的"口袋阵"。

4月26日，刘飞给各参战部队下达了作战任务：江都独立团由团长林辉才率领，埋伏在三垛河以南、河口镇以西，协同第五十二团消灭河道与公路上的敌人，同时准备阻击可能从兴化与河口西援的敌人，牢牢守住"袋底"，绝不让马团东逃。旅特务营由营长成建军率领，在河北三垛以东，准备阻击可能从高邮东援的敌人，把守好"袋口"，不让马团西逃。第五十二团由团长张宜友指挥，在公路北边的袁舍到野徐庄一线隐蔽下来，一旦战斗打响，就在友邻部队配合下全线杀出，把敌人消灭在公路上。特务团守卫在河南，严防敌人南窜，并以火力支援北岸，相机过河歼敌。

4月27日拂晓，参战部队秘密开进阵地。

三垛河一带是新四军经常出没的地方，地形熟，群众条件也好。部队一

到，驻地群众听说新四军要打敌伪军，无不拍手称好。家家户户腾房让铺，给部队隐蔽休息。许多群众帮部队准备船只和战斗用具，绑担架，烧水做饭，忙得不可开交；并且向部队保证，绝不走漏半点消息。民兵们还放了秘密警戒哨，防止坏蛋活动，帮助新四军封锁消息。为了迷惑敌人，沿河商店照常营业，河上船只通行无阻，公路上行人不加盘查，表面看来似乎"风平浪静"。

从旅指挥所向北面望去，眼前弯弯的三垛河，由于这几天正是雨后初晴，河水满满的。离河的北岸有 60 米，赤裸裸地躺着一条与河身平行的公路，没有一棵树遮挡，东西三四公里一望无余，尽收眼底。公路北边，则是星散的村落和一片闪亮的水田，农民已开始把嫩绿的秧苗插在田里，有的地里种着麦子、蚕豆，也已长得很高，成了新四军隐蔽的"青纱帐"。这是多么美好的河山！

28 日，太阳当顶，两个侦察员急急忙忙跑来报告："由宝应南来的敌人，在高邮停了一天，今天早晨离开高邮东窜，现距三垛镇只有四五里路了！"

刘飞立即通知各团，注意隐蔽，加强对敌监视。

通话刚结束，侦察员又报告："河面上发现敌人 3 艘汽艇，拖着 20 多条民船。"

果然，河上"噗噗、噗噗"的马达声由远而近。由于南岸水深，汽艇掉过头，直冲新四军潜伏部队而来，而且越来越近，最近时相距只有 10 多米远，连敌人说话的声音都听得很清楚。第一艘汽艇刚过去，接着第二艘跟了过来，艇上有几个日本军官和伪军军官在谈笑。

忽然，有个家伙指着潜伏区诧异地问道："这些墙上怎么开了那么多洞洞？"

刘飞吃了一惊，但接着就有一个家伙说："天热了嘛，开些窗洞好通风啊！"说完，这艘汽艇也滑了过去。

刘飞松了一口气，暗暗地骂道："你们说得好，等一会儿还要在你们脑袋上开几个洞洞!"

3艘汽艇拖着20多条船的辎重犁着水花刚刚过去,公路西头已经扬起尘烟。陆上的敌人也来了!

原来,伪军师长刘湘图一向把马佑铭视为爱儿宠子,马团是他的一张"王牌"。这次伪军调防,生怕半路上有什么好歹,临时请求日军做保镖。日军也向来器重马贼,但又觉得他毕竟是中国人,虽有几分信任,也不得不防他三分。对于这次行动,日军正想做些监督,苦无借口,恰巧刘湘图请上门来。日寇心中暗喜,立即派遣刚从高邮湖西"扫荡"归来的山本旅团合川大队的2个中队和一个小队护送。

马佑铭对敌寇"老子"和上司的器重十分得意。他自以为部队装备好,几次和新四军交手,都逃脱了覆灭的命运,又有日军做靠山,除了指挥自己的3个营外,还指挥驻河口的1个伪军营。这次调防还有日军护送,因此马佑铭十分骄横,根本没有把苏中军民的力量放在眼里,竟命令部队以4路纵队的密集队形行进,看来毫无战斗准备。每个伪军营后面都跟着日军1个中队,全队前面只有1个伪军班和1个日军小队担任搜索任务。全部约2000人大摇大摆地蜂拥而来,走到新庄西头附近,因公路有缺口,部队停止前进20多分钟,临时搭桥,后续部队不断赶了上来。

刘飞暗喜:这对新四军收紧"口袋"大为有利。

下午3时多,全部敌人乖乖地钻进了"口袋",出击的时候到了!

刘飞一声命令,两颗红色信号弹腾空而起,紧接着轻重机枪、手榴弹和根据地兵工厂制造的小炮一齐怒吼。埋伏在南、北两岸的指战员,把仇恨的子弹、手榴弹、炮弹,像狂风骤雨一样地射向敌群。化装在田野里劳动的新四军干部也都占据了有利地形向敌人射击。

沿河上下一片爆炸声。

敌人的3艘汽艇首先遇到了阻击。但敌人借着船板掩护,一面顽抗,一面割断牵引民船的绳索,开足马力,企图突破重围。江都独立团的英雄们哪肯放过他们，集中火力猛烈射击。第五十二团第三营的勇士们也展开侧击，弹雨冲刷过后，除了先头的一艘汽艇因钢板较厚没能被摧毁而逃脱外，其余2艘都瘫痪在河里不能动弹。艇上的敌人纷纷钻出舱口，撕掉衣服，有的干脆光着屁股跳到水里，企图泅水逃跑。在水网地区发展起来的江都独立团的战士们，个个熟悉水性，在冲杀声中，一齐投出手榴弹，端着刺刀冲下水去，在飞溅的水花中和敌人追逐、肉搏。

凶狂的日军仍垂死挣扎，挥动着明晃晃的刺刀，"哇哇"地怪叫着向新四军战士乱扑。顿时，满河刀光闪闪，鲜血染红了河水，许多日军成了浮尸。北岸的日军纷纷从公路旁跳下河，两脚陷入淤泥，愈拔陷得愈深，成了南岸新四军射击的活靶子。英勇的新四军战士，犹如水上蛟龙，一会儿在岸上，一会儿在水中，既英勇，又灵活。

看到这种情景，刘飞心里有说不出的高兴，他不禁抓起电话筒，大声喊道："打得好！打得好！敌人不投降就坚决消灭他！"

在公路上的敌人，遇到新四军突然猛烈的袭击，队伍大乱，大都趴在公路上滚来滚去。但是，公路北边是泥泞的水田，南面是宽阔的三垛河，隔岸还有特务第五团射出的密集火网，敌人前进不能，后退不得。公路上既无地形可利用，兵力、火器又无法施展，伪军与日军在新四军火力网下互相冲撞。正当他们喊爹叫娘的时候，新四军伏击部队已经插了上来，一下子就把公路上的敌人截为数段。2个日军中队和全部伪军建制大乱，前后不能相顾。

新四军先展开政治攻势，大声喊话："新四军优待俘虏，缴枪不杀！"

马佑铭的伪军，大都已顾不得日军的疯狂辱骂，纷纷缴械投降，只有少数死心塌地为主子卖命的奴才和日军，还在顽抗。但最后也大部被打死或打伤，有的跳河，有的拐着脚逃向新庄。前后只一个半小时，公路东段的歼击战就已基本结束。

走在最后压阵的一个日军中队和200多名伪军，被特务营一压，立即丢下几具尸体夺路抢占了新庄，和前面逃来的日伪军会合，凭着一人高的断墙，用机枪、步枪构成交叉火力网，以掷弹筒弥补死角，集中火力向新四军射击，妄想固守待援。

第五十二团第一营由北面跑步抢占新庄，被小河阻挡，一时未能通过，却被先占新庄的日军以火力阻挡在开阔地上。日军用火力将新四军借以隐蔽的麦子、蚕豆全部扫断，企图给第一营以致命杀伤。第一营教导员汤江声、第一连指导员和一些战士血洒沙场，光荣献身。第三连指导员也身负重伤。在此紧急情况下，第二连连长立即组织突击小组，抱着用绑腿结成的绳索，在火力掩护下强渡小河，接着全连一齐扑上对岸。

第二连过河后，冲上庄头，投出一排手榴弹，抢占了两间破屋。日军一看第二连来势勇猛，妄想趁其立足未稳进行反扑。一群日军拿出所谓"武士道"精神，脱掉上衣，敞开长满黑毛的胸膛，端着刺刀"哇哇"地狂叫着，向新四军第二连阵地猛扑过来。第二连的勇士们面对凶残的日军，毫无惧色，没有后退半步，挥动刺刀向敌寇冲杀过去。双方肉搏拼刺，难解难分，血流遍地。第二连的英雄战士海有鱼，肚子里插着敌寇的刺刀，而他的刺刀却把敌寇死死地钉在墙上，牺牲后两眼还圆睁睁地怒视着那个敌人。

日军见反扑不成，又以最后的兵力投入搏斗。第二连的处境更加艰难。

关键时刻，第一连及时赶到投入战斗，顶住了敌人，站稳了脚跟。但狡猾的日军又组织火力封锁第一、第二连后路，断其增援，展开了连续的一次比一次凶猛的反扑。第一、第二连的 200 多把刺刀在英雄战士们的手里勇猛挥舞，把把刺刀上都沾满了日军的污血。刺刀弯了，掉转枪托来砸；枪托坏了，用手榴弹敲。有的新四军战士冲过去和敌人扭在一起，在手榴弹的爆炸声中同归于尽。有的战士牺牲了，干部接过他的枪向敌人冲去。干部牺牲了，战士主动代替他们指挥。新四军指战员冲入敌人阵地，夺下敌人打得发红的机枪，缴来敌人烧得烫手的掷弹筒，迫使困守新庄北部的敌人丢下几十具尸体向南退守。

黄昏时分，总攻开始。第五十二团第三连、特务营和江都独立团的一个连从四面八方将困守在新庄南部的敌人紧紧包围,阵地上响起了密集的枪声和一片冲杀声。

这时,西面隐隐传来了小钢炮的轰击声,盘踞高邮的日军已分两路来援。必须尽快结束战斗。

第五十二团参谋长胡乾秀组织好炮火,三长声军号一吹,集中火力向庄上轰击,顿时火光冲天,大地也抖动起来。剩下的 30 多个日军,眼看着自己的命运危在瞬间,不得不扯掉太阳旗,跳出断墙,赤裸着上身向西面突围逃窜。

充满仇恨的新四军战士们,瞪着发红的眼睛,狠命地追逐、射击。第二连的一个战士从逃跑的日军中抓住了一个身材高大的毛胡子回来,这家伙不肯投降,最后倒毙在河边,满嘴啃着泥沙。

经过 3 个多小时的战斗,一场激烈而又漂亮的伏击战胜利结束了。战场上到处横着日军和伪军的尸体,还有很多轻重武器。在公路旁,畏缩着近千名伪军俘虏,个个垂头丧气,狼狈不堪,无神的眼睛呆呆地望着薄雾笼罩的三垛河。河里停着 2 艘汽艇和 20 多条木船,满满地载着从人民手里掠夺来的财物和辎重装备,还有几百两黄金。水中乱七八糟地漂着日伪军的尸体,还有破烂的"兽皮"和残缺的太阳旗。

这一仗,新四军全歼日军 240 余人,击毙伪军 600 余人,俘虏伪军 958 人。日军山本顾问、伪军团长马佑铭等也都成了新四军的俘虏。新四军缴获轻重机枪、步枪 1000 余支,各种炮 16 门,还有大批弹药和物资器材。**15**

苏中地区党、政、军、民,从车桥战役开始,经过一年零四个月的对日局部反攻作战,正确地处理了南下发展东南地区和巩固、扩大苏中抗日根据地的关系,至 1945 年 7 月,不仅粉碎了日伪军对苏中地区的"扩展清乡""高度清乡""强化屯垦",歼灭了大量日伪军,收复了大片土地,将日伪军压缩到扬州、泰州、南通、高邮、泰兴等县城大据点里,使其处于苏中军民包围之中,而且保证了渡江南下的新四军主力有足够的兵力,有力地支持了发

展东南地区的行动，为准备实行战略反攻、夺取抗日战争最后胜利打下了
基础。

注　释

1. 《周佛海日记全编》下编，中国文联出版社 2003 年版，第 836 页。

2. 《周佛海日记全编》下编，中国文联出版社 2003 年版，第 851 页。

3. 粟裕：《车桥战役的发起理由和战斗经过》（1944 年 3 月 8 日、11 日），《粟裕军事文集》，解放军出版社 1989 年版，第 199—200 页。

4. 叶飞：《车桥之战》，中国抗日战争军事史料丛书编审委员会编：《新四军·回忆史料》(3)，解放军出版社 2015 年版，第 108—113 页。

5. 第十八集团军总政治部宣传部编：《抗战八年来的八路军与新四军》，1945 年，第 200 页。

6. 《粟裕传》，当代中国出版社 2007 年版，第 191 页。

7. 《粟裕回忆录》，解放军出版社 2007 年版，第 234 页。

8. 《粟裕传》，当代中国出版社 2007 年版，第 192—193 页。

9. 彭德清：《两军相遇勇者胜》，中国抗日战争军事史料丛书编审委员会编：《新四军·回忆史料》(3)，解放军出版社 2015 年版，第 115—119 页。

10. 《粟裕回忆录》，解放军出版社 2007 年版，第 235 页。

11. 崔向华、陈大鹏：《陶勇将军传》，解放军出版社 1989 年版，第 228—230 页。

12. 《张云逸关于对陈泰运部可否予以打击致毛泽东等电》（1944 年 7 月 8 日），中国抗日战争军事史料丛书编审委员会编：《新四军·文献》(11)，解放军出版社 2016 年版，第 133—134 页。

13. 《毛泽东、刘少奇、陈毅关于对李明扬、陈泰运应采取不同方针复饶漱石、张云逸电》（1944 年 8 月 26 日），中国抗日战争军事史料丛书编审委员会编：《新四军·文献》(11)，解放军出版社 2016 年版，第 204 页。

14. 《目前华中指导中心应着重于三个基本战略区》（1941 年 2 月 1 日），《毛泽东军事文集》第二卷，军事科学出版社、中央文献出版社 1993 年版，第 623 页。

15. 刘飞：《三垛河伏击》，中国抗日战争军事史料丛书编审委员会编：《新四军·回忆史料》(5)，解放军出版社 2015 年版，第 179—186 页。

第三章

华北掀起进攻热潮

战潮席卷晋冀鲁豫——曾思玉袭取清丰城——八头黄牛拉着一辆汽车——里应外合夺取莘县——打破刘本功的"铜墙铁壁"——反攻浪潮涌向太行、太岳——山东军区攻潮汹涌，王建安痛打吴化文——罗舜初强攻沂水城——草野清大队来时容易去时难，兵溃葛庄——陈士榘解放莒县城——晋绥军区秋季攻势如潮——"中外记者西北参观团"慕名而来——记者团赴前线观战，揭开八路军抗战真相

战潮席卷晋冀鲁豫

进入 1944 年，八路军积极主动的攻势作战，在荒原上燃起热潮，迅速地蔓延到整个华北地区。

由于 1944 年初日军从晋冀鲁豫区周围抽走了一些部队，守备力量减弱。针对这种形势，晋冀鲁豫区为进一步摧毁敌人的分割、封锁，缩小敌占区，扩大根据地，对敌展开了春季攻势作战，对象是伸入其根据地腹心的日伪军据点。

2 月，太行军区第三军分区部队向蟠武线上之敌出击，扫清该线之敌，收复了蟠龙镇。接着第二、第三军分区部队又乘胜向榆（社）武（乡）线进击，于 3 月 29 日收复榆社县城，并扫清沿线日伪军据点。第七军分区部队逼退敌临淇等据点。4 月 1 日，太行军区第五、第七军分区主力向水（冶）林（县）公路沿线之敌发起攻势。首先打击由林县外出抢粮之敌，并渐次逼

近林县城，拔除城外部分据点，切断了林县至水冶公路，使城内伪军补给断绝，迫敌于14日弃城东窜，最终收复林县城及水冶镇以西沿线据点，歼敌900余人。

在此期间，冀鲁豫、冀南与太岳军区均以部分主力，结合地方武装及民兵，向敌之突出孤立的城镇及据点展开攻势，先后收复朝城、沁水县城及据点、碉堡200余处。由于攻击目标选择适当，攻击动作迅速，使敌首尾不能相顾，因而整个春季攻势作战都比较顺利，不少地区连战连捷。如冀南军区第七军分区，1月攻克冠县赵固据点，歼敌百余；2月又攻克堂邑袁庄据点，歼灭伪军400余人。第三军分区5月奔袭永年周村、孔村据点，一举攻克据点、碉堡4处，歼敌200余人。第四军分区4月连克焦路、坞头、程二寨等据点；5月收复了邱县城。第六军分区1月一度攻入德州；3月于武城齐庄战斗俘敌200余人；6月攻克马厂据点，俘敌400余人。

春季攻势后，为适应斗争形势发展需要，根据中共中央原来的决定于1944年5月11日将冀南、冀鲁豫两区党委、军区合并组成中共中央冀鲁豫分局（又称"平原分局"）和新的冀鲁豫军区。冀鲁豫分局由黄敬任书记。新的冀鲁豫军区下辖11个军分区，一个水东区，由宋任穷任司令员，黄敬任政治委员，王宏坤、杨勇任副司令员，苏振华任副政治委员兼政治部主任（以后政治部主任为朱光），阎揆要任参谋长（后曹里怀），王蕴瑞任副参谋长。第一军分区司令员刘志远，政治委员邓存伦；第二军分区司令员兼政治委员杜义德；第三军分区司令员张维翰、李福祥（代）；第四军分区司令员雷绍康，政治委员乔晓光；第五军分区司令员牟海秀，政治委员陈登昆（代）；第六军分区司令员周发田，政治委员赵一民；第七军分区司令员赵健民，政治委员许梦侠；第八军分区司令员曾思玉，政治委员段君毅；第九军分区司令员兼政治委员张国华；第十军分区司令员赵基梅，政治委员刘星；第十一军分区司令员王秉璋，政治委员潘复生。冀南区党委、行署、军区名义仍保留。

新的军区成立了，下属各分区喜气洋洋，各自以实际战果来表示庆祝。

就在新军区成立的当天，第八军分区在司令员曾思玉、政委段君毅、副司令员何光宇、副政委万里和参谋长潘焱的领导下，率先发起了昆（山）张（秋）战役。昆张地区（今山东阳谷、东平一带）自1942年日军"铁壁合围"后沦为敌占区，日伪在此修建碉堡50余座、公路300余公里，并扶植伪绥靖军第四集团军等部驻防，形成对冀鲁豫根据地的南北封锁线。1942年11月成立的昆张支队（支队长吴忠、政委邵子言）通过一年多的游击战，已控制昆山、戴庙等关键节点，瓦解伪军7处据点，并恢复地方党组织和群众武装。这为战役提供了情报和内应基础。这场战役是冀鲁豫军区整合后的首次大规模攻势。

至17日，八路军先后拔除了靳口、张秋等日伪军碉堡、据点50余处，消灭日伪军1200余人，彻底摧毁了寿张至郓城日伪军的封锁线，全部解放了昆张地区，使抗日根据地中心区向东扩展了50公里以上。

曾思玉袭取清丰城

昆张战役之后，第八军分区的指战员们欢欣鼓舞，立即将反攻的目标圈定在了清丰地区。

清丰地处河南濮阳东北部，是冀南、豫北交通要道上的一个大县，境内交通方便，土地肥沃，盛产小麦，素有"粮仓"之称。城东北之仙庄集因为麦秆丰富而特产草帽辫，行销全国及东南亚各地，素有草帽子"仙庄"之称。全面抗战以来，日寇对该地丰富的粮食资源一直十分眼红，在清丰县城及其附近的永固集、马村集、南堡、南清店、卫城集等地，修筑了大量的据点和坚固工事。每年夏收、秋收季节，日寇就四处抢粮。

1944年3月初，日军为推行"绝对国防圈"的设想，打通中国大陆的交通线，一面调兵河南，与国民党军会战；一面收缩兵力，聚集到重要城市和交通要道各据点之中。驻在清丰县的日军就是在这种情况下被调往邢台的。日军撤出后，清丰城交由清丰县伪县长兼保安团团长张裕元部400余人驻守。清丰县武工队在傅学阶带领下，和民兵乘机发起反攻，于5月10日将张裕元打到了大名城。

但由于清丰城的重要地理位置和丰富的粮食资源，日伪军不甘心失败，于5月中旬组成冀南"剿共"保安联合军，以李铁山为指挥官，纠集4800多人，利用夜色掩护，从大名、南乐分3路突袭清丰，伪军张裕元部佯攻东门吸引守军注意。日军工兵炸毁东门城墙，伪军步兵在机枪掩护下突入城内，与守城武工队展开巷战。至次日拂晓，日伪军攻占县政府、警察局等核心区域，建立临时指挥部，并留下2000余日伪军占据该城。

5月24日和25日，第八军分区接连接到清丰县大队和情报站的报告：清丰之敌从各县强征麻袋1.2万条、大车150辆，建立"粮食统制委员会"，计划收割小麦15万斤，并在城内设立3处粮仓。他们到处抓丁拉夫，一面抢修被八路军破坏的城防工事，一面进行出城抢粮的准备。清丰县大队通过潜伏伪军中的情报员张增玺（张裕元之子），获取日伪军兵力部署、防御工事图纸及庆典时间。武工队使用缴获的日军电台，截获日伪军关于运输山炮2门、掷弹筒18具的通信记录。

当得知他们决定在5月29日，举行"庆祝光复清丰县城盛典"时，军分区司令员曾思玉愤愤地说："他们也太得意了！"他立即召集段君毅、何光宇、万里和潘焱等人研究情况。

几人最后一致决定：应乘敌工事、城墙尚未修复，抢粮尚未行动，各县的伪县长或伪警察所所长尚未撤离之际，以突袭的动作夺取清丰城，一网打尽重返该城之敌。

曾思玉、段君毅随后将作战的想法和决心向冀鲁豫军区副司令员杨勇、政委黄敬作了详细汇报。杨勇和黄敬询问了有关情况后，当即表示同意，并下发指示说："打好这一仗，对于保卫麦收，巩固、扩大根据地，鼓舞军民士气，有重要意义。你们要坚定信心，密切掌握敌人动向，迅速行动。军区把四分区卫河大队、二十二团配属你们指挥，一定要打好这一仗。"

曾思玉、段君毅随后在军分区驻地颜村铺召开作战部署会议，决定调集第七团，清丰、南乐、卫河、观城、昆吾、尚和等县大队以及军分区直属的特务连、九二步兵炮连参加这次战斗，5月28日开始行动。同时，他们命令军分区指挥机关、直属连队及第七团于28日分别从现驻地出发，急行军70公里，进至距清丰城15公里的六塔集地区集结；观城县大队直奔距清丰城东北约10公里的高堡村地区构筑工事，以防清丰城之敌向南乐突围，并与执行阻击南乐增援清丰之敌任务的第二十二团密切联系，务于29日晚到达指定位置；清丰、南乐、昆吾、尚和等县大队的领导干部于29日到六塔集接受任务，各大队立即做好一切战斗准备。此外，各情报站要严密注视清丰、南乐城内及周围据点的敌人动向，有情况随时报告。

各部队的行动部署及任务下达完毕，驻地机关、部队已整装待命，曾思玉以坚定的手势命令："出发吧！"

军分区机关和部队踏上了征途，指战员们一个个精神振奋，士气高昂。几位军分区领导一路上也是谈笑风生。经过70公里的急行军，部队于29日拂晓前陆续到达六塔集地区。

指挥所即刻下达口头命令，分派各部队的战斗任务：军分区九二步兵炮连、特务连和清丰县大队、第四团，于29日22时前完成对城内敌人的包围，23时发起攻击，力求将敌主要兵力歼灭于伪县府围寨以外；30日拂晓前对围寨发起总攻击，力争10时前全歼守敌。攻城部队完成歼敌任务后，于翌日12时撤至城外，集结于清丰城东陈庄、聂庄、李家庄一带，迅速调整组织，准备接受新的战斗任务。清丰城防由清丰县大队负责，迅速恢复社会秩序，并注意南乐方向敌人的动向。其他部队无军分区命令不准进驻清丰城。南乐县大队于24时强攻五花营伪军据点，以吸引南乐之敌，并准备随时阻击大名南援之敌。尚和县大队于22时前完成对永固集据点的包围，力求歼灭该敌；如不得手，则待次日将清丰敌人消灭后，由第七团派一个连前往消灭之。

军分区指挥所设在南关王窑。

天渐渐黑了，各部队趁夜色从麦田里迅速向城下运动。此时，城内敌人正在高高兴兴地看戏，沉迷在"光复清丰"的大捷庆典之中。然而这些得意忘形的日伪军们万万没有想到，他们的末日就在今夜。

约21时许，各路部队都已到达指定位置，将清丰城团团包围。

第二营从城东北角实施攻击，第五连担负突击任务。指导员范亚承在动员中说："同志们，胜利不胜利，就看我们五连了。共产党员、老战士要冲锋在前，血要洒到城墙上去！"

天完全黑了，夜幕遮掩了战士们的身影。第五连组成的2个梯队，悄然进至攻击出发地。

"砰！"城墙上一声枪响掠过夜空，接着又有几声冷枪。这是"胜利"而又空虚的守军正在为自己壮胆。

第五连战士组成的梯子组带着4架梯子，向城下悄悄摸去。"干什么的？"敌人的哨兵扯起嗓子喝道。

"老百姓。"梯子组的战士边回答边向城下隐蔽接近。

那个哨兵没太多注意。突击组和梯子组的战士们在黑暗中向城墙下继续前进。他们蹲在城墙的外壕里，借着微弱的星光向上望去，城墙上的敌人好像增加了兵力，但梯子组只有4副梯子，登城恐怕很困难了。

这时，已经是22时半左右了。时间十分紧迫，必须想出更好的方法。大家正在悄悄地议论，带路的老乡刘二志突然说："向东走20多步，有一段城墙还没修好，很陡，在下面搭个肩，人就能爬上去。不过要特别小心，里面就是炮楼。"

"好，就是那里吧，我们要尽快！"大家达成一致意见，迅速地摸向缺口，很快就爬上了城墙。

两军相遇，枪声大作。

守敌在率先登城的第五连第一排（排长苏丕贞）的猛烈打击下，被击毙 10 余人，余敌仓皇溃逃。第一排遂占领了一段城墙及临时修起来的一个没盖顶的小土碉堡。这时又发现左侧六七十米处的一段城墙还未加高，第五连一部及第六连相继从这个缺口登城，随即占领民房向西发展，连续击退了敌人的多次反击。该处守敌是南乐县的警备队。他们反击不成，便依托房院及街巷进行顽抗。第二营步步进逼，逐层投弹冲杀，毙敌 40 余人，俘敌 100 多人，余敌逃向北门。

第二营占领城东北角城墙及一片民房后，站稳了脚，完成了偷袭突破城垣的任务。接着，后续连队及炮兵相继进城。从俘房口供得知，南乐警备队守备北门及城东北段城墙，东门及小围子是大名的"剿共"第一军守备，小围子里还有几十名日军。鉴于敌情尤其是日军的情况还未查实，死老虎要当活老虎来打。第五连伤亡不大，仍用第五连继续向南发展，从东北包围小围子；第六连向西发展，从西北包围小围子；特务连向西北发展，肃清城墙上的敌人，攻占北门；第七连做预备队，准备对付日军。他们将战况及下一步打法派参谋报告第七团政委杨俊生后，当即得到同意。杨俊生并向他们通报了第一营的战况。当时已是凌晨 2 时。第二营及特务连随即展开，向指定目标攻击前进。

攻城开始后，第一营在营长李光前、教导员赵阳带领下，秘密接近到城东南角至东门之间，选择在一段还未修好的城墙处，组织火力掩护第四连竖梯登城，迅速夺占了一段城墙，继而向两翼扩展，攻占了城墙东南角的碉堡。攻击东门时，敌人拼死抵抗，指战员奋勇登城，一举登上城楼将敌歼灭，毙伤大名警备队 20 余人，俘 50 余人。八路军伤亡 10 余人。尔后，部队沿大街向西发展，对敌进行穿插分割。敌人顿时乱了阵脚，到处乱窜，成班成排地被堵住，八路军指战员一喊"缴枪不杀"，有些就举手投降，或夺路逃窜，个别顽固不化的则凭据街巷抵抗。各连与顽抗之敌进行了激烈的巷战和院落争夺战。战斗进展很顺利，第一营势如破竹，一直打向西门。

拂晓前，第二连向南城楼发起攻击，歼灭清丰县警备队一个中队。这些伪军多是亡命之徒，抵抗很厉害，八路军冲上城楼时，他们仍在顽抗，当即被击毙 20 余人，被俘 60 余人。第二连伤亡 10 多人。接着，第一营开始攻击鼓楼。鼓楼是县城中心的一个制高点。第三连突击队在火力掩护下，乘手榴弹爆炸的烟雾，竖梯登上鼓楼。顽敌在八路军机枪猛烈扫射下，被迫掷出枪支，喊话投降。第三连占领鼓楼后，即从鼓楼制高点上以机枪掩护第一连向警察局院子攻击。在第七团等部队登城巷战的同时，清丰县大队在西城墙一举登城奏效后，迅速占领了西城门全部制高点。他们在打退敌人数次反扑之后，组织火力，居高临下，横扫西大街及其两侧之敌。

天已破晓，第二营第五连由东北侧逼近伪县府的围寨，迅速肃清了围寨外围之敌。这时，第六连由北侧迫近围寨，特务连已将城北门的敌人歼灭。城内未被消灭之敌竞相逃入围寨。

伪县府的围寨，位于城内东北角，原为清丰县保安团驻地。围寨四周筑有五六米高的砖质围墙，墙四角各有一个二层碉堡，自成交叉火力体系。围寨内东、北、西三面的房屋都紧靠围墙，中间是个院子，像是操场，南面的房屋离围墙远些。29 日刚"光临"清丰的"客人"——伪冀南道道尹薛兴甫及各县伪县长、伪警察所所长、伪警备队队长，加上他们的主子日本顾问，都住在这里。

第七团决定先以炮兵摧毁东北角的炮楼，后从该处突破。因为东侧紧靠民房，可以隐蔽部队；北侧有 100 多米的空地，可以使用炮兵。第七团随即下达了炮兵射击，第五连突击，第七连跟进，第六连由西北角佯攻的命令。

各单位接受任务后，马上进行了战斗准备。炮兵将九二式步兵炮和八二式迫击炮分别架在北侧民房内，掏开屋墙作射击孔。第五连的突击准备工作也在紧张顺利地进行着。第二排听说要组织突击队，马上有 18 名同志挺身而出，组成了突击队。

约 5 时 30 分，炮兵向小围寨东北角的炮楼开炮。九二式步兵炮一炮即把炮楼下部打了一个大洞。趁硝烟弥漫之际，第五连第二排排长朱怀泉带领突击队，在机枪、手榴弹掩护下，一跃而出，直奔敌炮楼。第五班班长段玉生和战士张金祥率先穿过弹洞，踏着被炸死的敌人尸体，抢占了炮楼底层。接着，战士李宽、王金保勇往直前，登上了围墙。这时，敌人向突击队猛烈射击，并组织兵力抢夺突破口，炮楼上层的敌人还向突击队猛掷手榴弹与砖块、石头。顿时，枪弹如雨，砖石横飞。战士江得华、李宽、王金保当即牺牲。

其他突击队员拼死守住楼门口，并以火力和手榴弹击退了敌人的反扑。第四班班长齐鸿臣临危不惧，急中生智，从炮楼上层的机枪眼里塞进几颗手榴弹，炸死 8 名伪军。朱怀泉排长带两名战士冲上二层，在炮楼上居高临下，以手榴弹猛打院子里的敌人。突击队这才在突破口站稳了脚跟。突击队在激战中，牺牲 9 人，重伤 3 人，轻伤 4 人，只有 2 人未负伤。最后，就是这 4 位轻伤员和两位未负伤的同志顽强地守住了突破口。战后，军区通令嘉奖了这 18 位战斗英雄。

第五连副连长陈景玉带二梯队第一排进入突破口后，即刻在炮楼顶架上机枪，掩护第一排夺占东屋。东屋内 10 多名敌人被击毙数名，其余举手投降。正在这时，西屋及南屋的敌机枪向炮楼及东屋猛扫，紧接着西屋出来 40 多名敌人，南屋出来 20 多名敌人，又向第五连反冲击。陈副连长即令各种火器准备好，把敌人放过操场中间。"打！"一声令下，第五连一阵猛打，敌人当场倒毙 30 余人，其余仓皇逃回。

接着，第二营营长令第五连将东屋后墙挖开，解决进出路的问题，并督促该连向南发展并夺占北屋。副连长即令一排挖开东屋南墙向南发展，令第二排以火力掩护第三排夺占北屋。激战至 7 时多，第三排夺占了北屋，歼敌 20 余人。第一排夺占了南屋，与敌人在屋内进行了搏斗，歼敌 40 余人。之后，敌人又一次组织了对南屋的反冲击，被击毙 20 余人，乃固守在西屋。此时，第六连报告，发现敌人向西撤退。第二营营长即令第六连留下一个排协同歼灭围子里的敌人，其余兵力追击逃敌；令第七连直插城西北角截住敌人。县城被八路军突破后，敌人企图固守小围寨待援。小围寨被突破后，敌令李铁山坚守并组织反冲击，同时挖开了小围子的西墙，向西突围。敌人到西北角城墙后，即越墙向北逃窜，随行的除日本顾问及伪道尹、县长等官吏外，还有李铁山部数百人。围城部队发现后，即以火力阻击，并喊话令其投降。敌掩护部队见又遇到八路军阻击，畏缩不前。日本顾问见状，恼羞成怒，大声号叫着，抽出指挥刀强逼残敌向围城部队冲击。清丰县大队第三中队、第七团第一、第三连和清丰第五、第六区基干队等部，遂将逃敌拦腰切断，毙俘二三百人。

此时，卫河县大队正埋伏在城西韩桥一线。当逃敌窜至韩桥南面时，他们当即发起猛烈攻击，以迫击炮压制敌军行军纵队，重机枪封锁桥梁通道，一举歼敌 310 多人。

另有一股日伪军 100 余人企图向南乐方向逃窜，途经高堡村南之袁村地区时，观城县大队以 1 个中队坚守阵地，对南乐方向警戒；2 个中队向逃至袁村地区之敌发起攻击，以猛打、猛冲、猛追的动作歼敌大部，只有 30 多名敌人钻入袁村村内，依仗院落顽抗。该大队迅速将村包围，逐院打通院墙，用进逼和攻心相结合的战法，终迫伪军缴械投降。但是，有 2 名日本顾问拒不投降缴枪，也不答话。后来将枪扔了出来，人却死也不出来。待了一会儿，人出来了，但仍要赖皮不讲话，躺在地上死活不肯走。由于没有翻译，什么也问不出来，没办法，只好用牛车拉着，将他们送交分区俘虏收容所。观城县大队副大队长贾鲁峰高兴地对分区领导说："我县大队共俘敌 110 余人，还有两名日本顾问，缴获轻机枪 2 挺、60 炮 1 门、长短枪 100 余支。这样大的胜利，在我大队还是第一次。"

在俘虏集中地——西关外西小桥的南北洼地里，清丰县县长袁士先和县大队副政委余飞龙正在组织人员集中俘虏，清查首恶分子。伪道尹薛兴甫和几名日本顾问蹲在西小桥北边，显出一副无可奈何的可怜相。满脸黑麻子的民族败类、大汉奸张裕元，在众人愤怒的目光之下颤抖着。

30 日上午 10 时，尚和县大队拔掉了永固集据点，全歼该处守敌。

至此，清丰战斗胜利结束。清丰战斗的胜利，标志着冀鲁豫军区从被动防御转向主动反攻的战略转折。

八头黄牛拉着一辆汽车

清丰战斗活捉了伪冀南道道尹薛兴甫和伪县长、伪警察所所长和张裕元等伪官吏 40 余人，以及冀南道"新民会"总会日本顾问河本定雄、调查委员福田稔、肥乡县顾问竹腰常三、成安县顾问田本代勤、伪河北省技术顾问北岛薰及日军旅团参事官等 30 多人。俘伪军军官 100 余人、士兵 1200 余人。击毙伪冀南"剿共"保安联合军指挥官李铁山、冀南道日本联络部代理部长名取正雄大尉、联络员川本以及伪军 200 余人。缴获轻机枪 21 挺、步枪 1500 余支、子弹 1 万余发、战马 15 匹、汽车 2 辆，还有大批其他物资。

日本军官是这样记述"清丰事件"的：

> 当天夜里，全体人员逐渐就寝，突然遭到共军袭击。保安队在城上布防时，县城已完全被包围，立即全面展开了激战。夜 3 时共军突破东关拥入城内，顿时，由各处抽调而来的保安队东奔西窜，混乱不堪，完全丧失战斗意志。在不得已的情况下，名取大尉命令全体突围。但是，突破两三重的包围是非常困难的……名取大尉、川本道联络员战死，薛道尹被俘。

在胜利的场面中，人们发现了奇特的一幕：八头黄牛拉着一辆汽车，慢悠悠地走在胜利归来的八路军队伍中间。"老牛拉汽车！"围观的百姓一面喊着，一面爆发出阵阵笑声。原来，八路军战士们缴获了这辆汽车后，没有人会开，又舍不得丢掉，只好想出了这样一个主意：用牛拉。

胜利轰动了清丰县周围的群众。人们奔走相告，"昨夜八路军打开了清丰，活捉了很多日本鬼子、伪军"。男女老少扛起锄头锹镐，自动去拆城墙、碉堡，嘴里骂着："看你龟孙还敢再来！"人们兴高采烈，有人高声唱起河南梆子，抒发胜利的喜悦。群众议论说："这场面比前两天敌人看戏精彩多了。"部队押着俘虏走过来，老百姓指着他们鼻子责问："还抢小麦吗？还要粮款吗？这是你们死心塌地当汉奸应得的下场。"

这次战斗保卫了麦收，扩大了根据地，使濮（阳）、范（县）、观（城）、清（丰）中心根据地连成一片，壮大了地方武装力量，扩建了分区正规部队，为抗战大反攻扩大了战场，鼓舞了广大人民群众的胜利信心。这一胜利对打击日军士气、瓦解伪军也有着重大意义。**2**

里应外合夺取莘县

受此鼓舞，冀鲁豫军区的其他军分区也纷纷行动。

冀鲁豫军区第十一军分区为了粉碎敌人的分割封锁及保护群众麦收，6月24日向湖西地区之敌发起进攻。到7月2日，摧毁敌伪据点、碉堡97处，歼敌伪军1300余人。收复了微山湖以西、陇海铁路以北之鱼台、单县、丰县、沛县之间的广大地区，将敌伸入八路军腹心区的"丁"字形封锁线全部摧毁，恢复了湖西中心区。

7月31日，第七军分区主力协同地方部队打响了莘县战斗。当时莘县一个中队的日军刚刚撤走，莘县境内由十几个伪警备中队1000余人驻守。驻守在莘县的伪军多数是为生活所迫为人卖命的。冀鲁豫军区第七分区司令员赵健民分析了莘县守敌的情况后，亲自布置瓦解敌军工作和找伪军中与八路军有关系的人员谈话，甚至还亲自到前沿对敌喊话，争取伪军反正。在分区首长的带动下，各部队瓦解敌军工作都取得了一些成绩。伪警备第一中队除中队长陈某外，均被争取过来，愿意为抗日救国立功赎罪。这为夺取莘县创造了一个有利条件。

此时，伪第一中队正好守备着从城西南角炮楼到城西北角炮楼整个西城角一面，对分区部队从西门攻入该城十分有利。因此。赵健民决定，由伪警备队第一中队做内应，里应外合攻打县城。

7月初，第七军分区第二十二团和莘县大队接受了攻克莘县的任务。

7月中旬，为分散敌军的注意力和麻痹敌人，赵健民作出了声东击西的部署。令第二十二团由莘县城西张鲁集附近向西边大名方向转移，作出向西进攻的假象。当第二十二团向西转移到北峰集后，又令作战参谋杜唐佑带2名侦察员侦察龙王庙以及卫河东岸据点，做出攻打龙王庙的战斗姿态，以吸引敌人的注意力。做完这些假动作后，第二天天刚黑，第二十二团（当时没有营，直辖6个连）即出发奔袭莘县县城，次日凌晨1时左右到达城西关。当接近城门时，第二十二团向城上发出联络信号，守西城墙的伪警备队第一中队的内线即按原定暗号用烟头在城墙上画圆圈，表示内应工作已准备好。杜唐佑把部队迅速带到西城门下，等待内线和事先打入的侦察员开城门。不料西城门的钥匙在伪军第一中队中队长陈某手中，陈虽已被抓获，但搜不出钥匙，城门打不开。大家十分焦急。杜唐佑即向团领导建议，部队不能再等开城门，再等的话，敌人一旦发觉就不好办了，不如先用梯子登城，占领了城楼，掩护后续部队登城。团领导把登城任务交给了第二连。等城门砸开时，第二连已登城约一个排。

先头部队由内线带路，跑步冲进伪县政府院内。副团长曹丕堂带着第二连和通信班冲进伪县长刘仙舟的卧室，将刘活捉。在伪县政府院内的战斗只进行了10多分钟，缴获八二式迫击炮3门和一批轻武器。全城战斗进行了六七个小时，守敌全部被歼灭。

第二十二团通过宣传不杀俘虏的政策，做通了伪县长刘仙舟的工作，要他立功赎罪，争取宽大处理，向还未攻克的燕店、万花、马厂等据点喊话。刘仙舟在莘县很有名望，是"模范县长"，又是泰安人，伪军中10个队长都是他的老部下，也都是泰安人，经他一喊话，都纷纷放下武器。这样，仅一昼夜，莘县全境都获得了解放。**3**

莘县战斗摧毁了日军在鲁西北的交通枢纽，切断了伪军的补给线，全歼伪治安军第七团，毙伤伪军300余人，将伪保安大队及伪组织人员500余人全部俘获。

打破刘本功的"铜墙铁壁"

由于恢复了昆张地区，攻克了清丰县城，冀鲁豫第八军分区东、西、北三面的局面已完全打开。于是冀鲁豫军区决定向老黄河以南发展。经过充分准备，于8月3日集中4个团和7个县大队的兵力，对郓城地区的伪军刘本功部发起攻击。

郓城县城系一座古城池，位于黄河南岸的鲁西平原上。东临梁山，西依菏泽，是通往河南开封的要道，也是通往济宁、兖州、济南府的要道，该县人口众多，物产丰富。日寇侵占后，常驻有一个大队的日本兵。

伪军刘本功依仗其日本主子的势力，盘踞郓城。他原系国民党山东省主席韩复榘部下特务队长，是敲诈勒索老百姓血汗的蛀虫，投降日寇后，日本驻菏泽的长官就委任他为鲁西南防共自治军司令兼郓城县县长。刘本功也极力出卖民族利益，疯狂推行日寇的"治安强化"运动。他到处招兵买马，搜刮民脂民膏，势力发展到50个中队（5000余人）。在郓城县辖区内的要点村镇、交通要道修筑据点、碉堡，深挖封锁沟。声称要把郓城地区变为"铜墙铁壁"，割裂封锁八路军根据地，不断到根据地中心地区修筑碉堡炮楼进行"蚕食"，屠杀抗日军民，双手沾满了人民的鲜血。

军分区部队根据军区指示分析了当时的形势，决定严惩刘本功，彻底摧垮寿张、郓城、鄄城的封锁线，打开黄河以南局面。具体部署是集中第七团、第八团、基干团、独立团，鄄北、郓北、寿张、东平、濮县、清丰、南乐、观城、范县等县大队和部分精干民兵，在北线分割包围其沿大堤之封锁线和突出于根据地边沿的据点，以主力第七团团长温先星、政委杨俊生率部，第八团团长齐丁根、政委李仕才率部首先攻取郓、鄄两城接合部大堤上的肖垓（敌称之"金堤"）、刘口等强固的据点，先突破大堤的封锁线，然后再攻取楔入郓北根据地内最坚固的傅庄据点。各县大队和地方武装展开政治攻势，并夺取肖皮口、程四里屯及其他一些据点。在南线则以基干团团长李天德、政委关盛志率领巨野、菏泽、临泽等县大队，置于郓、鄄公路南侧和郓城西南，防止菏泽、郓城之敌增援，并以地方武装围困沈楼、刘寺、王老虎等据点。8月3日夜，各部分路秘密插入郓城境内，独立团围困傅庄据点，并进行土工作业。第八团团长齐丁根、政委李仕才率部，以一部兵力在分区特务连协同下围攻刘口，并将团主力置于刘口、郓城间，准备打击郓城来援之敌。郓北、郓东、郓南各据点，则由地方民兵分别进行围困封锁，以保障七团杨俊生、温先星部队夺取肖垓据点。

8月5日，第七团第五连经过近迫作业，在军分区九二步兵炮掩护下攻克肖垓，歼灭刘本功2个主力中队。郓、鄄之间的鄄北基干大队也乘胜以政治攻势和军事威胁相结合的手段，拔除了红船口、张口、苗庄、冯庄等据点。

刘本功在郓城内得知此情况，大伤脑筋，坐卧不安，惊恐万状，急急忙忙从郓城城内挑选了12个精悍有战斗力的中队，向刘口增援，与第八团阻击部一接触，就利用青纱帐绕道窜入刘口据点内。打援部队回击，在军分区特务连的配合下向刘口攻击。

第七团将肖垓据点攻克后，正向刘口机动。在途中，特务连连长唐子杰向军分区参谋长潘焱报告说："首长，伪军千余人窜进刘口据点去了，我连与八团的迫击炮部队联络上了……"

潘焱马上命令他说："好，你们连和八团部队要扼守金堤（大堤），将敌围困好……"

齐丁根团长率部队飞速赶到金堤上，指挥部队执行此任务。

同时军分区令第七团第二营轻装前进，跑步赶到刘口。他们协同第八团主力以火力封锁刘口据点的吊桥和大门，将敌四面包围，扎住口袋，把伪军困在刘口据点碉堡里，力求一网打尽。

此时，战士们风趣地说："刘本功送货上门了，照例收下不打收条，这就是刘本功有力量向我根据地进攻的下场……"

敌人在不到半平方公里的狭小据点里，拥挤1300余人，在夏天炎热的烈日下，闷得汗流浃背，气都喘不过来，水也喝不上，饭也没得吃，犹如热锅上的蚂蚁，焦急万分。

郓城内只有日军一个中队，此时已经恐慌异常，自知"泥菩萨过河自身难保"，只有闭门固守。刘本功向他们请求增援时，日军中队长说："上级没有命令，不敢出城增援，若城失守我要受到军法制裁的……"

"见死不救，这是什么日本皇军……"刘本功气呼呼地说。

刘本功此时已无计可施了，自己带了2个中队的伪军躲在城东葡萄园里。这是事后刘本功的日语翻译供出的。

对刘口被围的敌人，军分区部队有计划地集中了数门迫击炮向据点内袭击，给伪军的有生力量以大的杀伤后，又展开了政治攻势。战士们对伪军士兵喊话说："不要打西瓜皮了，不要上当消耗子弹了……"（分区部队守卫在交通沟内的战士，将老百姓慰问的西瓜吃了剩的瓜皮用棒子顶着放在战壕墙上引诱敌人打枪。）

"伪军士兵们，你们口渴了吗？你们想吃西瓜吗？肚子饿吗？日本鬼子是秋后的蚂蚱，蹦跶不了多久了！郓城的鬼子也不敢出城增援！你们不要替刘半湖卖命了，当汉奸为日本鬼子卖命遗臭万年！""刘半湖自己不敢来，逼着你们送死！你们不投降，我们打炮轰你们啦！"围攻刘口据点的战士在喊话。

8日拂晓，分区部队迫击炮、轻重机枪火力一齐开火，掩护着第八团第三连突击排趁着硝烟弥漫之际以勇猛神速的动作占领了围寨东北角炮楼，居高临下，猛烈投掷手榴弹，围寨内激烈的爆炸声响成一片。

"八路军不要打了，不要打了！"这时敌人吃不消了，喊叫着，从西北角炮楼枪眼内伸出白布，结结巴巴地喊着"缴枪投降，缴枪投降啦！"然后，一个个乖乖地举着手走了出来。

9日黄昏后，分区部队集中主力强攻傅庄，以九二式步兵炮配属第七团，掩护该团第三连向东北角炮楼攻击，以强烈火力击毁炮楼，从被击毁的炮楼洞口突入据点，登上围寨，以伤亡不到10人的代价，全歼伪军4个主力中队，结束战斗。

分区部队历经近10天的连续作战，沿郓、鄄封锁线共攻克扫除据点37处，歼灭刘本功部27个中队和郓城的一部分伪军，俘大队长以下2600余人，毙伤500余人，缴获轻重机枪、迫击炮、步枪2100余件及其他物资，平毁封锁沟220余里。解放村镇600余个、群众53万余人，敌人的封锁线全部被摧毁。至此，刘本功号称的"铜墙铁壁"土崩瓦解，荡然无存了。根据地向南延伸60里，与游击区连成了一片。**4**

此后，冀鲁豫军区还在湖西地区展开了反顽作战。六七月间，顽军苏北挺进军多次向微山湖东西地区进攻。根据中共中央7月25日指示，冀鲁豫军区为打开湖西局面，策应新四军第四师向淮北地区发展，集中第九、第十、第十一军分区的主力4个团及湖西地方武装，在山东军区司令员兼政治委员罗荣桓统一指挥下，于7月底向盘踞鱼台、沛县的顽军苏北挺进军冯子固部发起反击。先后攻克龙固集、汴庄、姚桥、魏楼等处，至8月18日，将顽苏北挺进军第三十三、第三十五、第三十六、第三十七等4个纵队大部歼灭。为了进一步打开徐州西北地区的局面，9月中旬，又增调第八军分区主力一部，共 6 个团的兵力，向丰、沛、萧、铜地区顽苏北挺进军残部进击，攻克陈老庄、李单楼、马楼等地，并乘胜扫除溃窜的顽军。至此，基本肃清湖西根据地内之顽军，并开辟了砀山、华山、沛县、铜北之间广大地区。

整个 1944 年，冀鲁豫军区共作战 3604 次，攻克据点、碉堡 395 处，毙伤日伪军 1.6 万余人，俘日军 27 人，俘伪军 3.2929 万人，收复清丰、内黄、朝城、莘县、寿张、邱县、濮阳等 7 座县城，连同过去已有的濮县、范县、观城 3 县，共占有 10 个完整县城。

反攻浪潮涌向太行、太岳

与此同时，八路军的反攻浪潮也在涌向太行、太岳区。

太行军区加强了对腹地城镇敌据点的围困和攻势作战。第二、第三军分区部队围困辽县，强袭洪杜，攻克七里店等据点；第四、第七、第八军分区主力各一部围困陵川，迫使敌人龟缩于城内，并在野川底给增援日伪军以歼灭性打击。六七月间，第六、第七军分区部队在平汉铁路西侧之邢（台）、沙（河）及新（乡）、辉（县）地区，向敌发起了攻势。第六军分区主力攻克邢、沙前锋段敌最坚固的功德旺据点，摧毁邢沙段第三道封锁线；第七军分区主力攻克薄壁镇、张村等据点，开辟了新（乡）、辉（县）地区，成立了新辉抗日民主县政府。8 月下旬，第一军分区主力结合地方武装，向临（城）、内（丘）段敌第三道封锁线出击，攻克日伪军据点 14 处。至此，平汉铁路西侧敌之第三道封锁线大部被摧毁，八路军沿平汉线平均推进了 10 公里以上。

在日军大举进攻河南，国民党军丧师失地向南溃败之后，太岳军区根据中共中央向河南发展的战略意图和八路军总部的指示，于 6 月至 8 月间对济源、垣曲地区之敌发起攻势。该地区敌机动兵力较少，防御薄弱，伪军建制复杂，指挥极不统一，不少伪军内部有中共之内线关系。根据这种情况，太岳军区决心集中第四军分区主力及第二军分区部队一部，于6月初至7月12日对济源一带日伪军发起攻势，相继攻克大社、西承留等据点5处，迫使训掌、磕井的伪军携械反正。

从7月16日起，太岳军区转锋西向，在王屋地区连续攻克邵源镇及上关阳等10余个据点，并乘胜展开政治攻势，争取瓦解伪军，发动群众，加强地方政权建设，巩固新开辟的地区。

8月29日、30日，太岳军区部队以主力在济源以南展开作战，攻克陈岭（济源以南日军的坚固据点，用以控制黄河渡口和监视附近伪军的活动），并争取了伪军自卫团长马明山及伪济源保安联队司令王奠甫率部反正。此次攻势作战，共毙俘日伪军800余人，伪军反正1300余人，攻克据点28处，收复国土2600平方公里，解放人口近11万，控制了济源西南的大坡头至垣曲以东之芮村一带黄河渡口，为尔后豫西支队南渡黄河创造了有利条件。济（源）垣（曲）地区攻势作战的胜利，也直接支援了中条山以西地区工作的开辟。该地区处在敌、顽控制之下，群众苦难极深，热切盼望八路军前去解放他们。太岳军区党委早于1943年底即作了开辟中条山以西地区工作的决定。经过半年的斗争，扩大了闻喜、夏县基本地区，并发展到同蒲铁路西稷王山地区，成立了稷麓县抗日民主政府。夏收之后，进一步打开了平、陆、安邑的局面，8月1日成立了太岳军区第五军分区（政治委员柴泽民）。至1944年底该区已经建立了夏县、闻喜、垣曲、安邑、平陆、稷麓6个县政府，人口7.3万余人。

当晋冀鲁豫区对敌广泛发动攻势，配合正面战场作战之际，国民党顽固派却指使山西及苏北顽军积极向我根据地进犯。春初，阎锡山部勾结日军向八路军浮山、翼城地区进攻。太岳军区根据中共中央指示，先行退让，避免冲突；同时集中兵力于适当地点，准备在迫不得已时坚决予以反击。阎锡山部第六十一军得寸进尺，侵占塔儿山后又进一步进攻浮山南北广大地区。太岳军区部队乃在陈家疙塔、王村、杨家掌等处予以痛击，暂时制止了阎锡山部的进攻。

六七月间，阎锡山部又积极准备向浮山以东及青城地区进攻。9月初，根据中央军委指示，太岳、太行军区主力12个团（支队），组成3个纵队，由太岳军区副司令员谢富治、副政治委员王新亭统一指挥，实施青、浮反击战。8日夜发起攻击，经4天战斗，在浮山以北徐安子、柏村、岭上地区，将阎锡山部第六十一军主力第七十二师全部歼灭，浮北地区全部收复。当八路军乘胜向浮南地区展开进击时，阎锡山部以其第三十七师东渡汾河增援，日军亦调集第一一四师团主力及伪"剿共"第二师一部，由临汾、浮山出犯。为避免遭到日军与阎锡山部夹击，八路军在18日分兵一部，配合民兵展开反日军"扫荡"作战，主力则转移待机行动。至此，青浮反击战遂告结束。总计此役共进行大小战斗93次，攻克村落14处，毙伤日军13名、阎军2418名，生俘阎军1532名。

太岳军区进行反顽斗争的同时，冀鲁豫军区在湖西地区亦展开了反顽作战。六七月间，顽军苏北挺进军多次向微山湖东西地区进攻。根据中共中央7月25日指示，冀鲁豫军区为打开湖西局面，策应新四军第四师向淮北地区发展，集中第九、第十、第十一军分区的主力4个团及湖西地方武装，在山东军区司令员兼政治委员罗荣桓统一指挥下，于7月底向盘踞鱼台、沛县的顽军苏北挺进军冯子固部发起反击。先后攻克龙固集、汴庄、姚桥、魏楼等处，至8月18日，将顽苏北挺进军第三十三、第三十五、第三十六、第三十七等4个纵队大部歼灭。为了进一步打开徐州西北地区的局面，9月中旬，又增调第八军分区主力一部，共6个团的兵力，向丰、沛、萧、铜地区顽苏北挺进军残部进击，攻克陈老庄、李单楼、马楼等地，并乘胜扫除溃窜的顽军。至此，冀鲁豫军区基本肃清湖西根据地内之顽军，并开辟了砀山、华山、沛县、铜北之间广大地区。

在春夏攻势中，日军由于兵力不足，战斗力减弱，顾此失彼，遭受严重打击。日军为摆脱其困难处境，于七八月间将用于打通大陆交通线作战的部分兵力由平汉铁路南段调回华北。从 9 月至 12 月，对晋冀鲁豫区进行了 14 次局部性的"扫荡"，但均被击退。

秋冬之际，当敌人向晋冀鲁豫区进行"扫荡"时，敌后方城镇据点和交通线兵力更加空虚，顾此失彼的弱点更加突出。根据上述情况，太行、太岳和冀鲁豫等军区决定，大力向敌占交通线和城镇推进，展开秋冬攻势作战。在平汉线上，先后袭入石家庄、内丘及邢台等车站。在正太线上，袭入寿阳之马首、上湖及获鹿以西的微水等车站，并攻克平定以北的义井镇，袭入和顺城。在同蒲线上，两次袭入太谷城关，攻克榆次北田镇、灵石之静升镇、翼城之北常镇等据点，并炸毁火车 6 列。在白晋线上，地方武装及民兵在虎亭至南关镇段展开破击战，拆毁铁路 20 余公里。在沁阳、博爱地区攻克汉高城、柏山镇、玄坛庙等据点，开辟了道清路以南的修武、武陟新区。在陇海线上攻入砀山。在津浦线西侧一度攻克肥城，并攻入德石路以南的枣强，还收复了莘县和寿张县城。

晋冀鲁豫区经过 1944 年一年的英勇奋战，共歼灭日伪军 7.6 万余人，其中毙伤日伪军 3.8 万余人，生俘日伪军 3.4 万余人，反正、投诚的伪军 3200 余人，收复榆社、沁水、林县、朝城、清河、内黄、邱县、清丰、濮阳、莘县、寿张等 11 座县城，解放人口 500 多万，收复国土 6 万余平方公里。敌人长期控制的平汉、正太和白晋等铁路线遭到不同程度的破坏。部分地区改变了以往被分割的局面。这些局部反攻斗争的新形势使晋冀鲁豫区军民的胜利信心倍增，从而推动了根据地各项工作蓬勃发展的新局面。

山东军区攻潮汹涌，王建安痛打吴化文

1944 年，随着世界反法西斯战争进入决战阶段，侵华日军完全陷入战略被动。入侵山东之日军在其"蚕食"政策遭到严重打击后，被迫采取重点守备主义。山东军区根据中共中央的斗争方针，抓住有利时机，发动了一系

列的局部攻势作战。

1944年3月25日，在山东的鲁山地区，天空中飘着霏霏细雨，树叶在雨水中被洗得亮光闪闪。在山间泥泞的土路上，一队队八路军战士正冒雨行进。

一场激战即将开始，而被打击的吴化文，却对自己行将覆灭的命运懵然不知。

吴化文部原为国民党军新编第四师，但在国民党的消极抗战政策和日军的不断打击下，吴化文于1943年1月18日扯下国民党军的臂章，挑起了"和平建国军第三方面军"的旗号，在日军的豢养和驱使下充当了鹰犬。他在鲁沂山区配合日军的"扫荡"和"蚕食"，不断抢占鲁沂地区的抗日根据地。

罗荣桓曾在1943年下半年发起两次讨吴战役，狠狠地教训了其刘同镜部和厉文礼部。但由于吴化文深受日军苦心栽培，其兵力在山东伪军中最多，编制最正规，武器最精良，战斗力也较强，虽受到两次打击，仍跟随日军四处烧杀抢掠、搜刮民财，屠杀抗日军民。

进入1944年后，原驻山东的日军第十二集团军为配合"绝对国防圈"的设想，派主力开赴河南，参加打通大陆交通线的作战，留在山东的日军只剩下了第五十九师团、独立混成第五旅团及临时编组的独立步兵第一旅团，共2.5万余人，为抗战以来日军在山东兵力最少的时期。

这是一个难得的时机。

罗荣桓毅然决定：发起第三次讨吴战役，由鲁中军区重点准备，其他各战略区配合。

命令一下，鲁中军区的领导和鲁中区党政机关、群众团体，立即开始了战役的准备。从对敌情的侦察、通信器材的配备，以及对敌政治攻势和对敌占区工作的加强；从部队的战术、技术训练和政治教育；从民兵的组织训练和全民的动员；从后方的组织以及物资的筹措等方面，都在紧张地进行。

1944年3月下旬，鲁中军区司令员王建安和政治委员兼鲁中区党委书记罗舜初等人多次召开会议，研究当前形势和战备部署。

"根据我们的侦察，"王建安说，"吴化文现有两个军和一些杂牌的旅、师，在鲁山周围，以悦庄、南麻、鲁村为轴心，摆成一个东强西弱、南厚北薄、外强中干的阵势。其东翼在鲁山的东部和东南部，配置主力第七军和独四旅，控制着三岔店、钻天崮、磋石、悦庄、石桥一带，军部设在悦庄，吴化文的总部就坐镇在悦庄北部的张家庄；其西翼在鲁山的西部和西北部的小峰、松仙岭、芦芽店、祭母山地区，主要由吴化文编并的一些杂牌部队防守；东、西两翼之间的鲁山南麓，是其第六军，扼守在鲁村、南麻和以南的一些地方。吴化文经过我们的两次打击，现已在占领区内的要害地区，构筑了许多据点。每个据点除筑有高垒围寨、明碉暗堡和周围的壕沟之外，还设置了铁丝网和鹿砦。"

罗舜初道："目前，吴化文的嫡系部队共有 12 个团，其中 8 个团分兵把守着 50 余公里的第一线，尽管战斗力较强，有险要地形和坚固工事为依托，但正面宽、间隔大、空隙多，很容易被我军突破。我军突入其纵深后，可直接威胁其总部，震撼全局。"

"所以，"王建安说，"我们要坚持'分散性游击作战与主要方向集中兵力作战相结合、军事攻势与政治攻势相结合'的作战原则，除一部分地方武装坚持原有阵地，并发挥武工队的作用，深入敌占区、做瓦解敌军的工作外，我们要集中主力部队 6 个团另一个营和 2 个独立营，组成左、右、西、北 4 路梯队，其中主要兵力放在东线，突破吴化文的防线，直捣其纵深，来个'中心开花'。同时，其他各路兵力要在吴化文周围约 150 公里的战线上，分路逼近，同时进攻，让吴化文体会一下'四面楚歌'的滋味。"

在王建安、罗舜初的布置下，4 路人马分头行动，于 1944 年 3 月 25 日冒着细雨，疾速行进，并于当日 24 时打响了战役。顿时，吴化文的四周枪声大作，山鸣谷应，吓得吴化文仓皇应战，可惜已经晚了。

八路军的右路梯队，共 3 个团另一个营，直扑吴化文的东部防线，一路攻坚夺地，将防守在这里的吴部第四十九师第一八七团打得七零八落，纷纷西逃。指战员们无意停留，火速进攻，一直插到悦庄东南的磋石一带，歼灭第一八二团，夺取钻天崮，威逼悦庄。

八路军的西路梯队则直取吴化文的西部防线，通过政治攻势先后招降了董家庄、松仙岭、芦芽店的守敌，将吴化文的防线撕成数段。在此前后，北路梯队从东北方向已一举袭占嵩山、三岔店，歼敌独四旅一部，切断了敌通往青州的运输线，威胁着吴伪军的后方；左路梯队攻向吴化文的南部防线，占领了高村、玉皇山及以北的吴伪阵地，守敌有的被歼，有的溃逃。八路军控制了这一地区，逼向南麻、鲁村，使吴伪军东、西两翼防线之间的腰部受到严重威胁。

八路军四路人马从天而降，吴化文早已惊慌失措，频频向日军告急求援。

王建安要求各路部队：在日军出动之前，加紧进攻，绝不能让吴化文喘过气来。

枪炮声愈发激烈起来，吴伪军不断溃退。战至29日，八路军的左、右两路梯队已东西贯通，向南与沂蒙根据地连成了一片。吴化文龟缩在鲁村、悦庄一块狭窄的盆地中，不敢露头，只等着日军的救援了。

30日，匆忙拼凑起来的两路日军分别从莱芜和青州出发，赶到了悦庄地区。

王建安再次指示各路人马：避开日军主力，与其周旋，寻找时机，分而歼之。

这样，增援而至的日军到了悦庄后，再也找不到八路军的队伍了，只好一面掩护吴化文重新布防，一面气焰嚣张地向四面出犯。在短短的10天内，日伪军先后4次出击报复，每次出动的兵力多则2000人，少则400余人。在这里游击的八路军部队时而分散，时而集中，专找敌人的薄弱之处，连续5次发起袭击，俘伪军230余人，另歼灭1个伪自卫大队。

到了 1944 年 4 月 8 日，陷在鲁山区的日军增援部队由于不断受到突袭，只好相继撤走。吴化文见日军已走，也不守悦庄了，急忙将兵力西移到莱芜县城以东、博山县城以南地区，总部搬到了郑王庄，其第六军分布在这个地区的小张庄、黄庄一带；第七军向西移到鲁村。

罗荣桓一直关注着这里的形势，见此情景，立即命令鲁中军区：吴化文这是企图靠拢淄川、博山、莱芜的日军，整补所部，伺机卷土重来。不能让他喘气，乘其惊魂未定、阵地设施尚未就绪之际，迅速回师，再举进攻！

王建安迅速集合各路部队，于 4 月 15 日 20 时起，首先围歼孤立突出在东部张家庄的伪第四十九师和堠庄的伪独四旅。吴化文见势不好，亲率 4 个团急火火地东下救援。不料，王建安早派了一路人马杀向吴化文的老巢。

吴化文带领援兵刚刚赶到悦庄一带，忽闻老巢报警，后院起火，遂踉踉跄跄匆忙回奔。扼守张家庄的伪第四十九师见吴化文带主力西去了，惊慌万分，也跟着狼狈西逃。八路军战士乘胜尾追，接连占领了张家庄、悦庄、南麻一带。至 1944 年 4 月 20 日，第三次讨吴战役胜利结束。

这次战役，鲁中军区的八路军共歼灭吴伪军 6400 余人，其中俘敌将、校、尉军官 340 多人，士兵 4800 多人，缴获 3000 多支长短枪、100 多挺机枪、60 多门炮和一批弹药等。吴化文部遭到沉重打击后，仓皇西逃，不久即被迫撤离山东。对于抗日根据地而言，沂、鲁、泰、蒙四大山区的联系已经打通，与清河区的交通也改善了，八路军的机动回旋区域扩大了。原吴化文盘踞的上百处据点、山寨被拔除，1000 多个村镇得到解放，八路军的根据地向北推进了近百里，面积增加了 1000 多平方公里。**5**

罗舜初强攻沂水城

吴化文被打跑后，王建安和罗舜初的脸上渐渐露出笑容，鲁中根据地正在一步步扩大。

"我们要逐步向北扩展!"王建安指着地图说。罗舜初应道:"争取今夏拿下沂水城。"

除了鲁中军区,1944 年 1 月下旬,滨海军区发起了讨伐伪军朱信斋部之石沟崖战役。讨伐朱信斋部战役之后,滨海军区又多次攻克日伪军据点。鲁南军区也发起了春季攻势,连续攻克日伪军据点。从 1944 年 3 月开始,胶东军区即以部分兵力展开小规模的攻势作战。渤海军区也连续歼敌,还配合了鲁中军区第三次讨伐伪军吴化文部的战役。

1944 年的这个夏天雨水很大,沂河里的水一天天涨起来,巨浪翻滚,涛声惊岸。

为了进一步靠近沂水城,鲁中军区的八路军在这个多雨的夏季发起新的攻势,于 1944 年 6 月 11 日,先在临朐南部地区攻克了大关、小关、蒋峪等 3 个日伪据点,切断了敌人临朐至沂水公路的交通线。12 日以后,八路军又在蒙阴南部、费县以北地区作战,消灭了伪第三方面军教一旅的王立庆部 1100 余人,摧毁了日伪环绕蒙山的封锁线。接着,在沂水城南,八路军部队攻克了大虎头、孟家围子、袁家城子等 3 个日伪据点,切断了敌人沂水至临沂的公路。这样,沂水城的北、南、西三面均暴露在八路军的威胁之下,城中守敌立即陷入了孤立状态。

沂水城是鲁中地区的重镇,也是沂蒙山区的腹地。它东靠苍松翠柏的山岭,西临咆哮奔腾的沂水河。这里交通方便,是沂水至青州、沂水至临沂、沂水至博山、沂水至蒙阴、沂水至莒县 5 条公路的连接点,东达黄海之滨,西通沂蒙山区,南抵鲁南重镇临沂,北接胶济铁路上的青州市,历来都是兵家必争之地。

日军自 1939 年侵占沂水城以来,为了控制和巩固这一战略要地,苦心经营,构筑工事,修建飞机场,加固了城防设施。城内守敌,为伪县长牛先元部的 8 个中队,共 1000 余人。城的南关,则由一个日军中队据守,建有 3 米高的坚固围墙,围墙内的东北、西北、东南、西南角和中心都建有碉堡，高高矗立。沂水城四周，也安置了小据点，西有黄山铺、崖庄、龙山，南有斜午，西北有武家洼，东北有凤凰头，东南有满堂坡、四十里铺等。每个据点都有伪军把守，和沂水城中之敌遥相呼应，形成了一个牢固完整的防御体系。从此，沂水城就成了日军在鲁中发动"扫荡"的基地。日军的军事指挥机关、特务机关都设在城里，每次对鲁中地区进行"扫荡"，几乎都在这里策划和调动兵马。

如今，八路军已经兵临城下。罗荣桓适时地向鲁中军区发去命令：认真准备，力争一举拿下沂水城。

鲁中军区司令员王建安、政委罗舜初、区党委副书记高克亭、参谋处处长胡奇才等多次开会研讨攻城计划，并几次召集各军分区和各团的负责人，讲明攻打沂水城的重要意义，研究兵力部署及任务区分。

经商讨，最后决定：参战部队由鲁中军区的第一团、第二团、第四团、第十一团、军区特务营和部分地方武装及民兵构成。第四团第一、第二营负责攻坚，主攻日军炮楼据点；第三营在沂莒公路阻击莒县增援之敌；第一团为主、第十一团配合负责攻城，歼灭城里伪军；第二团一部在蒙阴城以东，准备打击蒙阴出援之敌；军区特务营负责攻歼城南斜午伪军；地方武装围攻外围据点。由于王建安要去山东军区开会，这次攻城作战由罗舜初、高克亭负责指挥，胡奇才予以协助。此次攻城，在战术上要步兵与爆破相结合、攻城与打援相结合，要隐蔽突然，奔袭包围，速战速决，一定要在敌援兵赶到之前结束战斗。

任务确定后，各部队马上行动，侦察敌情，熟悉地形，准备炸药，细化任务。

1944年8月15日晚，罗舜初命令第四团发起对沂水城东南炮楼据点的进攻。信号弹乘着夜色飞入沂水上空。顿时，枪声大作，弹飞如雨，火光闪闪，响声冲天。

对东南炮楼据点的进攻也是各路部队发起总攻的信号。第四团的枪声一响，所有部队全部启动原定作战计划。攻城部队如猛虎下山，排山倒海似的向沂水城冲去。

第四团第一营的第一、第三两个连穿过南关黑洞洞的街道，直扑东南炮楼。他们飞越壕沟，冲至墙根，爆破手放下炸药包，点燃导火索，"轰隆"一声巨响，炮楼应声而倒，日军中队长和一小队敌兵全部葬身于破瓦碎石之中。紧接着，第四团第一营第二连的战士在城的西南面也炸倒了敌人的炮楼。

日伪军见东南、西南两座炮楼忽然倒塌，立即紧张地进入战斗位置，一面放毒气，一面负隅顽抗，枪炮声响了一夜。

16日上午10时，第四团第二营营长刘振江冒着敌人炮火，组织第四连攻入东北炮楼，与那里的敌人展开了激烈的刺刀拼杀，最终稳稳地占据了东北炮楼。

负责攻城的部队同样是无坚不摧，一一得手。从城东门攻进的第一团第二营，迅速向纵深发展，毙伤敌100余人，生俘500余人。由北门攻入的一团第一营，不到30分钟就将北门占领，并按照预定计划，向东关大街、南关大街及伪县政府大街发展。第十一团第一营攻击西门，5分钟即翻越城墙，突入城中，仅2个小时，就把西门守敌全部消灭。攻入东、西、北城门的部队，继续向城中心攻击前进。八路军经过激烈巷战，当晚将城内伪军大部消灭，残敌退守到一个小围子内，被包围了起来。16日上午，八路军攻城部队利用伪军家属和被俘伪军展开了政治攻势，迫使其全部缴械投降。

在这期间，第十一团第二、第三营全歼黄山铺伪军一个大队。军区特务营占领斜午，其他外围据点的伪军，在地方武装围攻下，有的弃点逃跑，有的缴械投降。至16日14时，守城伪军全被歼灭。

打援部队亦胜利完成了任务。16日上午，莒县日伪军分乘8辆汽车，匆匆赶来增援，遭到第四团第三营的伏击，被打得丢盔弃甲，狼狈回窜。蒙阴驰援之敌，也遭到第二团的阻击，被迫缩回蒙阴。

16日晚，第四团战士在各路部队的支援下，开始对中心炮楼和西北炮楼发起攻击。上半夜，佯攻中心炮楼，消耗疲惫敌人，对西北炮楼实施强攻。第四团第二营从东北炮楼沿南墙里侧，向西北炮楼搜索前进。炮楼里的敌人三五成群地冲下来，占领了街道、房屋，疯狂地阻击。第二营战士冒着枪林弹雨，顽强战斗。敌人将房屋点燃，形成熊熊火障。战士们舍生忘死，冲过火障，继续搜索前进，等到接近西北炮楼时，投出了大批的手榴弹。随着接连不断的爆炸声，炮楼里的敌兵再也坚守不住了，他们端着刺刀，疯狂地冲了出来。第二营战士挺枪迎击，一阵激战，终于攻占了西北炮楼。

午夜后，战士们合力强攻沂水城的最后一个堡垒——日军的中心炮楼。此时，日军见4处炮楼全被占领，心中已不存生念，只得垂死挣扎，使用各种武器向炮楼四周射击。第四团组织突击队实施爆破。经过两次爆破，才将中心炮楼的西北角炸开一个洞。但敌人立即用火力封锁洞口，同时施放毒气。

中心炮楼久攻不下，胡奇才亲赴第四团指挥所，指示用最大的炸药包继续组织爆破！

这一次，爆破任务交给了爆破英雄、副排长万保全。万保全把50公斤重的炸药包捆在带叉的长杆上，在强大火力的掩护下，带一名战士飞快地接近炮楼，把炸药包靠上炮楼墙壁，迅速点燃导火索。一声巨响，天摇地动，中心炮楼被炸塌了。攻击部队乘势奋勇冲入，全歼守敌，而英雄万保全却壮烈牺牲了。

至17日6时，攻打沂水城的战斗全部结束。被日伪统治6年之久的沂水城，获得了新生。八路军解放沂水城的消息，像浩荡的东风，吹遍了沂河两岸。群众欣喜若狂，奔走相告。在通往沂水城的大道上，人群拥挤，热闹异常。欢乐的歌声，愉快的笑声，叮叮当当的锣鼓声，响遍山岭上下、沂河两岸。**6**

这一战，历经一天两夜，鲁中八路军全歼沂水城守敌，打死日军 83 人，俘 20 余人，毙伤伪军 200 人，俘伪县长牛先元以下 800 余人。鲁中军区拔除了日伪占领的沂水城这一重要据点，扩大了解放区，缩小了敌占区，不仅使鲁中区内部连成一片，而且也使鲁中和滨海两个战略区更加紧密地连在了一起。

除了鲁中军区的夏季反攻，鲁南军区于 1944 年 5 月 1 日集中主力第三、第五团及 2 个独立营、区中队和部分民兵，发起了第一次讨伐伪军荣子桓部的战役，最终全歼了荣子桓所部第二师，重创其第一师，还沉重打击了荣企图伪化鲁南根据地的阴谋。鲁南军区解放崮口山区后，使之与天宝山、抱犊崮互为犄角，极大地改善了抗日阵地的环境。随后，鲁南军区部队乘胜出击，连续歼灭日伪军。7 月 18 日，在罗荣桓的统一指挥下，鲁南军区和冀鲁豫军区湖西军分区部队，发起了微山湖反顽战役。微山湖反顽战役，共歼顽军 1.1 万余人，其中鲁南军区部队歼顽军 2000 余人。此役的胜利，使由华中经鲁南、冀鲁豫边区通往华北的重要通道完全被八路军控制，山东国民党顽军与其大后方的连接要道也被切断了。

渤海军区于 7 月趁青纱帐起，也发起了夏季攻势。夏季攻势第一阶段成功争取了伪灭共救国军第八团王道部 1600 余人和广饶县伪警备队第六中队苏景三部 100 余人反正，并拔除日伪军据点 54 处，扩大了益临寿广四县边区。8 月 11 日，渤海军区乘胜北上，发起以解放利津城为中心的夏季攻势第二阶段作战，共毙俘日军指挥官井田中尉以下 8 人、伪军 1000 余人，缴获大小炮 14 门、轻重机枪 29 挺、长短枪 900 余支、子弹 10 万余发、汽车 2 辆、战马 50 余匹、粮食 75 万公斤，以及其他物资。这是渤海军区首次取得对城市攻坚作战的胜利。

滨海军区在 6 月上旬就发起了夏季攻势作战，军区第四团、第十三团、新第一一一师、临沭独立营等部队，连续发起攻势战斗，拔除了多个日伪军据点，有效地削弱了滨海区及其周围之日伪军。为解放滨北地区，并扩大滨

海区与胶东区的联系，滨海军区集中第六团、第十三团（欠一个营）、新第
一一一师、警备团及第一、第三军分区部队和民兵一部，在东北自胶县（今
胶州市）南王台镇，西南至日照东北之两城 70 余公里的战线上，以胜水、
两城为重点，分左、右梯队，于 7 月 23 日晚发起了讨伐伪军李永平部的战
役。此役，计毙伤日军 130 余人、伪军 250 余人，俘日军 3 人、伪军 300 余
人，攻克据点 40 余处，解放铁镢山和藏马山以西地区 1000 余平方公里、人
口 30 余万，收复村庄 600 余个，相继建立起藏马县、诸胶县抗日民主政权，
从而控制了诸日公路大部及海（州）青（岛）公路、诸胶公路各一段，改善
了滨北抗日形势，巩固和发展了滨海与胶东两区的联系。

草野清大队来时容易去时难，兵溃葛庄

日军在鲁中失去了沂水城这样一个战略据点，自然心中不甘。

1944 年 8 月中旬，日军纠集西逃的伪军吴化文部兵分两路，分头开往
鲁中、滨海地区，想找八路军报仇。可是他们处处挨打，又屡屡扑空，空转
了十几天，被迫于 8 月 29 日分路撤退。

不过，这时的抗日根据地已不是日寇想来就来、想走就走的地方了。罗
舜初一直盯着他们呢。现在，他看中了一路从滨海区回来的敌人，这批敌人
共有 2300 多人，他们从莒县出发，沿着沂水至博山的公路北窜，正准备回
到淄博去。

"就吃他！"罗舜初下了决心，告诉通信员，"通知第四军分区司令员孙
继先来埠前村开会。"

埠前村是鲁中军区司令部的驻地。王建安去山东军区开会还没回来，鲁
中军区的工作都由罗舜初负责。

此时正值夏末秋初，丽日晴空，周围一望无际的青纱帐，散发着即将成
熟的秋禾的清香。收获的季节快到了。

孙继先赶到司令部会议室的时候，罗舜初、胡奇才以及各团的领导都到齐了。

　　罗舜初开门见山地介绍了敌情："这股北撤的日伪军分为两路：左路为伪第三方面军吴化文部第四十七师4个营和独立第一旅陈三坎等部，共1200余人，由沂水城以西渡河回撤；右路为日军第五十九师团第四十三大队，也就是草野清大队，共450人，跟随的有滨县伪警备队300余人、伪第四十七师200余人，共近1000人，沿沂博公路回撤。这是一个消灭敌人的好时机。因为，日伪军撤退的沿途上，山峦叠峰，青纱帐起，他们又是孤军深入，有利于我而不利于敌。当然，敌人不会束手就擒，必然要作垂死挣扎。"

　　军区参谋处处长胡奇才接上说："根据敌人的行动路线和企图，我们决定：迅速集中兵力，于沂水城北沂河两岸以葛庄为中心地带，组织一个伏击战。"他指着地图，"葛庄位于沂水城西北20公里处，西、北两面靠山，南为沂水城，东为金牛官庄，地形极为险要。以葛庄为中心，从东到西有一片1.5公里的狭长洼地，东临跋山，西接乔山和松山，南有无儿崮，北面是通向卞山的一条山沟，是打伏击战的有利地形。如果日、伪军进入伏击圈，就很难活着出去"。

　　接着，大家又研究确定了参战部队和作战部署。参战部队有：鲁中军区第一、第二、第四团和特务营，第四军分区的第十二团和警卫连。具体部署是：第一团埋伏于葛庄以东跋山一带金牛官庄公路两侧；第二团埋伏于葛庄以西乔山坡李家营一带；第四团一个营和第四军分区警卫连隐蔽于葛庄西南无儿崮和河套村；第四团另一个营和军区特务营埋伏于沂河南岸陶沟附近地区；第四军分区第十二团隐蔽于葛庄北侧峭山坡一带。同时，鲁中军区还组织一部兵力，加上地方武工队的力量，于沂青、沂蒙公路两侧和莒县至沂水间的四十里铺一带隐蔽戒备，以阻击莒县增援之敌，掩护伏击部队的两翼。这次伏击战仍由罗舜初指挥，胡奇才协助。

　　任务部署后，各参战部队迅速进入伏击阵地，葛庄一带巧妙地布下了一个"口袋"，只等着日伪军自投罗网了。

葛庄东面的跋山，向西伸出一个支角，叫镢头岭。此岭宛如平地凸起一块完整的巨石，崖险壁峭，坡陡石滑，沂博公路就横贯岭下。路西侧是一片干涸的沙河滩，原是沂河的一个小河汊，叫南阳河。这镢头岭雄踞路东，是控制公路的制高点。因此，罗舜初特别指示埋伏于金牛官庄的第一团第一营第二连，一旦战斗打响，即迅速抢占镢头岭，控制公路，扎住口袋嘴，坚决堵住日伪军向东南方向的突围。

1944 年 9 月 3 日上午 8 时，右路的草野清大队和伪军共 1000 余人，沿沂博公路窜过来了。14 时，日军的先头部队已过了南阳河，跟在后面的是队形凌乱的伪军。

到了镢头岭一带，日军先头部队四处观望一番，见无动静，便进入葛庄停下。后面的日伪军也陆续全部进入伏击圈。

这时，罗舜初发出了攻击命令。埋伏在葛庄三面阵地上的火力，一齐向日伪军猛烈射击。机枪声、步枪声、手榴弹声响成一片，震撼着山谷。拥塞在公路上的日伪军，被突如其来的袭击打得惊慌失措，东奔西窜，战马惊鸣。

草野清惊魂稍定，立即四处察看。他断定西进之路难以逾越，马上命令炮手，掉头向葛庄以东的鲁中军区第一团阵地轰击。在炮火掩护下，草野清一方面组织两个中队的日军和大部伪军，在公路北侧同第一团第二营展开激战；一面组织一个中队的日军占领葛庄西北角的水母娘娘庙，抢修工事；然后又组织日军抢占镢头岭，企图坚守待援，伺机突围。当日军第五中队攻到镢头岭下时，第一团第一营第一连也按战斗部署正以迅雷闪电之动作，同时逼近岭下。双方在南阳河滩上相遇，立即展开了白刃搏斗。100 多把明晃晃的刺刀勇猛地刺向敌人，经过一阵激烈的肉搏，50 多名日军在八路军战士的刺刀下丧命。南阳河滩上留下敌军一片尸体。至此，二连顺利地占领了镢头岭。

草野清不甘心失败，当即组织日军第一、第四中队 200 余人，在猛烈的炮火掩护下，向镢头岭反扑。岭上硝烟弥漫，弹火横飞，第二连的指战员们以有我无敌的战斗精神，迎着激烈的炮火，顽强地坚守阵地。是日下午，敌人连续冲锋 5 次，均被击退。日军进攻受挫，锐气顿减，只得凭借炮火掩护，退至河滩西侧临时工事里，同镢头岭的八路军阵地形成百米距离的对峙局面。

黄昏时，罗舜初下达命令：全线出击！

八路军指战员们以轻重机枪和集束手榴弹开路，跃出阵地，冲向敌群，在一条狭长的战线上展开激烈搏斗。日伪军伤亡惨重，尸横遍野。

草野清见抢占镢头岭不成，保持对峙局面又挨打，便组织残部西犯李家营，结果，遭到鲁中军区第二团第一营的迎头痛击。日军转而北窜，不料又遭到第十二团的打击。在几面夹击下，日军只得夺路逃到水母娘娘庙负隅顽抗。

罗舜初立即命令各部紧缩包围圈，将水母娘娘庙团团围住。

这时候，走在左路的伪第四十七师 4 个营及伪独立第一旅陈三坎一部，正沿着沂河西侧前进，听到葛庄的枪声，心知不好，立即东进，妄图前来策应。刚进至陶沟、岳庄一带，埋伏于陶沟附近的鲁中军区第四团一个营和特务营当即予以迎头痛击，随后分兵两路从两侧包围，犹如两把铁钳，使敌人动弹不得。敌虽拼命挣扎，向八路军部队连续冲击 4 次，但均被击退。激战至 9 月 4 日中午，伪军死伤大半。伪旅长陈三坎见势不妙，马上调集 2 个营向南突围，不想又遭伏击，伤亡惨重。陈三坎被当场击毙，剩余的 200 余残兵没命似的窜到莒县去了。

罗舜初此刻可以集中精力处理水母娘娘庙的敌人了。

水母娘娘庙地处桔岭之上，位于葛庄的西北角，这里原来是日军的据点，后被当地民兵破坏。如今，草野清率兵重占水母娘娘庙后，立即命令士兵抢修工事，妄图借此固守，待时而动。

是夜，夜雾沉沉，除了水母娘娘庙四周阵地上不时响着断断续续的枪声外，整个战场一片沉寂。

罗舜初在昏暗的油灯下仔细地分析着敌情：八路军白天的战斗进展顺利，伤亡轻微，而被围的残敌伤亡大部，现仅剩 300 余人，退据在庙内，但水母娘娘庙里缺粮断水，残敌无法久守；另据上级通报，莒县的日伪军现举棋不定，目前尚无前来解围的征兆；但水母娘娘庙在地势上居高临下，易守难攻，残敌还有充分火力，我若强攻，必招致较大伤亡；而且根据日军过去一贯的作战规律，在此山穷水尽的态势下，必然孤注一掷，拼命突围，而且向南突围的可能性更大。

"我看这样，"罗舜初对胡奇才等人说，"今夜，我们来个车轮战法，改后队为前队，交换阵地，在水母娘娘庙四周，抓紧抢修阵地，对敌实行火力袭击，以封锁和杀伤为目的，不强攻，不入娘娘庙，迫使敌人突围；另外，从第十二团和第一团抽调兵力一部，在沂河东西两侧隐蔽待命，准备夹击南逃之敌；在南面负责包围娘娘庙的部队，务必在日军向南突围时减小火力，等他们出去后，再予以追歼。"

当晚 21 时，后续部队陆续换下一线部队，对水母娘娘庙展开猛烈的火力攻击。轻重机枪嘎嘎吼叫，集束手榴弹轰轰炸响，打得水母娘娘庙大殿东南角火光冲天，日军一阵阵乱窜怪叫。

到了午夜，月牙儿隐没了，夜色更加深沉。庙里日军突然一阵骚动，接着，开始以猛烈的炮火向八路军阵地袭击。但敌人在明处，八路军在暗处，其炮火毫无目标，打了一夜也没造成八路军任何伤亡。

9 月 4 日上午 8 时，太阳升起。水母娘娘庙里的残敌突然加大火力，向北面阵地狂轰。接着，有 30 多名日军拉开阵势，气势汹汹地向北突围。有人急忙向指挥部报告：不好啦，敌人要向北突围！

罗舜初微微一笑：这是敌人的诡计，他们就要向南逃跑了，各追歼部队必须做好准备。

果然，9 时刚过，向北突围的小股日军立即回撤，会同其他大部分人马，在密集的炮火掩护下，疯狂向南奔逃。

各埋伏部队早就等着他们了。草野清刚刚抵达沂河岸边，隐蔽在沂河东、西两侧的第十二团和第一团一部，由东至西，沿河夹击；预伏于无儿崮和河奎村的第四团一个营和第四分区的警卫连，也绕到了河的南岸，对敌展开迎头痛击；此时，负责追歼的部队也赶上来了。四面八方，杀声震耳，步枪、手榴弹组成的火力网，暴风雨般地罩向敌阵地。

时值多雨之季，沂河中水流湍急，浪涛翻腾。日军带着炮车、辎重和大批弹药，聚集在不足半公里的狭长河滩上，面对大河，不知如何是好，而八路军的部队正从四面涌来。没办法，敌人只得四处逃窜。

但逃跑并不容易，哪里都有抗日的民众。有的日军跑进青纱帐，没走多远，就被民兵抓去了，还有的钻进高粱秆垛里，也被当地百姓俘虏，送到了区公所。

战斗至 4 日 18 时，日军草野清大队大部被歼，只有草野清带着几十名日军在莒县日伪军的 1700 人和 13 架飞机的掩护下逃出包围圈。**7**

葛庄一战，共打死日军 300 余人，俘获 31 人，击毙伪军 1000 余人，俘获 367 人，缴获山炮 2 门、迫击炮 2 门及枪支、弹药、物品等一大批。

除了鲁中军区在葛庄痛歼敌军外，滨海军民也进行了秋季粉碎日军十三路"扫荡"的作战。

胶东军区从 1944 年 8 月中旬开始，为扩大东海、南海、西海、北海区之间的联系，保卫秋收，集中兵力发起了大规模的秋季攻势作战。这次攻势作战，以第十三团全部和第十四、第十六团各一个营，军区特务营及东海、南海、西海、北海军分区基干部队为主攻部队；以第十四、第十六团大部为战役预备队；各区地方武装及民兵配合作战，参战和支前民兵达 5 万余人。此次秋季攻势作战历时月余，歼灭日伪军 5000 余人，其中毙伤日军 222 人、伪军 1250 人，俘日军 35 人、伪军 2674 人，争取伪军反正 970 余人，攻克和迫退日伪军据点 138 处，平毁碉堡 600 余座，缴获火炮 12 门、轻重机枪

97 挺、长短枪 3406 支、掷弹筒 31 具、汽车 1 辆、电台 3 部，毁汽车 7 辆，解放县城 2 座、村庄 2500 余个、人口 40 余万，扩大根据地 5000 余平方公里，4 个区完全连成一片。这些胜利，沟通与扩大了与鲁中、渤海两区的联系，同时也有力策应了滨海等区的反"扫荡"。

渤海军区部队在夏季攻势结束后，于利津城稍作休整，即于 8 月下旬向西北之沾（化）利（津）滨（县）地区挺进，发起秋季攻势。秋季攻势于 10 月底结束，渤海军区部队扫除日伪军据点 100 余处，收复乐陵、临邑、南皮县城，歼灭日伪军 5000 余人，打通和扩大了各分区的联系，极大地改变了被日伪军严重封锁分割的局面，使原分散坚持的小块游击区扩展为大块根据地，予天津、德县、济南之日伪军以更大的威胁。期间，第六军分区副司令员兼清西专员马晓云光荣牺牲。

鲁南军区部队先后出击伪军周茂胜部、张思俭部、荣子桓部，大获全胜。并且，在 9 月 2 日至 28 日，鲁南军区先后组织 2 万余群众，对滋（阳）临（沂）、临（沂）枣（庄）公路进行 5 次大破袭，接连攻克松山子、红石岭、西固等日伪军据点；同时，在泗（水）北、滕（县）东、郯（城）码（头）等地区连续出击，摧毁日伪军由滕县城至东北城后的公路封锁线，粉碎了日伪军对沂河以南地区的封锁；拔除了冯卯、山亭等据点，歼日伪军一部，从而扩大了各区间的联系。

山东军区在秋季攻势作战中，坚决执行"敌进我进"的方针，变被动为主动，迫使日伪军陷入不利态势，不仅有力地粉碎了日伪军的"扫荡"，而且歼灭了大量日伪军，巩固扩大了山东抗日根据地。

1944 年 9 月 27 日，中共北方局代理书记邓小平和八路军前总参谋长滕代远，在致毛泽东和彭德怀的电文中称："半年来，（八路军）胜利最大且最突出者是山东。"[8] 10 月 7 日，毛泽东在中共六届七中全会主席团会议上说："这几个月我们的作战，特别是山东有很大发展。"[9]

陈士榘解放莒县城

莒县，地处山东的东南部、沭河上游，因西周时这里曾建立过诸侯国——"莒国"而得名。莒县是山东的第一大县，连接着鲁中、滨海两区，向东可以控制沿海地区，向西可以拱卫沂蒙山区，地理位置十分重要。1939年6月，日军侵占莒县县城以后，先后修建了兵营、飞机场，将这里建成经常"扫荡"鲁中、滨海两地区的屯兵站和基地；莒县县城又是台儿庄至潍县、泰安至石臼所公路的交叉点，敌人在这里筑有坚固的工事，并派驻伪军莫正民部和日军一个中队防守。

莫正民原是国民党军第六十九军独立旅的旅长，后在国民党"曲线救国"谬论的诱使下，投靠日伪。1941年秋，莫正民部开进莒县，被编成伪莒县保安大队，莫正民名义上虽是副大队长，但牢牢地掌握着军事实权。1942年7月起，莫正民开始配合日军向抗日根据地"蚕食"。遭到八路军的沉重打击后，莫正民为避免更大损失，主动派人与八路军联系。于是，罗荣桓要求所属部队，释放莫正民部的被俘人员，并先后派了30名干部到莫正民部做争取工作。

这样，莫正民逐渐与八路军接近，决定不再为日伪军卖命。1944年5月，他正式向罗荣桓递交了反正志愿书，准备于同年11月14日起义。

罗荣桓当即就想到，这不正是消灭莒县日军的大好时机吗！

1944年10月14日，即莫正民反正前的一个月，罗荣桓正式向莫正民颁发了委任状，明确提出，只要莫正民一反正，就立即被委任为旅长。

在此前后，罗荣桓先后两次发出指示：各地区要做好准备，发动攻势，尽量消灭伸入我根据地内之日伪据点，滨海军区要重点准备攻克莒县县城。

滨海军区几经研究，于11月7日，由军区司令员陈士榘和政治委员唐亮，正式向各部下达了莒县战役计划。

这次战役以滨海军区第六团、山东军区特务团（两个营）和莒中独立营为攻城部队；以滨海军区第十三团、鲁中军区第一团、莒北独立营等部为北线阻援部队，负责打击诸城方向的南援之敌；滨海军区第四团和莒南、沭水独立营及莒临边大队等部在南线策应，负责打击临沂方向的增援之敌；日照警备团、山东军区教导团各一部，负责打击从日照西援之敌；另外，派部分工兵化装潜入城内，策应攻城。

同时，滨海军区加强了与莫正民的联系。莫正民十分珍惜这次反正的机会，在得知八路军的攻城计划后，多次以视察防务为名，带着新进城的八路军参谋，研究攻城的道路，对攻城计划提出自己的看法，并在战役开始之前专门派出一名副官到城外，为攻城部队担任向导。

11月12日，陈士榘再次明确指示：攻城时间确定在11月14日19时。

攻城战斗发起之前的14日白天，发生了几件有趣的事情。

这天早饭后，日军驻莒县的经济顾问荒井，突然要莫正民派人带500辆小车装运花生米，跟着他到县城以北20公里的招贤镇去。

莫正民开始不想派人去，正在紧要关头，出了事就麻烦了。再一想，这也是一个好机会，不如将计就计先解决了这个荒井。

于是，他临时挑选了40多名士兵，特别让第十中队中队长岳贵君带领着。为什么让岳贵君去呢？因为这年夏天，荒井曾向岳贵君敲诈过钱财，并下了他们中队的枪。岳贵君当时敢怒不敢言，只好忍气吞声，一直憋着一口气。这次，莫正民把出气的机会给他了。临行前，莫正民向他交代了任务，还告诉他当晚反正的计划。岳贵君激动地说："太好了，我一定完成任务！"

当天下午4时，岳贵君顺利地将花生米送入招贤镇，与荒井踏上了返回莒县县城的路途。当时岳贵君与荒井分乘两辆车，荒井的车好，跑得飞快，岳贵君追了半天才追上，对他说："顾问，太阳偏西了，这一片地方八路军很多，为了安全，咱们还是乘一辆车吧，有事时，我也方便保护你。"

荒井点点头，让岳贵君上了车。没走多远，岳贵君说要下车撒尿，要求停车。没想车一停，岳贵君就跑到车后，让所有的士兵都下车。荒井发现势头不对，也跳下车来，问发生了什么事。岳贵君不容分说，立即扭住荒井，对士兵们喊："弟兄们，快抓鬼子，我们今晚就要加入八路军啦!"大家一听，立即抓住了荒井，并打死了跟从的几名日本兵，欢呼着去了预定的集结地点。

此时的莒县城内，风声也越来越紧。上午 9 时刚过，伪县长兼保安大队大队长丁晓峰就打电话问莫正民："听说八路军要攻城了，你那里有消息吗?"

莫正民正在向各中队中队长布置反正的计划，一听此言，还是紧张了一下，但很快就镇定地说："没有的事，那是造谣。"接着，他就催丁晓峰尽快解决士兵们的棉衣问题，天气冷了，快想办法吧。催得丁晓峰心烦，匆匆挂了电话。

当日 15 时，滨海军区的八路军侦察员换上伪军服装，按原定计划，从南门进了莒县县城。莫正民听到报告后，加紧了战前的准备。19 时，莒县县城东南角的大炮楼准时爆炸。这是预伏在炮楼附近八路军工兵的杰作，也是莒县战役发起和莫正民反正的信号。

八路军攻城部队的突击队，听到剧烈的爆炸声，群情振奋，以最快的速度，直扑城垣，先越过外壕，踏着梯子，攀登城墙，一举突入城内。与此同时，莫正民部如约反正，在碉堡上挂起"光荣义举"的白旗，打开南门。反正士兵们鼓掌欢迎八路军攻城部队入城，并引导各部占领要道和制高点，构筑工事，打通院墙，开辟通路，逼近日军据守的小围子。

莫正民部在"光荣义举"的统一号令下，按预定计划，抓日军教官、捉伪县长、堵日军。莫正民的勤务兵胡士全、魏有春、徐恩波、刘桂田等 4 人负责抓日军教官。他们向莫正民请示："要死的，还是要活的?"

莫正民回答："要活的!"

他们几个人把驳壳枪推上了顶门火，奔向日军教官金野的住处，大声喊道："报告教官！"

正在门口散步的金野问道："什么的干活？"

胡士全走上前去："丁副官的讨媳妇，请教官的吃喜酒！"

金野信以为真，满口答应。徐恩波乘机靠近，从背后冲上去拦腰抱住金野。金野顺手抽出指挥刀反抗，被眼明手快的魏有春用驳壳枪敲掉。2 名伪军勤务兵听到动静，从屋里提着枪跑了出来。胡士全喊了两声："咱们都是中国人！中国人不打中国人！"勤务兵顺从地把枪交了出来。金野拼命反抗，胡士全、刘桂田等人把他拖到屋里，用毛巾堵住嘴，用绑腿捆了起来，带到了大队部。

在抓日军教官的同时，莫正民派副大队长刘明双和陈笏卿来到伪县长兼保安大队大队长丁晓峰的驻地，开门见山地说明了来意，命令他随反正队伍到抗日根据地去。

伪县长开始有些犹豫，但当他看到刘明双腰里插着驳壳枪，威风凛凛地站在面前时，马上改口说："啊，这消息怎么不早点告诉我呢？我要是早知道，也好准备，出点力。"他简单地收拾一下行装，乖乖地跟着走出了县政府。

在返回的路上，刘明双、陈笏卿来到伪警察所，和早已埋伏在那里的人员一起，将日本警务队分所长、翻译官以及不久前从沂水逃来的日本顾问，一块捉了起来。

在莫正民的率领下，莒县保安大队的 3500 多人，携带 31 挺机枪、36 个掷弹筒、2700 多支步枪，带着抓获的伪县长、日军教官、日本顾问等顺利出城。

当这一切都结束了的时候，守在小围子里的日军已成为最后的障碍。莫正民调动他最信得过的第十二中队：打掉小围子里的日本兵！

第十二中队的中队长李砚民、副中队长孟范杰，立即带着 30 多名士兵，扛着两挺机关枪，进到小围子南边的胡同两边隐蔽了起来，警惕地注视着小围子的大门。当 10 多名日本兵扛着枪、领头的端着一挺歪把子机枪、走出了小围子大门的时候，第十二中队的官兵把枪对准这些靠近的日军一齐开火，当场打死了七八个，剩下的缩回去进行反扑。第十二中队的官兵不顾日军的疯狂扫射，继续堵住小围子的大门，日军一露头就射击。

而攻城的八路军部队也迅速地冲进城中，完成了对小围子日军的包围。在这个小围子里，驻有日军一个中队 100 余人，工事坚固，有 4 个碉堡与地下暗道相通。开始，日军曾 2 次反扑，均被击退。当夜 23 时半，八路军的攻城部队开始向小围子发起猛烈攻击。通过连续爆破，炸开了围墙、铁丝网，各路部队纷纷攻入，一直将日军压到 4 个碉堡中。

16 日、17 日夜间，八路军又发动多次攻击，予敌以重大杀伤。敌被迫退守到 2 个碉堡里。然而由于敌人工事坚固，火力较强，九二式步兵炮对其打了八九发炮弹，却一点也不起作用。为减少部队伤亡，陈士榘决定停止攻击碉堡，加强对外围增援部队的打击。

在攻城部队猛攻莒县县城的同时，八路军南线和北线的阻援、打援部队也正在不断取得战果。

南线部队于 14 日晚就主动展开了对临沂至莒县公路线的破击战，先破坏了临沂至汤头段的公路。15 日，驻汤头的日伪军五六十人出犯，立即被八路军击退。这天晚上，滨海军区第四团一部配合临沭独立营，转而围攻临沂东南的李家庄伪军据点，连夜突入据点内部，歼其一部，残部逃入日军的小围子内。双方再次激战，至 17 日下午，日军的小围子被攻破，毙俘伪军 40 余名，30 余名日军也被全歼。临沂东北的白塔据点有伪军 140 余名，在第四团一部和莒南独立营的军事压力与政治攻势下，于 19 日晚投降。由于第四团等部在南线的积极行动，使临沂方向的敌军不敢出援。

在北线，打援部队则严阵以待。当攻城部队突破莒县县城和南线部队向临莒铁路全线发动攻击后，日军独立混成第五旅团极为恐慌，忙纠集诸城、高密的日军 200 余人、伪军 400 余人，于 16 日由诸城南下增援。当敌人进至枳沟以南的崖头、店子一带时，打援的滨海军区第十三团和鲁中军区第一团等部队，予以迎头痛击。当时，天黑夜暗，敌人摸不清道路，慌作一团，龟缩在一条山沟里抵抗。八路军战士反复冲杀，彻夜激战。天明后，敌人才辨明方向，在毒气的掩护下逃回枳沟。18 日下午，继续增援的日伪军 500 余人，由独立混成第五旅团旅团长长野荣二亲自率领，从枳沟分成两路再次出援，其中一路乘夜绕过八路军打援部队的阵地，于 19 日窜抵莒县县城，终于同残存在 2 个碉堡内的敌人会合了。

这时，八路军部队已有序地撤至城外，一面围困莒县县城，一边伺机消灭一切援敌。这样，城中日军待援无望，城外日军屡遭袭扰，至 11 月 29 日，莒县县城内的日军无力再守，只好弃城撤出。莒县县城遂被八路军解放。**10**

至此，插入滨海和鲁中两块根据地中间的一个大楔子终于被拔除了。

莒县战役，毙伤日军 91 人、伪军 124 人，俘日军 15 人、伪军 11 人，接应莫正民部 3500 余人反正。反正人员携械和缴获长短枪 3000 余支、轻重机枪 30 余挺、掷弹筒 36 具、汽车 6 辆、战马 10 匹，拔除日伪军据点 18 处、碉堡 50 余个，破坏公路 80 余公里。此役的胜利，使滨海、鲁中两大抗日根据地连成一片，滨北根据地更加巩固，彻底粉碎了日伪军企图依托莒县重占沂水城的阴谋，为反"扫荡"和大反攻创造了有利条件。同时，此役创造了里应外合夺取城市的范例，为八路军以政治攻势配合军事进攻夺取城市提供了经验。11 月 26 日，《解放日报》发表社论，称此役"是山东我军秋季攻势之后最大的胜利。莒县的解放，不仅是山东区辉煌的胜利，也是敌后我军的大胜利之一"**11**。

晋绥军区秋季攻势如潮

晋绥军区于 7 月底，发出了 1944 年秋季攻势的作战指示，于 8 月下旬完成了战役的准备工作。秋季攻势，于 8 月下旬陆续在各军分区展开，至 9 月 30 日结束。8 月 28 日，第八军分区第二支队利用内线关系，实行里应外合，一举袭入忻静公路上的利润敌占据点，全歼守敌。29 日，第二军分区第三十六团奇袭五寨以南的风子头敌占据点，打死日伪军 30 多人。随即又在阎家洼、界牌伏击，毙伤日伪军 90 余人，缴获大车 30 辆。9 月 3 日，第六军分区部队收复沟口敌占据点，切断了宁化堡至静乐的一段公路交通。4 日，第三、第八军分区军民开始向离岚公路沿线之敌发起进攻。第三军分区部队当日化装奇袭胡堡敌占据点，5 日收复马坊，6 日袭入开府。同一时间，第八军分区部队也一举袭占离石城北之峪口、横泉敌占据点，并一度袭入圪洞。至此，第三、第八军分区军民将离岚公路拦腰斩为数段。

秋季攻势的初步胜利，震动了敌人。9 月 8 日，宁武、朔县等地之敌出动 500 余人，"扫荡"崞县以北的盘道梁一带。9 日，宁武、东寨、忻县、静乐、三交等据点之敌出动兵力 1000 余人，在忻县、静乐、宁武之间进行"扫荡"。圪洞、峪口等据点之敌 300 余人，亦向第八军分区的鸦儿崖、千年里地区出扰。敌人主力则企图袭击晋绥军区后方机关，破坏秋季攻势。第六、第八军分区各以少数兵力与敌周旋，民兵、游击队则积极开展地雷爆炸和袭扰活动。主力部队仍集中兵力发展秋季攻势。第八军分区第五支队和第三军分区第十七团等部先后在离岚公路上的西属巴、赤坚岭、前纳会等地，数次诱伏敌人，共消灭日伪军 90 余人。第三军分区部队收复了军渡以东的南梁山敌占据点。第六军分区第十九支队收复了宁化堡至宁武东寨间的山寨村敌占据点。静乐地区的武工队收复了石神敌占据点。第二军分区部队在南辛庄窝设伏，将八角堡南犯之敌 60 余人全部消灭。至 14 日，"扫荡"之敌，已被八路军拖得精疲力竭，其后方又受到民兵、游击队、武工队的严重威胁，不得不草草收兵，窜回到据点里去。

"中外记者西北参观团"慕名而来

正在晋绥军区秋季攻势发展之时，中外记者西北参观团自延安来到晋西北。

全面抗日战争期间，八路军在华北地区，不畏艰苦，不怕牺牲，英勇作战，经常抗击着三分之一至二分之一的侵华日军，以及大量的伪军。但是，在大后方，由于国民党政府进行新闻封锁，这些真相却鲜为人知。

许多中国人和外国人听到的都是"共产党不抗日""八路军游而不击"等国民党顽固派的欺骗宣传。当时，驻重庆的一些外国记者，虽然从八路军驻重庆办事处也获得一些八路军坚持敌后抗战的真实消息，但更想亲自到敌后抗日根据地实地采访，获得第一手材料。他们曾多次向国民党政府提出这一强烈要求，但屡遭拒绝。

1944 年 2 月 16 日，驻华外国记者联盟直接上书蒋介石，要求国民党政府允许外国记者到陕北及延安访问。在外国记者及美国最高当局的压力之下，蒋介石政府只能同意中外记者团与美军观察组先后去往延安考察。

6 月 9 日午时，由 6 名外国记者和 15 名中国记者组成的"中外记者西北参观团"抵达延安。随后不久，美军观察组 18 人分两批于 7 月 28 日和 8 月 7 日乘飞机前往延安。

对于中外记者团的到来，中国共产党进行了热情接待，当天设宴并举行晚会及游园会以示欢迎。6 月 12 日，毛泽东接见记者团并逐一答复了记者团提出的若干问题。在此次接待会中，毛泽东向记者团表明了中国共产党坚持民主、团结抗战的主张。毛泽东表示，中国共产党始终不变的政策就是"为着打倒日本帝国主义，建立独立民主的中国而奋斗"。

6 月 22 日，叶剑英会见了中外记者团，对中国共产党敌后抗战的一般形势及各抗日民主根据地概况作了介绍。此次专题报告长达 5 个小时，其中包括敌后战场的"敌情""伪情""友情""我情"4 项基本情况。叶剑英谈道，中国共产党的军队在"华北、华中、华南这三个敌后战场与 15 个以上抗日根据地上，进行异常残酷的非未曾目击者所能想象的抗日战争"，敌后作战的关键就在于"正规军、游击队与民兵三者的互相配合"。他指出，如果根据"敌军联队分布态势及其活动范围"计算抗击的百分数，那么1944年3月以前国共两党军队抗敌的具体情形是，中国共产党"抗击了敌人64.5%"，国民党"抗击了敌人35.5%"；"如果把全部敌军及全部伪军合计起来，则在1944年3月以前，共产党担负抗击的，占敌伪军总数的134万人中之110余万，即84%，或5/6以上，国民党担负抗击的仅占16%，即不足1/6"。

彭德怀在8月6日、8日、9日和美军观察组进行了3次谈话。其中彭德怀用大量事例和具体数据，详细说明了八路军"从平型关战役至武汉失守""从武汉失守至百团大战""从百团大战至我国抗战五周年""从抗战五周年至今"这7年来在华北抗战的概况，对八路军的作战经验、战绩战果以及采取的一系列战术战略进行了介绍。彭德怀谈道，八路军在武器装备落后的情况下仍然不断取得胜利，一方面是因为"部队的政治素质较好，官兵上下一致，具有高度的抗日积极性，组织严密，意志坚强，士气旺盛"，另一方面在于中国共产党"实行民主，坚决依靠人民，一切为了人民的利益着想，发动与武装人民参战，使战争真正成为全民战争"，这些就"使我们的抗日力量增强到千百倍"。另外，彭德怀在谈话中还引述了敌人的话语："真正的抗日势力始终一贯的是中国共产党""华北有八路军存在，便无法安枕"。

8月10日，陈毅军长也会见了美军观察组。他介绍了华中新四军的历史、抗战情形及国共关系问题，详细描述了敌后"扫荡"与反"扫荡"、"清乡"与反"清乡"、"蚕食"与反"蚕食"的斗争，并重点分享了指挥和动员群众的经验。陈毅谈道，动员群众参加民兵，"不仅从政治上动员，并且还要给群众以实际利益"，使"他们感到不但可以得到东西，并且还可以保护自己的村庄，报复敌伪烧杀的仇恨。我们又给予训练和一些新旧武器的简单装备，因此参加战斗成为人民的日常习惯"。

为了表示郑重欢迎，毛泽东还亲自修改了《解放日报》8月15日头版的社论，并在题目《欢迎美军观察组》后面加上了"战友们"三个字。毛泽东在社论里表示，美军驻延安军事观察组到访延安"是中国抗战以来最令人兴奋的一件大事""对于争取抗日战争的胜利，实有重大的意义"；并指出记者团与观察组的到来直接打破了国民党的反动宣传与新闻封锁，外界对于中国共产党真实情况的了解将"开一新阶段"。[12]

8月20日，参观团部分成员来到晋绥边区党、政、军领导机关所在地——山西省兴县。一些记者提出要亲眼看一看抗日根据地军民实地作战的情况。

"好吧。"晋绥军区领导人略加考虑，就答应了记者们的要求，"参观团可以去第八军分区看看，去那里参观、采访，也可以看到他们作战的情况。"

第八军分区机关驻地设在交城县的关头村，分区防区正处在日伪军公路、铁路、据点、碉堡的四面包围和封锁中，与太原三面接壤。由于1944年以来这个军分区正在不断向晋中平川发动攻势，所以敌我双方斗争激烈、战斗频繁，日伪军占领区和抗日游击区犬牙交错。

9月6日，美国《时代》杂志、《纽约时报》、联合劳动新闻社记者爱泼斯坦，合众社、伦敦《泰晤士报》记者福尔曼，路透社、多兰多《明星周刊》、巴尔的摩《太阳报》记者兼国民党中央宣传部顾问武道，以及美军驻延安观察组军医卡斯堡少校、国民党中央宣传部官员张湖生，在八路军驻山西办事处主任王世英和晋绥军区卫生部部长贺彪等陪同下，从兴县出发，通过离（石）岚（县）公路日伪军的封锁线，到达了关头村。

第八军分区司令员兼政治委员罗贵波等人，选择在一座被日军焚烧后由八路军修好的古庙里，热情友好地接待了他们。之所以选择这座古庙作为接待中外记者团的场所，是具有强烈象征意义的。这座古庙原为当地重要宗教场所，1942年遭日军扫荡焚毁，罗贵波下令动用分区工兵分队与民夫，历时3个月修复，保留主体结构的同时增设防御工事。正殿改建为战地医院，救治伤员；侧殿设为情报分析室，配备电台设备；庙前广场改造为练兵场，用于展示战术训练。罗贵波要求修复时保留庙内明代壁画《八仙过海》，并在壁画旁题写"军民团结如一人，试看天下谁能敌"标语；庙内设置"日寇暴行展览室",陈列从焦土中清理出的儿童衣物、经卷残片等实物。

在接待记者团活动中,八路军在庙前空地引爆模拟雷区,展示"天女散花雷""子母雷"等创新战术;组织民兵表演"麻雀战""蘑菇战",记者团成员也受邀体验投掷手榴弹;公开日军密电破译案例,如截获"清丰补给线遭袭"电报后 72 小时内反制行动等。并且,还组织安排了记者团成员们与妇救会成员座谈,展示"纺线换子弹"的生产模式,安排观看儿童团表演《放下你的鞭子》等揭露日军暴行的街头剧目。

这次接待活动无疑是成功的,不仅向世界展示了根据地修复能力与抗战决心,也打破了"八路军游而不击"的谣言。伦敦《泰晤士报》记者福尔曼拍摄的《罗贵波在古庙接待记者》照片,成为西方世界首次公开报道晋绥根据地建设的重要影像;英国《泰晤士报》评价:这座从灰烬中重生的庙宇,象征着中国抗战不屈的精神。国民党中央宣传部顾问武道撰写的《晋绥见闻录》客观记载了根据地民主选举、减租减息政策,对国民党内部产生了思想冲击。

当来访的外国记者们看到设在深山密林的土窑洞里和草棚里的战地医院,连简单的手术室、病房都没有,也没有磺胺类药物,都十分惊讶,不住地耸肩摇头。卡斯堡连声感叹道:"我的上帝,这哪能算得上是医院呀!"

看到八路军简陋的兵工厂制造的武器,熟悉武器的福尔曼说:"世界上许多国家都乐意使用美国的现代化武器,贵方如果也能得到,一定会获得更大成功的。"

工人们风趣地回答:"只要敌人有,我们也就会有!我们就是依靠这些低劣的武器,夺取敌人精良的武器来装备自己的。"

记者们看到铸有"抗战""胜利"等字样的手榴弹和地雷,不禁伸出大拇指称赞不已。每人还带了一个手榴弹壳作纪念。

记者们还参观了俘虏管理所,并对八分区不久前从忻(县)静(乐)公路利润村日伪军据点里活捉来的日本兵进行了询问。

开始几天，这些记者们还对什么都好奇，到处参观、采访。但没过多久，他们就开始待不住了，一心想到作战前线去参观。

"既然这样，我们就满足大家的要求！"罗贵波答应了。

记者团赴前线观战，揭开八路军抗战真相

1944 年 9 月 14 日清晨，罗贵波亲自出马，带了一个轻便的指挥机关，领着这些记者，从关头村启程，前往汾阳前线战场。一行人连同护送的部队，将近 300 人，再加上 20 多匹骡马，浩浩荡荡，顺着崎岖的山路行进。

路过代家庄附近山谷的时候，恰巧和一队大约 400 人（含步兵、骑兵混合编队）的日军队伍擦肩而过，罗贵波立即下令部队隐蔽于两侧山林，仅留侦察分队监视日军动向。对于如此近距离遭遇日军主力，记者们担心得彻夜未眠，反复检查武器。

第二天天亮后，发现敌人已经过去了之后，这些记者们欢呼雀跃，打开威士忌，相互干杯。早饭后，在去汾阳的路上，他们还问长问短，说笑不停，感到敌后抗日根据地的生活别有一番情趣。武道在《泰晤士报》中写道："八路军指挥官在日军眼皮下完成 300 人部队机动，证明其战术素养远超国民党军队。"

9 月 15 日下午，一行人到达了距汾阳县城 10 余公里的向阳镇。在这里用望远镜可以清楚地看到仅 3 公里远的赵庄据点炮楼，以及炮楼上的日本旗和日军哨兵的枪刺、钢盔。

汾阳是日军在晋中地区的一个重要据点，距太原约 100 公里，驻有日军的一个旅团部。当天晚上，记者们兴致勃勃地站在村庄的墙头上，观看八路军作战。这次作战，主要是破坏敌人在汾阳城的外围据点和军事设施。担负这次作战任务的主攻部队，是第八分区的第六支队和汾阳游击大队，统一由第六支队支队长郭庆祥指挥；分区的第五支队和文水、平介游击大队配合，

其任务主要是警戒和牵制离石、文水、平介方向之敌。随着部队发起攻击，很快，汾阳方向火光突现，枪声、手榴弹声和爆破声交织而起。

不多久，罗贵波得到报告：敌人在汾阳城外的大营盘、火柴厂、电灯公司、火车站等均被袭击和破坏。战斗已经结束。

此时，记者们虽然看到了战斗的场面，却仍然不肯离去，因为这次战斗没有活捉敌人俘虏，所以，他们感到不够满足。

"你们不用急，"罗贵波对记者们说，"很快就可以看到你们想看的场面了。"

9月16日，罗贵波召集第六支队、汾阳县党政军干部和情报站、敌工站的负责人开会，决定于17日晚攻打协和堡。协和堡距汾阳城约5公里，是日伪军在汾阳城的重要外围据点，驻有日军不足一个中队，约50人，另有伪军50多人。那里明碉暗堡分布四周，深沟高垒，易守难攻。

罗贵波指示第六支队："这次进攻要采取夜间奇袭的战术，速战速决，要活捉俘虏，缴获日军武器。由三连担负主攻，另一个连和汾阳游击大队在外围配合，统一由支队长郭庆祥指挥。"

17日晚，记者们早早地就跑到了离协和堡约4公里的坡头村观战。

夜深了，协和堡周围一片寂静。担负主攻任务的部队和协同配合作战的汾阳游击大队、民兵，遵照命令，秘密神速地进入指定位置。午夜12时，3颗红色信号弹划破漆黑的夜空。顿时，协和堡内外响起一片枪声和爆炸声。主攻部队火速冲进堡内。日伪军猝不及防，有的来不及穿衣就仓皇应战，房子里、院子中的敌人拒不缴枪，负隅顽抗。勇猛善战的八路军指战员与敌人展开肉搏，经过一个多小时的激战，第六支队顺利打下协和堡，全歼日伪军。

福尔曼拍摄《夜袭协和堡》系列照片，展现八路军云梯攀墙瞬间；武道记录伪军集体缴械场景，撰文《中国抗战的真实画面》；英国《泰晤士报》评价："这是亚洲战场最成功的特种作战之一"。

夜袭协和堡的枪声刚停不久，侦察员就来报捷。记者们都感到非常惊奇，发出一片感叹声。

清晨，一轮红日在东山顶上冉冉升起，给偏僻荒秃的冯家山底村的山坡披盖了一层金黄色。记者们刚到，一下子就被这里欢呼沸腾的热闹场面吸引住了。

只见八路军战士、游击队队员和民兵们押着日伪军俘虏，抬着各种战利品，雄赳赳、气昂昂地陆续来到这里。附近村庄的乡亲们，男男女女，老老少少，成群结队地从四面八方涌来。他们提着鸡蛋、月饼、水果和茶水，前来慰问八路军战士。记者们很快就钻进人群里，尽情地捕捉着他们想要的情况，比画着手势问这问那，翻看着老乡们送来的慰问品和八路军缴获的战利品，并不时地在小本子上快速地记着。

战士们挑选了一些战利品——日军太阳旗、军官服、肩章、领章、护身符、子弹盒、饭包、烟、酒、饼干、果子露、罐头等，送给记者们。罗贵波也特意赠送给他们每人一支手枪，并给了福尔曼一把日军指挥刀，作为纪念。记者们不断地抢拍这些激动人心的镜头。他们东奔西跑，忙得不亦乐乎，一会儿到俘虏群中询问俘虏，一会儿到救护所里看望伤员。

他们几乎都在单独行动。经过再三催促，记者们才重新集合起来。在罗贵波的提议下，记者们给大家讲了话。

他们连连称赞八路军英勇善战。卡斯堡说："我参加过北非和欧洲战场最激烈的战斗，那也不过如此呀！"

爱泼斯坦慷慨激昂地讲道："一切诬蔑八路军的谣言已被彻底戳穿了。我要把亲眼看到的向全世界报道！"

记者们确实是被这个场面感动。他们看到八路军同人民群众这种亲密关系，感到非常新奇，对八路军攻克协和堡的神速更是惊讶不已。他们不时地向战士们提出一个又一个问题：

"你们没有飞机、大炮，就凭步枪、机枪和手榴弹，怎么能够这样快就攻破敌人设防坚固的据点、碉堡呢?"

"你们是如何捉到日军俘虏的?"

战士们打着手势,自豪而友好地回答着他们的提问。

"我们的指挥员指挥得好!"

"我们的侦察员和政工人员的工作做得很出色!"

"我们靠的是人民战争,协和堡的乡亲们帮了我们很大的忙!"

时间过得很快,转眼已是红日当头,记者们依依不舍地离开了聚集的人群,带着兴奋和喜悦的心情返回了关头村。

9月21日,第八军分区在关头村的河滩上召开了祝捷大会。福尔曼看见民兵们抱着许多自造的石雷,高兴地跑过去也抱起一颗,并让别人拍下了这个镜头。在祝捷大会上,记者们还发表了热情洋溢的讲话。

爱泼斯坦说:"我们所看到的一切,完全证实了延安和军区所说的是千真万确的。八路军是真正和人民结合的军队。"

福尔曼在庆功会上说:"过去有人告诉我们:八路军不打仗,现在我们亲眼看见了八路军是作战的;过去有人同我们讲八路军没有伤兵,现在我们看到了八路军是有伤兵的;过去有人给我们讲八路军没有捉住俘虏,现在我们看到了八路军捉住了俘虏;在过去有人给我们讲这地方人民害怕并恨八路军,现在在我们看到了人民是爱护八路军、拥护八路军的。"[13]回国后,福尔曼写出了一本《北行漫记》,把他在边区的见闻和八路军的抗战事迹写成生动的故事,并从他拍的1000张照片中选出最好的65张做插图。他在书中首先声明:"我们新闻记者多半是既非共产党,也不是共产党的同情者。""但从我两月中和八路军在敌后一起活动中所见到的事实——真的从事参加于这种坚强据点与碉堡的占领与毁坏——我才相信共产党的说话并无夸张之处。攻势只在武器缺乏与形势不利下受到限制。业已有华北抗日根据地区域中的八千万人当中的五千万人,从日本人的高压下面解放出来。不但此也,华北大城市如北平、天津、太原、济南和青岛,目前虽在敌人控制下,却直接与时常受到八路军的威胁，他们只是缺少武器去把它们克复。"

武道作为路透社记者兼国民党中央宣传部顾问，在 1944 年随中外记者团访问延安前，曾参与国民党对中共的舆论压制，撰写过贬低八路军的报道。但这次通过实地考察晋绥根据地，以及亲眼看见并感受到了八路军对敌作战的英勇以及军民鱼水深情后，慨叹承认"过去对八路军的批评是错误的"，并意味深长地说："八路军在敌后与人民亲密合作的事实，不但能够影响中国其他地方，也会使其他民主国家以八路军为榜样。"武道还特别关注根据地的"三三制"（共产党员、左派进步分子、中间分子各占三分之一）政权，认为其比国民党"一党专政"更具包容性。这也直接引发美国决策层反应，1944 年 11 月，罗斯福派观察组进驻延安，重点考察"三三制"政权运行。当然，武道的认识与见解仍然带有浓厚的时代局限色彩，比如他仍将中共定义为"地方武装"，未能预见其夺取全国政权的可能性。

9 月 25 日，记者们离开关头村，去参观第八分区部队攻打娄烦镇据点的战斗。娄烦镇是静乐县的一个重镇，也是日军深入到根据地内部的一个据点。这个据点由 3 座碉堡组成，里面驻守着一个日军加强中队和一个伪军中队。

当罗贵波带着记者们来到距这个据点约 2 公里远的半山坡上时，分区的第二支队在娄烦武工队、民兵和附近煤矿工人的协助下，正在挖一条 100 余米长的地道，并将几千斤黑色炸药通过地道安放在敌碉堡底下。

当晚，随着轰隆隆的巨响，敌人的碉堡坐上"土飞机"四分五裂。八路军突击队迅速冲进敌据点，与敌进行了一个多小时的激战，把被炸毁碉堡内的敌人全部歼灭。另 2 个碉堡内的敌军因为已被团团围困，无法出来救援，只好无可奈何地向外瞎放了一阵枪。

记者们看到这神奇的景况，又是连连称赞。

这些外国记者在八路军敌后抗日根据地参观、采访返回重庆后，先后在中国和欧美一些报刊上发表了几十篇采访报道，其中许多是头版消息。

福尔曼除当时写了许多文章和报道外，还在抗战胜利后不久，又写了《中国边区的报告》一书，记载了他在八路军抗日根据地的见闻和有关八路军英勇抗战事迹的回忆，并从自己拍摄的大量照片中挑选了 60 多张作为插图。

爱泼斯坦当时也在美、英、澳大利亚等国的大报刊上发表了 20 多篇通讯。

作为国民党中央宣传部顾问的武道，曾被国民党当局认为"政治上忠实可靠"，但延安之行却改变了他的态度。回到重庆后，武道在新闻界联席会议上坦言，他过去对八路军共产党是反对的，可是这次到了延安和晋西北，证明他过去的观点是错误的，八路军真是能打仗。在为重庆《大美晚报》（英文版）撰写《我从陕北回来》一文中，他从 8 个方面谈到在边区的所见所闻——老百姓生活进步；土地革命已停止；医药设备不够用；人民都有选举权；适应抗战的学校；强烈的抗战意志；言论出版自由；我看见了战斗。在文章中，他写道："我看到了战斗。关于第十八集团军（八路军）是否在和敌人作战，我能够回答'是的'！我在晋西北看到了这样的战斗，看见负伤和阵亡的中国士兵。而且和被俘的日伪军谈过话，在他们刚刚被俘的几个小时里。同时，我看见了一大批从敌人那里夺来的战利品。我还用八路军缴获的日本火柴吸了日本香烟，喝了日本果子露，吃了日本饼干和罐头。"由于人们一向认为武道是倾向于国民党的，所以他的这篇报道引起了重庆舆论界的极大关注。**14**

这几位记者以他们的亲身经历和感受，向全世界披露了中国共产党、八路军和人民群众英勇抗日的事实真相，扩大了中国共产党和八路军在全中国、全世界的政治影响，戳穿了国民党顽固派的谎言，抨击了他们对共产党、八路军的诬蔑。

毛泽东曾在党的七大报告中指出："在一九四四年中外新闻记者参观团来到中国解放区以前，那里的许多人对于解放区几乎是什么也不知道的。国民党政府非常害怕解放区的真实情况泄露出去，所以在一九四四年的一次新闻记者团回去之后，立即将大门堵上，不许一个新闻记者再来解放区。"**15**

　　然而，舆论封锁是无用的。

　　这场"没有硝烟的舆论战"证明：真相终将穿透封锁，得道多助的历史规律不可违逆。

　　自东社镇、五元城战斗之后，晋绥军区部队发起的秋季攻势遂告结束。在一个多月的战斗中，共进行大小战斗 297 次，攻克和挤退敌占据点 48 处，歼灭日伪军近 2000 人，其中毙伤日军 499 人、伪军 414 人，俘虏日军 20 人、伪军 1014 人，缴获长短枪 674 支、轻机枪 10 挺、重机枪 1 挺、迫击炮 2 门、电台 1 部，收复村庄 446 个，解放人口 5 万多人，收复国土 770 余平方公里。

　　八路军在华北大地已经掀起了进击敌人的热潮，等待他们的将是下一年更辉煌的战斗与胜利！

注　释

1.《日军独立混成第一旅团旅团长小松崎力雄等人对"清丰事件"的忆述》，中国抗日战争军事史料丛书编审委员会编：《八路军·参考资料》(8)，解放军出版社 2015 年版，第 57 页。

2. 潘焱、李觉：《突袭清丰城》，中国抗日战争军事史料丛书编审委员会编：《八路军·回忆史料》(7)，解放军出版社 2015 年版，第 99—107 页。

3. 杜唐佑：《冀鲁豫七分区攻克莘县纪实》，谢振华、张铚秀、范金标：《征程曲——我们的战斗回忆录》，军事科学出版社 1987 年版，第 494—495 页。

4. 潘焱：《十五个春秋》，红旗出版社 1996 年版，第 29—35 页。

5. 鲍奇辰：《鲁中第三次讨伐吴化文部战役》，中国抗日战争军事史料丛书编审委员会编：《八路军·回忆史料》(7)，解放军出版社 2015 年版，第 82—98 页。

6. 胡奇才：《忆沂水城攻坚》，中国抗日战争军事史料丛书编审委员会编：《八路军·回忆史料》(7)，解放军出版社 2015 年版，第 108—113 页。

7. 孙继先：《葛庄战斗》，中国抗日战争军事史料丛书编审委员会编：《八路军·回忆史料》(7)，解放军出版社 2015 年版，第 134—141 页。

8. 中国抗日战争军事史料丛书编审委员会编：《八路军·大事记》，解放军出版社 2015 年版，第 402 页。

9. 中共中央文献研究室编：《毛泽东年谱（1893—1949）（修订本）》中卷，中央文献出版社 2013 年版，第 549 页。

10. 唐亮：《里应外合夺莒城》，中国抗日战争军事史料丛书编审委员会编：《八路军·回忆史料》(7)，解放军出版社 2015 年版，第 142—150 页。

11. 《山东新胜利》，《解放日报》1944 年 11 月 26 日。

12. 《欢迎美军观察组的战友们！》，《解放日报》1944 年 8 月 15 日。

13. [美]哈里森·福尔曼：《北行漫记》，陶岱译，解放军文艺出版社 2002 年版，第 258 页。

14. 罗贵波：《戳破谎言——忆"中外记者西北参观团"参观我敌后抗日根据地》，中国抗日战争军事史料丛书编审委员会编：《八路军·回忆史料》(7)，解放军出版社 2015 年版，第 151—157 页。

15. 《论联合政府》(1945 年 4 月 24 日)，《毛泽东选集》第三卷，人民出版社 1991 年版，第 1054 页。

第 四 章

南征北战缩毂中原

日军启动"一号作战"方案——汤恩伯兵败河南，新四军准备进军河南——罗斯福向延安示好——毛泽东决定"缩毂中原，开辟南方"——新四军第四、第五师西进、北上——消灭"拦路虎"——雪枫！雪枫！将星陨落！——西进、北上战果辉煌——粟裕准备南下浙东——大鱼山岛壮歌飞——皮定均夜渡黄河，南下豫西——王树声任河南军区司令，率部向豫西进军——刘昌毅率第六支队踏上征程

日军启动"一号作战"方案

1944 年春天，美国总统罗斯福宣示盟军已把握太平洋战局，获得最优解决方法，并倾向于直接进攻日本本土。日本朝野上下一派惊恐，东京广播称："盟军进攻日本有可能，万一英美攻入吾人本土，吾人将何以面对祖宗？"

但以东条英机为首的日本军国主义分子，仍作垂死挣扎，处心积虑地制定了"一号作战"方案，即向中国平汉路进攻，妄图在美军切断了海上交通线的情况下，恢复日本经东北、华北、华南至南洋的交通线，能由中国大陆交通线给侵入东南亚各地的日军提供补给。

早在 1944 年 1 月 19 日，日军参谋总长杉山元在向天皇上奏战况时，附带着将正在研究的"一号作战"计划大纲密奏给天皇。

天皇听后，不禁面露疑惑："据说中国治安不是很好，共产党的武装正

日益向我军发起进攻，本来各地的军队维持治安已有些力不从心，如今抽调军队参加这一作战，对中国大陆的局势有无妨碍？这一作战或可取胜，但治安会否变得更坏呢？"

天皇的疑问正中要害，杉山元无法正面回答，只好换个角度，含含糊糊地说："我们很快就会投入新的兵力，务使治安不发生问题。作战期间自不必说，作战以后大体上也能维持治安。华北的兵力，目前虽不太充足，预定在作战期间和作战以后，增加两个大队。"[1]

天皇的疑惑依然未消。但他知道日军目前正在走下坡路，或许这也是没有办法的办法了。

他勉强地点了点头。

1944 年 3 月 10 日，这份由日本中国派遣军总司令部操刀制订的"一号作战"计划终于出炉了。

该计划中称，此次作战的目的在于"击败敌军，占领并确保湘桂、粤汉及京汉铁路南部沿线的要冲，以摧毁敌空军之主要基地，制止敌军空袭帝国本土以及破坏海上交通等企图，同时摧毁重庆政权继续抗战的企图"。

其作战方针是："派遣军于 1944 年春夏季节，先由华北，继由武汉地区及华南地区分别发动进攻。击溃敌军，尤其是中央军，并先后将黄河以南、京汉铁路南部及湘桂、粤汉铁路沿线之要地，分别予以占领并确保之。其次，只要情况允许，于 1945 年 1 月份、2 月份攻占南宁附近，将桂林至谅山（越南）通道打通并确保之。在进行作战时，应努力将京汉铁路南部及粤汉铁路修复，如情况允许，将湘桂铁路一并予以修复。"

为推行这一作战计划，侵华日军决定从 1944 年 4 月至 1945 年初，调动华北的第十二军、第一军、第十一军、第十三军、第五航空军的部分兵力及第二十三军连续发起京汉和湘桂作战。[2]

汤恩伯兵败河南，新四军准备进军河南

1944 年 4 月 18 日至 5 月 25 日，日军 6 万多人马强渡黄河，沿平汉线南下，连克许昌、驻马店、确山、信阳等要点。驻河南的国民党军蒋鼎文、汤恩伯、胡宗南部 40 万大军不战而溃，仅月余时间，就丢掉了郑州、洛阳、许昌等中原重镇以及其他地区的 38 座县城，整个河南处于日军铁蹄之下，创下了中国抗战史上又一可耻的纪录！

5 月 27 日至 8 月 8 日，日军乘胜调集 15 万军队展开湖南战役，再克长沙、衡阳。8 月 9 日至 12 月 10 日，日军又发起广西战役，连续攻下桂林、柳州和南宁。

国民党如此败绩，气得受美国总统罗斯福之托前来中国督战的史迪威将军怒气冲冲地给马歇尔拍电报：蒋介石"只是坐待战争的终了"，他除了"呼号求援"，"什么也不干"。甚至在 9 月 23 日，他直接建议蒋介石，立即给中国共产党装备 5 个美械师，并给予大炮支持，让他们在黄河以北发动攻势！ **3**

蒋介石当然不答应！

与此同时，正在淮北鏖战的新四军第四师指战员心急如焚！他们中间很多人都是在 1941 年路西反顽失利后撤回路东的，家乡的父老兄弟姐妹们等着他们去解救，3 年前的失利，仍是压在他们心中挥之不去的隐痛。

4 月 25 日、5 月 8 日，师长彭雪枫和政委邓子恢、参谋长张震连续两次向新四军军部汇报豫湘桂战役情况，并建议："目前条件，对我颇为有利，开展路西条件已成熟。""是我们恢复原四师基地永涡地区及开辟汜西地区的良机。"

5 月 1 日，豫鄂边区的李先念也发出了致蒋介石及国民党政府军电，呼吁"团结抗日，抢救中原"，指出：为抢救中原，望一切抗战友军立即消除成见，加强团结，协力粉碎敌寇之进攻。李先念还说明，过去新四军第五师

一贯本此精神，不断向豫鄂边区周围各友军部队提出如上建议，并作出种种努力。可惜此种赤诚，未能为多数友军所体谅，未获其应有之实效。因此，特再次竭诚呼吁，愿最高当局及各部友军贤明将士，坚持民族复兴之大业，顾惜七年抗战之成就，同声倡导，开诚相与，使精诚团结见诸事实，使抢救中原践之于行动。新四军第五师矢志不懈，为实现此目的而竭诚努力，并愿在友军放弃磨擦之方针下，坚决以全力配合，决不争夺任何防地。[4]

但中共中央认为局势还没有完全明朗，时机还没有成熟，"目前我们在各方面应避免刺激国民党。因此，八路军、新四军各部目前决不应向河南推进，以免引起和国民党方面的磨擦，妨碍大局"[5]。

1944 年 5 月 25 日，河南最后一座重镇洛阳也被国民党军放弃了。

毛泽东痛心地盯着地图："河南，是中国西北、华北、华中三个大区的相接地带，于敌、于我都具有重要的战略意义。对我们来说，这个地区与陕北、华北、华中的各抗日根据地的关系，形同车轮之毂，其他地区若是一条条的车辐，这里就是车辐相聚之处的毂。国民党不要这里，我们要，我们的人民也要。我们必须缩毂中原，使之成为各区的枢纽。"

延安开始召开讨论河南问题的大小会议。6 月 23 日，刘少奇和陈毅从延安致电李先念和彭雪枫，要求部队做好向河南方向发展的准备："五师今后发展方向应该确定向河南发展，完成缩毂中原的战略任务。这一任务完成，使我华中、华北、陕北呵成一气，便解决了我党我军颠扑不破的战略地位。但在目前，由于敌寇尚未大举进攻五战区和平汉路尚未修复，故五师方面只宜以相机姿势作各种发展的准备；四师之一部越过津浦路，可西进至涡蒙阜颍等地，相机处理，亦暂不宜向豫境急进。总之，发展河南的斗争任务是必须完成的。"[6]

新四军吸取上次进军鲁西失利的教训，这次进军河南一开始就比较小心谨慎。

6 月中下旬，华中局在淮南黄花塘召开各师首长参加的打通思想会议，准备进军河南。会前，彭雪枫写信告妻子林颖说："1944 年的夏季，是空前热闹的季节，整个地球上到处充满着炮火，新的世界行将不远了！""国际国内形势空前的有利，实在给人以最大的鼓舞，中国革命二十余年，应该苦尽甘来了。也正因为此，同样给我精神上以莫大的安慰！"**7**

7 月 10 日晚，新四军军部讨论如何执行中共中央对河南战役方针的指示。次日，即令第四师积极做好战斗准备，并把西进河南敌后的方案上报延安的毛泽东、刘少奇和陈毅。

罗斯福向延安示好

延安枣园中的毛泽东，却在酝酿一个更大的计划。

日军于 1944 年春天开始的"一号作战"，攻势极其凶猛，很快打通了平汉路南段。5 月下旬，日军又从武汉出发向湖南发动进攻，至 6 月中旬即占领长沙，并包围了衡阳，使当地的美军空军基地受到严重威胁。国民党军豫湘桂大溃败，使同盟国感到十分震惊，美国总统罗斯福也十分恼火。因为大量接受盟国援助的国民党军 100 多个师，不是消极怠战，就是一触即溃，或者积极攻击八路军、新四军。

为了挽救危局，1944 年 7 月 6 日，罗斯福给蒋介石发出了一份态度十分强硬的电报：

> 我认为，目前的危急形势要求我们授权于一个人，来协调同盟国在华的所有军事力量，包括共产党的军队。
>
> 我想我完全了解你对史迪威将军的心情，不过我认为，他现在已经清楚地显示了富有远见的判断力和在组织、训练，特别是指挥你的中国军队作战方面的才能。我不知道还有谁有能力、有力量、有决心来消除目前的灾难，这一灾难威胁着中国，也威胁着我们战胜日本的整个计

划。我准备晋升史迪威为四星上将，并建议你立即考虑把他从缅甸召回中国，置于你的直接领导之下，让他指挥所有的中国和美国军队。你应授予他协调和指挥作战的全部责任与权力，以阻止敌人的进攻势头。我觉得，中国的局势是如此的危急，以至于如果不采取大胆而适当的实际措施，我们的共同事业就会遭受严重挫折。

……我向你保证，就我来说，丝毫没有在有关中国的问题上向你发号施令的意思；不过，整个亚洲的未来，以及美国在那个地区已投入的巨大努力，都处在危险之中。因此，我有理由对这个问题表示严重关注。**8**

但是，为了抗日大局的需要，这仅仅是罗斯福的急迫需求。

罗斯福还有长远的盘算，他认为，如果国共两党在战后爆发内战，很可能会导致美苏之间的冲突；而且，如果万一共产党获胜，中国将会倒向苏联。因此，与中国共产党建立某种联系，可以加强美国的影响力，更好地维护美国的在华利益。

罗斯福决定采纳美国驻华大使馆二等秘书、中缅印战区司令部政治顾问约翰·谢伟思等人的意见，给予中国共产党领导的军队以援助并考虑与其合作。

7月22日，一个由美国军人和政府官员组成的使团到达延安。

尽管，这些用美国一个俚语——"迪克西"——而命名的使团的成员们，并不是最先抵达中国"红色首都"延安的美国人，但他们是第一批受美国军方甚至是受美国最高决策者正式派遣而来的使者。

在使团当中，有一位身材颀长、会讲中国话的年轻人，这就是谢伟思。他虽非美国职业军人，但也身着美军军服。显然，当时的他并没有意识到，在他的脚一踏上这片浑黄色土地的时候，他以后大半生的命运也就同它紧密地连接在一起了。这期间，谢伟思为中美关系发展提出了很多建设性的意见。

但在后来的20世纪50年代初，由于冷战的原因，美国国内右派势力甚嚣尘上，他们把所谓"丢失中国"的"罪名"加在谢伟思等这些20世纪40

年代在中国工作、对中国状况作出过正确反应的官员们身上。参议员麦卡锡操纵国会调查委员会，对谢伟思等人横加迫害。1951 年 9 月，美国国务院竟在调查结论证明谢伟思无罪的情况下，辞退了谢伟思的公职，使得这位职业外交官的生计陷入了困境。他为此不得不到纽约一家蒸汽机制造公司谋取一份"外行"的工作。公正的美国舆论一直这样评论：谢伟思是麦卡锡当道的那个美国历史上最黑暗时代中受到最严重伤害的人。如果美国政府早些听了谢伟思的意见，如果美国当时对中国及中国共产党采取现实的政策，那么，可能就不会发生后来的朝鲜战争，战后的中美关系也可能会大为改观。这是题外话。

毛泽东一开始不动声色，不卑不亢地对美方人员进行审慎的观察。

但谢伟思同斯诺一样，对中共印象极佳，而且他明确地向毛泽东表达了自己赞同中共取得美援乃至改组国民党政府的想法。特别重要的是，作为一位外交官，谢伟思的谈话似乎在有意无意地透露着美国政府的种种意图。毛泽东很容易得出一种印象：美国政府坚持向延安派出观察组，是有深远的政治、外交目的的。尤其是，当他得知美国政府有训令给驻华大使高斯，要促成中国的联合政府之后，毛泽东自然更受鼓舞。

而在豫湘桂战役中，日本兵从河南一气打到广西、贵州，差点就抄到"陪都"重庆去了。蒋介石政府在政治、经济和军事上已陷入严重危机，正在失去统治的实力地位。而美军观察组进驻延安，被毛泽东称为"抗战以来最令人兴奋的一件大事"，它标志着中共已经作为引人注目的政治力量，开始显露于中国乃至世界的舞台。

毛泽东决定"缩辔中原，开辟南方"

几个月来，毛泽东和党中央其他领导人一直在讨论当前局势，一个伟大的战略部署逐渐萌生。

很快，八路军第一二〇师第三五九旅旅长王震接到电话，说毛泽东有事找他。见了王震后，毛泽东从国内外形势谈起，阐述了党中央的战略部署。他说：当前不论国际形势还是国内形势，都对中国革命空前有利，德、日法西斯的灭亡已成定局。国共力量对比正在发生很大变化，中国要胜利，中国人民要解放，都把希望寄托在我们身上。目前，我们就是准备如何迎接胜利。

毛泽东说：大家都希望战争快些结束。两年前，我在《第二次世界大战的转折点》那篇文章里也说过，斯大林格勒战役的胜利，是世界反法西斯战争的转折点，希特勒只有死路一条好走了。日本法西斯也将一天一天更加困难。但是，战争还要打下去，战区还可能扩大。美国的强大海军可能在菲律宾登陆，切断日本通向南洋的海上交通线，日本军队就只有打通大陆交通线。现在粤汉路上的日军南北对进，已快会合，并有打通湘桂铁路的企图，下一步还可能进攻贵州、四川、云南，把蒋委员长从峨眉山上赶下来。这样，战争也可能还要打两三年。一旦美军逼近日本本土，在中国沿海登陆，日军就可能从法属印度支那（今越南）、暹罗（今泰国）、缅甸后撤，从华南收缩兵力，退守上海、山东和辽宁。那时，中国的抗日战争将转入战略反攻阶段，蒋介石也会下山，内战危险也将十分严重。战争越扩大，革命越发展；战争越持久，革命越深入。我们要抓紧这一有利时机，到日本军队的后面去收复失地，发动群众解放自己，推翻敌伪的残酷统治，建立抗日民族统一战线的民主政权。

毛泽东继续说：在当前形势下，我们的战略方针是：巩固华北、华中，发展华南，就是要向河南、湖南、广东、广西、浙江发展。所以，中共中央的部署：一是由冀鲁豫区派一部兵力南下豫东，由太岳区抽 2 个团过黄河挺进豫西，由新四军第五师抽 7 个连沿平汉路北上河南，由新四军第四师西进豫皖苏地区，力争控制中原，扩大敌后抗日民主根据地，把华北、华中两大解放区连成一片。二是由华东新四军分批派部队过长江，逐步向苏南、皖南和浙江发展。三是由广东的东江纵队向南发展，琼崖纵队力争占领海南全岛并和东江纵队取得联系。四是由你们南下支队护送干部，挺进华南，会合东江纵队开辟湘赣粤桂边的五岭抗日根据地。在抗战胜利后，如果蒋介石依靠外国势力把内战强加在中国人民头上，我们也能进退有据，牵制其南方一翼，配合各解放区的自卫战争，打败蒋介石，解放全中国。

这个时候，毛泽东向王震着重分析了南征前途的两种可能，要王震和同志们做好充分的精神准备。他说：第一种可能，就是整个国际的反法西斯战争，包括我们的抗日战争还要持续两三年。这样，你们就可以在华南利用日伪和蒋顽之间的矛盾，放手发动群众，壮大革命武装力量，巩固和发展敌后抗日民主根据地。第二种可能，就是国际反法西斯战争迅速胜利，日本很快投降，整个局面就会发生重大变化。蒋介石绝不允许你们这把刀子插在他的咽喉，他会首先集中力量吃掉你们。这样，你们孤军深入，没有根据地，斗争将十分残酷，你们的处境极其困难，甚至可能全军覆没，包括你本人在内。你们要准备迎接这场严重斗争，发扬不怕牺牲、英勇奋斗的精神，争取光明的前途。如果出现这种情况，你们还能回到鄂豫边李先念同志那里，那也是一个很大的胜利。**9**

王震立刻动手开展第三五九旅南下的准备工作。

新四军第四、第五师西进、北上

八路军南下部队还在筹备时，新四军第四师和第五师已开始西进北上、缩毂中原。

1944年7月25日，中共中央正式发出向河南敌后进军的命令，要求八路军太行、太岳军区应以一部兵力进入豫西，开辟豫西根据地；冀鲁豫军区应派一部加强睢杞太阵地，新四军第五师一部首先由平汉铁路两侧经信罗边向北发展；新四军第四师抽5个团进入永城、夏邑、萧县、宿县等地，建立阵地，打通与睢杞太的联系，并相机控制新黄河以东地区。中共中央还专门指示，新四军第四师西进部队应配备百名以上地方干部，统归彭雪枫、吴芝圃指挥，加以集训，然后向西开进。**10**

同时，新四军军部命令第二、第七师钳制国民党顽军，策应第四师西进。

彭雪枫受领任务后，策马扬鞭，向新四军第四师驻地疾驰而去。

新四军第四师驻扎在豫皖苏抗日根据地，在这里与人民群众同甘共苦、浴血奋战了 4 个年头。皖南事变后，第四师在日伪顽的夹击下，丧失 5000 余人，忍痛撤至津浦路东的泗洪、泗阳一带。从 1944 年 3 月 16 日开始，第四师各部发动攻势作战。在宿东，拔除三铺、大店集据点，并迫使日伪军放弃蒿沟、下栈、张庙子据点，控制了时村至大店公路。在灵璧北，拔除了屏山、水中刘据点。在睢宁，破击睢（宁）宿（迁）公路，攻占了王集据点。在泗县，攻克关帝庙据点。接着，第四师主力及地方武装在东至运河，西至津浦铁路，宽数百里的战线上，展开了春季攻势。这一攻势至 5 月 5 日睢宁魏集战斗止，历时 50 天，大小战斗 60 余次，先后攻克日伪据点 51 处，歼灭日军 80 余人及伪军第 28 师等部 1800 余人，收复了宿东、灵璧、泗县、睢宁、宿迁间的广大地区，破坏并控制了宿（县）灵（璧）公路大店至灵璧段及泗（县）宿（迁）公路，使泗县、灵璧外围除前后张楼外，其余据点几乎全被扫清。1944 年 6 月，第四师又集中第九旅第二十五团、第二十六团，第十一旅第三十一、第三十二团和泗宿总队攻打张楼，最终占领该地，在张楼战役中，共歼日伪军 800 余人，其中俘日军 5 人，俘伪军 530 余人，控制了睢（宁）泗（县）公路全线，解放了整个泗（县）北地区，扫清了泗县周围据点。当听到要西进的消息后，第四师全体官兵都沉浸在兴奋之中。

但在鄂豫边区，对于新四军第五师进军河南一事却出现了分歧。此前，第五师曾粉碎了日伪军数百至数千人对荆（门）南、桃花山、襄（河）南、襄西和平汉铁路两侧等地频繁的分区"扫荡"。3 月又发动了对日伪军的周老嘴战斗。此后，在大小悟山，连续挫败日伪顽军，保卫了边区指挥机关。此时，面对中央的命令，李先念、任质斌等人感到压力很大，认为机不可失，主张立即出兵河南，从战略上改变第五师长期孤悬敌后的处境；但郑位三则认为鄂豫边区原有根据地尚不巩固，主张继续坚持"以巩固为中心"的工作方针，不宜派出主力发展河南。为了统一思想，中共鄂豫边区党委于7月1日在大悟山白果树湾召开扩大会议，讨论鄂豫边区工作方针与进军河南敌后问题。

会议一开始，就出现了两种不同的观点：一是主张根据形势变化，应将"以巩固为中心"的工作方针，改为以发展为主，并提出从3个主力旅中派出2个旅去发展河南。襄河地委书记兼第三军分区政治委员张执一慷慨陈词，甚至主张抓住战机，"倾巢而出"，以完成缩毂中原的战略任务。另一种主张则是不同意第五师主力去河南，在半年内继续贯彻"以巩固为中心"的工作方针，而以发展为辅。

会议在最后采取举手表决方式，通过了"以巩固原有地区为主，进军河南、湘鄂赣为辅"的方针，并报华中局和中共中央。

1944年7月6日，华中局电复李先念：

> 中原会战后，敌人已将平汉路打通，为五师与华北八路军及华中新四军基本地区打成一片有利时机。同时，根据中央指示发展河南，打通八路军、新四军联系，为我党目前颠扑不破的战略方针。因此，五师必须争取时间，迅速准备向北发展的一切条件，加强豫南党与群众工作，以地方群众名义，发动各种可能的群众性抗日自卫运动与建立游击据点，设法派遣大批豫皖地方干部，以公开社会关系或以小的便衣武装和游击队作掩护，用各种灰色与隐蔽的名义，相机深入平汉路东敌后一带，发动群众与侦察情况等等。主力部队在目前条件下，虽尚不宜过早挺进，以免过分刺激国民党，但你们必须准备一定主力，以便时机一旦

成熟，即可出动。我们深悉你们目前集中力量进行巩固工作之重要，但目前五师向北发展客观顺利条件，对五师与全国今后发展前途均有极大意义，不可错过。我们同样在动员华中各师集中河南干部及责令四师部队作同样准备部署，以配合你们。**"**

7月10日，刘少奇又亲拟电稿，以中共中央名义指示郑位三、李先念：

一、我们赞成你们在半年内以巩固原有地区为主，以发展河南及湘鄂赣工作为辅的方针。

二、关于发展河南工作，应首先沿平汉路两侧向北发展，以求得和华北八路军打通联系，以便中央能派干部到你们地区来。中央已令华北派部队到密县、登封、淮阳、西华一带活动，望你们由信阳、罗山逐渐向北发展。目前你们有一个团的兵力，并有一批干部组织河南工作委员会去工作是好的，但须有得力干部去领导。

……

五、望你们注意侦察河南及湘鄂赣敌、友、我三方情况，随时电告我们。**12**

毛泽东十分关注河南的战局发展，于7月15日向李先念等发来了《关于时局近况的通知》的电文。他指出：

蒋之军队由于其士兵是捆绑与购买来的，军官极其腐败与根本没有民族民主教育，提倡反共教育，因而大部分军队充满失败情绪，失去战斗意志。蒋军在河南、湖南作战中，绝大多数均不战而溃或一触即溃，损失在四十万以上。进攻河南敌军不过四个师团，蒋军近四十万，除少数武器较差待遇较坏的杂牌军比较能作战外，几乎无不望风而逃。胡宗南有十个师由陕甘开入豫西参战,但是只有一二个师能打一下,其余都是一触即溃。河南人民,在蒋军残酷压迫下引起他们普遍地与军队对立,群众暴动围缴军队枪械,这些地方的共产党,早已被国民党摧残,但是这些地方的人民在对国民党失望后,希望中共军队到临抵抗敌军之心甚为强烈。**13**

李先念接到毛泽东的电文后,征得郑位三的同意,立即从主力部队抽调1200余人组成豫南游击兵团,在黄林的率领下,于7月29日晚,采取声东击西的战术,从陡沟西的沈湾、邱湾一带渡过淮河,沿平汉路东侧进入淮北正阳县胡冲店地区,开展地方工作,侦察敌情,建立立足点。随后,黄林率游击兵团一部进抵淮南萧王店西北黎山头,与信应独立第二十五团及淮南支队会合。随后,游击兵团以8个连兵力渡过淮河,远距离奔袭投敌反共的正阳县伪保安团,全歼该团600余人,解放了胡冲店。接着,游击兵团发动群众,组织人民武装,召开人民代表大会,先后建立了中共汝(南)正(阳)确(山)等两个县委和抗日民主政府。当地的群众武装乔玉林、许玉珍、张明斋、邓立钊等部1000余人加入豫南游击兵团。游击兵团遂将他们与淮南支队一部编成挺进第三团,同时将信应独立第二十五团改称挺进第二团。这样就初步打开了汝正确边地区的局面,创立了向河南敌后进军的前进阵地。

此后,李先念又3次派兵北上,开辟了淮北新根据地,恢复了郭山冲老根据地。进军河南的1200人,后扩大成为1万余人的部队,控制了南起信阳,北达叶县,东自正阳,西迄泌阳的广大地区。

在新四军第四师方面,广大官兵正上下一心,斗志昂扬,准备西进。张震在60年后回忆说:"雪枫不止一次地与我交谈,说君子报仇,三年不晚。今天,这个时刻终于到来了,真叫人兴奋不已,彻夜难眠。"**14**

1944年8月15日,阳光灿烂,新四军第四师主力举行了隆重的西进誓师大会。主席台上，彭雪枫戎装整洁，心情激动、斗志昂扬地振臂疾呼："同志们！今天我师奉命打回路西去！"话音未落，广场上顿时爆发出气壮山河的震天怒吼："响应党的号召，打回路西去，收复失地，挽救中原！"此时的广场上群情激昂，待命出发的指战员举起手中的武器，向党、向第四师首长表示了他们西征的决心。接着，彭雪枫又打着手势对指战员进一步动员说："同志们，我们离开豫皖苏边区已经 3 年 3 个月了！时间虽然不长，然而，我师全体指战员，不论是谁都有一日三秋之感！3 年以来，无时不在惦记着路西，谈论着豫皖苏边区，念念不忘我们的父老兄弟姊妹！从我们撤出豫皖苏边区的那天起，老百姓又陷入水深火热之中，'上半天伪军催粮催工，下半天顽军催粮催款，一到夜晚又到了土匪世界！'如今日寇占领我中原大地，汤恩伯、胡宗南的大军不战而逃。令人恨之入骨的是，汤总部在叶县大兴土木，占民田 20 余顷，建筑所谓人民会场、文化公园。所以老百姓这么说：寇如梳，匪如篦，汤军过后如扫地；宁愿亡国亡家，不愿三十一集团军驻扎。在我中原同胞遭受敌伪顽蹂躏之时，我师奉命打回老家去；我们要报仇！为路西人民报仇！骑兵团要把路东的威风带到路西去！大家准备好了没有？"霎时，广场上又是一片震天动地的回答声。**15**

彭雪枫的话震撼着每一名指战员，西进大军冒着酷暑踏上征途。20 日，西进部队在宿县以北越过津浦路进入津浦路西。

消灭"拦路虎"

21 日，西进部队受到顽、伪一体的国民党苏北挺进军第四十纵队的无理阻拦，第四师先头部队立即进行自卫反击。顽军哪里抵挡得住新四军的西进铁流，一触即溃。

但顽军退守小朱庄，继续阻拦西进部队，其司令王传绶夸下海口："有我把住小朱庄这扇路西的大门，新四军插翅也别想飞过去！"反共气焰十分嚣张。

22 日,第四师先头部队横扫小朱庄四周,肃清了外围。23 日,彭雪枫亲临前线,指挥第三十一、第三十二团和骑兵团对顽军进行围攻,歼其1600 余人,击毙王传绶。

从萧县南援的顽军刘瑞岐部,被新四军一路席卷过去,狼狈逃窜;东援的顽军刘子仁部得知王传绶部被歼,立即掉头西窜;顽军第二十八纵队第三支队支队长吴信元,在中共萧县地方党组织的策动下,率领 1700 名官兵起义,被改编为萧县独立旅,归第四师指挥,继续留在萧县地区保障西进部队的后方通道。

宿东游击支队越过津浦路后,也于 26 日在十里长山歼土顽一部,并击溃顽军胡开祥部,追至铁佛寺。

小朱庄一战,打开了西进的大门,士气振奋,人民归心,敌伪披靡,土顽瓦解。此后,西进部队以秋风扫落叶之势,连克河南永城东南的黄庄、菊庄、马庄等日伪军据点,迅速恢复了萧永宿地区。"不匝月而敌伪丧胆,国土恢复,人民解放,路西局面因此奠定,其胜利之大,成功之速,出乎我们预料之外。"广大群众欢欣鼓舞,热情欢迎子弟兵归来,纷纷向亲人诉说 3 年来备受敌伪蹂躏、压迫之苦。

西进部队为了利用这个大好时机,向广大豫皖苏同胞表达子弟兵的血肉之情,以便发动、组织群众,更好地配合部队西进,彭雪枫命令战士们向涌来的豫皖苏边区人民散发彭雪枫、邓子恢、张震、吴芝圃 4 人署名的《敬告豫皖苏边区父老兄弟姐妹书》:"你们的子弟兵,别离你们,已经三年零三个月了!时间虽然不长,然而全师上下,不论谁都有'一日三秋'之感!三年以来,无时不在惦记着路西,谈论着豫皖苏边区,念念不忘我们的父兄姊妹们!"接着,《敬告书》又回顾了豫皖苏边区军民共同进行的英勇的抗日斗争和艰苦的反顽斗争,分析了当前世界、全国、华中的反法西斯斗争形势,申明此次第四师西进豫皖苏的任务是:"为了最后地挽救中华民族,抢救大后方，收复中原，迅速求得战略反攻，协同友军作战，我军继续地不计嫌隙，不念既往，更努力地策应友军作战，援助友军反攻，钳制敌人，打击敌人，使其后顾不暇，难以前进，以期协同目前之空前有利的国际形势，早日驱逐敌人，收复国土，解放中华民族。"

为达此目的，《敬告书》向豫皖苏边区的友军、友党、广大同胞和长期隐蔽的中共地下党员发出号召，要求他们"共同奋起，齐心协力，向着光明幸福的路迈进！胜利就要来了"。[16]

但是，怯于抗战、勇于反共的国民党顽固派虎视眈眈，企图故技重演，趁新四军立足未稳之际，积极调兵遣将，进行反扑。

雪枫！雪枫！将星陨落！

1944 年 9 月 2 日，汤恩伯命令暂一军军长王毓文，统一指挥骑八师、暂六十二师、暂三十师和暂十四师，由涡河以南向永城、萧县进犯，并接应陇海路北之国民党苏北挺进军所属耿继勋、刘瑞岐残部南犯；令第三十三师段海洲部、第十四纵队苗秀霖部由津浦路东向西进犯，企图在 9 月中旬从东、南、北三面合击西进部队于萧永地区。

9 月 5 日，新四军军部报告中共中央军委顽我态势后，认为："顽敌从南、北、东三面夹击我四师西进部队之企图已很明显。我们即拟集中路东主力部队配合路西部队，首先打击与歼灭路东向西运动之段、苗等部，确保东西之联系，然后集中主力对付涡蒙地区北上之顽敌。""萧永为苏、鲁顽敌联系之要道，必为顽我争夺之要地，估计尔后顽我于萧永地区连续战斗势不可免。我们准备在连续战斗中，坚决打击顽敌，以求巩固萧永地区，后再向西挺进才有保障，否则有被截断之忧。"[17]

顽敌大军压境，新四军军部着实紧张，一日之间就数次致电中共中央和第四师，不断阐述此次战役的重要性，并对作战进行详细部署，以免遭上次西进的覆辙。

但中共中央军委倒是很冷静，认为其实"顽方甚为恐慌。惟顽军各部散处各地，调动不灵，配合不确实，三路夹击计划是不易实现的"。中共中央军委指出，对来攻顽军，应采取各个击破的方针。西进部队就地布置战场，准备迎击来犯之顽军，淮北路东部队，待段、苗部西犯时，派得力部队尾进，配合西进部队将段、苗部消灭于萧永地区；第七旅进入泗南、灵璧之线，必要时越过津浦路增援，在宿西的宿东游击支队应加强活动，牵制涡阳、蒙城地区之顽军；八路军冀鲁豫军区以最大速度调集部队消灭耿、刘残部，打通与西进部队的联系；水东地区（新黄河以东地区）的部队就地展开游击，牵制顽军陈大庆部，防其全力向萧永夏地区进攻。中共中央军委还特别指出："新黄河以东地区，为我华北、华中的联系枢纽，战略上极为重要，目前已成为顽我必争。我军必须在连续不断的战斗胜利中，才能完全巩固该地区的发展。"为此，各部队要在彭雪枫统一指挥下，灵活机敏地配合作战，完成所负任务。**18**

为进一步拓展战场，使新四军在永城以北地区有更大的回旋余地，第四师领导经研究决定，先打夏邑县以东八里庄顽、伪、匪三位一体的第二十八纵队第八十二支队李光明部。

根据中共中央指示，新四军军部决定，成立路东指挥部，以第七旅旅长彭明治为司令，第九旅旅长韦国清为政委，统一指挥第七、第九旅和第一师第五十二团，尾随段海洲、苗秀霖二部。

9月12日，段海洲、苗秀霖二部遭重创，新四军全歼其一个团，击溃5个团。

9月11日黄昏，夜幕逐渐降临，路西的彭雪枫、张震指挥部队秘密接近八里庄，并迅速达成合围。在10分钟内，第四师从东、北两个方向突入，攻破八里庄。敌军大部在睡梦中为新四军所俘获，只有李光明的支队司令部与另外一个大队依托西南角的小圩寨负隅顽抗。

彭雪枫正在最前沿指挥作战，子弹呼呼地从他头上掠过。身先士卒是他的一贯作风。他曾在给妻子林颖的信中写道："在指挥阵地上，看着战士们那种勇往直前奋不顾身的雄姿，使我深为感动，（战士们）为了执行命令而毫不吝惜自己的鲜血，我从内心的热爱着他们！也许他们也在爱着我吧，因为我离他们并不远，连望远镜都不需要，就是没有陪他们一同冲锋而已。"[19]

经过激烈交战，外围战斗于 12 日凌晨 3 时结束，彭雪枫和张震进入八里庄，在天主教堂内休息，决定拂晓发起总攻。

突然，警卫员跑进来说："师长！师长！敌人突围了！"彭雪枫和张震立即爬上南边寨墙高处观察，并指挥骑兵部队追歼敌军。

夜色中，不料一颗罪恶的子弹飞了过来，彭雪枫倒下了，鲜血从他左胸的弹洞中涌出。张震连忙将他抱住，只见彭雪枫面色苍白，瞳孔已经放大。张震急忙叫来医生，注射了强心剂，但彭雪枫的心脏再也不跳动了，将星陨落……

张震抱着彭雪枫，悲痛不已。他深感问题严重，便下令要严格保密，并立即报告新四军军部。

经过激战，此役俘李光明以下千余人，毙伤 200 余人，缴获机枪 11 挺、长枪千余支、弹药 2 万余发。

13 日，中共中央军委决定调张爱萍为第四师师长、韦国清为副师长，并令韦国清先赴津浦路西指挥作战。11 月下旬，新四军西进部队又开辟了商（丘）亳（县）永（城）等地区。至此，新四军基本恢复了豫皖苏边抗日根据地，并建立了淮北第二专署和 8 个县的抗日政权，成立了第二军分区，使豫皖苏边区得到了进一步巩固。

彭雪枫牺牲的消息，直到 1945 年 1 月 24 日才公布，全党、全军无限悲痛，豫皖苏人民尤为哀伤。

1945 年 2 月 8 日，延安《解放日报》发表彭雪枫纪念专刊，刊登祭文：

为民族，为群众，二十年奋斗出生入死，功垂祖国；

打日本，打汉奸，千百万同胞自由平等，泽被长淮。**20**

毛泽东、朱德、刘少奇、彭德怀、陈毅合写的挽词是：

二十年艰难事业，即将彻底完成，忍看功绩辉煌，英名永在，一世忠贞，是共产党人好榜样；

千万里破碎河山，正待从头收拾，孰料血花飞溅，为国牺牲，满腔悲愤，为中华民族悼英雄。**21**

陈毅悲伤不已，提笔写下著名的诗篇《哭彭八首》。其中有：

吾党匡天下，得君亦俊才。

壮哉身殉国，遗爱万人怀。

雄气压陇海，英雄断淮河。

荣衰何有尽，万众泪滂沱。

又：

淮北哀音至，灯前意黯然。

生平供忆想，终夜不成眠。**22**

西进、北上战果辉煌

新四军在淮北路东截击段海洲、苗秀霖顽军和路西八里庄反顽战斗获胜后，为继续粉碎国民党顽固派的进攻计划，八路军冀鲁豫军区部队亦奉命于

1944 年 9 月下旬至 10 月中旬进剿陇海路北顽军，歼灭顽军 5000 余人，打乱了顽军的进攻计划，把耿继勋、刘瑞岐残部压缩到徐州西北一隅，丰（县）沛（县）铜（山）砀（山）等大部地区得到控制。八路军水东部队也向东发展，进至拓（城）宁（陵）地区。

国民党顽军为阻隔新四军、八路军打通联系，竟勾结驻徐州、商丘等地的日伪军，策动其向萧永地区的新四军"扫荡"；同时还将徐州以西的顽军残部，改编为"徐西剿共军"。10 月初，日伪军集结步、骑兵 1000 余人，两次"扫荡"萧永地区。西进部队在当地军民配合下，迅速跳出，不断给日伪军以打击，粉碎了日伪军的"扫荡"。

西进部队粉碎日伪军"扫荡"后，参谋长张震认为东、西两面的顽军已遭打击，根据顽军南北对进的企图和兵力部署，南面顽军是主力，兵力较强，他主张新四军作战应先南后北。

10 月 8 日，西进部队集中第九旅 2 个团和骑兵团，围歼盘踞砀南刷集、关帝庙的国民党苏北挺进军第三十纵队，歼其近千人，生俘纵队司令胡式如，残余顽军逃跑。从而，新四军扫除了侧后威胁，打通了与陇海路以北八路军的联系，为迎击顽军进攻创造了条件。

顽军虽屡遭挫折，但其主力并未遭严厉打击。10 月 12 日，王毓文率暂十四师、骑八师、暂三十师和 6 个挺进纵队，分四路围攻新四军西进部队，企图将西进部队消灭在萧永地区。为彻底挫败顽军的进攻计划，新四军军部于 13 日决定，彭明治率第三师第七旅 2 个团西去参战，协同已在路西的第四师第九旅、第十一旅、骑兵团等部，组织路西涡北自卫反顽战役；并组成路西战役野战司令部，司令韦国清，副司令彭明治，参谋长张震，政治部主任吴芝圃，实行统一指挥。同时，新四军军部还指出，应乘顽军主力分头前进时，以移动防御钳制与阻击其中一路，另集中优势兵力着重打击顽军骑八师；并注意防止地方反动势力乘机暴动，扰乱新四军作战后方。

10月14日，王毓文将暂三十师配置于涡阳、龙山、石弓一线，自己率主力骑八师、暂十四师及两个挺进纵队渡过涡河，分左、右两路北犯萧永地区中心地带薛家湖、洪河集、保安山；国民党苏北挺进军第二十八纵队刘子仁部由西向东进攻；顽军第十三纵队刘瑞岐部约2个团由北向南进犯。

针对上述情况，路西战役野战司令部决定先歼顽军第二十八纵队，然后集中兵力求歼南路顽军主力骑八师。15日，当西进部队第十一旅和骑兵团向第二十八纵队运动时，该部闻风西逃。新四军第七旅则在保安山以北歼顽军第十三纵队千余人，顽军另一部北退。但王毓文仗其人多，仍疯狂向新四军西进部队进攻。路西战役野战司令部令第十一旅在永城东北之保安山、芒砀山、奶奶山构筑既设阵地，以逸待劳，严阵以待；以第七旅和第九旅一部、骑兵团为机动部队，等待八路军冀鲁豫军区部队到达后，再行出击，争取全胜。19日，王毓文派步、骑兵6000余人，向山城集以西夫子岩、吕楼和山城集以北保安山等阵地猛攻。新四军第十一旅和第九旅第二十五团，依托坚固阵地，顽强阻击，数次打退顽军进攻，给顽军以重创。

顽军远程奔袭，孤军作战，在得知八路军冀鲁豫军区部队已南下越过陇海路后，惊恐万分。

20日晚，新四军第七旅第二十团一个营乘夜偷袭，将王毓文的军部击溃，俘虏数百人。顽军惊慌失措，误以为新四军西进部队全线反击，遂全线溃退，慌乱撤逃，自相误击一个晚上。

21日拂晓，路西战役指挥员下令全线出击，不惜一切代价，以最快的速度勇猛追击。第二十六团率先出击，猛追猛打，歼顽军数百名。其后，全团一直追至郯阳集、龙山集附近，又歼顽军3个团。24日，八路军冀鲁豫军区南下部队赶至曹市集与新四军西进部队会师，给西进部队很大鼓舞。接着，西进部队步、骑兵联合继续猛追，终将顽军骑八师打得溃不成军，迫使其残部退往涡河以南。

与此同时，宿东游击支队在第二十七团配合下，亦将国民党苏北挺进军第三十二纵队歼灭。30 日，涡北自卫反顽战役胜利结束。是役，共歼国民党顽军 3600 余人，基本上恢复了豫皖苏边抗日根据地原有地区。中共中央华中局和新四军军部特电令嘉奖，指出："此次路西战役已获得极大的胜利，这是曹甸战役以来最大的战役。"**23**

新四军西进部队经过 4 个多月的英勇作战和艰苦工作，歼灭国民党顽军和日伪军 1.3 万余人，恢复与发展了东起津浦路、西止商亳公路、北讫陇海路、南至涡河的 1.3 万余平方公里和 250 万人口的广大地区，胜利完成了中共中央赋予的西进恢复豫皖苏边区的任务。

在鄂豫边区方面，经过李先念等人的不懈努力，新四军第五师北上的部队陆续增加，攻势更加猛烈。

1944 年 9 月，挺进二团和第三十八团一个连，从路东张扬店奶奶山出发，经驻马店以南越过平汉铁路，西进至确山、汝阳、驻马店之间，开展游击活动。10 月中旬，他们在沙河店及驻马店之间的公路上，伏击日军运输队，截获药品 5 万多件。此时，第三十八团另 2 个连亦转战来到平汉路西，在确山瓦岗东南的木掀岗与先前来此的豫南游击兵团部队会合。游击兵团遂决定以竹沟东南的孤山冲为中心，建立路西豫南抗日根据地。此后，第五师又令第四十五团第二营进至路西，加强这个地区的武装斗争。10 月 20 日，豫南游击兵团集中主力第三十八团第三营、第四十五团第二营和挺进第二团一个连，在群众的支援下，将盘踞在竹沟东南爬头寨一带、勾结日伪、残害百姓、制造"竹沟惨案"、镇压抗日群众的匪首张明太部 500 余人歼灭，拯救被劫持的妇女 40 余人，受到当地群众的热烈拥护。遭受严重破坏和摧残的竹沟老根据地，又回到了人民手中。人民群众做饭做菜，慰问游击兵团，青壮年踊跃参军，信阳、确山一带的游击武装也先后接受改编，加入抗日队伍，从而使豫南游击兵团发展到 5000 余人。此外，第三十八团第三营扩编为挺进第一团，第四十五团第二营扩编为挺进第四团，并组建了确泌桐县总队等地方武装，建立了中共信（阳）确（山）、确（山）泌（阳）桐（柏）两个县委和抗日民主政府，豫南抗日民主根据地基本形成。

11月间，为了加强对河南敌后党组织和军队的领导，鄂豫边区党委决定将豫南工委扩大为河南工委，豫南游击兵团改为挺进兵团，黄林任兵团司令员，并派任质斌代表鄂豫边区党委和第五师去负责领导工作。

在此期间，根据中共中央和北方局的指示，八路军第一二九师以太行军区第三、第三十五团和豫西地方工作队组成豫西抗日独立支队，又称第一支队，由皮定均、徐子荣率领，于9月初从林县出发，向豫西开进；10月，第一二九师又命令太岳军区以2个团组成第二支队，在韩钧、刘聚奎率领下，渡过黄河，开向豫西；1945年2月，王树声、戴季英率领延安中央警备第一旅第二团、八路军第三五八旅第七七〇团，组成豫西抗日游击第三、第四支队，由陕北进抵豫西，至2月底成立了河南军区，王树声任司令员，戴季英任政委，此乃后说。

这样，八路军、新四军联手，基本上实现了中共中央关于发展河南的部署，在中原地区打通了陕北、华北、华中地区的战略联系。

粟裕准备南下浙东

在东南方向，毛泽东更是高瞻远瞩。早在1941年4月30日，他就指示刘少奇、陈毅、饶漱石：

> 从吴淞，经上海、杭州、宁波直至福州，可以发展广大的游击战争。上海杭州线的军事领导不可仅委托谭震林，他一人管不到许多，有单独成立战略单位之必要……**24**

他还专门补充说明：此区有大发展前途。

1942年5月，粟裕根据浙江的斗争形势，曾建议新四军向浙江发展。但毛泽东和陈毅都认为时机不到，目前仅可准备，不宜轻动；只可发展游击，主力不应南进。

转眼到了1944年，太平洋战场上两员美军战将——麦克阿瑟和尼米兹的一场争论，直接影响了新四军向东南发展的战略。

在1943年1月召开著名的卡萨布兰卡会议后不久，美军参谋长联席会议及其下属委员会草拟了"战胜日军的战略计划"。该计划设想，在下述情况下盟军有可能打败日本：

1.实施封锁，尤其是切断日本同东印度群岛之间的石油运输线；

2.对日本的大城市持续进行轰炸；

3.若有可能，直接进攻日本本土。

为了实现上述作战构想，美军参谋长联席会议认为，盟军的主要进兵路线均应指向中国沿海地区，以便获得必要的基地。中国军队应进至沿海地区牵制日军，削弱其抗击能力，以利于盟军在海上实施进攻。

这下麦克阿瑟不干了。如果按照这个计划，美军的进攻路线将以中太平洋为主轴，主攻统帅将是尼米兹而不是麦克阿瑟。另外还有一件感情上的事情：麦克阿瑟念念不忘重返菲律宾，以报被日军驱逐的一箭之仇。所以，他希望以西南太平洋为进攻主轴，快速攻下菲律宾，以实现他败离那里时曾许下的"我会回来"的诺言。从更深层次上讲，以麦克阿瑟为代表的陆军和以尼米兹为代表的海军都希望成为太平洋战争或者美军发展的主角，他们之间的较量，也是美军两个军种之间的角斗。

尽管后来美军最高统帅部在尼米兹和麦克阿瑟两人的计划中选择了一个折中方案，但日军大本营却把此事当真了。

在日本天皇接受东条内阁总辞职并决定小矶国昭为新首相、任命梅津美治郎为参谋总长的同一天——1944年7月18日，日军大本营下令中国派遣军和中国方面日本舰队密切协同，加强对广东及香港以东沿海，特别是浙东沿海之防务；重新攻占温州、福州，并增强厦门、金门之防守兵力，做反击美军在该地区登陆之准备；同时使这些地区成为日本海军从太平洋后退时的中继基地。

随之，日本中国派遣军将由苏北的海州、苏中的长江口至杭州湾一带的沿岸防御工事构筑及占领温州、福州与增强厦门防守兵力之任务，交给驻上海的第十三军担任；将加强广东沿海防卫的任务，交给驻广州的第二十三军。

可叹的是，蒋介石在日军强大的军事攻势和政治诱惑面前，根本没有心思和能力策应美军在中国沿海登陆的行动。驻守在苏浙皖边的国民党正规军15个团，不战而退入天目山区。

1944年8月21日，毛泽东致电新四军领导人：美军将派人来新四军军部，并在上海及沿海、沿江地区设无线电网，不仅便利美军轰炸日军，而且更便于在将来登陆作战时取得新四军的配合。**25**

不久，美军观察组到达延安，中共中央将配合美军在中国沿海登陆以打击日军的任务提到议事日程上来。

9月27日，中共中央发出开展苏浙皖地区工作的指示，指出："我军为了准备反攻，造成配合盟军条件，对苏浙皖地区工作应有新发展的部署，特别是浙江工作应视为主要发展方向。"中共中央还提出，浙东游击纵队应派得力部队向天台以南的沿海敌后发展游击战争，直到平阳闽浙交界处；苏南部队除巩固现有地区外，中心工作应放在太湖西南岸，沿京杭公路伸入天目山，造成渡过钱塘江与浙东打通的战略形势；浙东区党委应加强金华、义乌、衢县、桐庐、富阳等地的工作，以迎接苏南部队南进。鉴于苏南地区现有兵力不足，还应由叶飞、朱克靖率2个主力团，并从华中局抽调一批原苏南、浙江干部渡江，会合第十六旅，共同担负南进任务。同时恢复第六师，由叶飞任师长。**26**

新四军第一师师长兼苏中军区司令员粟裕接到中共中央的指示和华中局

的征求意见电后，不禁心潮涌动：东南的山水与粟裕的生命息息相关！

抗日先遣队、浙南三年游击战争、新四军先遣队和江南指挥部这几个粟裕人生中最重要、最值得骄傲的阶段，他都是在那里度过的；那里的地理、社情于他是那样熟悉，那里还有许多曾与他一起战斗过的同志和唇齿相依的人民……

粟裕决定请缨执行南下的战略任务，并把意见上报华中局、新四军军部。毛泽东最后定夺："同意粟裕率两个团南下发展苏浙，必要时还应从一、二两师再调一部去。所有苏南及浙江归粟统一指挥。叶飞留苏中主持。"*27*

大鱼山岛壮歌飞

就在粟裕准备南下以前，浙东纵队海防大队为夺取配合盟军进军舟山群岛的"跳板"，已经在浙东沿海舟山群岛中的一个偏僻小岛——大鱼山岛进行了一场气壮山河的血战。

大鱼山岛位于舟山本岛西北部，全岛长约 6 公里，宽 1.5 公里，共有 400 多户人家、千余人口，当地百姓多以捕鱼为生。浙东沦陷后，日军把舟山群岛作为浙江沿海重要的海军基地，特别是从 1941 年 12 月太平洋战争爆发以后，更进一步加强了对舟山群岛及其附近海面的控制，将舟山群岛当作日本支援太平洋战争的战略基地。大鱼山岛虽无日伪军据点，但常有日军豢养的爪牙上岛活动。

浙东纵队司令部决定由海防大队派出部分武装开辟隐蔽的海岛游击根据地，发展和加强海岛斗争，牵制敌人的力量，以备日后作为配合盟军进军舟山群岛的"跳板"。纵队政委谭启龙、司令员何克希，向海防大队大队长张大鹏面授了这一任务。

经过必要的侦察与部署，海防大队决定由副大队长陈铁康率领第一中队，去执行这一光荣而艰巨的任务。

1944年8月19日晚，海防大队第一中队70余人，从慈溪古窑浦出海，并于21日清晨顺利抵达大鱼山岛。岛上只有伪军一个分队，不到10人。第一中队很快控制了整个岛屿，在岛上开展群众工作。

为了搞好统战工作，上岛部队没有逮捕伪军分队长——外号叫"沙山龙"的张阿龙，致使留下了这个"毒瘤"，招来灭顶之灾。

22日晚上，这个死心塌地的汉奸"沙山龙"，趁新四军不备，和保长王才荣偷渡到岱山，将第一中队登陆大鱼山岛的情况报告给了日伪军。

25日清晨，大鱼山岛一切都显得很宁静。突然间，隆隆的马达声，在大鱼山岛的东方响起。瞭望哨徐一宏立刻向带班的五班班长报警，五班班长飞奔中队部，向陈铁康报告："发现敌舰十余艘，向大鱼山岛急驶而来。"陈铁康闻讯后，感到情况严重，一面下令各班做好战斗准备，一面召集连、排干部开会。大家一致认为，悬海孤岛，部队无处转移，也无法隐蔽，出路只有一条：打！坚决地打！

陈铁康立即命令司务长沈长文负责撤退后勤人员，并帮助群众转移。

中队指导员、党支部书记洪珠向部队作了简短的动员，号召大家为民族的独立、人民的解放而英勇战斗！他要求人人沉着应战，节省每一颗子弹，多消灭敌人！以最快的速度抢占阵地。

随后，陈铁康和中队长程克明带领杨文海排占领大岙岗阵地，洪珠带领陆贤章排占领打旗岗阵地，副排长陆林生带领18名战士占领湖庄头阵地，3个阵地恰成掎角，既能各自监视敌人可能的登陆点，又能互相进行火力支援，控制滩头阵地。

上午8时许，日伪军一面以两架飞机的猛烈扫射和战舰的火炮轰击，压制新四军阵地，一面避开新四军正面阻击，从大鱼山岛的南、北两端登陆，然后分两路向新四军夹击，沿途烧杀抢掠，十分疯狂。

小西洋滩头的敌人刚登陆，就遭到打旗岗阵地新四军战士的猛烈打击，横尸一地，败下阵去。

敌指挥官见状，一面命令南、北登陆的敌人，加紧包抄，一面用更猛烈的炮火，向打旗岗阵地轰击，并驱使日伪军再度发起冲锋。当日伪军硬着头皮爬向山岗时，洪珠向全排指战员喊道："同志们，咬住敌人，狠狠地打，打得他腰断背裂，脑袋开花！"排里那挺横插梭的捷克式机枪喷吐出愤怒的火舌，子弹和手榴弹一齐飞向敌群，战士们又一次打退敌人的冲锋。

在北面大岙岗阵地，敌舰炮的猛烈轰击过后，一群日军带着大片伪军，缩着脑袋，弓着身子，战战兢兢地爬到山腰，开始进行侦察性进攻。

大岙岗是第一中队的主阵地，左有打旗岗阵地为依托，右有湖庄头阵地为屏障。陈铁康冷静地把敌人放进火力网，然后一声令下，机枪、步枪同时开火，把敌人打下山岗。

打旗岗和大岙岗的溃败，气得日军指挥官直骂伪军"混蛋""废物"，并手持指挥刀，胁迫伪军头目带头冲锋。在猛烈的炮火掩护下，敌人倾巢出动，南北夹击，分割围攻，妄图一举攻陷新四军阵地。

但新四军顽强战斗，经过一个多小时的激战，又一次打退了敌人的进攻，大岙岗、打旗岗、湖庄头 3 个阵地，巍然屹立。

午后，敌人一面在山下喘息，调整兵力，一面用舰上的炮火，不断向岛上轰击。

这时，新四军指战员们已是满身尘灰，血迹斑斑，有的伤口还在流血。但所有人根本顾不得伤痛、疲惫和饥渴，赶紧安顿伤员，掩埋牺牲的战友，加紧抢修工事，准备迎接即将来临的恶战。

下午 1 时左右，日军改变了战术，集中兵力进攻打旗岗，炮弹像冰雹般在打旗岗爆炸，一时打旗岗浓烟滚滚，岩石被炸得粉碎，积起一层厚厚的泥沙。新四军战士们把弹坑当掩体，以石作枪弹，顽强抵抗，打退了敌人一次又一次的进攻。这时，部队伤亡越来越大，弹药将要耗尽。面对敌人的海、陆、空联合进攻，负伤的指导员洪珠不停地作战场动员，领着大家唱《繁昌之战》这首新四军战歌：

> 皖南门户，长江边上；
>
> 平静的繁昌，成了烽火连天的战场。
>
> 无耻的日本强盗，海陆空军一齐进攻……
>
> 我们勇猛攻击，无比的坚强；
>
> 我们艰苦奋斗，不怕凄风冷雨；
>
> 我们英勇牺牲，不怕饥寒死伤；
>
> ……**28**

情况越来越危急，眼看着打旗岗阵地保不住了，洪珠从皮包中取出文件，点上了火。这时，排长陆贤章提着一挺机枪过来了，他要洪珠带几名战士后撤。洪珠坚决不肯，命令陆贤章领着大家撤退。撤退的指战员才走，便听得洪珠的驳壳枪打响了，这是他在阻击敌人，掩护战友……又听得单发的一枪，这是敌人已冲上山岗、洪指导员向活着的战友们报告自己已经战斗到最后一息的枪声。

守卫在湖庄头阵地的陆林生排，也打得非常艰苦，情况十分危急。当腿负重伤的陆林生被战士王根生强行背下阵地后，阵地上只剩下 3 个人了。班长张宗发带领战士张小弟、储连排，和冲上山岗的日军进行生死搏斗，当场击毙日军指挥官。张宗发和储连排在和敌人的拼杀中牺牲，战士张小弟负伤后，乘敌混乱中滚下山岗。

打旗岗、湖庄头失守后，残酷的战斗转移到大峇岗。当日军全力攻上山岗时，战士朱大钧沉着应战，接连击毙日军 3 名。一班班长兼机枪手施铁山，站立身子，满面怒容，圆睁双眼，机枪横扫，一下打死了七八个敌人。最后身中数弹时，他还忍着痛，咬着牙，打完最后一梭子弹。接着，他把枪芯甩掉，跳出战壕，挥动着手中的枪托，与敌人厮打，最后倒在血泊中。其他战士也跳出战壕，与敌人展开了一场惊心动魄的白刃战。重伤员不能行走，就举起石块与敌人拼杀。正当敌人庆幸占领山岗，企图活捉新四军勇士时，一位战士身怀 2 颗手榴弹，待敌人接近时，2 颗手榴弹先后爆炸，炸死日军多名。

激烈的战斗，一直持续到下午 3 时。日军凭着优势的兵力和精良的装备，在惨重的伤亡下占领了这个阵地。抗日英雄的鲜血，染红了荒秃的山岗，浇灌了抗战必胜之花。

下午 5 时，敌人撤离大鱼山岛，并把新四军被俘伤员押上战舰。途中，3 名战士跳海，其中 2 名战士被敌人用机枪扫射，牺牲在海中；战士李金根左臂中弹，仍顽强泅渡，奋力向大鱼山岛游去，后来被当地渔民搭救。惨无人道的日军，公然违反对待战俘的国际公法，将被押上 105 号战舰的新四军战士集体屠杀。

李金根回到岛上，找到了负伤突围的张小弟，过后又会合了 10 余名跳崖脱险的战友，并陆续找到了近 20 名伤员，这些伤员都是在当地群众的掩护下脱险的。

1944 年 9 月 10 日，浙东纵队特地召开了一次表彰大会，宣扬了气壮山河的大鱼山岛战斗事迹，表彰了大鱼山岛战斗中的英雄模范，并向他们颁发了奖品。新四军的《战斗报》上，还编印了《血战大鱼山岛》的连环画册。大队长张大鹏还为大鱼山岛战斗谱写了歌曲。其中唱道：

> 呼呼怒吼的风呀，
> 白浪滔滔的海呀，
> 漂泊在海上的船呀，
> 都有我们同志乘呀！
> ……

海上的英雄打鬼子呀！

鱼儿鱼儿安息吧！

......**29**

皮定均夜渡黄河，南下豫西

北方八路军这边也正在准备。

1944 年 7 月的一天，中共中央北方局代理书记、八路军第一二九师政治委员邓小平，专门召见太行军区第五军分区司令员皮定均和政委徐子荣，传达了中央关于向河南敌后进军的指示，然后简洁地说：

"现在，我们已经决定由你们来承担这个任务，你们得尽快着手组建八路军豫西抗日支队，然后迅速渡过黄河，去开辟豫西抗日根据地。"

平常不太爱说话的邓小平，这个时候变得更严肃："这个任务很艰巨，你们得一边紧张地组建部队，一边到黄河岸边侦察，寻找渡口。上级决定，这个支队由皮定均任司令员，政治委员徐子荣，副司令员方升普，副政委兼政治部主任郭林祥，参谋长熊心乐，辖第三、第三十五两个团，豫西地区的群众基础不比咱们的根据地，尽量选些政治和军事都过硬的同志去。"

邓小平把信赖的目光投向皮定均。皮定均心头一沉，感到了肩头担子的分量。

皮定均，安徽金寨人，1928 年加入中国共产主义青年团，1929 年参加中国工农红军，1931 年加入中国共产党；曾在红四方面军任连政治指导员、营政治教导员，参加了鄂豫皖、川陕苏区反"围剿"、反"围攻"；长征中，任红军大学上级指挥科副科长、步兵学校营长；到陕北后，任教导师第二团团长；全民族抗战爆发后，当过第一二九师特务团团长、太行军区第五军分区司令员。现在要到一个新的地区开展工作，他希望得到邓政委更多的指示。

"怎么样？没什么问题，就回去准备吧。"邓小平发话了。"是！"两人异口同声地回答。

受领任务后，皮定均和徐子荣立即展开工作。经过一个多月的准备，各项工作基本就绪。支队副政委兼政治部主任郭林祥奉命到太行军区，向第一二九师参谋长李达作汇报。李达听过后连连点头：

"准备得不错，现在你得马上到八路军总部去，邓政委正等着听你的汇报呢，而且还要作一些重要的指示。"

郭林祥立即快马加鞭赶到麻田镇的八路军总部。这时，天色已经暗下来了，郭林祥刚一下马，邓小平就迎了出来，并回头叫炊事员立即准备晚饭。

吃完饭，郭林祥详细地向邓小平汇报了南渡黄河的准备情况。当他将侦察到的郑州至洛阳间的敌伪河防部署讲完后，邓小平拿起桌上的煤油灯，走到挂在墙上的地图前，和郭林祥商量着选择渡河点。

看完地图，他又回过身来坐下。此时的邓小平，身穿一套灰布军装，由于紧张繁忙的工作，他眼窝深陷，两颊的颧骨显得更高了，但依然精神饱满，干脆果断地说："河南过去是汤恩伯、胡宗南部队的天下。河南战役中，国民党部队溃不成军，37天丢了38座城。他们一部分部队逃进深山去了，一部分被老百姓缴了械。目前豫西的情况非常混乱。你们过了河怎么站住脚，靠什么开辟根据地呢？光靠打仗是不行的。国民党那么多主力部队都全线崩溃了，你们只有两个小团，一千多人，怎么打？你们必须依靠党的政策，用党的政策去宣传群众，组织群众，武装群众，才能站稳脚跟，开辟工作……仗也是要打的，但一定得打得巧，仗不在大，打则必胜。豫西百姓民性强悍，很讲义气，不打一点该打、必打的仗，群众是瞧不起的。只要你们坚定地执行党的政策，坚定地执行三大纪律八项注意，又打一点胜仗，人民群众就会信任你们，就一定能扩大武装，建立政权，开辟根据地。"

邓小平想了想，又说："你们过河后，只能是独立工作的局面，中间隔了条黄河，同中央、北方局和八路军总部的联系，除了靠电台，没有别的办法，所以斗争非常艰苦复杂。你们得在思想和物资上做好准备。"

谈到部队需要的供应和装备，邓小平随后叫来了八路军总部的杨立三副参谋长，让郭林祥汇报，由杨立三负责解决。

当夜，郭林祥就住在了八路军总部，但想着身上的重任，好久都没有入睡。

返回军分区后，他向支队的领导传达了邓小平的重要指示。大家做了认真的分析研究。部队组建完毕，又进行了形势、任务和党的政策、纪律教育，武器装备和银圆、现钞都已补充。提前派出探路的豫西先遣工作队已顺利过河。

1944年9月6日早晨，天蒙蒙亮，豫西抗日支队的主力部队整装出发。第三十五团虽是从主力和地方武装抽调组建的，但指战员们个个英姿焕发。

"出发！"一声令下，战士们踏上了南下征程。因为军情紧急，他们只好边走边发干粮和衣服。次日，与第三团会合，1000多人走在一起，汇成一支威武雄壮的铁流，一式的灰布军装，一式的牛皮弹匣，一式的乌黑长枪。

从临洪、薄壁、夺火到柳树口，部队一路上马不停蹄。到了阳城，太岳军区第四军分区司令员唐天际正在等候着他们："奉中央和北方局的命令，我们拔除了黄河岸边的敌伪据点，并已有部队过河，在河南接应你们。"

唐天际请大家吃了一餐黄河鲤鱼，预祝豫西抗日支队南下抗战成功！

部队继续南下，转眼走到了王屋镇，离黄河渡口只有一天的路程了。这天半夜，中共中央突然来了急电：敌人正在调动部队加强黄河防线，你们必须星夜渡河。

军情急如火，部队披星戴月，像一支利箭向黄河岸边飞奔。

9月21日，队伍赶到济源县杜八联的河清渡口时，先期到达的豫西地委组织部部长史向生立即迎上来。他说："四周的山顶上已有民兵放哨，河对岸的伪军通过内线也做好了工作，船和水手都准备好了，马上可以渡河！"

夜雾弥漫，星月无光。滚滚的黄河在夜色中奔腾咆哮，正像中华民族的精神在黑暗中不屈地怒吼和抗争。北岸的王屋山和南岸的邙山岭都罩上了一层黑纱，山头的碉堡亮着鬼火一样的灯光。

"立即渡河！"支队副司令员方升普带领第三团第三连率先行动。激流中，英勇的艄公迎大浪，避险滩，水手们一齐用力划桨。这里虽然水深流急，但河面狭窄，船工们富有渡河经验，一切都很顺利。半个多小时后，3堆大火在对岸的邙山岭上烧起来了。接着，又听见3声枪响。这是渡河成功的信号。

因为只有4条木船，其中还有一条曾被日军的炮弹炸掉了船头。加上船小，每条只能载四五十人。船工们分秒必争，战士们一批又一批地上船下岸。

天还没亮，除担负收容的后续部队外，支队的1000多人已顺利地渡过了黄河。

当最后一船战士登上南岸时，支队司令员皮定均对站得恭恭敬敬的地方士绅和守河的伪军说："我们是来解放豫西的，中国人不打中国人，要枪口对外，一致抗日。这个地方我们要常来常往，今天先订个协定。"他对身旁的史向生说："协定的落款署上我的名字！"伪军们没有吭声，只是一个劲地点头。

之后，部队迅速前进，从磁涧镇附近越过陇海路，一边堵击尾追之敌，一边涉过伊河、洛河，于1944年9月22日进入了古称"三川之地"的伊川县境。

在这里，皮定均等人跟伊川地下党领导人、县委书记张思贤取得了联系。张思贤不久前刚刚奉命从延安返回家乡，已组织了一支200余人的队伍。当天晚上，张思贤在油灯下向皮定均等人介绍了豫西的社会情况：自从河南沦陷后，日伪军在各交通要道和重镇都修了据点，逃进山区的国民党顽固派军队经常出来骚扰打劫，一些地主武装和土匪也组织了武装力量，村村寨寨都筑有高墙。自然，也有一些抗日保家的农民武装。总之，豫西的情况相当复杂。

正当两人分析形势的时候，游击队送来了紧急情报：洛阳、白沙、登封以及临汝、巩县、偃师等地的日伪军已得知八路军入境，纷纷出动，妄图趁八路军立足未稳，先下手为强。

张思贤立即调动地方武装阻击敌人，皮定均也命令第三十五团加入战斗。

在猛烈的反击下，日军先头部队被迫缩回附近的颍阳镇内，抗日支队乘机东进，直奔嵩山一带。

当部队抵达嵩山附近的石道时，有消息说日军强征万余民工在嵩山脚下赶修机场。皮定均、徐子荣等人一商量，决定立即派第三团去奇袭机场，解放民工。

那一天正是阴历八月十三，中秋节将至。当夜，皓月当空，第三团团长钟廷生率部突然攻入机场。一时间，枪声大作，火光冲天。被袭击的日伪军晕头转向，乱成一团，死的死，伤的伤。战士们向被铁丝网围着的民工高喊："老乡们，我们是刚从黄河北过来的八路军，是来打日本鬼子的。你们快跑呀，快回家去过八月十五去！"

民工们一下子愣住了，他们不相信自己的耳朵，以前从没有消息说八路军要进到豫西来，如今突遇神兵，真有点不知所措。

当第三团发起第二次喊话时，黑压压的人群像潮水一般地涌动起来，冲破铁丝网，冲了出来："快跑呀，八路军给咱放工了！""快回家过八月十五去呀！"

在欢呼声浪中，敌人的炸药、器材及哨所被民工和战士们点燃了，霎时，火光冲天，惊天动地的爆炸声像一阵阵春雷。日军苦心经营的飞机场成了一片焦土。

1万多民工回到家乡后，纷纷传说：黄河北的老八路来了，把鬼子的飞机场踢翻了。这消息像春风似的吹遍豫西，使民众高兴、使日伪心惊。

打掉了机场，皮定均率队继续前进，一直南下到临汝、禹县和登封三县交界的箕山地区。这里山势雄峻，日军还未深入。于是，皮定均等人决定以箕山的白栗坪为中心，建立豫西抗日根据地。

白栗坪坐落在四周环山的盆地中，分东白栗坪和西白栗坪两个寨子，一条小河流经全村，群众生活极苦。虽有地下党活动，但地方反动势力较强，四周的土匪非常猖狂。

为了建立巩固的抗日根据地，支队在白栗坪召开了干部会。会上决定，当务之急是唤起民众，团结抗日。

于是支队立即分兵数路，进行武装宣传。但在开始的时候，宣传工作难度很大。部队每到一个村庄，大多寨门紧闭，不见人影，有时还打来一阵阵冷枪。战士们亮开嗓门，一次又一次地高喊："老乡们，我们是八路军，我们是来抗日的，不打人，不骂人，吃饭给现洋！"许多人的嗓子都喊哑了，可还是有当地百姓不相信。

秋雨绵绵，凉风阵阵。晚上，战士们只好在野地里露营。有的战士忍着饿坐在红薯地边，可谁都不去挖一个红薯充饥。有的部队向群众买饭吃，一口一声"大爷""大娘""老叔""老哥"，说通了，先把银圆放在筐子里，叫老乡们吊上寨墙，然后再把吃的东西用筐子吊下来。在老乡家里做饭的，烧柴先过秤付钱。有的部队夜里进村，就在麦场上、屋檐下，抱着枪打盹，绝不惊动群众。八路军行军宿营，人不踩麦田，马不啃树皮。慢慢地，群众中流传开了关于八路军各种各样的神秘故事。年老的人说："人老几辈子，没见过这样的好部队！"终于，豫西抗日支队的战士们用行动赢得了群众的信任。

渐渐地，八路军成了群众最欢迎的队伍，群众争着拉战士们到家里住宿，拿出家藏的好东西招待他们。

宣传工作也初见成效。每逢赶集，八路军战士们就站在凳子上，向群众演讲抗日救国的主张，还散发红红绿绿的传单，一起高呼"打倒日本帝国主义"等口号，大家的抗日情绪十分高涨。

一些当地乡绅、土匪等组织的自卫队、别动队、守备队、保安团等，有的也加入了八路军，甚至少林寺里有几名学武术的小青年也加入了抗日队伍。

随着抗日武装的不断壮大，日军在洛阳至郑州的铁路沿线和重要村镇，不断增派岗哨，加修据点。一些伪乡政权和国民党残余顽固派也纷纷加修寨墙，深挖工事，并对八路军的根据地联合"围剿"。国民党河南省主席刘茂恩的反共密令很能说明国民党的态度："日军压境，我辈尚有周旋余地，共匪嚣张，乃为心腹大患……可将我剿灭共匪的情况和计划，通过地方政府转告日人，以便协助剿灭共匪。"

面对日伪军和国民党力量的多重"围剿"，皮定均决定率抗日支队奋起还击。

1944 年 10 月初，皮定均得知日军正强逼民工在洛阳以东的黑石关修铁路桥，立即派部队星夜奔袭，出其不意地进至陇海线上。八路军一阵猛打，摧毁了日伪据点，击毁敌人小汽艇 13 艘，解救了 2000 多民工，后来又破坏了几十公里铁路，使陇海铁路中断十几天。1944 年冬天，抗日支队又先后消灭了伪军张子东部、国民党巩县县长姚云亭部以及白栗坪的"剿共"司令梁敏之部。

1945 年 1 月，抗日支队的第三十五团与第三团紧密配合，在偃师的佛光峪与日伪军英勇作战，一举歼敌 200 余人，并拔除了敌军 2 个据点。

1945 年 2 月，抗日支队又在登封东南的曹村岭设下伏击圈，将 200 多名日军和 500 多名伪军团团围住，然后采取分割包围的方法，冲入敌阵，一阵激战之后，双方展开白刃战。日军端着枪，举着刀，三五成群，背靠背地互相掩护。寒风阵阵，刀光闪闪。八路军战士英勇无畏，与敌人拼搏、厮杀，冲锋、反冲锋，鲜血映红了白雪。一直杀到太阳下山，八路军打垮了敌人 10 余次反扑，歼灭敌军大部。战后，洛阳的日军大队长来登封，登封城的掘江小队长到西门外迎候，被大队长打了几十个耳光。

正是在这种艰苦奋战下，皮定均领导抗日支队先后建立了偃师、巩县、伊川、登封、荥阳、洛阳、临汝等多个抗日民主县政府。1945 年春，皮定均领导的八路军豫西抗日支队被编为第一支队，并于当年 2 月，成立了第一军分区。**30**

因为豫西地广敌多，为增强力量，中央很快决定：再次派出支队南下，加强抗日根据地的建设。

皮定均支队出发后不久，太岳军区即以第十八团、第五十九团等部组成第二支队，在司令员韩钧、政治委员刘聚奎的率领下，于 1944 年 11 月 6 日在新安镇以北渡过黄河，进入陇海铁路新安至渑池段南北地区活动。12 月底，中共中央党校干部 100 余人、晋绥军区第六支队 3 个连，也奉命来到新安以北的园山与第二支队会合。第二支队得到加强后，集中兵力打击日伪军，并争取了一部分伪军投诚，将根据地扩大到黄河以南、洛宁以北、陕县以东、新安镇以西地区，约 5000 平方公里。1945 年 1 月中旬，成立了第二军分区。

王树声任河南军区司令，率部向豫西进军

为了进一步增强豫西的八路军力量，1944 年 9 月，中共中央在杨家岭召开重要会议，决定由王树声、戴季英、刘子久等组建中共河南省委（后改为河南区党委）、河南人民抗日军和河南军区，挺进豫西敌后，创建豫西抗日根据地。南下部队为驻陕甘宁边区的警备第一旅第二团和第三八五旅第七七〇团。

中秋节后不久，毛泽东亲自找王树声谈话。毛泽东问王树声："听说你们这期军事队学员快毕业了，你对将来的工作有什么打算吗？"

王树声表达了自己想去前线的决心。毛泽东便接过话题，谈了河南的形势及中央准备派他进军河南的决策。并告诉王树声：中央原决定派徐向前去河南，不巧的是，徐向前骑马受了伤，恐怕一时去不了。所以，这个帅，就

只有你王树声来挂啦!

王树声一听,顿觉眼前一亮。自从西路军归来,王树声一直希望能独当一面,在抗日战争中成就一番事业。到太行山后,他主要负责地方武装的发展,领兵打仗的机会不多。这次中央把开创河南抗日根据地的重任赋予他,充分说明,党中央和毛主席对他是信任的,对他的能力也是肯定的。他站起身来说:"主席,只怕我水平太低,难以挑起这副重担!"

毛泽东开导他说:"是不是还背着老包袱?中央完全相信你,也相信你有这个能力。"接着,毛泽东交代了中央的战略意图和部队的任务:这次南下的任务,就是要深入河南敌后,以嵩山为依托,在三点(郑州、许昌、洛阳)两线(平汉线和陇海线)之间,深入发动群众,开展游击战争,建立敌后抗日根据地,紧紧咬住敌人,牵制三点两线之敌的可能西进,沟通陕北和华北、华中抗日根据地之间的战略联系,为夺取抗战的最后胜利打好坚实基础。毛泽东还说,中央从整个战略全局出发,不仅派你们进军河南,还派出了以王震为司令员、王首道为政治委员的南下支队,进军湘粤赣边的五岭地区。

谈话进行了整整一个下午。

第二天下午,王树声又来到毛泽东办公室,商谈一些南下的具体事宜。随后,王树声和戴季英、刘子久等几个人认真综合分析了当时所能了解、掌握的河南的情况,加紧组建中共河南省委、河南人民抗日军和河南军区的工作。10月底,组建工作基本就绪。

11月初,中共中央派刘子久率领晋绥军区第六支队3个连、中央党校干部100余名和撤退到延安的原河南地下党的干部,先行南下,为后面的大部队打前站。

11月13日,毛泽东接见了王树声、戴季英、张才千、熊伯涛等几位即将南下的干部。当时在场的还有周恩来、王稼祥、任弼时等中央领导人。毛泽东询问出征部队的编制、干部配备和武器弹药等情况。周恩来和王稼祥也纷纷询问部队的战斗士气如何，部队中红军老战士和新战士的比例及训练后的军政素质怎样等等。

讲到军事训练和部队战斗力，毛泽东说："你们这些同志，红军时期都是团以上指挥员。那时打仗，敌人是蒋介石、国民党。他们晓得共产党的打法，我们更晓得国民党的几下子。这次出征，敌人方面情况就复杂多了，嵩山地区有土顽，非常顽固，又有地痞，还有汉奸。去那里要过黄河，要走洛阳，那些地方都是国统区和沦陷区，你们随时要同日本鬼子打仗，要同国民党顽固派们较量啊！"停顿片刻，他又接着说："留守工作时间长了，打仗的实践机会相对就少了些。对付日本鬼子可不比国民党顽固派，他们讲究'武士道精神'，还是有相当战斗力的。你'王大司令'，可得带些参加过对日作战的团营以上干部去。"

王树声笑了，说："主席，前线回来的团营以上干部不多啊，再说，人家从前边回延安，屁股还没坐热，又让人家去打仗，这……"

毛泽东也大笑起来，说："'王大司令'你就缺调查研究哩，我们这些南征北战打惯仗的人，哪个真想把屁股坐热？包括你在内，去党校学了一个月，就吵吵嚷嚷要上战场。从前方回来，是为了学习，学习好了，还是要上前方的嘛！我看，只有高兴，保险没人吊丧脸。"*31*

根据毛泽东的指示，周恩来、王稼祥、任弼时当场决定，由王树声与戴季英牵头，立即从抗大、中央党校等机关和院校中，调派些有对日作战实际经验的团营以上干部，安排到南下各支队当指挥员。

接着，毛泽东重申了南下部队控制"三点""两线"的战略任务，并强调中原地区北可同晋冀鲁豫抗日根据地连成一片；南可同新四军第五师打通联系，这样，我们党今后大举出兵中原，收复失地，就可有一个畅通无阻的桥梁。这次接见和谈话进行了3个小时。回来后，大家非常振奋，决心不辜负党中央、毛主席的重托，坚决完成开辟豫西的任务。

11月16日上午，中共中央召开南下部队团以上干部会。任弼时传达了中共中央、中央军委关于成立河南省委和河南人民抗日军的决定。由王树声任河南人民抗日军和河南军区司令员，戴季英任中共河南省委书记兼抗日军和军区政治委员，熊伯涛任参谋长，吕振球任政治部主任。已先期赴豫西的太行军区皮定均部和太岳军区刘聚奎部编为河南人民抗日军第一支队和第二支队，第一支队司令员皮定均、政治委员徐子荣；第二支队司令员韩钧、政治委员刘聚奎；在延安的中央警备第一旅第二团编为第三支队，司令员陈先瑞兼政治委员；第三八五旅第七七〇团编为第四支队，司令员张才千兼政治委员。随后，王树声就部队整编的要求讲了话。

11月20日，中共中央在马列学院大礼堂举行了盛大的欢送会。11月底的一天，部队出发了。

王树声率部从延安出发，经绥德、佳县渡黄河入晋西北吕梁山，再经平遥越同浦路日军封锁线，千里行军，翻山越岭，日夜兼程，于12月中旬到达了太行根据地。

部队在太行区的榆社、武乡间休整几天后，经襄垣、夏店，过白晋铁路，到达太岳军区。太岳区党委和太岳军区招待了南下部队团以上干部，介绍了黄河两岸日、伪、顽军的情况和各渡口的现状。王树声在太岳区度过了1945年元旦。

2月8日，部队到达横卧于山西南部、黄河北岸的中条山脚下。中条山地势险峻，只有一条上山的路。当地民谣称："中条山，中条山，上山三十二，下山二十三，莫看五十五，脚脚考好汉。"正值隆冬季节，天上飘着鹅毛大雪，翻山难度可想而知。部队到达山脚下时，已是傍晚时分。本来应该就地宿营，天亮再翻山。可这里是沦陷区，前面又有高山挡路，万一后面日军追兵赶到，后果不堪设想。王树声遂令部队连夜翻越中条山。

部队稍事休整，即开始登山，于天亮前下了中条山。

一下山，黄河即出现在他们眼前。黄河自古称天险。远远就能听见河水轰隆隆的咆哮声。王树声到黄河边上一看，河里巨大的冰块拥挤撞击着从上游漂过来，伴着震耳的轰隆声。部队根本过不去。这时前面是黄河挡路，后边是日军追兵，地形是三面环山，一面临水，天还下着大雪。情急之下，警卫连派出一个排进行试渡。船入激流，随冰漂浮，突然被两大块冰一挤，船体顿时崩裂。王树声立即命令停试，派出侦察连沿岸寻找新的渡河点。

很快，侦察连送来一位从对岸来山西卖炭的老乡。王树声连忙问他怎么过的河，老乡说河口封冻了。王树声大喜过望，说："老乡，我们是共产党领导的队伍，是人民的子弟兵。你的炭我们全买了，你把我们带过河，好吗？"老乡要一块银圆，王树声让管理员给了他 5 块。老乡活了大半辈子，只见过日本兵的烧杀，国民党军的抢掠，从未遇见过这样的兵，连忙表示愿意带部队过河。

王树声站在岸边凛冽的寒风中，指挥部队过河。先是战斗部队，然后是辎重和后勤部队。他还细心地嘱咐大家用帽子装上沙土洒在冰面上防滑。前后不到 2 个小时，部队全部安全渡过黄河。

黄河结冰，可以行人，这是百年不遇的罕事。据当地老百姓传说，历史上只有汉代的刘秀走过这条冰道，过罢，冰开。此前，王震率领的南下支队和刘子久等部也是踏冰过河的。于是老百姓奔走相告，说八路军是"神兵"，八路军过黄河是天附民心，河南人民有救！

过河后，部队直插渑池县境。在渑池县城西南的一个村庄，王树声与刘子久及韩钧、刘聚奎率领的第二支队会合。王树声听取了刘子久和第二支队的汇报，随后召开支队、分区领导干部会议。会上传达了中共中央的指示精神，决定建立第二地委、专署和军分区。刘聚奎任地委书记兼军分区政治委员，韩钧任军分区司令员，贺澍三任专员。会议研究决定，对上官子平、李桂吾两支队伍进行改编，同意李桂吾入党要求。在着手改编过程中，李桂吾部队内潜藏的国民党特务和汉奸派人暗杀了李桂吾，为纪念他，将独八旅改名为"桂吾旅"。

2 月 13 日，王树声、戴季英向中央军委报告了到达豫西后的情况。

离开渑池，王树声率第三、四支队南下，向宜阳地区进军。在渡过洛河后，部队来到宜阳县西南的东赵堡，作短暂停留。

八路军南下部队几千人过黄河的消息早已惊动了日伪军。八路军离开宜阳后，日军纠集1000余名伪军从伊川、汝阳、临汝和郏县围攻过来。在第三支队的阻击下，大部队迅速向登封方向转移。这时，第一支队已获悉军区领导过来，派出部队迎击敌人，与军区取得了联系。2月底，王树声率部在登封县东白栗坪与第一支队会师。白栗坪到处张贴着欢迎标语，在严寒飞雪中，第一支队召开了气氛热烈的欢迎大会。当晚，部队文工团还为远道而来的战友演了一场戏以表慰问。

皮定均、徐子荣部自渡黄河进入豫西以来，经过艰苦的工作，已经建立起以嵩山、箕山为中心的抗日根据地，并成立了嵩山区和箕山区工委会，领导根据地的建设。在偃师、登封、伊川、荥阳、巩县、临汝等县建立了县、区、乡的党组织、抗日民主政府及农会、工会、妇救会等群众组织，抗日局面已经打开。

与第一支队会合后，王树声、戴季英立即组织召开党政军主要干部会议，研究下一步行动部署。会上，第一支队司令员皮定均和政治委员徐子荣，汇报了第一支队开辟根据地的情况，介绍了豫西的日、伪、顽及当地的社会状况。王树声充分肯定了他们的工作，宣布了中共中央关于成立河南省委、河南军区及河南人民抗日军的决定，以及进入河南部队统一整编的意见。然后，重点组织研究了各支队的战略展开和建立党政组织、创建新根据地的问题。

会议决定：皮定均、徐子荣部为第一支队兼第一军分区，辖第三、第三十五团，建立第一地委，部队展开于偃师、巩县、洛阳、伊川、登封、荥阳等地区，巩固已开辟的根据地，再创新区；韩钧、刘聚奎部为第二支队兼第二军分区，辖第十八、第五十九团，建立第二地委，部队仍活动于新安、渑池、陕县、孟津、洛宁、宜阳等地区；陈先瑞部为第三支队兼第三军分区，辖第七、第九团，部队展开于南召、鲁山、方城、郾城、叶县、舞阳、西平、遂平、确山、泌阳等地区，建立第三地委；张才千部为第四支队兼第四军分区，辖第十、第十二团，建立第四地委，部队展开于许昌、禹县、新郑、长葛、新（郑）密（县）郑（州）间、新（郑）密（县）禹（州）间地区。至此，豫西的八路军实现了统一领导。**32**

刘昌毅率第六支队踏上征程

1944年12月初的一天，第一二九师参谋长李达突然找到太行军区第三军分区副司令员刘昌毅。

"昌毅同志，又有新任务了。"李达一见面就热情地说。

一听到有新任务，刘昌毅的精神马上兴奋起来，急不可待地问："什么任务？"

李达回答说："党中央和八路军总部来电报了，命令我们再抽调精干部队和指挥员，参加开辟豫西根据地的斗争。总部首长决定，以第三八五旅十三团为基础，组建一个新的支队，由你指挥。要立即组织，迅速准备，深入动员，兼程赶到。"

提到第十三团，刘昌毅显得很高兴，他曾指挥过这个团参加林南战役。该团不仅作战勇猛，而且有着很多光荣的传统，当年在百团大战中也曾有过出色的表现。如今能同这个团一起南下豫西，刘昌毅不禁信心倍增。

根据八路军总部和第一二九师领导的指示，刘昌毅立即开始了组建支队的工作。在组建过程中，他得到了各军分区的支持。第一、第二、第四、第五军分区各抽调了一个连队，在第十三团第二、第三营的基础上，扩编为第三十六、第三十七两个步兵团，每个团编5个步兵连、1个特务连、1个机炮连，约900人。支队机关和直属分队是在第十三团直属部队的基础上，加上从第一二九师和其他方面抽调的干部组成的，约400人。这样，拥有

2300 余人的八路军豫西抗日第六支队在很短的时间内就组建完成了。支队政委由张力雄担任,胡鹏飞任参谋长,陈文琪任政治部主任;刘胜斌、李定海分别任第三十六团团长、政委,胡大祥、何德庆分别任第三十七团团长、政委。

1944 年 12 月中旬,第六支队在涉县的河南店进行了为期半个月的整训。其间,刘昌毅等人一方面组织部队抓紧进行军事训练,一方面进行深入的政治动员,同时还派出侦察小分队,对部队开进沿途的敌情进行周密侦察。

临出发前,八路军总部参谋长滕代远和第一二九师参谋长李达都来到了部队,代表党中央和总部作了指示。

滕代远说:"开辟豫西抗日根据地,可依托伏牛山,控制陇海、平汉线,牵制洛阳、郑州、许昌之敌,使鄂豫皖和华北的太行、太岳以及豫东等敌后抗日根据地连接起来。这样,既有利于阻止日军对正面战场再次发动战役进攻,又为夺取抗战最后胜利准备了条件。这是一次具有重要战略意义的行动。中央要求你们严格尊重豫西人民的风俗习惯,执行三大纪律八项注意;充分发动人民群众,争取和团结一切抗日力量,加强抗日民族统一战线,扩大我军抗日影响;广泛开展人民游击战争,建立抗日民主政权;发扬我军优良传统,一面打仗一面生产,尽量减轻人民负担。"

他还勉励部队说:"你们的任务是艰巨的,也是光荣的。只要坚决执行党的政策,加强部队思想政治工作,军民团结一致,就一定能够夺取抗战的最后胜利。"

第六支队的 2000 余名抗日官兵听着领导的讲话,更加士气高昂,斗志旺盛。

1945 年 1 月下旬,第六支队踏上了南下豫西的征程。

1 月的北国,寒气逼人。呼啸的北风裹着漫天的雪花,把整个大地笼罩在一片昏暗阴冷之中。在行军路上,许多战士的衣服汗透了,稍一停下,被冷风一吹，就冻得浑身发抖。有的战士脚冻肿了，鞋底磨穿了，就找块破布捆扎一下，忍着痛坚持前进。尽管气候恶劣，环境艰苦，但全体指战员没有一个叫苦的，没有一个掉队的，大家顶风冒雪，以锐不可当之势朝着既定目标疾驰。

从太行到豫西，为了避免与日伪军纠缠，第六支队采取了曲折的行进路线。但由于是在敌我双方交错地域穿行，沿途不时遇到敌人的屯兵重镇和炮楼据点，部队不得不边走边打，走走停停。2月中旬，部队到达河南济源县东西窝之间的黄河岸边。

这里河道较窄，水流较平缓，由于流沙大量沉积，有的地方已露出浅滩。如在平时，这里确实是渡河的理想地段，但在隆冬季节，情况就不同了。当刘昌毅带着参谋人员来到前沿勘察时，只见河面完全封冻，宛如一条冰的锁链横隔在南北大地之间。人在冰上走，站也站不稳，稍有不慎还会冰破落水，更何况对岸还有伪军防守呢！

这支2000多人、满载辎重的队伍，要在敌人的眼皮底下顺利过河，并非易事。为了安全过河，在一个星昏月暗的夜晚，刘昌毅先让少数人身上捆着绳子探索过河，结果完全可行。紧接着，侦察分队趁敌人不备悄悄摸到南岸伪军炮楼跟前，搞掉敌人的哨兵。然后，八路军又派一个步兵连，以迅雷不及掩耳之势冲向对岸，守敌还未来得及反抗就被缴了械。这一漂亮的抢占滩头的战斗，为大部队安全过河创造了有利条件。紧接着，工兵分队用事先准备好的麦秸、苇草铺了一条冰上通道，整个部队迅速有序地越过了黄河天险。

当苍穹还未泛白的时候，第六支队已消失在豫西的旷野上。他们走高平，过阳城，越过王屋山，跨过陇海线，昼夜兼程，终于在3月初进入豫西渑池县境。在这里，八路军豫西抗日第二支队司令员韩钧正在等着他们的到来。

但他们不能停留，略作休整，就按着韩钧指点的道路，继续南下。

早春三月，正是春暖花开的时节，然而部队沿途所见却是满目的残破凄凉。日伪军和顽军烧杀掳掠，给豫西人民造成的灾难举目可见：倒塌的房屋，被饥民剥光了皮的榆树，无家可归的逃荒难民……

1945 年 3 月中旬，部队来到宜阳县境，经与地方党的负责人张剑石联系，刘昌毅决定在东赵堡作短暂停留。

东赵堡在宜阳城南 10 多公里处，附近有个姚村，盘踞着国民党军的一个团。团长是通日反共分子。该部到处搜刮民财，抓丁拉夫，奸淫烧杀，无恶不作，当地群众恨之入骨。在地下党和乡亲们的强烈要求下，刘昌毅决定消灭这股反动势力。

经过一昼夜战斗，第六支队顺利歼灭了顽军 2 个营和团部一部，击毙其副团长，俘敌 300 余人，缴获武器 200 余件、子弹数万发，并从两孔窑洞里搜出许多粮食和数吨黄色炸药。这一仗是第六支队进入豫西后进行的第一次较大战斗。当地老百姓看到八路军为他们除了一大祸害，无不拍手称快，敲锣打鼓，带着各种物品慰问部队。

姚村战斗之后，当地老百姓纷纷找到部队，要求第六支队继续打击西赵堡的土顽武装。西赵堡距东赵堡仅二三公里路，是当地土顽的一个大土围子。这种土围子，犹如一个小盆地，四周都是用黄泥垒起的土墙，几米高，数尺厚，环绕围墙的是一条宽深的护城沟，围寨内有各种工事。

打西赵堡的难度比打姚村大了许多。整整打了一天，第六支队也未能将其拿下。第二天，他们正准备再组织新的攻势时，突然接到河南军区的指示，要求部队迅速东进。

第六支队只好遗憾地离开西赵堡，一路匆匆东进，于 4 月初到达登封县河南军区所在地。

这时，河南军区决定以第六支队为基础，在禹县的神垕镇建立第六军分区。军分区的任务是，以神垕为立足点，以刘山为依托，逐步向西南方向发展，开辟临、郏、宝、襄等地区。

第六支队为了站稳脚跟，打开局面，在积极进行军事斗争的同时，广泛开展政治斗争，在友邻支队的配合下，帮助地方建立了各级抗日民主政权。1945年7月初，第六支队终于在神垕建立了禹郏县抗日民主政府和中共禹郏县委，成立了该地区第一个抗日民主政权——神垕镇区政府。**33**

在八路军南下豫西的同时，中共其他抗日部队以豫西为轴心，从多方面向心会聚：新四军第四师西进豫皖苏，新四军第五师北进豫中，八路军冀鲁豫军区向水西发展，从而形成了各路兵马下中州的形势。

此时，天色渐亮，离日军投降的日子已经不远了。1945年7月15日，毛泽东以中共中央的名义向河南军区发出了《入豫部队作战方针是向西防御向东向南进攻》。他在电报中说："我军入豫后，在对敌作战、发动群众与建立党政等方面均有显著成绩，你们的领导是正确的。""你们今后作战方针，是向西防御，向东向南进攻（即对顽占区取防御方针，对敌占区取进攻方针）"，以求利用时间与附近各部队连成一片，"逐步地争取数百万群众，扩大民兵、游击队与主力军（在财力许可下），建立可靠的军事、政治、经济基础，准备一切条件，在一年之后对付胡宗南大举进攻。如果不能利用时间完成上述任务，我党在河南就将处于失败地位。此点必须预先想到"。毛泽东在电报中也特别指出："完成上述任务依靠你们现有力量，自力更生，不要希望中央及太行、太岳再给你们以军力、财力及干部之援助。"以后要"依靠你们自己协同河南人民解决一切问题"。**34**

经过近一年的经营，豫西抗日根据地解放了300多万人口，部队也发展到了1万余人。

八路军挺进豫西，迫使日军由向国民党军进攻转为对八路军防御。

日军发动河南、湖南和广西战役，原为控制中国大陆的交通线，但当其将国民党军击溃、占领平汉路南段后，八路军却尾随其后挺进到豫西地区。这样，八路军豫西部队就成为突入日军防御纵深的战略突击队，这对取得抗日战争的最后胜利起到了不可磨灭的作用。

毛泽东"绾毂中原"战略的伟大、高明，使后人不由得深深敬佩！

注 释

1. 日本防卫厅防卫研究所战史室：《中华民国史资料丛稿（译稿）：1 号作战之一·河南会战》（上），天津市政协编译委员会译，中华书局 1982 年版，第 18 页。

2. 日本防卫厅防卫研究所战史室：《中华民国史资料丛稿（译稿）：1 号作战之一·河南会战》（上），天津市政协编译委员会译，中华书局 1982 年版，第 20—21 页。

3. ［美］约瑟夫·W.史迪威等：《中华民国史资料丛稿（译稿）》第二辑《史迪威资料》，瞿同祖编译，中华书局 1978 年版，第 129 页。

4. 李先念：《团结抗日，抢救中原》（1944 年 5 月 1 日），《李先念文选》，人民出版社 1989 年版，第 60—61 页。

5. 《中共中央书记处关于日军进攻河南情况下的工作方针的指示》（1944 年 5 月 11 日），中国抗日战争军事史料丛书编审委员会编：《新四军·文献》（11），解放军出版社 2016 年版，第 29 页。

6. 《刘少奇、陈毅关于第四、第五师准备向河南敌后发展致张云逸等电》（1944 年 6 月 23 日），中国抗日战争军事史料丛书编审委员会编：《新四军·文献》（11），解放军出版社 2016 年版，第 94 页。

7. 林颖编：《彭雪枫家书》，文物出版社 1984 年版，第 115 页。

8. ［美］约瑟夫·W.史迪威等：《中华民国史资料丛稿（译稿）》第二辑《史迪威资料》，瞿同祖编译，中华书局 1978 年版，第 107—108 页。

9. 《王震传》上卷，当代中国出版社 1999 年版，第 196—197 页。

10. 《中共中央关于向河南敌后进军的部署复华中局电》（1944 年 7 月 25 日），中国抗日战争军事史料丛书编审委员会编：《新四军·文献》（11），解放军出版社 2016 年版，第 159 页。

11. 《中共中央华中局对鄂豫边区党委扩大会议的指示》（1944 年 7 月 6 日），中国抗日战争军事史料丛书编审委员会编：《新四军·文献》（11），解放军出版社 2016 年版，第 131 页。

12. 《中共中央关于第五师向河南发展及工作方针复郑位三等电》（1944 年 7 月 10 日），中国抗日战争军事史料丛书编审委员会编：《新四军·文献》（11），解放军出版社 2016 年版，第 136 页。

13. 《毛泽东关于时局近况的通知》（1944 年 7 月 15 日），中共中央文献研究室、中央档案馆编：《建党以来重要文献选编（一九二一——一九四九）》第二十一册，中央文献出版社 2011 年版，第 400 页。

14. 《张震回忆录》上册，解放军出版社 2003 年版，第 226 页。

15. 《枫陵流丹》，宁夏人民出版社 1993 年版，第 64 页。

16. 《敬告豫皖苏边区父老兄弟姐妹书》，《拂晓报》1944 年 8 月 23 日。

17. 《张云逸、饶漱石、赖传珠关于应付国民党军三面夹击第四师西进部队的对策致中共中

央军委等电》（1944 年 9 月 5 日），中国抗日战争军事史料丛书编审委员会编：《新四军·文献》
(11)，解放军出版社 2016 年版，第 256 页。

18.《中共中央军委关于击破国民党军三路夹击计划的指示》（1944 年 9 月 10 日），中国抗日
战争军事史料丛书编审委员会编：《新四军·文献》(11)，解放军出版社 2016 年版，第 270—271 页。

19. 林颖编：《彭雪枫家书》，文物出版社 1984 年版，第 19 页。

20.《延安各界代表千余，追悼彭雪枫同志》，《解放日报》1945 年 2 月 8 日。

21. 中共河南省委党史资料征编委员会编：《功垂祖国：纪念彭雪枫同志牺牲四十周年专
辑》，河南人民出版社 1986 年版，第 49 页。

22.《彭雪枫传》，当代中国出版社 2004 年版，第 691 页。

23.《中共中央华中局对津浦西路战役胜利后的工作指示》（1944 年 10 月 25 日），中国抗
日战争军事史料丛书编审委员会编：《新四军·文献》(12)，解放军出版社 2016 年版，第 44 页。

24.《毛泽东等关于发展从淞沪到福州广大地区的游击战争致刘少奇、陈毅、饶漱石电》
(1941 年 4 月 30 日），中共浙江省委党史资料征集研究委员会、浙江省档案馆编：《浙东抗日根
据地》，中共党史资料出版社 1987 年版，第 25 页。

25. 中共中央文献研究室编：《毛泽东年谱（1893—1949）（修订本）》中卷，中央文献出版
社 2013 年版，第 538 页。

26.《中共中央关于开展苏浙皖地区工作致华中局电》（1944 年 9 月 27 日），中国抗日战争
军事史料丛书编审委员会编：《新四军·文献》(11)，解放军出版社 2016 年版，第 328—329 页。

27.《中共中央军委关于向苏浙豫皖发展致华中局电》（1944 年 10 月 24 日），中国抗日战
争军事史料丛书编审委员会编：《新四军·文献》(1)，解放军出版社 2016 年版，第 40 页。

28. 吴强：《繁昌之战》，中国新四军和华中抗日根据地研究会编：《铁军战歌——新四军和
华中抗日根据地诗词集》，江苏人民出版社 2017 年版，第 119 页。

29. 张大鹏、何亦达：《血战大鱼山岛》，中国抗日战争军事史料丛书编审委员会编：《八路
军·回忆史料》(2)，解放军出版社 2015 年版，第 246—253 页。

30. 郭林祥：《先遣豫西》，中国抗日战争军事史料丛书编审委员会编：《八路军·回忆史料》
(7)，解放军出版社 2015 年版，第 114—126 页。

31. 张才千：《留守陇东》，甘肃人民出版社 1984 年版，第 414、415 页。

32.《王树声传》，当代中国出版社 2003 年版，第 367—383 页。

33. 刘昌毅：《挺进豫西，开辟新区——忆八路军豫西抗日第六支队南下的战斗历程》，中
国抗日战争军事史料丛书编审委员会编：《八路军·回忆史料》(7)，解放军出版社 2015 年版，
第 191—196 页。

34.《入豫部队作战方针是向西防御向东向南进攻》（1945 年 7 月 15 日），《毛泽东军事文集》
第二卷，军事科学出版社、中央文献出版社 1993 年版，第 805—806 页。

第 五 章

苏皖战场攻势正酣

桂顽进犯皖中——血战周家大山，沿江支队功勋照湖东——日、伪、顽暗中勾结，巢北支队设计"狗咬狗"——占鸡岗上真"悲伤"——谭震林应战王子城——攻点打援，宿南歼敌——拒绝与日军"谈判"——金井中队的覆灭——盐阜反攻，红旗在沿海村镇上空飘扬——"铁匠"洪学智"火红锤子硬"——扫清阜宁外围——瓮中捉鳖取阜宁——攻克睢宁城——周城歼敌，苏南根据地不断扩大

桂顽进犯皖中

1944年6月下旬，正当新四军第二、第七师在淮南铁路南段沿线对日伪作战之际，国民党桂系顽军不仅不配合新四军作战，其第一七一师还从背后袭击新四军巢北支队，使巢北支队蒙受重大损失，其中副大队长以下指战员10余名当场牺牲，4人被俘，民众财物被抢劫一空。

7月中旬，桂军占领了江（浦）全（椒）地区，完全切断了新四军第二、第七师之间的交通联系，同时部署第一七一、第一七六师，从东、西两面夹击，企图侵占皖中抗日根据地。桂顽公然在训令中宣称："本军出动目的，纯系进剿新四军，控制江（浦）和（县）地区，应避免与敌决战。"他们还派遣特务与日伪军联系，说明"本军除打新四军外，别无他意"[1]，以求得日伪军的配合。

当时，中共中央的意图是发展河南，要求新四军第二师沿平汉路前进，

配合第四师作战。

但新四军军部于 7 月 26 日致电毛泽东：

桂顽对我二、五、七师之威胁极大，现彼企图乘淮南路南段（合肥到裕溪口）断轨之机会，向我之大举进攻，其对江浦、全椒地区之深入筑碉［堡］及对我巢合地区之"清剿"（另电详报），已切断我二、七两师之联系，再求实现各个击破我之阴谋。因此，我们特将原来向平汉路东地区发展之方针，改为以四师部队（约两团）通过津浦路，以求恢复萧［县］、永城原有地区，并向杞、睢、太推进，以与北［冀］鲁豫打通。现则抽出必要主力兵团到淮南［路］西地区，组织一个自卫战役反顽。对［在］我地区选择即时机，举行一个强有力的还击，挫其锋芒，俾谁固我二、七师交通和路西阵地。可否请示。**2**

7 月 30 日，新四军军部要求第二师做好准备，打击桂顽：

一、桂顽漆道征部自十五日开始向我七师江全地区进攻，现已进占新殿庙、绰庙集、石村庙、张家集之线构筑据点，有长期驻守模样，我二、七师交通联络已被切断。估计该顽此一行动虽系局部性可能较大，但因漆道征自履皖东新职，并其未曾受到我军严重打击，凶焰嚣张，骄傲异常，若不给予适当打击与阻击，不仅使我二、七师交通中断，将对含和、路西根据地亦会遭受极大影响。

二、我为自卫计，决组织津浦路西反顽自卫战役。这次战役主要之任务：给进攻之桂顽以适当的打击，恢复与保障我二、七师交通联系，进而巩固路西及含和各根据地之目的。**3**

8 月 2 日，中共中央复电同意上述意见，但同时指出："目前宜集结必要充分兵力专门整训，精研包围歼消〔灭〕办法，俟彼来攻，让其前进至适当地点，我用全力歼消〔灭〕其一部，然后找机会再歼其一部，打出威风来，否则不易解决问题。"**4**

第二、第七师广大指战员立即厉兵秣马，准备给来犯的敌人以沉重打击。

血战周家大山，沿江支队功勋照湖东

1944 年 8 月 23 日，桂顽以近 2000 人兵力，分两路向巢无中心区周家大山西侧天井山发起猛攻。战斗首先在巢无方向打响。

周家大山位于安徽省无为县西部，南依长江，西临白湖，北与巢湖毗邻，海拔 200 多米，山上树林茂密。与周家大山接壤的还有葫芦山、许家山、天井山、羊山、乌龙山、菩萨山。周家大山位置险要，是敌我双方必争之地。新四军第七师沿江支队派独立团于 8 月 19 日到天井山、周家大山一线，加紧战备工作。广大指战员不顾天气炎热和连续作战的疲劳，在周家大山四周筑碉堡、布地雷、埋竹签，构筑一道牢固的防御阵地，随时准备歼灭来犯之敌。

8 月 21 日，顽军百余人对羊山嘴前哨阵地和三尖山碉堡进行武装侦察，被第七师独立团侦察连和第一连击退。第七师判断桂顽很可能在防御工事尚未完成之前，以强大的兵力进行破坏性进攻，一举侵占周家大山。为此，第七师沿江支队令独立团第二营在天井山、第三营在周家大山、第一营在葫芦山加紧战备，坚守阵地，准备随时反击。

8 月 23 日上午 7 时，桂顽第一七六师第五二八团、常备队 5 个中队和 1 个迫击炮连，计 16 个连 2000 余人，分两路向天井山和葫芦山阵地发动猛烈攻击。国民党军安徽省第八游击纵队司令龙炎武亲自到乌龙山督战。

桂顽第五二八团第三营向右翼迂回，进至葫芦山正面，并以密集的机枪火力压制新四军前沿阵地。

守卫天井山、葫芦山阵地的独立团第一、第二营以及白湖团第三营奋起迎击。尽管新四军的武器装备还很落后，但广大指战员以抗日救国为己任，视死如归，英勇拼杀，以猛烈的火力杀伤顽军，打得顽军伤亡惨重。新四军不仅敢打敢拼，而且机智善战。当顽军逼近时，善于集体投弹的新四军指战员，向顽军投过一排排手榴弹，并拉响地雷、石雷等爆炸物。一时间，火光冲天，响声如雷，烟尘弥漫，无数弹片就像一支支利箭飞向顽军。新四军指战员乘顽军一片混乱之际，立即跳出战壕，拔出马刀，疾如流星猛如虎，不顾一切地扑向顽军，杀得顽军鬼哭狼嚎，节节败退。

10 时许，顽军以 5 个连的兵力正面进攻，以 5 个连的兵力从侧翼迂回猛攻羊山、天井山、关山。沿江支队独立团击退顽军数次进攻后，因弹药消耗将尽，不得不奉命转移。为了掩护部队顺利转移，独立团第三连第一班正、副班长和 2 名战士坚守阵地，与十几倍于己的顽军奋力肉搏，最后全部壮烈牺牲。

顽军侵占羊山、天井山、关山后，又全力围攻新四军的三尖山碉堡。独立团第二营第四连第一排战士，在党支部书记张柏和排长张开运的指挥下，在处于劣势的情况下，仍然坚守阵地，连续打垮了顽军前后 10 余次冲锋，毙伤数十人。

13 时许，这个排的弹药全部耗尽，连石雷也打光了，指战员只好用枪托、刺刀、石块与顽军拼杀。

到了当天下午 3 时许，全排 23 名战士提出"与阵地共存！"的壮烈口号，在击毙顽军 10 余人后，拆散机枪，砸毁步枪。在张柏和张开运的率领下，一个个勇士如猛虎下山，争先恐后跳出战壕，齐声高呼"中国共产党万岁！"他们以排山倒海之势，向顽军猛扑过去，用枪托、石块、牙齿与顽军肉搏。

23 名新四军勇士壮烈牺牲，其伟大可昭日月，其忠魂能泣鬼神。他们用鲜血奠定了周家大山自卫反击战的最后胜利。

接着，顽军又以天井山、关山为依托，集中优势兵力，猛攻新四军周家大山阵地。

独立团第三营指战员奋起反击，与顽军恶战，经数小时的反复拼杀，打垮了千余顽军的进攻，始终坚守周家大山阵地。

这时，狡猾的顽军开始转移目标，袭击龙头山前沿阵地，后又猛扑周家大山，一直攻到新四军的碉堡边。独立团第七连指战员英勇反击，与顽军血战好几个小时，打退千余顽军的 4 次冲锋，不让顽军侵占一寸土地。

战斗中，副连长黄跃英勇牺牲。战士张友甫两次负伤仍然坚持作战。特等射手郑德甫弹无虚发，3 枪歼灭 3 名顽军。一连特等射手每人至少杀顽军 5 人。特等投弹手陈其山一人就投弹 19 枚，枚枚在顽军中爆炸。

战斗持续到黄昏，顽军因伤亡惨重，垦于被歼，向乌龙山、黄姑闸方向逃窜。独立团、白湖团第三营在巢无大队的配合下，乘胜分路出击，将天井山一线阵地收复，粉碎了桂顽先占领周家大山，然后步步推进，侵占新四军巢无根据地的企图。**5**

周家大山自卫反击战的胜利是与地方武装、广大民兵积极支持和配合分不开的。早在这年春节后，独立团就开展了大规模的拥政爱民运动，深入地进行了拥政爱民的思想教育，制定了拥政爱民公约和改进措施，普遍检查了执行群众纪律情况，将借物归还原主，损坏了的进行赔偿，并向群众进行道歉。群众对部队的道歉和赔偿特别感动。后垄一个老太太说："新四军真是人民的好军队，我从来没见过军队有了点差错向老百姓赔礼道歉。"买河、尚礼岗两区的妇救会员，为伤员烧开水、做面汤、煮鸡蛋，亲手喂伤员。当时正值秋收季节，群众放下收割，出动万余民工抢修工事，有的做工 20 余天不休息，有的带病坚持作业。上至六七十岁的老人，下至十二三岁的娃娃，都来参加修工事。无为县委机关搬到构筑工事的山脚下办公，区、乡政府领导同民工一起宿营，呈现出一派党政军民团结战斗的动人景象。

周家大山自卫反击战一举击毙桂顽第五二八团 1 个营长、3 个连长及其以下官兵 300 余人，把第五二八团打得失去战斗力，首创第七师一个团重创桂顽一个团、守住阵地的光辉范例，获新四军军部嘉奖。

战后，新四军第七师《武装报》以《二十三勇士英勇事迹》为题，表彰了独立团第四连第一排可歌可泣的英雄事迹：

> 8月23日晨，桂顽集结千五百余之兵力，配以步炮重武器，猛犯我周家大山一线守备部队，战斗甚为激烈，四连一排顽强地坚守自己的阵地——三尖山碉堡，因敌众我寡，且弹尽乏援，诸壮烈与三尖山碉堡共存亡。这一可歌可泣壮烈的殉职，奠定了周家大山战斗的基础。二十三烈士，忠贞为人民，捐身为祖国，功勋照湖东，其矜式永垂千秋……四连一排在历次战斗中都能继承其顽强的战斗传统，石洞埠攻坚，盖沟山守备，高林桥血战，该排伤亡80%以上，三尖山全排殉职，亦正是发扬与继承革命军人光荣传统与新英雄主义的本色。❻

这次周家大山自卫反击战，狠狠地打击了桂顽的嚣张气焰。过去，桂顽第五二八团耀武扬威、神气十足，吹嘘"包打匪军，踏平巢湖"。他们做梦也没想到会遭受如此惨重的失败。

日、伪、顽暗中勾结，巢北支队设计"狗咬狗"

不过，桂顽第一七一师进攻新四军却是不知疲惫。

1944年11月10日，日伪军集中7000余人，由东、西两线，分7路向路西根据地中心区藕塘镇、张桥等地"扫荡"。东线敌人由蚌埠、明光、滁县、定远出发，分4路合击中心区藕塘镇；西线敌人由淮南路向东推进，分3路合击占鸡岗、张桥镇地区。日军所到之处，见人就杀，见房就烧，鸡犬不留，实行了惨无人道的"三光"政策。

13日，桂顽第一七一师也集中主力5个营和地方土杂武装共8000余人，由第五一二团团长蒙培琼指挥，紧随日伪军之后，窥测时机，分两路向路西根据地进犯，连占曹家岗、郭集、青龙厂等地，局势异常严峻。

日伪军东西对进，专门破坏新四军的防御工事，炸毁碉堡、围墙，并在地下埋设地雷、手榴弹，迟滞新四军修复时间，为顽军进攻解放区创造条件。

14日，顽军由南向新四军第十五团活动的曹家岗地区逼近时，日伪军也由北向同一地区前进。第十五团灵活地跳出日、伪、顽的夹击。日伪军在将要同顽军相遇时，即鸣炮示警，顽军随即后退。这是日、伪、顽暗中勾结，在战场上作的一次表演。

新四军将计就计，导演了一出"狗咬狗"的"好戏"。

新四军第十四团、巢北支队从青龙厂向淮南路连续进行破袭，给淮南路沿线敌之据点和煤炭运输以很大打击。"扫荡"占鸡岗地区的日伪军千余人企图杀第十四团一个"回马枪"，于15日由北向青龙厂隐蔽前进。此时，桂顽第五一二团2个营企图在日伪军破坏青龙厂新四军工事之后，袭击第十四团和巢北支队，由南向青龙厂前进。

16日晨，日军进到青龙厂以北，顽军进到青龙厂以南。新四军第十四团领导分析日、顽是暗中勾结，不便在战场上直接联系，遂施了一个"腹中抽空"之计：派一个连的兵力于日、顽之间兵分两路，一路向北打日军，一路向南打顽军，两路边打边退，引诱日、顽对进。

当日、顽两军接近时，新四军这个连来了个"金蝉脱壳"，隐蔽撤出。时值阴雨天气，大雾弥漫，10米以外就看不清人形。日、顽迎面相遇，都把对方当作新四军，于是机枪、步枪、手榴弹一起向对方开火。几天来，日伪军遭到新四军沉重打击，终于有了出气的机会，顽军则庆幸可以一举歼灭新四军，于是双方越打越激烈，直到日军俘获顽军士兵后，才知道落入了新四军的"圈套"，气得日军指挥官嗷嗷直叫。

在这场火并中，日、伪、顽伤亡都不小，淮南地区的广大群众闻讯后，无不为之拍手称快。

占鸡岗上真"悲伤"

但顽军消灭新四军之心甚为坚决。17 日黄昏前，桂顽蒙培琼指挥的 4 个营已进到延寿集以南之郭集、蒋集一线，离新四军第五旅指挥所驻地小陈庄仅 2.5 公里，进攻迫在眉睫。

而延寿集、占鸡岗的所有工事均被日伪军破坏；附近仅有第十八团，其他几个团均在一天行程以外；连日来，新四军部队不断转移和打仗，极度疲劳。

别无他法，新四军只有打退顽军的进攻，才能安心处理日伪"扫荡"造成的困难局面。

旅长兼军分区司令员成钧赶到延寿集，电令第十三、第十四、第十五团，克服一切困难，连夜赶到占鸡岗地区集结；命令第十八团不顾一切疲劳，立即集中全团兵力进驻延寿集和占鸡岗两地，连夜抢修工事，想尽一切办法坚守一天。

幸运的是，顽军没敢贸然进攻，使新四军集结部队赢得了时间。18 日，桂顽在郭集和蒋集一线停了一天，向北打枪，试探虚实。黄昏前，新四军 3 个主力团全部到达旅部指定的地点隐蔽就绪。各部队斗志旺盛，请战书纷纷送到旅、团司政机关。

19 日上午 8 时，蒙培琼指挥 4 个主力营和土顽牛登峰部 300 余人，分两路扑向占鸡岗地区。蒙培琼亲自指挥 3 个营，在猛烈炮火和轻、重机枪掩护下，向新四军阵地扑来。新四军指战员用轻机枪、手榴弹猛烈向顽军还击，一排排子弹、手榴弹在顽军人群中横飞，击退了顽军一次次进攻。守董大圩的部队，是新四军第十四团第三营营长彭嘉祥指挥的第七连，这是个能守善战的连队。彭嘉祥任第七连连长时，就指挥该连在皖东北张楼战斗中，坚守何宅子，激战竟日，堵住了日军先后两批 500 余人的援兵；在淮宝曾击退偷袭高良涧的日军 200 余人。这次是仓促进入战斗，来不及构筑坚固工事，边应战边挖散兵壕。他们先在村沿杀伤进攻之顽，后利用圩内房屋作掩护，同其逐屋争夺，坚守到主力出击。守占鸡岗部队是第十八团第九连和区武装，在第十四团支援下，先在外围杀伤进攻之顽，后退入核心工事坚守。两地守备部队英勇顽强，坚守阵地，大量杀伤、消耗、疲惫顽军，对这次战斗全胜起到重大作用。

到下午 3 时，猖狂的蒙培琼仍以为占鸡岗地区只有新四军第十八团一支部队，于是重新调整部署，拟将占鸡岗地区包围起来，一举全歼新四军守备部队。

机会来了。这时，新四军第十三团和旅骑兵连、侦察连、炮兵连已由张桥镇隐蔽运动到占鸡岗以北顽军侧翼。旅长成钧来到第十三团亲自指挥，乘顽军调整部署之机，指挥部队突然出击。

骑兵连纵马横刀冲入敌阵，侦察连和第十三团第一、第二连紧紧跟随，如猛虎下山。连长高和昌一马当先，率领全连闯入敌阵，杀得顽军血肉横飞。顽军第五一三团第三营营长在被俘时，还双手抱头惊呼："太可怕了！骑兵猛不可当。向左躲，左一刀，向右躲，右一刀，没法招架。"桂顽在新四军突然打击下乱了阵脚，节节后退。新四军乘胜追击，歼顽军一个多营。第十四团第一、第二营由占鸡岗以南出击，配合第十三团将蒙培琼及其残部包围在上杨家；第十四团第三营和第十五团向进攻董大圩的顽军出击，一鼓作气将其 4 个营分割包围于西彭岗、小彭岗。当晚，第十四团和第十五团各一部，在副旅长张翼翔指挥下，歼灭了困守在小彭岗之顽军一个步兵连、一个重机枪排。

20 日，成钧等人估计桂顽可能派部队增援，于是派出第十五团和第十四团一部兵力，准备打援。

狡猾的顽军乘新四军调整部署之机，突然突围。新四军第十五团和第十四团各一部在后面猛追，第十八团第一营在前面堵截。在新四军前后夹攻下，除顽军营长蒙佐宣带 10 多人侥幸逃跑外，其余全部被歼。

同时，第十三团和第十四团对被围在上杨家的残顽发起攻击。在迫击炮、枪榴弹的轰击下，上杨家浓烟滚滚，将顽军熏得睁不开眼，透不过气。残顽像散了群的鸭子，四处逃窜。成钧下令立即发起猛攻，穷追猛打，歼灭顽军大部。蒙培琼率残部逃入小朱庄，企图顽抗。新四军追击部队冲入村内，仅用 10 多分钟，就全歼了该顽。

16 时左右，战斗全部结束。来援的桂顽第五一一团闻讯立即南逃。盘踞多年、危害解放区的谢圩子土顽，也弃巢逃走，谢圩子被新四军第十八团收复。蒙培琼藏在壕沟内装死，被新四军打扫战场的部队活捉。

这次战斗，全歼桂顽 4 个主力营和参战之土顽部队共计 1900 余人，其中生俘团长 1 名、营长 3 名。1945 年 11 月初，陈毅曾高度评价这次胜利："一次歼桂军 4 个营，在我军战史上还是第一次。"1945 年春，新四军在王子城战斗中，缴获桂顽第五一一团第一营文书的一个公文包，从中查出一首描绘桂顽占鸡岗战斗的打油诗：

> 占鸡岗上真伤悲，
> 战马奔腾血乱飞；
> 问君能否记忆起，
> 北上剿匪几人回！**7**

谭震林应战王子城

1944 年 11 月下旬，新四军第四旅也乘胜攻陷周家岗等顽军据点，歼其 300 余人。此两战虽然大大顿挫了桂顽第一七一师的锐气，但路西的根本问题并未解决：桂顽攫取路西根据地，割裂新四军第二、第七师战略联系的企图并未放弃。

1944 年 12 月 16 日，李品仙提出"大举清剿，务绝匪患"的反共口号，部署桂顽继续进攻新四军。

1945年2月13日，驻无为县城的2000余日伪军，向皖江抗日根据地无（为）东地区"扫荡"。桂顽又以第一七六师2个团和地方保安部队3个团共5个团兵力，于2月21日再次进攻巢无中心区；3月7日，又以第一七一师2个团至含山华阳寺一带，企图进攻和含地区。第七师面对日伪军和桂顽的夹击，处境十分不利。为摆脱困境，根据新四军军部统一部署，第七师采取了隐蔽主力、适时出击和灵活开展游击战等方法，与桂顽周旋，在桂顽一度进占的巢无中心区内不断袭扰，使其疲惫不堪。

为了支援第七师粉碎日伪军的"扫荡"和桂顽的进攻，新四军军部急调第二师第五旅增援巢无地区。同时，第二师向桂军第一七一师发动进攻，连克界牌集、王山头、萧家圩等桂顽据点12处，歼其近千人，迫使进攻皖江地区的桂顽撤回。但桂顽并未停止进攻，李品仙又增调第一七二师东来，连同原有2个师，总兵力达1.3万人，再次向第七师的巢南地区和第二师的路西地区进攻。

此时，第二、第七师都准备向南发展，而桂顽长期楔入淮南路西和皖江地区，不仅阻隔第二、第七师的联系，威胁路西地区和皖中根据地的安全，也极大地牵制了新四军南下执行新的任务。

为了改变这种不利局面，3月12日，张云逸、饶漱石、赖传珠致电毛泽东、朱德、刘少奇，决定增调第三师第七旅由淮北转至淮南路西，令第三师独立旅从苏北赶赴皖中，协同第二、第七师作战，彻底解决淮南津浦路西问题，为以后部队南下和主力转移创造便利条件。

4月6日，新四军军部决定组成路西自卫反顽战役指挥部，以谭震林、彭明治分任正、副指挥。当日，饶漱石、张云逸亦赴路西，部署作战。

同时，新四军军部得到情报：顽军也准备就绪，只等老河口战役结束就发动进攻。

谭震林本来在1945年1月就要渡江南下，就任苏浙军区政委。但由于淮南局势紧张，他继续留在路西，领导淮南抗日根据地的斗争。

这次桂顽来犯，不再是长驱直入，而是构筑碉堡，步步为营。谭震林认为，新四军应以优势兵力攻其据点，进行"围点打援"，包围顽军王子城据点，引诱顽军来援，力求在运动中歼灭顽方主力，尔后相机攻击其阵地。

4月14日夜，战斗正式打响。新四军第二师第五旅在第四、第七旅和路西军分区部队的紧密配合下，出动攻击部队，分两面向桂军王子城据点发起猛攻，以出其不意的神速动作，攻破千余名桂顽防守的坚固工事，突入圩内，迫使顽军退入据点西北角之外的圩子，然后组织围歼。

果然，顽军闻讯王子城被包围，立即出动4个主力团和地方反动武装逐次增援，均被新四军拦阻在黄瞳庙南北地区，路西部队立刻展开反击。

经过6昼夜激战，新四军共攻克王子城等13个据点，歼灭桂顽主力2个团和地方反动武装3600余人，打通了第二师和第七师之间的联系，基本实现战役目的。但由于新四军2个师初次联合作战，协同不好，把战斗打成击溃战，桂顽退守黄瞳庙以南、以东地区顽抗，战局形成胶着状态。新四军自身伤亡2500多人，再战不利，新四军军部决定参战部队撤出战斗。

攻点打援，宿南歼敌

在皖北，新四军第四师也正在激战。

第四师西进部队取得涡北反顽战役胜利后，驻宿县、徐州地区日伪军于1945年2月初开始，不断向淮北津浦路西抗日根据地出犯。新四军第四师各部从2月至4月先后进行了一系列反"扫荡"战斗，日伪军连遭打击后，士气低沉。

但是，盘踞在宿县西南的伪军第十五师5000余人，仍不断向津浦路以西，宿县至凤台公路以东，淮河以北，浍河以南地区"蚕食"，企图截断新四军涡北与淮南和津浦路东地区的联系，成为第四师开辟宿（县）蒙（城）怀（远）地区的一大障碍。第四师兼淮北军区决心于 5 月下旬，集中第十一旅全部、第九旅一部和师骑兵团及 8 个县总队，共 1.3 万余人，发起宿南战役。根据伪军的部署特点，确定采取"攻点打援"战术，以第十一旅主力攻击伪军主要据点，以第九旅第二十七团和师骑兵团阻击援敌，以各县总队部署在伪军各主要据点之间，监视、牵制敌人。

战役分两个阶段：

第一阶段，围攻任集，设伏于葛庄消灭援敌。战役开始前，第四师为创造战机，将主力自龙山集北撤，伪军果然尾追北进。第十一旅第三十一团于 5 月 21 日星夜转兵南下，向驻守任集的伪军特务第三团发起攻击。首先扫清外围，尔后突破围寨，巧攻核心碉堡。战至 22 日 7 时，全歼守军，俘伪团长以下 100 余人。8 时许，孙疃集伪军 3 个连及骑兵一部驰援任集。第四师骑兵团一部配合第三十一团将其歼灭。同时，第九旅第二十七团侦悉芦沟伪军增援任集，当即设伏于芦沟西北葛庄。9 时，伪军进入伏击圈，第二十七团突然开火，激战 45 分钟将这股伪军全歼。

第二阶段，攻击袁店、界沟，设伏于神仙井阻击援敌。6 月 23 日，第十一旅第三十二团向驻袁店伪军第五十九团第一营发起攻击，迫使伪营长以下官兵全部投降。驻孙疃的伪军第五十九团团长率第二营及第五十七团一个连驰援，行至袁店东神仙井，遭第二十七团伏击，全部被歼，伪团长以下 180 余人被俘。伪军第十五师遭连续打击后，收缩兵力，当日将驻芦沟的第五十八团撤回至孙疃，全力坚守孙疃、界沟两据点。6 月 30 日，第十一旅第三十一团及旅警卫连，在炮兵配合下，强攻界沟伪军第五十七团，至 7 月 1 日 8 时，歼伪军一部，其余全部缴械投降，俘伪团长以下 800 余人。

宿南战役至此结束，共歼伪第十五师 1900 余人，除孙疃未收复外，控制了沱河和浍河间的大片地区，不仅巩固了涡河以北阵地，而且开辟了宿南新区，使淮北津浦路西根据地 8 个县连成一片。

在淮北津浦路东地区，第四师兼淮北军区部队从 4 月 15 日起，对边缘地区日伪军据点发动有力攻势，先后对海（州）郑（州）公路洋河至众兴（今泗阳县治）段及固镇至灵璧、泗县至灵璧的公路展开大破击。继又挥戈北上，进攻灵璧、睢宁之间的日伪军据点。至 5 月 15 日止，先后战斗 25 次，攻占了泗阳、大店、虞姬墓、三官庙、关帝庙、卓圩子、卓海子、高楼、邱集等日伪据点 21 处，歼灭日伪军 3000 余人，包围和孤立了睢宁、灵璧、泗县之敌。

拒绝与日军"谈判"

在苏北，1944 年 8 月中旬，骄阳似火。

运河边，新四军第三师第十旅的一股小部队正在巡逻，指战员个个脸上都洋溢着笑容，心里都如这夏日的天气一样火热：日伪覆灭的日子眼看就要来到了！

这时，村里的游击队员报告说抓到了一个可疑的人。还没有来得及审问，这个家伙就掏出一封介绍信，自称是"谈判代表"，说奉了日军某大队长旨意，要和新四军"谈判"。

在华中解放区的局部反攻浪潮下，日寇也变得"通情达理"，竟然想起跟解放区人民"谈判"来了！

早在 3 月初，为了配合车桥战役，苏北军民利用敌后空虚和日军恐慌的大好时机，由第七旅首先攻克了涟水、车桥间的朱圩子据点，歼伪军 300 余人。接着，第十旅兼淮海军分区部队发起了春季攻势，拔除了沭（阳）淮（阴）公路上的 10 个日伪军据点，歼灭伪军近千人，彻底切断了沭淮公路。3 月下旬，该旅又乘胜扩张战果，攻克了八间房、石门口、小后庄、蒋兴庄、大屋基、朱圩、李庄等高沟、杨口的外围据点，肃清了六塘河沿岸的日伪势力。4月19日，第三师师长兼苏北军区司令员黄克诚下令发起高（沟）杨（口）战役。

高沟、杨口是灌云、新安镇之敌伸向西南的主要据点。高沟位于新安镇西南20公里，杨口在高沟西北5公里。该地区日军撤退后，伪军第三十六师第七十二旅及地方反动武装共2000余人防守，并以高杨为核心在四周安设了数十个小据点，进行坚固设防，妄图控制盐河、前后六塘河的交通，与沭阳之敌遥相呼应。

第三师兼苏北军区决定：集中淮海军分区第一、第四支队各3个团，第二支队第六团，第七旅第二十团及涟东、淮安总队共10个团的兵力，采取中央突破战术，以第四支队先行解决高沟据点，必要时第一支队派一个团协助；以第一支队钳制杨口、葛集、王行、汤圩据点伪军，并伺机拔除杨口外围据点，孤立杨口，以便高沟打下后继续扩大战果会攻杨口。

高沟守敌共1000余人，在镇四周筑有高5米到6米并附有地堡的圩墙，墙外设有外壕和鹿砦；镇内由地堡、炮楼组成7个支撑点，北门为敌防守重点。第四支队受领任务后，对敌情、地形进行周密侦察，具体部署了兵力。

4月19日晚第四支队第十一团分3路强袭张庄，夺占了进攻高沟的有利阵地，连续击退敌3次反冲击，于21日下午从西南角突入镇内。22日上午，新安镇及丁头庄日军50余人、伪军600余人增援高沟。第四支队第十、第十二团在荀庄东北地区，以伏击、出击和白刃格斗将敌击退。23日上午，新安镇、杨口之敌800余人分3路再次增援高沟。第十、第十二团主力于洪凹子、荀庄一线，抗击对其威胁最大的新安镇来援之敌，第十二团第二连连续击退敌人7次冲击，子弹打光后，在连长率领下，勇敢冲入敌阵，与日军展开激烈搏斗，给敌重大杀伤，40余人壮烈牺牲。激战5小时，该路敌人被击退。另两路援敌进入高沟，第十一团经过数小时的英勇顽强战斗，守住了阵地，夺占了东门。24日中午，第十二团和涟水总队又击退了杨口之敌

200 余人的增援，当晚，第十、第十一团向北门守敌发起 3 次攻击，给敌大量杀伤。25 日，守敌向北突围，第四支队乘机突入北门，歼敌一部，逃敌被第一、第四支队的阻击部队歼灭于南六塘河及其南岸。高沟战斗结束。

敌杨口据点由杨子街、新宅子、王行庄 3 个支撑点构成，其防御设施类似高沟。4 月 24 日，第一支队为配合高沟战斗，向杨口外围据点发起了进攻，第一支队第一团肃清了王行庄北面外围之敌，第一支队第三团肃清了王行庄南侧敌警戒部队，并击退了杨口 2 个营的增援。25 日黄昏，第一团对王行庄之敌发起进攻，敌突围南逃，被第三团全歼，杨子街、新宅子之敌遂陷于孤立。25 日夜，第一支队第二团将杨子街之敌包围。第三师急令第一支队第二十团及第五、第六团赴杨口参战；以其第二、第三团担任主攻，先歼杨子街之敌，再歼新宅子之敌；其第一、第六团及第四支队各团阻击可能来援之敌。27 日黄昏，第一支队第二、第三团分别从东面、东南面和北面向杨子街发起攻击，迅速占领东西 4 个大炮楼，并向街中心及两侧扩展，将敌分割成南北两块。28 日 10 时，新安镇日军百余人、伪军 400 余人驰援，被第四支队勇猛击退。黄昏，杨子街残敌待援无望，向新四军投降。

30 日，第三师调整了部署，以第二十团接替第四支队阵地；第四支队接替第一、第六团阵地；以第一团担任对新宅子的主攻任务，其余各部队于指定位置警戒待命。

5 月 1 日、2 日，第一团先后攻击新宅子之敌未果。3 日，改以第二十团主力接替攻击任务。在炮火支援下，该团于翌日 15 时向敌发起攻击，仅10 分钟即突破敌防御，迫使敌第一四三团团长及短枪队 40 余人投降，新四军胜利占领新宅子据点。

至此，历时 16 天的高杨战役胜利结束。高杨战役共计攻克大小据点 14处，毁炮楼 150 余座，全歼敌伪 2000 余人，毙伤增援的日军 140 余人，缴获长短枪 1164 支、轻机枪 11 挺、炮 3 门、掷弹筒 32 具及其他军用物资。这次战役的胜利，收复了六塘河两岸地区，使淮海、盐阜两区连成一片，改善了苏北抗日斗争局面，使日军以盐河为主的水陆交通线暴露于苏北新四军的打击之下。**8**

因此，此时日寇派来的"谈判代表"没有了过去的趾高气扬："如果你们允许宿迁到淮阴的运河通航，皇军就不再向你们扫荡、安据点，并愿给你们十几挺机枪和一部分子弹。"

高杨战役后，日伪在淮海区内的统治范围大为缩小，许多据点陷于孤立，水陆交通时断时续。但为了挽救其败局，维持其交通，敌人采取了"以点连线"的办法，即在运河沿线重新安设据点，企图将宿迁、淮阴之间的运河、盐河再度打通，以阻隔淮海、淮北两抗日根据地的联系。

"要是我们不允许通航呢？"第十旅的指战员反问了一句。

来者带着威胁的口气说："皇军要继续扫荡，继续向外安据点。"

话音未落，第十旅的一名战士把枪往地上一戳，大声说道："运河，是中国人的运河，绝不允许侵略者航行。日寇出来'扫荡'，我们就坚决消灭；鬼子向外安据点，我们就坚决打掉。要谈判，条件只有一个：放下武器，一律宽待。"

那个"谈判代表"感到软硬都不好使，自己又底气不足，只好灰溜溜地回去了。

金井中队的覆灭

但是在几天后，第十旅旅长刘震得到情报：驻宿迁之日军第七十二旅团第一三五大队派出金井中队88人，还有地方反动武装90余人，不久即要在林公渡安设据点，确保运河水上交通顺畅。

9月5日，旅召开党委会议，决定趁敌立足未稳而拔除之。刘震坚决地说："秋后蚂蚱，真还想蹦跶几下。看来，敌人是要拼命保住运河航线，再一次试探新四军的威力。我们的坚定方针是不让敌人安据点，决心趁它立足未稳，碉堡还没建成，突然发起战斗，粉碎敌人的阴谋。"具体战斗部署是以第二支队第六团配属旅特务营 2 个连、第二支队警卫连和迫击炮连为第一梯队；以第二支队第五团 2 个连为第二梯队；以第二支队第四团配属泗阳县总队占领陈圩有利位置，担负阻击泗阳方向可能出援林公渡之敌；以第五团主力和宿迁县总队阻击宿迁、洋河镇方向可能出援之敌。

林公渡是一个只有 12 户人家的小村落，西北距宿迁县城 32 公里，东南距泗阳县城 20 公里，北靠运河，南面 200 米为旧黄河堤，是宿迁、泗阳两县水陆交通要道，周围地形开阔，易于防御，面积又小，可以节省兵力。在敌人看来，这是一个非常理想的、利于守不利于攻的据点。

金井中队是宿迁城里日军的一张"王牌"，又配备了一部分重火器，来势汹汹。要想迅速、干脆地歼灭这股敌人，新四军必须以绝对优势的兵力投入战斗，给它一个毁灭性的打击。

敌人进驻林公渡后，开始修筑炮楼。第十旅得此情报，就集中主力第一、第二、第四支队，迅速到达林公渡东北 30 余公里的裴圩、里仁集一带集结，进行政治动员和战前准备；同时派出两三个班的小分队，会同地方武装和民兵，每天晚上向林公渡实施佯攻，使敌人得不到一点喘息的机会。

9 月 6 日黄昏，担任主攻的第二支队从林公渡东边的崔镇渡过运河，6 个主攻连分东、西、南三路，于 7 日 20 时前将敌人团团围住；同时，第一、第二支队对宿迁、淮阴方向布置了打援部队，阻止敌人的增援。

天刚入黑，炮兵就开始射击。新四军的火炮虽是几门经过改造的曲射、平射两用的迫击炮和缴获来的一门迫击炮，但炮手们打得很出色，给敌人的威胁很大。

21 时，总攻开始。新四军一部乘机从据点西侧发起进攻，其突击班率先开路，用马刀砍断敌暗堡外围的铁丝网，从射孔投入手榴弹将敌暗堡炸毁，突破了敌前沿阵地。经过激烈的战斗，新四军突入敌纵深，被分割的敌人仍企图借断墙残壁做垂死挣扎，稍有机会就冲出院落，但又被英勇的新四军战士们顶了回去。战斗在逐屋争夺中进行，敌人固守的几个院落逐个被新四军夺取。

第十旅从俘虏中了解到一些情况：新四军在村东攻占的第三个院落是金井的指挥所。在新四军猛烈攻击下，他丢下这个院落，慌慌张张跑到别的院落里去了。金井现在很害怕，因为他的中队成员已伤亡大半，而最伤脑筋的是一部分重火器被新四军缴获了，指挥系统被打乱了。金井一心想突围，但无办法，又得不到救援，只好硬着头皮在两三个院落顽抗。

摸到敌人的底细之后，旅长刘震迅速调整了部署。在主要攻击方向上，除了集中一些重火器之外，他又投入了2个连的兵力。战斗发展得很快，20多分钟，新四军又占领了2个院落。

8日凌晨3时，战斗仍在激烈地进行，旅指挥所的电话不时响起清脆的铃声，战况和捷报频频传来。忽然，一阵急促的铃声响起。刘震拿起耳机，第六团团长俞和坦报告说："敌人有一小部分从村北突围了，正沿着运河边向西逃窜。"刘震当即令外围部队马上阻追，并令村里的攻击部队加紧向残敌攻击，绝不让一个敌人再从林公渡逃出去。

村里的残敌被压到最后两幢房子里，为了尽快结束战斗，新四军集中了所有的迫击炮和一部分爆破手，一齐向残敌进行射击和爆破。霎时，熊熊的火光照亮了这个小村落，一声轰响之后，退守在房子里的30多名日军全部葬身在火窟里。第二支队支队长冯志湘向旅部报告："突围的敌人已全部被歼，有5个企图泅水逃跑的日军，2个被活捉，3个淹死了。"

拂晓前，新四军胜利拔除了林公渡据点。此次战斗共击毙日军中队长金井以下66人，俘日军5人，毙俘伪军90余人。^❾

林公渡战斗的胜利，粉碎了日寇企图隔断苏北、淮北根据地的阴谋，也给当地人民以很大的鼓舞，6万余群众夹道欢迎新四军部队凯旋。从此，敌人只好固守在淮阴、沭阳、泗阳、宿迁几处孤立的县城内，再也无力出来"扫荡"了。

最后，敌人为了保住沭阳这个中心据点，派出日军2个加强小队和伪军

1 个大队，在沭阳城西叶圩子、城南十字桥各安了一个据点。

但叶圩子据点没有安上几天，便被第十旅攻克，新四军歼灭日军 40 多人，伪军 200 余人。

新四军第十旅和淮海军分区在 1944 年多次向敌人发起进攻，消灭日伪军 1 万多人，摧毁据点 140 多个，战绩辉煌。

盐阜反攻，红旗在沿海村镇上空飘扬

同时，新四军第三师在盐阜地区的第七、第八旅也没有闲着，他们在黄克诚、张爱萍等人的指挥下，于沿海地带进行了一系列反攻作战。

1944 年 4 月 8 日，第八旅第二十四团在攻克响水口以东陈家港以西的辛湾、马家沟之后，灌河入海口南侧的重镇陈家港之敌就陷于孤立了。

陈家港位于盐阜区东北端滨海县境内，东临黄海、北濒灌河，扼守苏北沿海海上交通，战略地位重要。该地又是海盐的重要产地，拥有丰富的盐业资源。日军自 1939 年由此登陆占领该地后，在那里安设据点，并在各盐圩子上构筑炮楼，控制苏北盐业资源、盐税收入和海上交通，恣意横行，无恶不作。

黄克诚与第三师领导决定：拔除这颗长期钉在盐阜根据地的钉子！

战斗由第三师副师长兼第八旅旅长张爱萍亲自指挥，第八旅第二十二团、旅特务营和滨海县总队担任主攻，第二十四团及第七旅第十九团分别攻打庆日新盐场和大源盐场，涟东、阜宁县总队设伏于陈家港以西，担任打援任务。

5 月 2 日夜，参战部队进入各自的战斗位置。5 月 3 日午夜 1 时，各参战部队同时向陈家港之敌发起攻击。第二十四团从西北、东北两个方向，第八旅特务营及滨海县总队和第二十四团特务连从西南、东南两个方向，四面向敌人围攻。

驻守陈家港的少量日军在第三师官兵强大的攻势发起之后，无力抵抗，仓促登上汽艇逃向连云港，剩下的伪军负隅顽抗。新四军机枪手爬上盐廪，架起机枪向顽抗的敌人猛扫。经过 3 个多小时的激战，伪税警团一保安队、警察局的伪军全部投降，攻击部队迅速占领了陈家港镇。

与此同时，第二十二团一部攻打陈家港东南的盐圩子。盐圩子方圆数十里，紧靠海边，房舍很少，只有纵横的水沟和晒盐场。防守盐圩的是伪中央税警总团第四、第七大队及当地的伪军伪警，分驻在小北港、七排头圩、十排头圩等 7 个炮楼里。战斗首先在七排头圩打响，在迫击炮和重机枪的掩护下，第二十二团攻击部队迅速出击。伪第七大队大队长郭克勤眼看抵挡不住，率部弃圩向海边逃去，结果被追歼。防守十排头圩的伪第四大队被四面包围后拒不缴械，随第二十二团行动的副师长张爱萍登上盐廪，一面命令该团第一营营长张以诚带领全营战士做好同敌人肉搏的准备，一面指示副参谋长庄宁向敌人展开政治攻势。已成瓮中之鳖的伪军被迫与新四军谈判，最终投降。至此，盐圩的 7 个炮楼全部被拿下，同时第七旅第十九团和第八旅第二十四团也分别歼灭了大源盐场和庆日新盐场的敌人。

陈家港战斗除击毙伪军一部外，还生俘伪军大队长以下官兵 430 余人，缴获迫击炮 3 门、轻机枪 2 挺、长短枪 400 余支、各种子弹 4 万余发、伪币 100 万元、食盐 48 万吨。新四军将大批食盐分给群众，解决了日伪封锁造成的严重盐荒，如张爱萍的诗《解放陈家港》所言：

　　　　乌云掩疏星，
　　　　夜潮怒号鬼神惊。
　　　　滨海林立敌碉堡，
　　　　阴森。
　　　　渴望亲人新四军。

　　　　远程急行军，

瓮中捉得鬼子兵。

红旗飘扬陈家港，

威凛。

食盐千垛分人民。**10**

前线捷报传到师部，黄克诚亲自写了一篇新闻稿，交新华社苏北支社播发。电波载着捷报在盐阜大地频传，极大地鼓舞了广大军民，震撼了龟缩在各据点的敌人。

陈家港战斗后不久，黄克诚又组织了合顺昌（今射阳县大兴镇境内）战斗。合顺昌原为射阳农业资本家杨镜清创立的垦殖公司，后被海匪陈浩天盘踞。抗战初期，陈浩天曾任国民党军队的营长，不久投敌，成为伪第三十三师副师长。1944 年 3 月，汪伪又将该部改为山东省海防第二军第二纵，陈任司令，射阳河南、黄沙河北、串场河东几十里方圆的海边成为其势力范围。陈浩天平日以日军做靠山，横行乡里，并死心塌地与抗日民主政府为敌。他强迫垦区棉农为其修筑工事。在合顺昌公司筑起一丈多高的圩子和四角 4 个碉堡。在大兴镇、大纲公司、淮海公司一线都有队伍驻扎把守。陈浩天还经常派出便衣捕捉和残害根据地的干部、民兵，气焰极为嚣张。

6 月 28 日清晨，第三师第七旅第十九、第二十团以及射阳、盐东、阜东县总队，在第七旅旅长彭明治、政委郭成柱的指挥下，向合顺昌发起攻击，首先清扫据点外围。毫无准备的敌人从睡梦中惊醒，还没有明白是怎么回事就成了俘虏，伪司令陈浩天极度恐慌，率部退守合顺昌大圩内，凭借坚固的碉堡、工事，负隅顽抗。29 日晚，新四军集中火力猛攻大圩，四角的碉堡被炮火击毁，战士们勇猛地冲入圩内，仅用 40 分钟就攻克了陈浩天的司令部。陈浩天负伤仅带兵 20 名突围逃窜，后于合德毙命。这次战斗共击毙伪军 100 余名，击伤伪国民政府军委会少将参赞武官曾山东，俘日军警备团团长青柳板次郎以下 6 名、伪警备团团长以下 200 余名，缴获钢炮 1 门、手炮 3 门、机枪 5 挺，其余枪支弹药、军用物资无数。

8 月，第三师第八旅及盐阜地方武装攻克了射阳通洋港、青龙港等 7 个较大的日伪据点；10 月，第三师主力将攻击的矛头指向已沦陷 6 年之久的合顺昌以西的合德。

合德是苏北沿海棉区重镇，位于射阳河入海口。1938 年日军占领该镇后，即将其作为"扫荡"根据地、掠夺苏北盐棉资源的重要基地。该镇驻有日军原田大队黑野小队 60 余人、伪阜宁海防总队少将司令顾景班等部 600 余人，筑有炮楼 13 座、大小碉堡 20 余个。

黄克诚决定以第八旅第二十二、第二十四团攻打合德。

10 月 20 日拂晓，第二十四团的 3 个营分别从北、东北、西北 3 个方向，迅速突入合德北街。北街东侧的一座炮楼，由顾景班的一个警卫连驻守。当新四军冲进北街后，炮楼里的伪军以为新四军没有炮，因而疯狂号叫："你们要打，咱们就打，上来两个叫你们一对回不去。"

"轰！"第一发炮弹在炮楼前面开了花。第二发炮弹从炮楼顶飞了过去，落在背后。第三发炮弹掀掉了炮楼的北角。第四发炮弹不偏不倚，从炮楼的二层钻进去，炮楼里发出一声沉闷的爆炸声响。

"不要打了，我们缴枪！"炮楼里的敌人鬼哭狼嚎，一个个乖乖地爬出了炮楼。

同时，第二十二团从合德南面进攻，一步一步地接近南街中心炮楼，然后往里面扔手榴弹。炮楼里的伪军被炸得哭爹喊娘，随即投降。

南北中心炮楼被攻克后，第二十二团与第二十四团会合，射阳县独立团也从西北加入，一起包围了位于合德北街的顾景班的伪海防司令部大院。在新四军炮火的猛烈轰击下，下午 4 时，顾景班全副武装下楼整队诈降。在新四军责令他缴枪时，顾竟欲掏枪顽抗，被当场击毙，其弟、伪中校经理处主任顾季亮亦同时被击毙，以下官兵纷纷缴械投降。

攻占合德镇后，参战部队即向合德公司日军据点进攻。日军依仗坚固的工事、优良的武器，拼死抵抗，并且向新四军进攻部队施放毒瓦斯，因此战斗十分胶着。第二十二团团长陈发鸿亲临一线指挥，激战中不幸中弹，倒在血泊之中，年仅29岁。

陈发鸿领导的第二十二团曾在抗击日伪的战斗中屡建奇功，在新四军第三师里号称"虎团"，陈发鸿因而被黄克诚称之为"虎将"。得悉陈发鸿不幸牺牲的噩耗，黄克诚默然无语，极为悲痛，他愤而挥笔，撰写了一副挽联："痛一弹无情夺吾勇将；愿三军用命歼彼顽凶"。

此时，见陈发鸿牺牲，新四军战士们高呼"为团长报仇"的口号，勇猛冲击，终于摧毁了日军固守的据点。合德公司成为一片火海。

持续两天两夜的合德战斗胜利结束。这次战斗共歼日伪军300余名，缴获小炮2门、轻机枪2挺、长短枪200余支、棉花1000多担，攻克和摧毁大小碉堡25个。

合德战斗的胜利，解除了盐阜区腹背受敌的威胁，摧毁了日军赖以掠夺苏北棉花资源的战略基地，使盐阜区的重要出海口射阳港置于抗日军民的控制之下。驻盐城的日军大队长原田听说合德被攻克，他的黑野小队被消灭，气急败坏，于10月25日亲率所部400余人驰奔陈家洋图谋报复。攻克合德之第三师主力回师指向日伪腹部，在地方武装的配合下，强袭盐东北洋岸敌伪据点。盘踞北洋岸数年之久的日伪军遭重大杀伤后，残部在30日中午趁大雨滂沱时突围逃窜。

第三师及苏北军民在黄克诚指挥下，局部反攻取得了一个又一个胜利，红旗在沿海的城镇、乡村高高飘扬，苏北解放区不断扩大。**"**

"铁匠"洪学智"火红锤子硬"

转眼到了1945年春天，苏北大地的严寒早已逝去，眼前是一片明媚的春光：绿油油的麦苗在微风中漾起千层波浪；金黄色的菜花闪着夺目的光芒；成群结队的彩蝶在菜花、野花中飞舞；和煦的春风夹带着花香阵阵飘来，令人心旷神怡。

在新四军第一、第三师的反攻下，日伪在苏北、苏中的统治区越来越小。同时，日军为了加强太平洋战区和日本本土防御，不得不在中国大陆收缩战线，集中兵力固守主要交通要道和大城市。为了阻遏新四军的反攻作战，维持其在苏北、苏中的占领，特别是对沿海地区和海运交通的控制，日伪将原驻河南省的伪第二方面军孙良诚部调来苏北地区，同时将当地原有伪军加以调整和整顿，以图强化其统治区。

孙良诚部是西北军的旧部，下属第四、第五军共 1.6 万余人，战斗力较强。日军收缩兵力以后，原有的据点，准备全部由孙良诚部接防。

为了掩护孙良诚部南下阜宁、盐城，日军调集第六十五师团的 3 个大队和伪军潘干臣的第二十八师，以及吴漱泉、徐继泰等部共 6000 余人，向涟水、淮阴、阜宁、滨海地区实施大规模"扫荡"。

但苏北军民灵活反击，经过几个月的奋战，日伪被歼灭数千人，孙良诚部被迫龟缩在阜宁、盐城一隅。

这时，苏北战场的主动权已经被牢牢地掌握在新四军手中，打歼灭战的时候到了。

1945 年 4 月 15 日，第三师参谋长洪学智骑着马，一路飞奔，赶回南窑师部。

战马长啸一声，停在师部门口。洪学智跳下马，还没进门，就喊了起来："师长，我们打一仗吧！"

师长黄克诚手里拿着文件夹，迎出门来问："你这个参谋长，又想打哪里呀？"

"打阜宁。"洪学智精神十足地说。"阜宁？"黄克诚笑着重复道。

"是阜宁！"洪学智赶忙说，"在盐阜区参议会上，大家一致要求第三师快快拿下阜宁城！"

"看你这个铁匠!"黄克诚笑了,眉梢上挂着喜悦。洪学智也笑了。

两人朝夕相处,洪学智深知黄克诚眉梢挂喜,就说明他们又想到一起了。

阜宁县城,南接盐城,北连灌云,西临淮涟,东濒黄海,通榆公路贯穿其中,是盐阜地区重镇,由汪伪第二方面军孙良诚部王清翰的第五军第四十一师及伪苏北屯垦警备第一总队驻守。第五军号称"老中央",辖第四十一师和暂编第三十三师(师长孙建言),共 7 个团,5200 余人,加上地方军警 400 余人,共计 5600 余人。在阜宁境内,伪军、汉奸、特务横行,拉夫抓丁,横征暴敛,抢劫掠夺,奸淫烧杀,无恶不作。当地人民称之为"魔鬼之窟",迫切要求新四军为民除害,消灭逆贼,拔掉阜宁据点。

伪第五军王清翰部增防阜宁后,筑有护城河、外壕、铁丝网和巷战掩体工事。在城内外设大小据点 21 个。据点筑有围墙、水圩和炮楼,设有地下室和秘密枪眼。它们互相支援,策应封锁,构成阜宁城南北 45 公里、东西 15 公里的狭长坚固的设防地带。王清翰部南与盐城伪第四军赵云祥部相呼,西与两淮的潘干臣部和吴独膀子(吴漱泉)部相应,北与响水口的徐继泰部相邻。

王清翰吹嘘说:"阜宁城是固若金汤,万无一失。"

黄克诚以稳重著称,决策什么事情都要有充分的根据。他在小屋里来回踱着步子,最后停在小方桌边,炯炯眼光直逼洪学智:"你有把握吗?"

洪学智说:"阜宁城的敌人虽然设防比较坚固,而且具有一定的战斗力,但敌人的弱点是兵力分散,有利于我各个击破。阜宁伪军已失去日军撑持,且在交接防务之际,王清翰与孙建言矛盾重重,影响协同。城内粮草缺乏,士气低落,难以久守。前几天的晚上,一个光屁股的伪军跑过来说:'长官不让我们穿着裤子睡觉,怕我们逃跑。我们恨死他们了。'这样的部队,还能有什么战斗力? 依据周围敌情,两淮、盐城敌人在两三天内驰援的可能性不大。如果我军集中优势兵力,配合火炮,先扫清外围据点,然后攻城,夺取战役胜利是有希望的。"

"我们打了敌人，敌人会不会来报复呢？"黄克诚分析道。

洪学智说："你是老虎，谁都怕你；你是绵羊，谁都欺负你！对于敌人的报复，我打算……"

黄克诚忍不住笑了起来，说："你真是个铁匠！火红锤子硬。那好吧！快把吴胖子（政治部主任吴法宪）叫来，我们再好好研究研究。"

黄克诚同意了，洪学智心里高兴极了。**12**

扫清阜宁外围

自 1945 年春季以来，世界反法西斯战争形势发生了根本变化，苏联红军已逼近希特勒大本营柏林城下，开始围攻柏林，英、美、法联军也深入德国腹地，正向德国鲁尔重工业区挺进；亚洲太平洋战场，美军逐岛进攻，日军节节败退，龟缩本土。德、日法西斯的末日将临。

此时，党中央和毛主席及时作出了"削弱敌寇，发展我军，缩小敌占区，扩大解放区"的指示，并准备在 4 月 23 日召开党的第七次代表大会。

在这种新的形势下，新四军首长也要求所辖各部采取积极的作战行动，从实际出发，坚决贯彻党中央的指示，迎接战略反攻的到来。

第三师所在的苏北地区，在人民群众的全力支援下，经过 4 年浴血苦战，特别是 1944 年对日伪据点广泛出击，先后发动了高（沟）杨（口）、滨海、陈家洋、合德战斗，每战皆捷，全歼守敌，积累了经验。新四军第三师部队具备了夺取中、小城市的作战能力。

洪学智对黄克诚说："打阜宁，既是群众的愿望，又符合形势要求，还是我们三师发展壮大的需要。七旅、八旅各缺 1 个团，装备这两个团的武器，也只有从敌人手中夺取了。"

黄克诚强调：这次战役是苏北地区的第一次攻城战，意义不凡，不可轻敌。一定要集中优势兵力。主力部队只有第八旅参加不行，要把第十旅主力 2 个团从淮海区调来，2 个旅要协同配合好。第十旅不是"志愿军"，要当战役的主人。另外，要集结盐阜地区各县的独立团参加，主力部队与地方部队协同配合好。同时，动员大量民兵、民工、人民群众全力支援。

为了充分做好战役准备，黄克诚还要洪学智把供给部部长刘炳华、卫生部部长吴之理找来，布置了后勤保障和战时抢救伤员的任务，并严肃地对刘炳华说："限你在 5 天以内筹足粮食，送到部队，否则，就开你的公审会。"

军令如山。刘炳华赶紧准备去了。

黄克诚又把敌工部部长找来。当时，第三师的敌军工作可以说是呱呱叫。秘密工作人员仇学元隐蔽在敌人老巢里收集了大量的情报。阜宁县的伪代理警察局局长田焕是他们的内线。他在阜宁城内上层人士中具有一定影响，人称"田大先生"，是 1942 年经敌工部门周密安排进去的。他到任后广交朋友，拜把子，结交"金兰之好"10 余人，形成了一股力量，可以随时把新四军的信件塞到敌人军政首脑人物家里。

最后，黄克诚对洪学智说："老洪，你担任前线总指挥。"

这样，在兵力部署上，洪学智又具体作了安排，将整个战役分为肃清外围和攻城两个阶段。一是针对敌人兵力分散的弱点，分割包围，各个歼敌，先打城北外围据点，待扫清外围后再攻城。二是在攻打外围据点时，估计敌人可能倾巢增援，因而布置打援。三是对坚固设防之敌，集中火炮突击，加强步炮协同。派参谋李新宇到第一师借调山炮，同时将迫击炮改装为平射。四是攻城得手后，估计敌有可能从射阳河南岸突围逃窜，预先在射阳河南布下伏兵。五是令盐阜地区建阳独立团，负责阻击盐城、上岗向阜宁增援之敌；另以淮安、涟水县独立团牵制两淮、涟水之敌。六是各部队的作战分界线，以通榆公路和射阳河为界。射阳河以北，通榆公路以东，由第十旅负责。通榆公路以西由第八旅负责，射阳河以南，由师特务团（配属阜宁、射阳县独立团）负责。师前方指挥所设于南九灶。战役发起时间为 4 月 24 日

22时，并吩咐作战科起草作战命令。

洪学智把作战命令草稿送交黄克诚审批。黄克诚仔细看完作战命令后，在"攻占阜宁"的"攻占"前加上了"相机"二字，并签上了他的名字。

4月22日，命令下达后，第三师主力和地方兵团（师特务团、第八旅第二十二、第二十四团和特务营，第十旅第一、第四支队，盐阜独立团和5个县的独立团），共计11个团的兵力，即悄悄地向苏北重镇阜宁城以及城外各个据点侧翼运动，迅速集结。

与此同时，侦察科科长宋振鼎搜集了伪第五军第四十二师、暂编第三十三师和伪军保安大队兵力分布情况，连夜赶绘了阜宁伪军城防工事及轻重武器阵地详图。师部参谋处测绘员汪广贞、第八旅侦察股股长王少林，深入敌据点观察了敌人城防工事。师部作战科科长张兴发，化装成拾草农民，在阜宁据点外围，侦察地形、地物，选择了攻城部队的进攻路线。另外，第三师还控制了日伪在阜宁城的4个情报组，使敌人变成了聋子、瞎子，使他们对第三师的战役准备毫无察觉。第十旅远从淮海东调，目标很大，但敌人一无所知。当打响外围据点时，伪第三十三师师长孙建言还在美滋滋地大摆酒宴、举行婚礼呢。

后勤保障和战时抢救伤员的准备工作也在日夜不停地进行。阜宁、阜东、射阳和建阳4县动员组织了数万民工，担负侦察、向导、警戒、押送俘虏及平毁碉堡等战勤任务。尤其是阜宁县的广大人民群众，早就盼望着这一天了，一下子组织了1万多民工随部队服务。战前，各部队对敌展开了政治攻势。从射阳河沿岸的钱庄、路庄，用小木架载着宣传品顺水淌入阜宁城。在各个据点附近组织喊话队，宣传抗日形势，动员伪军官兵向人民投诚。根据伪第五军有不少人祖籍在冀鲁豫的特点，第三师选择他们部队中与伪军同乡的战士对伪军喊话："日本鬼子在太平洋吃了大败仗，孙良诚把你们出卖给日本鬼子当炮灰，难道你们愿意替他们送死吗？"有的唱着河南小调："黄河水黄又黄，黄河两岸大麦香。别人都在打鬼子，你们怎么反把伪军当！"

形成四面楚歌。经过第三师强大的政治攻势，仗还未打，先后已有 100 多名伪军从据点逃出投诚。留在据点内的伪军也受到影响，士气低落，斗志涣散。

4 月 24 日黄昏，部队从南窑、板湖、单家港等地急行军到达阜宁城边缘，第八旅在路西包围头灶、七灶、掌庄 3 个据点，第十旅在路东包围大、小顾庄。

当时，第三师官兵经过 1 个多月的训练，战斗情绪很高，早就酝酿着打阜宁，现在有大仗可打了，一个个都想显示身手，高兴得很，像过年一样。从干部到战士，自发订计划，挑战应战，积极准备各种攻坚器材，演习各种战术动作，并组织了战斗协同互助小组。

第八旅和第十旅都是很能打仗的英雄部队。分配战斗任务时，第八旅旅长张天云和第十旅旅长刘震还都感到任务少了，不过瘾呢！

明亮的圆月高悬夜空。

在阵阵的狗叫声中，第八旅特务营分 3 路将头灶包围。敌人还以为是民兵骚扰，悠闲地在圩子里唱小调。

"叫你们唱！"只听"轰隆"一声，新四军特务营的迫击炮炮弹在 6 米多高的炮楼半腰开花。部队随即以迅雷不及掩耳之势发起冲锋，突破围墙防线，不到 10 分钟就全歼伪暂编第三十三师的一个中队，残敌成了阜宁战役的第一批俘虏。

首战告捷，掐断了城北各据点敌人退缩城内的通道，极大地震撼了其他据点的敌人。

但是，七灶战斗打得很艰苦。

七灶位于头灶正北 3 公里处。在解决头灶的同时，第二十四团第三营和特务连对七灶之敌完成合围。据点内共有从东西串联一起的 3 个圩子，驻有伪第三十三师的一个独立大队。为防止敌人南逃，主攻方向选择在圩子的西南角，营长田晋杰带领第十连担任主攻。临时加强的 5 门迫击炮置于七灶西南 60 米处，作为发射阵地。

炮火打响后，各连队冒着弹雨，越过水田、麦田的开阔地段，迅速推进。主攻方向依托水沟南面的几座民房，在火炮和机枪的掩护下向敌发起冲击。

不料圩子下有一条很深的水沟，第十连指导员杨竹林带着队伍涉水过沟，但由于月亮太明，目标太暴露，受到敌人的猛烈阻击。

洪学智得知七灶方面不顺利，很焦急，打电话到第八旅询问情况。旅长张天云即给田营长打电话，告诉他把火力组织好，选好攻击位置，同时又增调了 2 门迫击炮，集中全旅的 7 门火炮分别对东南、正南、西南三个方向采取抵近平射。随即，4 个连队同时发起第二次冲击。敌人用机枪封锁水面，第十连连长被击中，沉到深水中。特务连对准目标平射，摧毁圩墙和炮楼，随即从西北方向突入，占领了敌前沿工事。第十连战士在为连长报仇的呐喊声中，冲上去，将三角钩刺入墙内爬上圩寨。这时，伪大队副还在圩沟里叫嚷："天快亮了，不要怕，增援就来了。"战士李得胜一枪将他撂倒。后边的战士冲过去把敌逼到一座三合头瓦房里。至晨 5 时，全歼守敌 230 余人。

25 日零时，第十旅第四支队包围了大顾庄据点。有一个营进到了小顾庄南，担任对阜宁方向的警戒。大、小顾庄位于头灶东侧，敌人火力强，工事坚固。头灶、七灶已经解决战斗，大、小顾庄方向却不见动静。

洪学智心想："如果搞不下来，影响了攻城，那就坏事了！"

于是他骑着马赶到那里，发现强攻对自己不利。经同第十旅旅长刘震、支队长钟伟研究，于 3 时 30 分开始，组织了一次 20 分钟的佯攻，消耗、疲惫敌人。拂晓时，突然实施猛烈炮击，连续摧毁敌人 7 座炮楼和一些火力点，使敌失去依托。

这时，伪大队长朱涛偷偷从圩墙上往外看，被新四军战士一枪击中。敌人失去指挥，军心动摇。新四军当即组织战场喊话。在新四军火力打击和政治攻势双重压力下，25 日 10 时，大顾庄伪军 200 余人缴械投降。洪学智和刘震登上据点的圩墙时，见朱涛的肚子在一起一伏，还没断气呢。

15时，掌庄据点在第二十四团第一、第二营攻击下，敌营长率200余人缴械投降。

从25日清晨开始，天就下起了蒙蒙细雨。雨点打在新四军战士们的脸上，有些凉丝丝的感觉，脚下也打起滑来了。

在阜宁城北300米处，有一片埋着上万人的荆棘丛生的乱坟岗子，野狗常常在那里啃骨头，阴森可怖。新四军第二十二团就埋伏在坟包中间。洪学智当即给他们下达命令："敌人可能增援大顾庄，敌人如果出来，就坚决把他们消灭在城外。"

阜宁的敌人从一早起，就在大炮楼内用望远镜观察新四军的动态。这时，第十旅攻打大顾庄的战斗正在激烈地进行。

"看，城内的敌人出来了！"不知是谁喊了一声。可不，敌人约有1000人，黑压压一片，吹着冲锋号，出北门过大桥，呐喊着向大顾庄方向奔来。

敌人先头部队还没有跑出半里路，就同攻占了大顾庄的第四支队接上火了。早已等待在那里的第二十二团、盐阜独立团、第十旅第一支队也耐不住性子，跳出来从敌人身后像剑一样插过去。敌人一看新四军断其后路，立刻惊恐万状，扭头就往回跑。兵败如山倒，伪军督战队鸣枪，也阻止不了潮水一样涌回的伪军。

战前，考虑到攻城的艰巨性，第二十二团的一个连化了装，穿上了伪军的黄衣服，由阜宁县大队派的向导带队，准备伺机混入城中。这时，双方部队一接火，他们就跃出乱坟岗子，混入伪军中，向着北门大炮楼方向冲去。

第二十二团副团长黄经耀随团前沿部队行动，当即下令追击。该团第四连是打援的最前哨，战士们忘记了一夜的疲劳猛攻猛冲。排长杜学明冲在最前头。因为一夜没有休息，追击又太猛，敌人跑不动，新四军官兵也跑不动了。

见此情况，杜学明就指挥战士夺敌人的机枪。第四班先夺了1挺，杜学明又指挥第六班夺了 1 挺。2 挺机枪一叫，敌人血溅当场，倒下一片。跑不动的就跪下举着枪高喊："老乡，我是河北人。"跑在前边的伪军仓皇地跳入护城河，泅水向城内逃窜。

杜学明马上想到这是一个进城的好时机，倘若不顺势追击进城，让敌人占据了北门大炮楼，后面再攻城，伤亡就大了。此时，连队已经吹了停止号，他来不及请示连长，带领第二排尾随追击。一部分伪军伏在环城河边阻击，企图掩护逃入北门的伪军占领北门大炮楼。杜学明让第五班用火力压住敌人。敌人的意图没有达到，被迫过河逃入圩里。

环城河有 3 米多宽，2 米来深。新四军战士们纷纷下水，从东北角跟踪突入城内。这时，另外 2 个连也过了河，跃上北门的土圩，从东西两个方向迂回北门大炮楼，猛烈地向炮楼投弹。由于这 3 个连队的迂回，大炮楼成了凸出部分，敌人不敢占领。第十一连第六班见敌混乱，乘隙捣虚，一举攻占北门大炮楼，迫敌退守小南门东西地区。这样，就抢先占领了北门制高点，把敌人坚固的城防打开了缺口。敌人妄图夺回失守的阵地，逐次增兵，拼命反扑，均被击退。第二十二团又不断扩大缺口，乘机往城里攻，进行白昼巷战和强攻圩塘。不久，就占了位于城北的清静庵。后园守敌处势孤立，在新四军阜东独立团紧追下，于 25 日 13 时退守城内。

这场伏击战，虽然未能在城外全歼增援之敌，但参战部队顺手牵羊，及时捕捉和创造战机，机动灵活地扩大战果，攻占了北门大炮楼和老城部分据点，为下一阶段的攻城战打开了一条可以从大路直进的方便之门。

第十旅也于第二天上午 10 时，攻下大、小顾庄据点。扫清外围后，阜宁城内的敌人已成为瓮中之鳖。*13*

瓮中捉鳖取阜宁

洪学智、吴法宪、第八旅旅长张天云、第十旅旅长刘震和第八旅政委李雪三等人登上北门大炮楼，居高临下，用望远镜观察、瞭望城内形势和敌人动态。他们都兴奋异常，感到战役的态势比预想的要好。谁能想到这么快，他们就能够站在阜宁城的制高点上研究如何夺取它呢？

现在，部分城区已被新四军占领。敌人防御体系被分割，军心浮动，已造成了攻城的极为有利的条件。因此，决不能给敌人以喘息之机，应该立即发起攻城战。洪学智当即报经黄克诚同意，调整了部署。命盐阜独立团占领南北大街，将阜城拦腰斩断；第四支队向大街以东地区进攻；第一支队位于城东配合；第二十二团向大街以西龙王庙区域攻击；第八旅特务连由清静庵向南直插河边，断敌退路；阜东独立团由后园逼近大浦桥河边，配合友邻部队作战；第八旅第二十四团集结于朱巷附近待命。

考虑到巷战和攻打据点的特点，洪学智要求各旅团要注意充分发挥工兵和炮火的作用。攻击时，先用炮火摧毁敌人工事，为步兵开辟冲击的道路，以动摇敌人坚守的信心。

25 日 15 时，攻城战斗打响了。

第八、第十旅主力和盐阜独立团，先后从北门冲进阜宁城，按照各自的攻击方向，以排山倒海之势，向城内伪军发起全面攻击。

当日，天气阴沉。新四军步炮配合，与敌展开激战，逐个炮楼、逐屋地与敌争夺。整个阜宁城被淹没在炮火烟雾、枪林弹雨和新四军战士们的冲杀声中。

第二十二团的前哨部队一接近，敌人就投手榴弹阻击。投弹组冲到圩边同敌人对掷手榴弹，手榴弹炸起的烟雾使人看不清对面的人。架梯组的勇士们把梯子架上围墙，第一名勇士猛冲上去，掏出手榴弹，正要投掷，被敌人一刺刀刺中眼睛跌下梯子。紧接着第二名、第三名……新四军战士终于上去了。战士董标登上圩墙，一眼发现一名伪军正准备架起机枪向新四军冲击部队扫射。他连忙甩去一个手榴弹，炸倒敌人射手，夺取机枪向圩内猛扫，掩护战友冲入敌阵。

敌人顿时乱了阵脚。第二十二团乘势突入圩内，冲入敌营房，并向左、右展开，越墙走壁，穿屋打洞，与敌展开巷战。

盐阜独立团用手榴弹开路，掏墙洞前进，首先抢占了屋顶制高点，架起机枪，以火力压制敌人，掩护后续部队冲入街道。

经过 2 个小时的激战，敌人的阵地和据点逐一被摧毁，龙王庙和南北大街以及大片城区已被新四军占领。敌人伤亡惨重，大部被歼。

这时，一名参谋领来一名民兵，说沟安墩方向有大约 2 个营的伪军增援来了。洪学智赶紧叫一位领导干部带一个营到射阳河南，结果这位干部未能完成任务。增强射阳河南侧兵力的意图没有实现，后来，敌军长王清翰重伤后仍能跑掉，这是一个原因。

18 时，第四支队在烟火掩护下，一举攻占了城东据点三官殿。

22 时，该支队向三官殿东侧的水龙局守敌发起猛烈进攻。连续冲击两次，与敌人展开白刃格斗。但因据点内敌人兵力集中，拼命顽抗而受阻。当时部队有些急躁情绪，支队长钟伟让部队先进行近迫土工作业，以便稳扎稳打，逐步推进。他们完成工事构筑，发起攻击时，洪学智告诉钟伟把从第一师借来的山炮用上。他们把山炮推到离炮楼很近的地方，从炮膛里直接瞄准炮楼目标。第一炮打偏了，打塌了伪军一座营房。第二炮打得准，正好打掉了炮楼的一个角，炮楼一下塌下去了。在炮火轰击下，支队冲击部队乘机迅速架梯，像尖刀直插圩墙。但是，敌人依仗其坚固工事和有利地形，负隅顽抗。新四军官兵第一次架梯，5 个人亡 4 个。后续梯队前仆后继，排长负了伤，班长继续冲；班长负了伤，3 位副班长紧接上去；副班长负了伤，战士们英勇地自动代替。第一次冲击未成，再组织第二次冲击；2 次冲击未成，再增强炮兵火力，加强步炮配合。在炮火有效掩护下，冲锋战士端着刺刀终于冲上圩墙，与伪军展开了激烈的白刃战。战士们把 6 个一把、8 个一把扎起来的手榴弹，一起拉断导火线抛进敌围。在巨大的轰隆声中，伪军尸体横飞，血溅满地。

这场激战一直延续到 26 日拂晓，陷入绝望中的残敌终于缴械投降。

攻城战斗中，部队充分发挥了炮火的威力。战后，被俘的伪军说："开始我们估计你们新四军没炮。谁知你们炮这么多，简直无法应付。"

在第四支队攻击水龙局据点的同时，第二十二团进攻伪第五军主力第一五八团驻守的大浦桥围寨。

大浦桥有一道极陡的围墙，还有水圩环绕，敌人据险固守。新四军炮手瞄准目标向敌围寨连续发炮，一颗燃烧弹落在伪军营房上，营房顿时升起大火。火光下新四军军号手吹起冲锋号，战士们冲过水圩，迅速架起云梯。但由于围墙陡峭，架梯失败。

敌人早有防御准备，当新四军炮击时，他们躲进地堡和工事内，当新四军步兵冲击时，敌又以猛烈火力扫射，用主要武器封锁圩前。

新四军战士 4 人抬着云梯到半路都牺牲了，紧接着上去一个班拖梯子，没有几步，又被敌排子手榴弹击伤。见此状况，新四军攻击部队靠紧墙根，拼命把梯子竖起来，但敌人竟把梯子拖了进去，用火力把道路封死。攻击部队为减少伤亡，决定暂停冲锋，继续进行土工作业，把交通壕挖到敌人圩墙下和阵地边沿，围而不攻，迫敌就范。

26 日凌晨 3 时，伪第五军军长王清翰及暂编第三十三师师长孙建言见大势已去，在水龙局据点及射阳河以南两个营援兵的掩护下，乘茫茫大雾，先后率残部千余人偷渡南逃。

王清翰和孙建言一逃，就只剩下大浦桥据点。洪学智命第二十二团向敌人营长喊话："你打死我 1 个，我打死你 10 个。你派一个信得过的人出来看看，你们城里的部队消灭的消灭了，投降的投降了，跑的跑了，你还打个什么？"敌营长派连长出来一看，见身陷重围，援军无望，于 26 日 10 时缴械。

在阜宁攻城战发起时，于厂桥、茆舍以南的盐阜公路两侧，埋伏着特务团第一、第三营。其任务一是阻击向阜宁城增援之敌，二是截击从阜宁城突围逃跑之敌。

战役的发展结果，正如新四军所预料。

26 日零时 30 分，从阜宁天主教堂、耶稣教堂逃跑之敌，如同惊弓之鸟，越过射阳河沿阜宁公路向南逃窜。当行至第一营设伏地带时，新四军放过敌先头部队，隐蔽观察，选择敌人的要害打。

凌晨 1 时许，敌人后续部队来到后，新四军设伏部队猛烈出击，正好打中伪第五军八大处。敌措手不及，被截成数段，双方展开肉搏战，敌支持不住，抱头溃逃。当敌人先头部队进入第三营伏击地带时，第三营迅速出击，冲入敌阵。在新四军猛扑之下，敌溃不成军，残部向南逃窜。遭第一营伏击的伪第五军八大处残余敌人，逃到第三营阵地时又遭痛击。新四军阜宁、射阳独立团各一部也赶到参加了战斗。

当时，天降大雾，迷迷蒙蒙，分不清敌我。

新四军的截击部队是师特务团，逃跑的敌人是伪第五军特务团。敌人问："哪一部分?"新四军战士回答："特务团。"很多敌人因此靠近来，一看是新四军灰色军服，跪下就缴械。新四军节节围堵、多面截击，激战 3 小时，毙敌 150 余人，俘敌近千人。伪第五军军长王清翰身负重伤，带着孙建言等几十人逃至盐城。

截敌战斗结束后，担负分割、包围阜宁公路两侧各据点之新四军各部队，同时向各自的目标发起攻击，乘胜扫荡残敌。各部队先后攻克了施庄、田舍、沟墩、界牌口、草堰口等据点，全歼守敌。射阳独立团乘胜扩大战果，又相继收复了海河镇、靠鱼湾据点。

整个阜宁战役，从 1945 年 4 月 24 日 22 时发起，到 26 日 10 时止，历时 36 个小时。全歼伪第五军军部和 2 个师部、7 个团，生俘伪暂编第三十三师副师长邓立东以下官兵及伪地方军、政、警人员等近 3000 人。除解放阜宁城外，新四军攻克大、小据点 21 个，摧毁碉堡 143 个，解放村镇 580 多个、受难同胞 10 万余人，收复土地 1000 平方公里。

阜宁是新四军在苏北战场从日伪手里解放的第一个城市，阜宁战役是新四军第一次攻城战斗大捷，也是全华中地区对日军进行战略反攻的一场大胜利。这一战役，标志着新四军第三师从战略相持转入战略反攻，从长期的游击战转向规模较大的运动战和攻坚战，从单一步兵作战开始进入大兵团的步、炮协同作战。

阜宁战役的胜利，像春雷震撼着苏北大地，产生着连锁反应。它击中了苏北日伪的要害，切断了通榆线和运河线敌人的联系，威慑两淮和盐城守敌，迫其为惊弓之鸟、瓮中之鳖。阜宁、射阳、涟水和盐东4县的全部解放，使整个盐阜抗日民主根据地连成一片，掌握了苏北战场的主动权，并为之后的两淮战役等一系列战略反攻积累了经验、创造了条件。

阜宁战役胜利后，新四军首长立即发来了嘉奖电，其中特别表扬第八旅第二十二团"善于机动扩大战果进占阜城"。

延安新华社和《解放日报》专门报道了苏北新四军收复阜宁的消息，高度评价了阜宁战役的胜利意义及其基本经验，明确指出"苏北解放阜宁城战役中，有许多优异特点"，传达了党中央的声音。**14**

中共盐阜区委机关报《盐阜大众》，更是通过诗歌赞美了这场战役，形象而生动：

> 水里煮，
> 火里烹，
> 黑漆漆过了两年整。
> 三师拿下阜宁城，
> 太阳又照着七万老百姓。
> 三师战士硬铮铮，
> 头炮打下阜宁城。
> 再来一炮打南京，
> 三炮收复东三省。

千里送鹅毛，

礼轻心意重，

鸡蛋三个肉一斤，

慰劳攻下阜宁的英勇新四军。

得亏新四军，

拔去盐阜一根钉，

贩盐不再箍远路，

伸伸坦坦走阜宁。**15**

攻克睢宁城

1945 年 6 月 19 日，在宿南战役尚在进行时，新四军第四师兼淮北军区抓住苏北睢宁日军东撤的时机，又以地方武装 9 个团，配合主力一部，发起了睢宁战役。

睢宁县城位于徐州东南陇海路南侧，为海郑公路宿迁至徐州段的中心点，1938 年落入敌手，日军即沿海郑公路构筑大据点 11 处，另在周围构筑中小据点。经新四军数年奋战，南北据点被逐次扫清。但日军对该段公路甚为重视，守备极严。1945 年春以来，日军为防止美军登陆，加强沿海地区兵力，被迫收缩兵力。至 6 月 18 日，驻睢宁日军全部东撤，仅留伪保安队千余人守城，外围据点兵力也较薄弱。

第四师兼淮北军区攻取睢宁的部署是：以第三军分区第一、第二团主攻睢宁县城；以睢宁总队和灵宿、泗灵独立团围困睢宁外围高作、凌城、夏圩等据点；以泗宿、灵北、萧铜独立团及骑兵团、铜睢总队等部，位于宿迁以西及双沟南北，执行打援任务。各区乡民兵配合部队作战。

根据第四师的部署，第三军分区制订了睢宁战役计划，在报请师兼军区首长批准后，立即加强了对睢宁县的侦察。首先组织担任主攻和突击队的团、营、连干部化装潜入睢宁县城，以摸清敌情动态。军分区第一团的指战员绝大多数都是这个地区土生土长的人民子弟兵，对烧杀抢掠、无恶不作的日伪军恨之入骨，听说要打睢宁城，个个欣喜若狂，纷纷写请战书、决心书，争当突击队。加上睢南战役胜利的鼓舞，部队的战斗情绪极为高涨。

7月6日下午，参战部队集结在古邳以东的五工头，所有的指战员都做了蹦跳动作，检查着装行动有无音响，并严格规定行军中绝对不准抽烟，咳嗽时要用毛巾捂着嘴，以保证部队隐蔽接敌。在部队出发前，又作了简短动员，提出"攻下睢宁城，庆祝抗战8周年"的战斗口号。部队以高昂的战斗情绪向睢宁城开进。

第三军分区司令赵汇川和政委张太生率领攻城部队进到离县城以北约10多里路的树林里隐蔽休息。这时已近午夜，过了近一个小时，在确认城内一切正常，可按原计划进行后，部队即急行军按预定作战任务分头开进。分区指挥所跟随在第一团的后面；该团第一营营长吴生才带着第二连担任突击队，团长叶道友随先头一营行动，分区副参谋长张登先、政治部主任王学武随团指挥所行动。

7日凌晨2时许，第二连已到达突击点西城楼偏北的城墙脚下，他们立即投放炸药包，分区指挥所刚在西门大桥外边小街上设好，就听"轰"的一声巨响。总攻击开始了，四面的枪声也同时打响了。突击队第二连迅速从爆破口爬上城墙，占领城门楼后，急忙打开城门，团主力部队飞驰般地从城门冲了进去。第一营顺着西门大街向城中心发展；第二营沿着城墙边向南发展，接应从南门攻击的第二团；第三营沿城墙向北发展，向伪县政府逼近。这时，正在睡梦中的敌人被惊醒了，他们听见四周枪声大作，惊恐万分，不知所措；他们弄不清新四军来了多少部队，也搞不清他们自己的处境；兵营里，电话铃声、呵斥声、叫骂声，顿时混乱不堪。

"喂！喂！西门怎么样了？"敌保安司令部给早被新四军占领的西门城楼打电话。

"西门没有事，在我们手里!"这时已控制西城门楼的新四军一战士拿起电话筒机智地回答道。

这时，天已微亮，西城大桥却受到城墙西南角碉堡里敌人的火力侧射。这是新四军通往城里的主要通道，有的战士从这里通过就受了伤。为保障通往城内道路的安全，第二营坚决驱歼这部分敌人，同时急忙收集门板，在桥上架一道木板墙，挡着敌人的视线。5时左右，分区指挥所移进到西门里的一所民房，司令赵汇川和政委张太生开始在城里指挥战斗。

攻城部队向城中心挺进，遇到的抵抗越来越大，有些地方展开巷战，逐屋争夺，战斗十分激烈。

10时许，第三营打到伪县政府，很快就顺利攻下该处。随后，攻击部队向天主堂保安司令部方向前进。街中心的敌人看到伪县政府已失守，即逐渐向天主堂退缩。当部队追击到天主堂附近时，遭守敌火力封锁，攻击受阻。这时已快到中午时分，赵汇川命令部队暂缓攻击，让主攻部队稍事休息，并立即在敌前开会研究下一步战法，大家都认为天主堂是守敌最后固守的堡垒，肯定要负隅顽抗，但也正因为这样，守敌大部分官兵也会感到穷途末路了。研究讨论后，决定重新选定突破口，以更加猛烈的火力攻击的同时加强政治攻势。

14时，第一团对天主堂伪保安司令部开始了总攻击，战斗很激烈。但是敌人终于被新四军强大的密集的火力压制下去了。攻击部队勇猛攻进了天主堂，敌人支持不住，只好放下武器，举手投降。

从南门攻击的第二团，在分区参谋长兼第二团团长周世忠、政委张彤率领下，于10时左右就攻进了城。他们向东发展时，被第一团击溃的敌人正朝他们逃窜而来，正好被他们全部截获。其中就有伪县长夏硕武。第二团攻进城后，没有遇到大的抵抗，发展比较顺利，并且俘获甚众。

随后，第二团抽调一部前去增援在东关围攻郝鹏举所部的第三团，当赶到时，第三团的官兵正在向敌军喊话，但据点里既没有答话，也没有人敢伸头，显然他们正在观望天主堂的战况。

15 时，第三团又发动政治攻势，这时天主堂的战斗已基本结束，枪声逐渐稀疏了。天主堂被第一团攻下，这部分正在观望的敌人也就绝望了，当第三团再次喊话时，他们开始答话了。据点里有人说："要你们当官的出来讲话。"这时，第三团第一营教导员苏达冒着被冷枪射击的危险，挺身而出，对敌军说："我就是当官的，你们放下武器就有活路。"经过阵前的几次对话，500 多名敌军官兵放下武器，乖乖地投降了，他们带着个人的东西，排着队被押送到指定地点。

紧接着，第二、第三团赶到东北郊增援包围伪军据点的睢宁县大队。但此时该处敌人趁着黄昏时刻突围向东逃跑了。县大队攻进据点只抓住几十名敌人，而突围出去跑散了的敌人，大部分也被军分区、乡队和民兵抓获，所剩无几地跑到宿迁城里去了。

攻克睢宁县城的当天，军分区第一、第二团乘胜扩大战果，分别向城东的高作、凌城、夏圩和王宇圩之敌发起进攻。凌城、夏圩之敌很快宣告投降。高作之敌，除少数逃往宿迁外，其余均被歼灭。王宇圩之敌，在第九旅第二十五团猛烈攻击下，损失一部，其余乘黑夜大雨，向宿迁溃逃。第二十五团步、骑兵不顾疲劳，跟踪追击至宿迁城郊，歼灭大部逃敌，生俘伪团长王学阶以下 300 余人。至此，睢宁战役胜利结束。共歼伪军 2200 余人，攻克睢宁县城及其外围据点 17 个，扩大了淮北根据地，使淮北第一、第三军分区连成一片，并直接威胁日伪战略要点徐州。[16]

睢宁一战，给张爱萍留下深刻印象，他提笔写道：

> 淮北区中敌垒坚，
> 围攻奋勇夺城垣。
> 歼倭寇，
> 整家园。

军民祝捷光河山。**17**

周城歼敌，苏南根据地不断扩大

在苏南，新四军同样攻势正猛。

1944 年初，日伪军对苏南抗日根据地的茅山、太滆地区的进攻被粉碎后，于 3 月中旬由芜湖调集 4000 余人，对广德、郎溪地区进行"扫荡"。新四军第十六旅主力和地方武装以灵活机动战术，与敌周旋，适时转到外线，选择有利时机打击敌人。3 月 29 日，该旅第四十八团在浙皖边境的杭村伏击日军第六十一师团步兵第一五七联队的 1 个中队和伪军 1 个大队，歼其 70 余人，缴获九二步兵炮 1 门。至 4 月，粉碎了日伪军连续一个月的"扫荡"。

8 月 23 日，第十六旅集中第四十八团及第四十六团、独立第二团各一部，在苏浙边境宜兴、长兴一带 30 公里的战线上发动了战役攻势。当夜 23 时，开始全线出击。翌日，攻克长兴城西的合溪镇，歼伪军一个营部及 2 个连。同时，进攻白阜的伪军据点，俘伪军 1 个连。林城桥一个连伪军被迫投降。在此期间，长兴出援之敌亦遭伏击部队沉重打击，毙伤 100 余人。25 日，第十六旅乘胜攻入长兴城，守城伪军向吴兴方向溃退。26 日下午，伪军在大量增援下重新占领长兴。此战，新四军重创伪第一方面军第一师第三团。此后，日伪军被迫放弃太湖边上的洪桥、上辛桥及长兴西南的朱家巷、虹星桥、白水滩等 12 个据点。至此，新四军收复了长兴地区 3/4 国土，并建立了合溪、白阜、水口镇等 9 个乡的抗日民主政权，控制了太湖西岸。为与长兴战役相配合，该旅第四十七团在金坛以西拔除了薛埠镇伪军据点，歼灭伪军第七师 1 个营，并攻克南京郊区的六郎桥。地方武装一度袭入溧水、溧阳两县城。

8 月 26 日，新四军军部向第十六旅下达指示："你们应在现有工作基础上，继续积极开展宁沪铁道及杭州等城市工作，作为将来争夺城市及交通要道的准备，并先与浙东取得联系。基此目的，在军事行动上必须执行向东南开展游击战争的任务。"[18]为此第十六旅决定在溧阳西南发起周城战役。

周城、南渡地处重要的公路干线，盘踞在该地的是汪伪第一方面军第二师第四团。它的团部率第二营配合一小队日军驻南渡，第一营驻周城，第三营驻社渚。这个团是由方面军司令部教导旅改编的，有12个连，装备精良，他们曾扬言要在3个月内"消灭新四军"。

第十六旅的部署是：以第四十八团主攻周城；第四十六团位于周城北面设伏，阻击南渡出援之敌；第四十七团位于周城南面设伏，阻击社渚出援之敌。

第四十八团受领任务后，决定由第三营和团直特务连担任主攻，第二营作预备队，第一营准备打溧阳方向的敌增援部队。

10月22日拂晓，第四十八团副团长饶惠谭带领第三营官兵去侦察周城敌情，最后侦察到的情况是：敌人强占了周城镇东南的一片民房，居民已全部被赶走；在民房周围筑了7个碉堡，其中有一个约10米高的碉堡，是该营指挥所；据点周围，敌人用挖掘外壕时挖出来的土筑起一道土围子，在上面筑了暗堡，和明堡配合，形成高中低几层火力；据点周围射界开阔，200米以内没有可以利用的地物；各个碉堡可以独立作战，也可以互相支援；土围子周围的外壕有3米多深，4米多宽；外壕外面是铁丝网和竹篱笆等障碍物。第四十八团突击分队根据这些情况，制定出了具体的攻击方案。

23日18时，部队带着攻坚器材，冒着绵绵的秋雨出发了。23时许，各分队按指定路线占领进攻出发地。23时50分，第三营第七连第三排悄悄地摸到了敌人的铁丝网前。

24时，攻击开始。第三排第七班战士敏捷地剪断了铁丝网，奋勇冲过了外壕，踩着"人梯"，爬上了土围子。第八班战士在搬运梯子时碰撞了敌人的竹篱笆。敌人被惊醒了，盲目地从碉堡里向外打枪。住在民房里的敌人，一阵骚动之后，乱哄哄地向土围子冲来。第三排战士用手榴弹迎接他们。爆炸声中，敌人血肉横飞，活着的纷纷钻进了碉堡。第三排战士乘胜冲进民房。第一排随后跟进，消灭了一批敌人，也占领了几间民房。第二排也从突破口进入，向左发展，扩大突破口。

第八连奉命从第七连的突破口进入，向右发展，攻击右前方的碉堡，以减轻敌火力威胁。

第九连从另一个方向发起进攻，由于过早暴露了目标，突袭没有成功。随后，第七连的突破口也被敌人密集的火力封锁，战斗形成僵持的局面。

在这关键时刻，团长刘别生来到第九连阵地，组织该连和特务连一起发起强攻，同时命令第七、第八连猛攻敌堡，钳制敌人火力。经过激烈的战斗，第九连和特务连也占领了土围子，敌人全部龟缩到碉堡里顽抗。

在机枪火力的掩护下，第七连突击班的一个小组爬到敌人碉堡下，将手榴弹塞进敌碉堡；在手榴弹爆炸瞬间，他们又将碉堡门炸开。突击班奋勇冲进碉堡，全歼里面一个排的敌人。

第八连继夜间攻克 1 个碉堡之后，拂晓前又攻克了 2 个碉堡，歼敌 1 个连。第九连突击排组成两个突击组，每个组推着用几床湿棉被覆盖的方桌，向敌人的碉堡接近，到达一定距离时，用集束手榴弹炸开碉堡门，消灭敌人 1 个排。到 24 日上午 10 时，还有 100 多敌人据守着两座碉堡，等待南渡的伪团长带队来援救他们。

刘别生来到第七连阵地，观察了战场情况，指示部队调集几挺重机枪，集中射击碉堡底层的射击孔。密集的子弹剥蚀着射击孔周围的砖块，逐渐形成一个窟窿，而且越来越大，碉堡面临倾斜和倒塌的危险。

在周城那边开战以前，第四十七团的第一营，在团政治委员王直、副团长张强生带领下，按原定部署，插入周城与社渚之间的陈家一带。广大官兵对能够担负一个方向的打援任务，格外兴奋，信心十足。到指定位置后，团营指挥员根据地形，命令第一连占领周城方向的河堤，担负正面阻击任务，第三连占领社渚方向的小山，负责切断敌人退路；第二连居中接应第一、第三连。

张强生还命令电话员监听敌人通话。不出所料，周城战斗打响以后，电话机里叫喊起来了。

"三营吗？快叫陈团副接电话！"声音惶恐而焦急。

"团副吗？新四军进攻，来势很猛，请你赶快回来！"

这个陈团副，就是伪第二师第四团的副团长兼第一营营长。他是周城的最高指挥官，现在却在社渚。

不一会儿，电话里又传出了责骂的声音："你好一个陈劲飞，紧急关头擅离职守！你有几个脑袋？告诉你，不赶快回周城，军法难容！"答话的僵硬着舌头，只是"我……我……"地说不出话来。

那边的骂声更严厉了："你，你个屁，周城有失，唯你是问。"电话机重重地挂上了。看来，训斥陈劲飞的就是伪团长牟新我了。

第四十七团指挥员分析，既然牟新我严令督责，陈劲飞是不敢迟延了，他一定要带着社渚的部队驰援周城，于是命令部队立即做好迎战的准备。

可是，左等右等，一直没见敌人出动。第四十七团指挥所通知附近村子里的群众，同平时一样生火烧早饭，照常下地劳动，只是要警觉一些，一听到枪声，就立即卧倒隐蔽。

7时左右，第四十七团指挥员终于从望远镜里发现了敌人。估计有一个多连，走走停停，东张西望。在一个土岗上，站着一个指挥官模样的人，正用望远镜窥视第四十七团隐蔽地。他看到的只是村子里炊烟袅袅，田间三三两两的农民往来种作，不像有什么伏兵，随即把手一挥，率领队伍大模大样地过来了。

很快，伪军全部进入伏击圈了。第一营第一连迎头一阵猛打，伪军立即往回窜。第三连从隐蔽地杀出来，切断了伪军的退路。伪军想从中间突出去，第二连战士一跃而起，一下子就到了伪军面前，在刺刀的闪光下，10

多名伪军倒下了。新四军战士从四面八方围过来。到处响起"缴枪不杀"的吼声。那名伪军指挥官首先吓软了腿，带头举起了双手。他的部下跟着纷纷缴械投降。

后来经过审问才得知，陈劲飞之所以"擅离职守"从周城到了社渚，是因为驻社渚的第三营一个连长结婚，第三营营长邀请他去喝喜酒了。当周城被攻，牟新我来电话斥责时，他正喝得醉眼蒙眬，舌头僵硬，答不上话来。但他还记得"军法难容"这句话，所以一大早就赶来了。经过一番工作，晓以民族大义，喻以生死利害，陈劲飞表示愿意戴罪立功，去向周城伪军喊话。第四十七团指挥所立即命令第一营部队奔向社渚据点。可惜，社渚残敌害怕被歼，已作鸟兽散了。

周城的战斗从午夜开始，社渚的敌人一早就出来增援，而且很快被消灭了，唯独伪团部所在地南渡这个方向，显得格外宁静。快到中午了，还不见敌人出动，驻守该处的第四十六团指战员可急坏了。在周城战斗打响前，全团3个营都已在周城、南渡之间的观山和大小金山占领阵地，隐蔽待敌。团指挥所设在观山，第一、第二营部署在观山两侧，第三营占领离南渡最近的大小金山，在该地一些小山头上，有以前国民党军挖掘的战壕，第三营官兵就隐蔽在里面，不露一点踪迹。

12时左右，在观山团指挥所的西北方突然响起激烈的枪声。原来，敌人不仅早已出动，而且已走了将近一半路程，到了滕村附近的一个渡口。过了这个渡口，就可以绕过新四军设伏的阵地，出现在新四军攻击部队的侧后。这是牟新我为了避免中途被歼而采取的一条"妙计"。他带着他的看家本钱4个连，连同2门日式迫击炮，还有一小队日军在后面压阵，一出南渡就不走大道走小道，利用高高的圩堤作掩护，经西义、上吴等村向南走，虽然地形不利，行动迟缓，但可以躲过新四军官兵的视线。

但实际上，在部署战斗的时候，吴咏湘对敌人这一招就估计到了。他把第二营部署在便于向这个方向出击的位置，并用一个排的兵力，封住了那个渡口。果然，战斗先从那里开始，埋伏在渡口的部队，用密集的火力杀伤到达对岸的敌人。敌人一面抵抗，一面慌忙后撤。

吴咏湘立即命令全团出击。从团到各营各连一齐响起冲锋号。部队纷纷从隐蔽地冲出来，山岗上，树林里，村头边，几十支箭头，一齐射向敌人。按照预定的作战方案，埋伏在大小金山的第三营，向南渡以南的固城、西义一带冲杀，断敌退路；第二营在左，第一营在右，从埝前一带向西、向北猛打，把敌人压缩到西义附近的一片圩田里，分割包围，一股一股地消灭敌人。经过一个多小时的战斗，击毙伪军 20 余人，活捉 200 余人。伪团长牟新我，脸白身胖，一下就被认出来了。那 2 门日式迫击炮，被敌人仓皇败退时丢在河里了，很快被捞上来。只是那一小队日军比较狡猾，本来就缩在后面，一见前面伪军纷纷败退，赶忙混进一群听到枪声而向南渡跑的小学生中间，以小孩子作掩护，逃回据点，钻进了碉堡。

社渚那边枪声早已沉寂，南渡方向的枪声由近而远，由密而疏，躲在岌岌可危的碉堡里的周城残敌，开始动摇了。这时，他们的指挥官陈劲飞被押到这里，喊话要他们放下武器。碉堡即将倾塌，增援已经无望，敌人只得投降了。

整个战役，攻克周城、社渚两个据点，俘伪团长、团副以下 600 余人。毙伤连长以下 40 余人，缴获日式迫击炮两门、重机枪 4 挺、轻机枪 18 挺、步枪 400 余支、短枪 32 支、子弹 4 万余发。此战，又一次沉重地打击了敌人。盘踞在溧阳北部竹簧桥、陆笪里、玉华山、罗村坝等地的伪第 2 师第 6 团，害怕遭到第 4 团同样的命运，仓皇撤往溧阳城内。此后一直到 1945 年 8 月日本投降，日伪军没有敢对这一地区进行"扫荡"。[19]

12 月 1 日，国民党军第五十二师第一五六团，第六十二师第一八六团，忠义救国军第一、第五团，江苏保安第八团，浙江保安第一团，浙西自卫第二纵队共 7 个团的兵力，三路平推向新四军第十六旅的广德、长兴中心区进攻，企图摧毁新四军根据地。3 日，向广德东北牛头山第十六旅阵地猛攻。

第十六旅守备部队进行有力阻击后，即集中主力向顽军右翼第一八六团及浙江保安第一团出击，将其击溃。顽军因战局不利，星夜全部退到宣（城）长（兴）公路以南。此战，共毙伤顽军 600 余人，俘顽军 200 余人。

12 月 14 日晚，第十六旅发起泗安战斗。以第四十八团第一、第二营南北夹攻，特务连中间突破，激战至 15 日 9 时，攻克宣长公路咽喉要地泗安镇，歼伪军第三十四师第一三四团 2 个营 400 余人。至此，收复了溧阳、郎溪、广德、长兴间大部地区，恢复了同茅山根据地的联系，使苏南抗日根据地扩大到整个宣长公路以北，为尔后第一师主力执行向东南发展的战略方针，创造了前进基地。

注　释

1.《新华社报道国民党军进攻新四军》（1944 年 8 月 7 日），中国抗日战争军事史料丛书编审委员会编：《新四军·文献》（11），解放军出版社 2016 年版，第 174 页。

2.《张云逸、饶漱石、赖传珠关于在淮南路西组织自卫战役致毛泽东等电》（1944 年 7 月 26 日），中国抗日战争军事史料丛书编审委员会编：《新四军·文献》（11），解放军出版社 2016 年版，第 166 页。

3.《张云逸、饶漱石、赖传珠关于组织津浦路西自卫反击战役致第二师电》（1944 年 7 月 30 日），中国抗日战争军事史料丛书编审委员会编：《新四军·文献》（11），解放军出版社 2016 年版，第 167 页。

4.《中共中央关于自卫反击战中应集结充分兵力歼其一部复饶漱石等电》(1944 年 8 月 2 日)，中国抗日战争军事史料丛书编审委员会编：《新四军·文献》（11），解放军出版社 2016 年版，第 169 页。

5. 王培臣：《功勋照湖东》，《新四军·回忆史料》（5），解放军出版社 2015 年版，第 257—259 页。

6. 王培臣：《功勋照湖东》，《新四军·回忆史料》（5），解放军出版社 2015 年版，第 260 页。

7. 成钧、张翼翔：《占鸡岗歼灭战》，《新四军·回忆史料》（3），解放军出版社 2015 年版，第 285—289 页。

8.《刘震回忆录》，解放军出版社 1990 年版，第 169—173 页。

9.《刘震回忆录》，解放军出版社 1990 年版，第 173—176 页。

10.《神剑之歌——张爱萍诗词、书法、摄影选集》，人民美术出版社 1991 年版，第 69 页。

11. 中共江苏省委党史工作办公室、中共盐城市党史工作办公室编：《跃马挥戈：抗战时期的黄克诚》，长征出版社 2002 年版，第 234—238 页。

12. 洪学智：《阜宁战役》，中国抗日战争军事史料丛书编审委员会编：《新四军·回忆史料》(4)，解放军出版社 2015 年版，第 101—103 页。

13. 洪学智：《阜宁战役》，中国抗日战争军事史料丛书编审委员会编：《新四军·回忆史料》(4)，解放军出版社 2015 年版，第 103—108 页。

14. 洪学智：《阜宁战役》，中国抗日战争军事史料丛书编审委员会编：《新四军·回忆史料》(4)，解放军出版社 2015 年版，第 108—115 页。

15.《解放阜宁城》，《盐阜大众》1945 年 5 月 6 日。

16. 赵汇川：《忆攻克睢宁》，中国抗日战争军事史料丛书编审委员会编：《新四军·回忆史料》(4)，解放军出版社 2015 年版，第 247—251 页。

17.《神剑之歌——张爱萍诗词、书法、摄影选集》，人民美术出版社 1991 年版，第 74 页。

18.《张云逸、饶漱石、赖传珠关于向东南发展的任务和方针致第十六旅等电》，中国抗日战争军事史料丛书编审委员会编：《新四军·文献》(11)，解放军出版社 2016 年版，第 205 页。

19. 徐超、邱巍高、王坚：《打通南北走廊——记周城战役》，中国抗日战争军事史料丛书编审委员会编：《新四军·回忆史料》(5)，解放军出版社 2015 年版，第 171—178 页。

第六章

奇兵越江攻伐东南

八路军第三五九旅誓师南征——粟裕率主力巧渡长江——八路军、新四军会师鄂豫边——南下支队飞跃长江天堑——南下支队鄂南战斗显神威——顾祝同妄图"收复失地"——一战天目山——二战天目山——蒋介石急谋东南——三战天目山——田岫山的阴谋被击破

八路军第三五九旅誓师南征

1944年11月1日清晨，延河水面上的薄冰被朝霞映得晶莹闪亮，雄伟的宝塔山在淡淡晓色中巍然屹立。

在离延安约2公里的东关飞机场，已是人欢马叫。机场北面正中，早已搭起一座高高的主席台，主席台的上端悬挂着"八路军南下支队誓师大会"的大幅横额，左右挂着两幅特大标语"中国人民的军队胜利万岁""人民的领袖毛主席万岁"。

主席台正前方的旗杆上，鲜红的党旗高高飘扬。各路队伍聚集在广场上，嘹亮的歌声，伴和着高昂的口号声，响彻云霄。红旗和鲜花，把整个广场点缀得分外壮观。

9时40分，军乐声起。毛泽东、朱德、周恩来、任弼时、彭德怀、贺龙、叶剑英、聂荣臻等中央领导，由王震陪同，健步登上了主席台。会场上掌声骤起，一片欢腾。

南下支队第二大队大队长陈冬尧庄严宣布大会开始。

军乐队奏起了雄壮的进行曲。接受检阅的部队迈着整齐的步伐从会场的东边朝着主席台前进。

阅兵式后，毛泽东在暴风雨般的掌声中讲话。他说，现在日蒋眉来眼去，一唱一和，日本占领城市，蒋介石占领山头。你们这次就是到南方去，到敌人的后方去插旗帜，开辟新的敌后根据地。这是一个光荣而又艰巨的任务。你们会遇到许多困难，但是我们相信，前途是无限光明的。你们要以最大的毅力去克服各种困难，上下一心，团结一致。要像"王者之师"那样，遵守三大纪律八项注意，真正做到纪律严明、秋毫无犯。要同群众打成一片，忠实地为人民服务。最后，他衷心地祝贺大家身体健康并取得远征的胜利。

在大会上，朱德、任弼时、叶剑英、贺龙和中共中央西北局的负责人都先后讲了话。

朱德勉励大家英勇作战，狠狠打击敌人，解放中华民族。

任弼时简明扼要地说明了这次南征的任务，他用一句极富形象的话说：你们要到南方去，画一张红色的地图！

叶剑英介绍了国民党统治区的黑暗腐败以及国民党军队在对日作战中望风溃逃的情况。他激动地说：不久前，日寇垂死挣扎，发动河南和湘桂战役，但是腐败透顶的国民党军队却不堪一击，又一次放弃了大片国土。你们要去收复失地，解放被国民党遗弃的江南人民，把红旗插到那里去！

西北局的负责人说：党中央交给你们的任务是极其艰巨和无比光荣的。我们预祝你们旗开得胜，马到成功；同时我们也请你们放心，同志们到了前方以后，你们的父母妻儿的生活，全部由我们负责。西北局的党组织、陕甘宁边区的政府和人民，一定好好地照料他们。南征指战员们听到这里，都情不自禁地笑了，接着报之以热烈的掌声。

最后是八路军第一二〇师师长贺龙讲话。他首先举起十指张开的两只大手说：我们中国共产党就是靠这个起家的。就是说，最初我们没有一支枪、一粒子弹，是靠自己的一双手起家的。我们从敌人手中夺取武器，才有了人民的军队，才发展成为现在的八路军、新四军。

领导讲完话后，一位战士代表走上主席台，首先向首长们庄重地敬了军礼，稍停片刻，他激动地说：我们能有机会参加南征，这是党中央对我们最大的信任，也是我们最大的光荣。我们已经下定决心，不管道路如何曲折，环境怎样艰苦，敌人多么凶狠，我们一定要把它赶出中国去。我们绝不辜负党和人民的期望，一定要把红旗插到南方去，一直插遍祖国的大地！我们已经做好一切准备，接受党和人民考验。胜利一定属于我们！

战士代表话音刚落，顿时掌声四起。中央领导也在热烈鼓掌，他们脸上露出欣慰的微笑。

最后，王震走向前台，举起右手，带领全体南征指战员向党中央庄严宣誓：

> 我们是人民的军队，我们是为解放千百万华南的人民而南征。我们要严格遵守革命纪律，爱护人民，保护人民，紧密团结，克服困难，英勇作战，用我们的血和肉，献给中国人民的解放事业！……我们一定要打败日本侵略者，解放华南人民。我们每个人都要坚决为中国人民服务，为中国人民的解放事业奋斗到底！🖊

大会在万众一心的口号声中结束："打到南方去！""中华民族解放万岁！"

在出征的前夕，到处都是"妻子送郎上战场"的动人情景。

王恩茂的爱人骆岚，身边带着一个孩子，又怀了孕，夫妻互相很难见面，直到出发前一天，王恩茂才匆匆赶到骆岚的住处告别。望着妻子苍白的面色，一种惜别的感情不禁涌上王恩茂的心头。他笑着小声说："我要走了，你也不说几句什么？……""给我！"骆岚笑着从丈夫手里夺过笔记本去，俯身写下一段深情的临别赠言：

恩茂：

　　你去前方，留下我和北来[2]，还有肚子里的孩子，但是我不难过。因为我知道你是执行党的决定，为了党的事业。我更了解，你会永远地爱我，不会让我失望。我相信，不久的将来我们会重见的。请你放心，我一定负责带好两个孩子，努力学习，照着你所嘱咐的话生活。我愿你顺利地到达目的地！并祝身体永远健康！

　　再见！

永爱你的岚
一九四四年十一月九日　延安[3]

　　11 月 10 日，八路军第一二○师第三五九旅第一梯队 4000 人，改称国民革命军第十八集团军第一游击支队，简称"南下支队"，以王震为司令、王首道为政委、郭鹏为副司令、王恩茂为副政委、朱早观为参谋长，从延安出发，向南挺进。

　　南下支队一路艰苦转战，自不必说。

粟裕率主力巧渡长江

　　八路军南下支队向南突击期间，新四军第一师的主力也在苏中积极进行南下的各种准备工作。此前，中央已决定由粟裕先率 3 个团（第七团、特一团、特四团，共 7000 余人）及党政干部 300 余人南进。配合第十六旅、浙东游击纵队，进占吴兴、长兴、安吉、武康间之敌后地区，作为控制天目山全部之前进阵地。

　　已成为"关中"的苏中，积淀 4 年的底蕴在这时释放出了它巨大的能量。新四军第一师暨苏中军区开展了全面的扩军运动，迅速将一部分地方武装上升为主力，以保证粟裕率第一师主力南下后苏中留有足够的兵力。中共苏中区党委抽调了大批地方干部，筹集了大量军需物资，支援向南发展。军工部用了不到一个月时间赶造出 500 门小钢炮、5000 发炮弹。粟裕非常高兴，专门派人给后勤战线的军工们拍照褒奖。南下部队每连装备 3 门 52 毫米小炮，营成立了装备 73 毫米迫击炮和重机枪的机炮连，团成立了装备 82 毫米迫击炮的炮兵连。这些装备在后来的天目山战役和部队北移中发挥了很大作用。

1944 年冬天，长江三角洲地带特别寒冷，临近渡江的日子又下了一场大雪，更是平添几分寒气。入夜之后朔风凛冽，天寒地冻。

12 月 27 日晚上，粟裕身穿一件黑色短皮夹克，头戴棉军帽，也没有放下风耳，站在江边注视着烟波浩渺的长江，不时从口袋里掏出怀表看时间。透过冷月清光，可见粟裕的神情是那样从容、沉稳。这时他刚满 37 岁。

这是粟裕第三次担负先遣任务了。此时的粟裕外表从容，其实心里很不平静。

部队从苏中南下，要通过敌人的数道封锁线。面临的第一道难关，也是风险最大的一关，就是大部队偷渡敌人严密封锁的长江天险。这个地区有南京、上海两大城市和很多中小城市，人口众多，经济、文化发达，交通便利，是日伪心腹之地，驻有重兵。敌寇对长江封锁很严，舰艇在江中昼夜巡逻，沿江据点林立，警戒严密。时值冬季，长江水位低落，形成宽阔的泥滩，除了码头，车、船既不能靠岸，人、马又难于徒涉。

粟裕指挥侦察分队先行过江。他们悄悄登上南岸的龙潭码头，先把十几个厂警之类的便衣武装稳住，接着大部队从沙窝子乘木船分批顺利过江到达南岸。有两艘日商轮船也被东路部队巧妙地调用参加运输。龙潭西靠伪首都南京，东临伪江苏省会镇江，均有重兵驻守，两地之间的龙潭、下蜀、高资等铁路车站都是日伪据点，铁路与江岸平行，中间地带很狭窄，地形不利，但也正因为如此，敌人想不到新四军敢于从这里在他眼皮底下通过。由于人多船少，来不及运送第二次天即将亮了，后续一个营于次日晚仍然利用龙潭码头渡江。

"长江是我们的——我们可以千百次地自由来去!"这是一首当年在新四军、在华中根据地群众中很流行的歌曲。然而,近万人的新四军大部队在日伪封锁极为严密的长江防线上偷渡,绝不是轻而易举的事。但在粟裕万无一失的部署和指挥下,在各级党政部门的共同努力下,新四军这次渡江确实做到了"自由来去"。

部队过江后迅速从下蜀、龙潭之间通过京沪铁路。粟裕等与前来接应的丹北、茅山地委和江(都)镇(江)工委的领导及第十六旅派来联络的参谋见面。大家格外兴奋,倍感亲切。各方的准备极为充分,甚至还出色地做了伪军的工作,让他们把日寇"邀请"到据点里面吃喝作乐,把大部分伪军拉出去"打野",只留少数伪军在岗哨,实际是为新四军大部队通过作警戒。

1945 年 1 月 4 日,南下部队终于到达浙江省长兴地区,与在当地坚持抗战的第十六旅会合。粟裕也见到了阔别近 2 年的爱将——第十六旅旅长王必成。

当年,为了支援失去旅长和政委的第六师第十六旅,王必成奉命率第一师第二旅渡江与其合并,并担任第十六旅旅长,江渭清和他搭档当政委。

1943 年,日军进攻苏浙,国民党军队望风而逃。中共中央指示新四军"敌进我进",派第十六旅尾敌南下,挺进苏浙皖边区。仅 1944 年一年的时间内,第十六旅主力作战 155 次,毙伤俘日伪军 5000 多人,主力部队发展到 8200 多人,地方武装 4400 多人,民兵自卫队 15.9 万多人,为迎接第一师主力南下、发展东南立下了汗马功劳。[4]

两军会合后,根据中共中央军委指示,苏浙军区成立,粟裕为司令员,谭震林为政委,因谭震林未到职,粟裕兼任政委。

为了麻痹敌军,新四军将苏中南下部队、第十六旅及浙东游击纵队统一整编为 3 个纵队,但部队人数达 2 万人。

八路军、新四军会师鄂豫边

粟裕所部胜利到达浙江时，王震、王首道也率南下支队两渡黄河，南越陇海路，于1945年1月6日进入鲁山县的黄沟时，早已得知南下支队消息的日军，已在许昌、漯河一带增兵集结。他们利用所占据的铁路、公路，严密布防，层层堵截，妄图将南下支队消灭在这个地区。当部队从鲁山县城东西两侧向南运动时，被一辆敌人的汽车发现，敌军随即从鲁山城赶来，向南下支队开火。南下支队前卫部队迅速占领有利地形，将敌人击溃。当南下支队后卫部队通过时，鲁山的日军又重新组织兵力，还调动七八辆坦克和装甲车，以更猛烈的炮火反扑过来。第三大队大队长张仲瀚即令第一营第二连组织一个加强排的兵力，占领有利地形坚决抵抗，并亲自到这个排的阵地去指挥战斗，掩护其他部队通过公路。在这个排的英勇作战中，战士杨正春用手榴弹炸毁敌人3辆坦克后，光荣牺牲。经过全排战士勇敢地战斗，打退敌人一次又一次的冲锋，紧紧钳制着敌人的七八辆坦克和装甲车，完成了掩护任务。过了鲁山，南下支队就驰骋在辽阔的黄淮大平原上了。1月7日到达鲁山县东南的王庄，与新四军第五师取得了联系。部队边打边走，1月6日从确山仪封南下途经瓦岗寨时，第二大队突然与百余名日军遭遇。日军正在村中抢劫烧杀，大队长陈宗尧当即指挥第二营断敌退路，然后亲率第三营冲入敌阵，经过不到一个小时的激战，把敌人大部消灭，还缴获几大车无线电器材和军用物资。

当地群众对南下支队神兵天降，既惊讶又敬佩，围住指战员说："你们真是解救老百姓的天兵神将啊！"

南下支队于19日通过平汉铁路，当天与豫南游击兵团的路东指挥部取得了联系。1月23日，部队渡过淮河，25日徒涉溮河，直向豫鄂边境进发。

当部队翻过鸡公山东麓，接近鄂北礼山县（今大悟县）三里城，新四军第五师派来迎接南下支队的队伍即将到达之际，侦察员突然跑来报告："前面发现日伪军一个中队百余人，企图阻止我军和新四军会合。"听到这个消息，指战员都认为机不可失，坚决要求消灭这股敌人。王震当即下令："一定要把敌人全歼在豫鄂边区的大门口！"支队事先与新四军第五师取得了联系，分别沿三里城左右两侧运动过去，迅速把敌人包围起来。战斗打响后，两军战友一齐向日伪军冲杀，很快就把这股敌人全部歼灭。

在胜利的欢呼声中，南下支队和新四军会合在一起。

新四军的官兵们高兴地说："八路军老大哥真行，一上来就打了个歼灭战！"

南下支队的战士说："今天是双喜临门：两军会合，又打了胜仗，你们立了头一功！"说得大家都笑了起来。

1月27日，部队到达礼山县的下家河。全支队集合在一片沙滩上，听王震讲话。王震强调指出："现在，我们就要同自己亲爱的兄弟部队新四军五师胜利地会合了。五师的战友们在李先念、郑位三同志的领导下，同豫鄂皖湘赣边区人民一起，在敌后收复了广大的国土，创造了中原解放区。他们已成为一支不可战胜的人民抗日武装，我们要向他们好好学习。"

南下支队一到第五师驻地，就受到第五师战友和鄂豫边区人民的热烈欢迎和大力支持。1月29日，八路军南下支队和新四军第五师举行了会师大会。这天，八路军、新四军、鄂豫边区的人民群众和各界人士共计1.3万多人，汇集在陈家湾的广场上，热烈庆祝2支兄弟部队胜利会师。

南下支队和新四军的队伍首先进入会场，在前面并排摆好方阵。举着一面面红旗的群众队伍，从附近山沟里、大路上向陈家湾前进。青年男女推着彩船，抬着披红挂绿的猪、羊，熙熙攘攘涌向会场。原红二十五军军长徐海东的女儿领着几十名妇救会员，穿着鲜红的褂子，每人提着一个缀饰着鲜花和红绿彩带的竹篮，里面满满地装着红枣和花生。她们一进会场，就把红枣、花生撒向队伍。这时，军乐声、鼓掌声、鞭炮声响彻全场，人们都沉浸在一片欢乐的海洋里。

文工团团员唱道：

八路军，是神兵，数九寒天过凌冰。黄河冰桥巧飞渡，气死日伪军。

老大哥，八路军，英勇善战早驰名。跋山涉水到敌后，人人夸神兵。**5**

大会开始以后，李先念首先代表第五师广大指战员致欢迎辞。他说："战友们！同志们！我今天高兴得连话都不会讲了，不晓得用什么话来表达对八路军老大哥的热烈欢迎。当我得知八路军南下支队在河南同新四军第五师北上部队会合的消息之后，兴奋得两个晚上都睡不着觉。同志们知道，我们在党中央、毛主席的领导下，在鄂豫边区已经有六年的历史，可是在这六年中，一直没有看见过八路军老大哥。我们天天想，日日盼，今天终于看见了老大哥，你说我们该是多么高兴啊！"他那真挚、动人的讲话，感染了全体与会者，不时引来阵阵掌声和笑声。他接着说："今天我们是兄弟团圆，以后我们就要出现一个新局面！这是中央关心我们，这是毛主席关心我们，我们今后就成为站在中原的一支不可战胜的共产党部队！""过去，八路军老大哥在北方打了许多胜仗，英勇善战，经验丰富，我们第五师总想学，但是在见到你们之前总也学不像。这一次同志们来了，我们要好好地学，加倍努力地学，提高我们的战斗力。"李先念最后说："党中央、毛主席派遣八路军南下，具有重大的战略意义。鄂豫边区是个突出的地带，我们在日伪军和反动顽固派势力的包围夹击之下，战斗非常频繁，很希望老大哥来助一臂之力。今天你们来了，我们就不是一支孤军了。你们的到来，把华北、华中连成一片。这样，我们的人民抗日武装，就可以从遥远的东北向南一直摆开，一直摆到华南、摆到海南岛。我们一定要把日本帝国主义赶出中国，我们一定能够把日本帝国主义赶出中国！我坚信这个日子不会久了。"

李先念的讲话，简短清楚。他一边讲，一边兴奋地挥动着拳头，每一句话都很快就被淹没在浪潮似的掌声和欢呼声里。

　　接着，王震代表第三五九旅南下支队的广大指战员致答谢词。他一上台就风趣地说："同志们！昨天我留着一脸大胡子，好像个老大哥的样子。今天，我把胡子一剃，实际上只算得上个小弟弟了。"会场上发出了一阵笑声。他接着说："党中央、毛主席委托我们向第五师表示亲切的慰问。我们向你们表示热烈的祝贺，并致以崇高的敬礼！我们这次南下和新四军第五师会合，决定在李先念的领导下，成为第五师的一部分，我们今天就算加入第五师了！我们决心狠狠地打击敌人，保卫鄂豫边区，把胜利的旗帜插到敌后去！"

　　当时，王首道正患感冒，本不想作大会发言，但在大家的要求下，他便哑着嗓子说："在延安时，毛主席说过，新四军第五师战斗在日伪顽军的心腹地带，创造了丰富的经验，要我们虚心向你们学习。今天我们亲自来看了，果然名不虚传，值得我们好好学习。我们衷心感谢第五师战友和边区人民对我们的热烈欢迎和盛情接待。我们将用什么来感谢你们呢？最好的礼物就是胜利地完成党中央、毛主席和朱总司令交给我们的任务，这就是高举抗日的旗帜，实行抗日的政策，以抗日的实际行动，缩小敌占区，扩大解放区，继续创造和发展抗日民主根据地。"

　　接着，陈少敏代表鄂豫边区党委讲了话。她说："我们过去孤军作战，受了一肚子怨气，今天要把它吐出来了。我们两军会师后力量壮大了，但是还要在此基础上更加壮大。在我们这里，老百姓只有在生伢时才送红鸡蛋。"她指着群众送来的一篓篓染得鲜红的鸡蛋说："你们看，今天群众挑来那么多红鸡蛋拥军，这是要我们八路军、新四军多多地'生伢'，大大地发展呀！"这位被边区军民亲切地称呼为"陈大姐"的简短讲话，顿时使大家笑得前仰后合。大会在一片欢呼声中胜利结束。❻

　　中原会师为第三五九旅主力继续南征创造了有利条件，使全体指战员增强了胜利的信心和勇气，也极大地鼓舞了鄂豫皖湘赣边区以及敌后的广大军民。对于这次会师的意义，当时中国共产党在国民党统治区出版的《新华日报》，曾作了这样的报道：

> 一支保卫中国人民的武装，一支收复广大国土的武装，一支在毛主席朱总司令亲手教育出来的劲旅——八路军南下支队，战胜了冰霜，战胜了敌人，战胜了一切封锁和困难，到达了五省边区的基地，和新 × 军第五师兄弟作光荣而骄傲的胜利会师。
>
> 这一会师，使五省边区有了通陕甘宁边区的直达交通线，使华北华中人民的武装连接了起来；这一会师，扩大了华中解放区，缩小了华中沦陷区；这一会师，打击了敌人，灭杀了敌寇在正面战场上的气焰！现在，五省边区不再是在敌伪顽夹击包围孤立的形势之中了。**7**

我们一踏上中原解放区的土地，立刻感到无比亲切和温暖，就像回到自己家里一样，一位老太太在信中写道：只有你们和我们的"四老板"（当地人民对新四军的爱称），才真正是为我们穷人做事的。我希望能有你们这样争气的儿子。

随后，鄂豫边区党委召开会议，贯彻中共中央"向南、北两翼发展"的指示，明确以"发展为主"的工作方针，同时巩固原有地区。会后，李先念命令第十三旅旅长周志坚率第三十八团第一、第二营挺进河南；派 2 个团南渡长江，进入湘鄂赣边界地区，配合八路军南下支队作战。

周志坚率部挺进河南后与黄林所部会合，于 3 月 26 日围攻舞阳尹集敌据点，全歼伪和平建国军第一师商振亚部一个团，俘其 800 多人。4 月 13 日，河南挺进兵团第二团进攻西平合水镇，取得了击毙日军指挥官松木，俘敌伪 300 余人，其中包括张国威、吴春亭 2 名伪军少将的重大胜利。随后，挺进兵团开展了对国民党第六十八军的统战工作和瓦解伪军工作，又组建了中共西平、遂平县委，县抗日民主政府和 2 个县独立团。以嵖岈山为中心的豫中抗日根据地正式形成，并使进军河南敌后的部队由 1000 余人发展到近万人。

1945 年 4 月，为牵制日军向南阳、老河口地区进攻，李先念指挥 6 个团，分别由大悟山、确山向随县以南和信阳西南敌后挺进，恢复了白兆山和四望山根据地。

南下支队飞跃长江天堑

南下支队在大悟山地区休整了 17 天后，于 1945 年 2 月 14 日告别了新四军第五师的战友和鄂豫边区人民，又向南进发。

部队向鄂南挺进，必须跨越长江天险，这是他们前进道路上的最大障碍。在大悟山休整时，南下支队就和第五师负责人多次研究过渡江问题。第五师为了保证南下支队胜利渡江，决定派第十四旅旅长、第四军分区司令员张体学率领第四十四、第四十一团予以配合。张体学是第五师有名的开路先锋，是一位有为的青年将领，对长江沿岸的情况又很熟悉。

在祝家田，王首道等人向第五师第一军分区负责人详细了解了南下途中的敌情。当时，从武汉三镇以东的大江两岸，大小城镇几乎都被日伪军占领着。江北如团风、黄冈（黄州）、兰溪、蕲春（蕲州）、广济、武穴以及黄陂、红安（黄安）、宋埠、麻城、新洲等地，江南从武昌、樊口、鄂城、大冶、黄石、阳新直至江西省九江市一带，都是日伪军严密控制的地区。国民党在长江南岸沿江地区，力量比较薄弱；在北岸则据有大别山以南的罗田、英山以及浠水以北地区，守备军为桂系第六十五军和鄂东挺进第十六纵队。在这些地区，日伪军和国民党军互相穿插，犬牙交错。若要南下渡江，不可避免将要同时穿过日伪军占领区和国民党占领区。

国民党顽军获悉南下支队南下消息，有如芒刺在背，立即和日伪军暗地勾结，妄图凭借长江天堑，把南下支队消灭在江北沿岸。他们秘密召开军事会议，猜测南下支队将从团风、鄂城一线渡江，于是迅速调集了3个师的兵力，严密封锁了这一带渡口，竭力阻止南下支队南渡。

南下支队通过情报得知，从红安的大、小金山向南，有两条渡江路线：一条是从黄冈的长圻潦渡江，对岸鄂城、大冶一带是第五师的游击区；另一条是从蕲春的田家镇渡江到阳新地区。后一条路线乍看很不安全，因为田家镇离蕲春只有15里，而蕲春及其附近都驻有数量不少的日伪军。但从另一方面看，有些表面看来十分危险的地方，只要行动隐秘，在出其不意的情况下，往往也能成为很安全的地方。基于这样的考虑，南下支队选择了后一条路线渡江。接着便制订了具体计划，把全支队分成3批：第一批，由支队副参谋长苏鳌率第三大队第二营，协同张体学所部，组成先遣队先行渡江；第二批，由支队副司令员郭鹏率第四大队和一部分支队直属机关随后渡江；第三批，由支队司令员王震亲自率主力第一、第二、第三大队和另一部分支队直属机关最后强渡。随即又派出一支侦察部队，预先插入蕲春县田家镇一带，侦察地形、敌情并为部队主力做好渡江的准备工作。

2月18日，部队日夜兼程，经过李家港湾时部队进行了休整，黄昏时通过黄陂和宋埠之间的公路，到张河口渡过倒水河，当晚抵熊家大湾宿营。李家港湾属黄冈县，过去曾是苏区，这里的群众听说八路军就是当年的红军，都上来紧紧拉住战士们的手，就像见到久别的亲人。

为了迷惑敌人，分散其注意力，打破日、伪、顽军的阻歼阴谋，南下支队先遣队迅速进抵黄冈一线，抓紧时机，组织民船，在下巴河附近实行强渡。他们冒着敌人的枪林弹雨，迅速抵达江南，很快控制了南岸的滩头阵地。接着，他们又与当地的游击队和地下党组织取得联系，留在南岸牵制敌人，准备随时策应主力渡江。第二天，部队继续南下。过了陈家寨，完全是在湖沼边沿穿插前进，下午4时到达余冲。在这里又兵分两路：郭鹏所率第四大队和部分支队直属机关留在原地，准备当晚在附近渡江；王震则率部队主力继续向东，再折而向南，把敌人注意力吸引到主力行进方向，保证郭部乘隙安全南渡。郭鹏所部离开主力后，当即以神速的动作进抵黄冈县的下巴河。在当地党组织和革命群众大力协助下，他们利用夜色掩护，大胆、谨慎地在长圻潦渡口上船，顺利到达长江南岸的鄂城、大冶地区，同先期渡江的先遣队胜利地会合在一起。

次日晚，支队司令部得到他们安全南渡并与先遣队会合的消息，大家都很高兴。王震笑着说："都说日军据守大江两岸，鸟都难飞过去。如今我们两拨人马都过去了，敌人吹的牛皮真是一戳就穿啊！"

王首道笑着点头，说："这个事实证明，只要有根据地，哪怕是很小的游击根据地，加上熟悉地形，有群众掩护，就是在敌人的眼皮底下，我们也有办法通过。"

在郭鹏指挥第二批部队渡江之际，南下支队主力则继续向浠水以南、蕲春西南方向进发。20日到达陶店地区，开始进入国民党军占领区。一路上都遭到国民党桂系第六十五军和鄂东挺进第十六纵队堵截围追，南下支队第一、第三大队交替掩护，且战且走。当时正值农历元宵节前，有些地方的群众正在敲锣打鼓地闹节。部队过巴河时，南下支队左路纵队第三大队后卫营，发现右侧有200余人，一边在锣鼓声中舞龙灯、踩高跷、跑旱船，一边向过河部队步步进逼。开始南下支队误认为是闹元宵的当地群众，虽未予理睬，却也没有放松戒备。待到这些"闹元宵的人群"距后卫营数百米时，突然向过河分队猛烈射击，当即打死、打伤战士4人。

幸好南下支队事先已有警惕，过河时早已派出警戒分队占领了有利地形。指战员们怒不可遏，立刻组织还击，转瞬打死、打伤来犯者数十人，迅速将其击溃。经我审俘得知，来犯者正是国民党桂系第六十五军。

全军指战员弄清此事真相后，无不义愤填膺。有的战士忍不住跺脚大骂："反动派真是缺德透了！你不打鬼子，反倒打击打鬼子的人，这到底是为啥？！"

"为啥？为的是：鱼帮鱼，虾帮虾，反动派攀上鬼子做亲家呀！"不知是谁这么接了一句，逗得大家哄然大笑。

当天下午，部队经巴水驿进到张家湾。这里离国民党军占据的浠水县只有20多里。

2月21日拂晓，部队从张家湾出发，途经七里冲，到龙溪港渡过浠水。沿途又不断遭到桂系第六十五军和鄂东挺进第十六纵队的堵击和夹击，部队边打边走，直到石嘴头才休息。这时，从浠水县出来的桂系第六十五军等部顽军千余人，也尾追到石嘴头附近。王震飞马来到王首道身边，双脚还没有落地就冲着他大声说道："打吧，政委！不然，我们就要吃大亏了！"

王首道毅然抬起头来说了一句："对，打吧！"

王震一听，马上命令第一大队从石嘴头掉转枪口迎击顽军。第一大队第二营最先与顽军遭遇。他们勇猛冲杀，连续攻下了3个山头阵地。接着第一营也参加了战斗。第一营第二连战士如同猛虎下山，在连长朱新阳率领下，又一鼓作气地攻占了5个山头阵地。随后，第一大队全部投入战斗，打得顽军晕头转向，溃不成军。

直到黄昏时分才停止追击。在战斗中，先后杀伤顽军200余人，缴获迫击炮1门、重机枪5挺、步枪百余支以及迫击炮架、炮盘和其他军用物资。

与此同时，第二大队进到界岭街地区，也遭到鄂东挺进第十六纵队顽军的堵击。第二大队在界岭街西的马家港，与从界岭街出来的顽军一个排迎头遭遇。前卫一营尖兵连，仅向顽军打了几枪，扔了几颗手榴弹，就迫使顽军全部缴械投降。第二大队随即向界岭街发起进攻，以强攻姿态接近了西南角的一个碉堡。突击班迅猛向前，搭人梯攀壁而上，把几颗手榴弹从枪眼投进碉堡，里面的敌人非死即伤，碉堡被第二大队攻克。龟缩在其余3个碉堡和界岭街内的敌人见势不妙，乘黑夜掩护仓皇逃窜。界岭街据点，遂被第二大队拔除。

3天以来，南下支队主力一直在蕲春县境内活动，离原计划渡江地点田家镇已经不远。前奉王震命令早几天到达蕲春县田家镇一带的支队侦察部队，经过几天紧张工作，已将田家镇一带大江两岸的地形、敌情了解清楚。他们还在当地找到一位饱经风霜的老船工，看外表神采矍铄，问年龄已70开外。老人已在江上摆渡50多年，对沿江地理人情了如指掌。侦察人员请他帮助寻找船只，开始他有些顾虑，说："这一带到处都驻着日本和国民党军队，我送你们过江是要杀头的呀！"侦察人员同他恳谈了一整晚上，耐心向他解释说："我们是共产党领导的抗日部队，是工农大众的子弟兵。我们渡江南下，一不为名，二不为利，一心只为解救江南遭受苦难的同胞。我们相信老大爷是有骨气的中国人，决不甘心让日本侵略者骑在我们头上屙屎屙尿！"老人基于民族大义，答应替他们集中一批船只和送他们过江的船工。侦察部队又与当地党组织和游击队取得联系，很快就解决了部队渡江的工具问题。

23日下午，部队从胡家湾出发，翻过一片山地，到达田家镇以北的新桥。由于这里距离日伪军占据的蕲春县城很近，部队到达后很快在附近封锁了消息。为了分散目标，第一大队当天上午已进入新桥以东不远的亚口渡隐蔽休息。

黄昏后，夜幕徐徐降临。不久月亮出来，把横卧在南下支队面前的江面照得洁白如练。王首道慢慢走到江边，遥望大江南岸，只见前面烟波迷茫，无边无涯，一时心中不禁思绪万千。他眼前好像现出一双双求救的枯手，耳际又像响起一阵阵嘶竭的呻吟，心里在想：是啊！挣扎在死亡线上的江南人民，正盼望着共产党去救他们出水火，领导他们奋起抗争啊！

此时，部队已自动在江岸上排列整齐。王震亲自担任渡江指挥员。他仔细检查了各项准备工作，然后由王首道和王恩茂向部队提出要求。他们号召共产党员起模范带头作用，官兵同心协力，保证部队胜利渡江。最后按大小船只，规定大船每只乘30人，小船每只乘6人至7人。把全体指战员编成若干小组，井然有序地先后上船。

渡江前夕，指战员们都集结在新桥附近的江边，大小船只则潜伏在芦苇丛中。大家都急切地等待着启航的命令。就在这时，从九江方向飞来了 2 架飞机，投下几颗照明弹，把整个江面和两岸照得如同白昼。不一会儿，敌机又胡乱投下几颗炸弹，有的落在江心，掀起一两丈高的水柱。部队听到飞机轰鸣，早已疏散隐蔽起来。敌机没有发现他们的踪迹，很快就飞走了。战士们从地上一跃而起，拍了拍满身尘土，小声打趣说："这鬼子飞机脾气忒怪。我们刚刚上船，他就飞来送行；我们还没动身，他倒先飞走啦！"

时针指着 20 时，王震发出了启航的命令。转瞬，只见百多只大小船只一齐掉头向南，战士们已做好一切战斗准备，船工们使劲摇动船桨，江水在船底发出哗哗的响声。这一带江面大约有两三里宽，每只船摆渡一次约需20 多分钟。指战员们心里都异常焦急，一些南方战士都去帮着划桨。所有人都睁大双眼，警惕地注视着江面上的动静。

突然，从下游隐隐传来一阵马达声，渐渐由远而近。有的战士小声惊呼："敌机又来了！"各船指挥员命令大家保持镇定。仔细观察，原来不是飞机，而是敌人的巡逻艇。开始只发现一艘，随后发现共有 3 艘。渡船这时正在江心。大家心里都在暗自嘀咕：在这时候和这样的地方遇上敌人，该是多么糟糕啊！有的北方战士，由于缺乏水上作战经验，神色不免有些惊慌，担心在水上难以施展自己的本领。多数指战员这时都很沉着。他们眼睛盯着敌艇，枪口对着敌人，只要一声令下，就立即投入战斗。

敌艇越来越近了，战斗有一触即发之势。战士们都按着扳机，屏住呼吸，瞪大双眼看着敌人的一举一动。半晌，敌艇上影影绰绰地有人上前厉声发问：

"喂！你们是干什么的？"

"打鱼的。"船工们镇定地回答。

"打鱼？哪来这么多船？"

"刚下过大雨，正好打鱼哪！"船工们确实大多是打鱼出身，雨后也正是他们捞鱼的好机会。过去他们在江心碰到敌艇非止一次，每次都是这样回答。敌艇上发话的声音沉默了。过了一阵，才又粗声恶气地说：

"哼！你们要有不轨行为，可得小心脑壳啊！"

"是咯——"船工们拉长声调回答，声音里掩饰不住笑意。

敌艇又停了一会儿，没有看出什么破绽，也就不再问话。接着开足马力，耀武扬威地向西疾驰而去。顿时，全体指战员都如释重负，一下驱散了紧张不安的情绪。

夜色渐渐深沉。满载着八路军指战员的最后一条船终于渡过了大江。战士们一边交付船费，一边向船工们表示感谢，连声称赞他们机智沉着地应付敌人。

这天晚上，第一大队也在新桥以东 10 余里的亚口渡同时渡江。首先由警卫连迅速占领了北岸的滩头阵地，掩护大队安全渡江。紧接着，由第二、第三连和一个重机枪排组成的前卫营，首批鱼贯登船。他们破浪前进，顺利抵达南岸，直到距敌外围据点二三百米时，才被敌哨兵发现。前卫营按照预定方案，在轻重机枪掩护下，飞快越过敌据点外壕，以奇袭方式，让少数战士在据点正面佯攻，大部分战士则分两路从右侧攻进据点。据点里的日伪军，在一片激烈的爆炸声中从睡梦中惊醒，丢下几具尸体，径向黄山口方向仓皇逃命。敌外围据点，很快被前卫营占领。至深夜 3 时，全部安全渡过了长江天险。

2 月 24 日拂晓，南下支队全部踏上了长江南岸。战友们胜利地会合在一起，都忍不住欢呼雀跃，互相祝贺：

"好啊，天堑长江，到底被我们跨过来了！"

"原想在江上和敌人比试个高低，尝尝当海军的滋味，不料敌人不肯露头，咱们还是干自己的本行——当个陆军算啦！"

"哼！鬼子和遭殃军想用最后这道关卡消灭咱们，这一下可真是做梦娶媳妇——一场空欢喜呀！"

早晨，王震穿着他那件破皮衣，轻快地走在队伍中间，虽然脸上露着倦容，嘴角却挂着一丝微笑。他一边迈着大步，一边兴致勃勃地对大家说："同志们说得很对，长江自古被称作天险，敌人以为凭着这道天险就能阻挡我们，消灭我们，他们的阴谋到底破产了。我们渡过了南征途中的这道最大的，也是最后的障碍，敌人就再没有办法阻挡我们继续南进了。我们胜利了！"

"我们胜利啦！"战士们发出了一片欢呼声。

司令部参谋肖林达高兴地说："司令员，我们应该打个电报，向党中央、毛主席和朱总司令报喜。"

王震同志笑着点头说："对，快向延安发报！"

报务员迅速打开发报机，向延安报告了南下支队胜利渡过长江的喜讯。不久就收到了党中央的回电："庆贺你们安全南渡长江，并预祝你们胜利前进！"❽

南下支队鄂南战斗显神威

鄂南地区东、北、西三面濒临长江，南部与湘、赣两省相邻。整个地区包括武昌、嘉鱼、咸宁、蒲圻、通山、通城、阳新、大冶、鄂城和黄石等县、市，在土地革命战争时期曾是重要的革命根据地之一。在这里坚持抗日游击战争，既能巩固中原，威胁武汉，牵制敌人的正面进攻，又可继续向南发展成为对日反攻作战的前哨阵地。因此，王震和王首道一合计，决定以鄂南大幕山为中心，建立鄂南敌后抗日根据地，并以此为出发点，打开南北通路，把中原地区和华南地区的抗日力量连成一气。

但这个地区敌情严重。日伪军不仅占领了这些县、市，而且在粤汉铁路和几条公路沿线构筑了大量碉堡工事，建立了许多据点。广大山区和乡村，大都被汉奸、土匪和顽军所盘踞，鄂南人民生活在水深火热之中。部队途经之地，只见许多村镇仅剩下一堆堆焦土瓦砾，荆棘遍地，狐兔出没，一片荒凉景象。新四军第五师的一位战士说："这地方，过去可不是这样的！"他是本地人，对这个地区的历史和现状都很清楚。为了鼓舞当地人民群众的抗战热情，南下支队决定给日军一次沉重打击。

1945 年 2 月 25 日，部队向三溪口地区前进时，在公路上突然遇见 3 辆汽车疾驰而来，上面载着数十名日军。王震命令第一、第三大队留下少量部队与敌人战斗，主力则继续翻山。日军不经打，当即被击毙 5 名，击伤若干，拖着尸体狼狈溃逃。

为了防止敌人报复，部队在第二天提前从驻地出发。果然，部队刚离开，3 辆满载日军的汽车就开到驻地附近进行"扫荡"。

中午，南下支队第一大队来到一个叫大田畈的地方，准备进村宿营。由于在渡江前后七八天中连续行军、作战，指战员们都异常疲劳。但是，大队长陈外欧考虑部队初到江南，对当地地形、敌情都不熟悉，坚持按照八路军在长期斗争中总结的一套成功战术动作，亲自布置宿营，防止敌人报复。

日军哪里会让南下支队在这里立足。部队刚驻下，派出侦察的班长曾世勇率 4 名战士，就发现敌人正从三溪口方向直奔大田畈而来，前面是五六百名日军，后面紧跟着七八百名伪军，最后还有一队日军的炮兵。

曾世勇沉着应对，马上将 4 名侦察员分成两组，先鸣枪报警，再互相掩护，边打边往后撤。

枪声一响，疲惫不堪的日军立刻来了精神，有恃无恐地直向大田畈猛扑过来。他们既迷信自己信奉的武士道精神，又迷信自己手里的武器装备，根本不问前面到底有多少八路军，只顾胡乱打枪、放炮。一时间，步枪、轻重机枪和大炮一齐开火，各种爆炸声响成一片。

曾世勇指挥 4 名侦察员且打且退，诱使敌人进入南下支队阵地。

第一大队第二营营长用望远镜一看，发现这次不像过去那样让伪军在前面当炮灰，而是日军自己打头阵。他把望远镜递给站在身边的第五连连长说："你说敌人这是搞的什么鬼？"

连长想了想说："自从我军进入河南、湖北以后，鬼子跟咱们干了几仗，一次都没讨着便宜。这会儿它学乖了，知道靠那些无用的伪军打头阵，根本对付不了从华北过来的八路军。没有办法，只好自己硬着头皮往前冲。"

"对，但这只是一个原因。"营长略一沉思说，"还有一个原因是，鬼子被咱们打'毛'了，它要跟咱们决一死战，妄想在鄂南歼灭咱们。你要告诉所有战士，赶快加固工事，准备跟鬼子打一场狠仗！"

这场战斗一直打到天黑，还没有见分晓。敌人先后发起了十几次冲锋，第一大队第二营全部投入了战斗。敌人的一具具尸体，横躺竖卧在南下支队阵地前面，而阵地岿然不动。

王震得到前沿报告，已是半夜。他一面部署第二大队第一、第三连驰援第一大队，一面亲自给第一大队写信，命令他们坚决消灭敌人。

第一大队第二连连长朱新阳接到王震的命令之后，大声向战士们宣布："同志们！王司令员命令我们，坚决消灭进犯大田畈的敌人。大家快带好武器弹药，准备向敌人冲锋！"冲锋命令刚一发出，朱连长首先一跃而起，冒着密集的枪弹，带领战士们向前猛冲。日伪军喘息方定，原本打算重新组织力量发起进攻，不料突然受到八路军的勇猛冲锋，顿时乱了阵脚，转瞬就被南下支队追过几个山头。最后，有一部分敌人被压缩在一条小山坳里。一时杀声震天，刀光闪耀，一把把仇恨的刺刀，刺进敌人的胸膛。朱新阳拼弯了刺刀，又从敌人手中夺下一把战刀，英勇地截住了敌人的退路。"杀！杀！杀！"朱连长紧握着那把明晃晃的战刀，上下挥舞，左右劈刺，一连砍倒8名敌人，但身上也被敌人刺伤7处。最后，一粒罪恶的子弹向他飞来，从后面穿腹而过。当他用手去捂伤口时，肠子已从肚里流出。他咬了咬牙，左手按住伤口，右手高举战刀，继续坚持指挥战斗。

突然，四面杀声大起，从驻地赶来增援的第二大队第一、第三连和第一大队的指战员们，也向敌人发起猛烈冲锋，打得敌人伤亡惨重，仓皇溃逃。一部分日伪军退到东山上，龟缩在4座碉堡里负隅顽抗。

在南下时，部队随身带的都是轻武器，不仅没有大炮，连迫击炮也未带一门。敌人凭着坚固的碉堡和密集的火力，使战士们扔出的手榴弹难以发挥效力。怎么办？大队长和各营、连长心里都异常焦急。他们马上召集了一个紧急战地会议，号召大家出谋献策。

群众的智慧是无穷的。在打第一座碉堡的时候，部队搜集了许多当地特产的干辣椒，同干稻草捆在一起，用火点燃丢在碉堡附近上风处。转瞬间，一股股浓烟顺着风势涌进碉堡，呛得里面的日伪军又流眼泪又打喷嚏，纷纷从碉堡里跑了出来。八路军指战员趁势一拥而上，一排手榴弹扔过去，迅速占领了第一座碉堡。攻打第二座碉堡时，战士们先用机枪把碉堡的所有枪眼都封锁起来，同时将许多炸药装在一个煤油桶里，由几名爆破手抱着煤油桶，匍匐前进到碉堡旁边埋好，点着导火索后迅速退回自己阵地。刹那间，只听惊天动地一声巨响，半边碉堡一下被掀到半空，躲在里面的40多名敌人全部丧命。攻打第三座碉堡时，大家就地找来大量干柴枯草，成捆成捆地抛到碉堡四周，随后放一把火，顿时风助火势，使整个碉堡陷入一片火海之中，烧得里面的敌人呜哇乱叫，有的逃出碉堡，又被八路军扔出的一排手榴弹炸得东歪西倒。最后一座碉堡共分里外3层，建筑得特别坚固，又配备了很强的火力。八路军部分战士在火力掩护下，迅速挖成一条几丈长的地沟，一直通向敌碉堡的基础部位，在里面埋上大量炸药，点火以后，"轰隆"一声，碉堡从中间开花，几十名日伪军全被炸得血肉横飞。

当东方现出鱼肚白，这一场恶战终于结束了。这一战斗中，南下支队共歼日军300多名、伪军200多名，缴获大炮7门、轻重机枪20余挺，手枪、步枪、手榴弹、望远镜等武器和军用物资无数。在10多个小时的激烈战斗中，南下支队先后伤亡优秀战士和干部30余名。第二连连长朱新阳由于伤势太重，不幸牺牲。❾

南下支队的辉煌征程，就像《南征曲》唱得一样：

　　　　志士南征胆气豪，肩荷长枪腰佩刀。

四山日色辉旌旄，风激长林马萧萧。

展图奋程八千里，日指潇湘七泽水。

为复汉家旧江山，不杀楼奴势不已。

男儿卫国显荣光，旧战场与新战场。

我师一过倭儿降，功成凯旋民主邦。**10**

顾祝同妄图"收复失地"

粟裕自从渡江以后，就不停地分析地形、敌情及新四军的发展方向。

杭州西北的天目山脉是浙西的脊梁，绵亘 50 公里以上，层峰叠峦，山势险峻；北麓的孝丰城是浙西山区与平原的交界点之一，既是天目山北部的门户，又是浙西与苏南、皖南来往的要冲，位置极为重要。当时，顽军不敢与日军交战，都退到天目山中。粟裕认为，新四军要进入敌后，必将遭到顽军的拦击，这样就不可避免要与之进行一场恶战。这里正好是皖南事变的罪魁祸首国民党军第三战区的核心地盘，他们长期积极反共、死不改悔。

当时，中共中央考虑为配合美军登陆及准备夺取上海、南京、杭州等大城市，除粟裕已率部南下，决定再派第二梯队南下，新四军军部也南移皖南，陈毅由陕北回来主持，组成"江南大营"，向东南大发展。第二梯队分为两路：一路由谭震林率第二师第五旅南下皖南，向皖浙赣老苏区发展；另一路由叶飞率第一师一个主力旅南下天目山，渡过富春江，与浙东游击纵队会合，进入闽浙赣老苏区。但后来日军收缩兵力，不但停止向正面战场的进攻，还先后撤出南宁、柳州、福州以及新昌、兰溪等地。中共中央决定暂缓执行上述计划，谭震林和叶飞都暂缓率部南下。

粟裕综合各方面情况，决定先以一部进入天目山支脉莫干山地区，尔后深入杭嘉湖地区，打通与浦东、海北的联系，再向浙东发展。

当初日军进攻浙赣铁路、占领浙江沿海的时候，国民党军第三战区主力各部都向闽北、江西逃跑；而当日军停止进攻后，顽军立刻回头向新四军发动进攻。

就在粟裕南渡长江的同一天，第三战区司令长官顾祝同给蒋介石发函：

自桂柳战事发生后，东南战区益形重要。为适应尔后战况之演进，及配合盟军登陆作战，在军事、政治、党务、经济方面，固应有充分之准备，尤其对奸伪之防止不容稍加忽视。盖东南奸伪，自新四军在皖南叛变以来，其残余部队借沦陷区敌伪之掩护，控制长江渡口，往来流窜，日渐长（壮）大。最近复自苏皖北纷纷南调，向赣东北，皖南沿江，苏南沿京沪路，及浙闽沿海一带潜谋发展。即在我控制区域内，如浙南、闽浙赣、闽粤赣边区，亦时有秘密组织潜伏活动，且公开宣传将迎接盟军登陆。似此若不事先加以严密防制，则一旦盟军登陆，借接近盟军为掩护，益滋蔓难图，妨碍反攻，阻扰胜利，其为害之烈，不在敌寇之下。依据东南目前情势，针对奸伪此项阴谋，谨拟订本战区协同盟军登陆前后防制奸伪活动办法，其中除建立沿海军政一元化据点一项，已电闽浙两省府及沿海负责军事机关着手办理外，余正分别积极策划，逐步进行中。兹检呈该办法一份，是否有当？敬乞鉴核示遵。谨呈

委员长蒋

职顾祝同

民国三十三年十二月二十六日[11]

出征前，粟裕曾形象地说："我们去向日寇收复失地，国民党顽军就向我们'收复失地'，历来如此。这次我们开辟浙西抗日根据地也不会例外。因此，我们既要对付日寇，又要对付顽军。这一点，要和部队讲清楚，做好

充分的思想准备。我们首先遇到的对手主要将是国民党正规军。"

一战天目山

1945 年 1 月 17 日，粟裕将顽情报告新四军军部，提出两个作战方案：一是全力向孝丰地区出动，而后在反击中控制天目山，再向浦东和浙东发展；二是先以一部进入天目山支脉莫干山地区，而后深入杭嘉湖，打通与浦东、海北（指杭州湾北的乍浦、平湖、嘉兴、海宁、海盐地区）的联系，再向浙东发展。

1 月 20 日，新四军军部复电同意执行第二方案。

随后，粟裕将一纵、三纵布成犄角之势，以第一纵队深入敌后，伺机进退，亲率三纵留在宣（城）长（兴）路以北备战整训，盘马弯弓，待机而动；浙东的第二纵队则隔江活动，遥相呼应。

2 月 10 日，正是农历新年前夕，大家都在忙碌着准备过春节。夜晚，刺骨的寒风卷着雨雪，劈头盖脸袭来，天空云层很厚，能见度很差。这样的时候敌人容易麻痹，粟裕抓住战机，擂响了向敌后行动的战鼓。一纵从郎（溪）广（德）地区出动，兵分三路，以迅雷不及掩耳之势粉碎了日伪和土顽多次袭扰，全部进入莫干山区。第三纵队第七支队担任侧翼掩护，进至广德以南柏垫以东地区。

顽军已于 2 月初得悉新四军第一师主力南下并与第十六旅会合的消息，认为新四军南下是企图进入莫干山建立根据地后，可能进入杭嘉湖与海北地区，准备尔后协同盟军登陆作战，以争夺国际信誉。当他们发现第一师主力越过广（德）泗（安）路南下并东进时，顽第三战区以陶广为总司令的苏浙皖挺进军总部即令第二十八军以第六十二师主力"迅将该匪歼灭，毋使坐大"；并令"忠义救国军"、浙江保安二团、挺进第一纵队等部协力堵歼。顽军查知苏浙军区第一纵队已全部进入莫干山，广德以南仅有第三纵队的第七支队，即集中第六十二师全部、"忠义救国军"一个团、浙保第二团共5个团，经孝丰及其西北向第七支队突然发起进攻，吹嘘以5∶1的优势，两天解决战斗。

一石激起千重浪。粟裕以一纵这块石子投向东面的莫干山，顽军果然积极动作起来，抢先动手对付新四军，使自己处于"政治上不利"地位，而新四军反击则师出有名。

孝丰城是浙西山区与平原交界点之一，既是天目山北部的门户，又是浙西与苏南、皖南来往的要冲，位置极为重要。欲控制天目山，必先控制孝丰。

顽军主力由孝丰西北攻击苏浙军区第三纵队，也正按照粟裕设想的作战方向发展。

2月12日，天目山第一次反顽战役打响。新四军第三纵队第七支队奋起自卫，当日在广德正南上堡里将顽"忠义救国军"一部击溃，随即以一部进至孝丰北之阳岱山、景和里一线。这是大战的前奏曲。13日，粟裕电令王必成率一纵主力日夜兼程西移孝丰以北，投入孝丰地区交战。15日，命令第三纵队之第八、第九支队投入战斗。经过两天激战，16日晚，苏浙军区第三纵队开始全线反击。顽军抵挡不住，又获悉苏浙军区第一纵队正回师西进参战，当即全线溃逃。

第一纵队第三支队第六连于2月16日夜间在向战场开进途中，发现有队伍向相反方向乱跑，便问是哪一部分的。对方答："是六连的。"第六连连长一听心里窝火："还没有打仗，连队就成了这个样子！"他大喊："我是六连连长，六连的向这边走，一个跟一个，不准掉队！"那些乱跑的兵便一个个插到队伍里来了。走不多时，队伍中有人开始发牢骚骂娘。第六连连长更怀疑了，仔细一辨认，虽看不清脸，但看出那些兵的军帽上没有防寒护耳，他心里明白了。他悄悄地作了布置，然后一面鸣枪，一面高喊："缴枪不杀！"吓得那些兵有的就地缴了枪，有的跑进路边树林里躲藏。天明后，第三支队组织部队分片搜索，陆续搜出300多人，还有一名顽军团长。

17日上午，第一纵队乘胜追击，于孝丰以北之塔山将顽第六十二师第一八四团残部击溃，午后1时占领孝丰城。残顽向孝丰城南报福坛逃窜。18日，第一纵队占领报福坛，并配合第三纵队于孝丰西会歼顽"忠义救国军"一部。残顽向天目山和宁国窜去。

粟裕率新四军第一师主力南下，第一次反顽自卫战胜利结束，共歼顽1700余人，缴获迫击炮3门、重机枪12挺、轻机枪30余挺、步枪600余支。第一次缴获了美制新式武器汤姆式枪、卡宾枪。此役双方作战兵力对比基本上是1∶1。粟裕巧妙运筹，灵活用兵，同顽较量第一个回合便轻取孝丰，取得了对国民党正规军战而胜之的不少经验。

整个战役缴获不多，顽方未受严重打击。但新四军第一师主力南下初战告捷，打出了威风，大长了志气。

战后，粟裕让俘虏给顾祝同带去了一封亲笔信：

> 卑职率师南下抗日，正缺武器弹药，承蒙你慷慨解囊，无私奉送俘虏1700名，迫击炮3门，重机枪12挺，轻机枪30挺，汤姆式机枪14挺及步枪700支，解我燃眉之急，真乃雪中送炭，我等万分感激。武器乃多多益善，你如愿再次相送，我仍来者不拒。谢谢！

顾祝同收到这张开付给蒋记"运输大队"的收条，肯定是别有一番滋味在心头。**12**

二战天目山

2月24日，中共中央就新四军向南发展的战略方针致电华中局，指出：在日军打通浙赣铁路以前，苏南、浙东、皖南的新四军部队应巩固现有地区，深入农村工作，整训和扩大部队，随时准备反击国民党顽固派可能的进攻，准备将来大举向南跃进。"粟部占领莫干山后，暂不宜深入突进，以巩固现地，诱顽来攻为宜。"**13**

果然，国民党顽固派不甘心失败。孝丰乃战略要地，顽军绝不会坐视天目山"门户"被新四军控制。10 天后，顾祝同密令第二十三集团军副总司令兼苏浙皖边挺进军总司令陶广，调集第一九二、第五十二师和"忠义救国军"一部共 12 个团，以第二十八军军长陶柳为总指挥，兵分 4 路合击孝丰，妄图乘苏浙军区部队立足未稳之际，悄悄全歼苏浙军区部队于孝丰一隅。顾祝同下达秘密指令："勿使盟军发现，以重国际听闻"。

对于将同顽军连续作战，粟裕早有充分预见。第一次反顽战役前，他就判断："顽军既置重兵于天目山，我要进入杭嘉湖敌后，必将遭到顽军的拦击，这样就不可避免要与之进行一场恶战，战场将在孝丰地区。而且由于顽区纵深大，后备雄厚，作战将不止一次。"**14**通过进一步侦察，粟裕得知这一次陶广以第二十八军军长陶柳为前线总指挥，出动 12 个团，兵分 4 路，呈马蹄形向孝丰分进合击，包围过来。

粟裕分析认为，敌进攻部署的重点在孝丰以西，骨干力量是左中路的第五十二师和第一九二师各一个团，都是顽中央军，是第三战区主力。第五十二师更是训练有素，反动教育深入，装备精良，配有苏式轻重机枪，是各部队中战斗力最强的。这个师在皖南事变中充当刽子手，此次又任急先锋。左路是诨名"猴子军"的"忠义救国军"，好打滑头仗，然而在得势时是有攻击力的。从整个兵力对比看，顽军两倍于新四军，表面上气势汹汹，但建制混杂，指挥不统一，内部矛盾重重。粟裕决定"任凭几路来，我只打一路"：利用山地有利地形，以各个击破的战法对付顽军的分进合击。

粟裕用少量部队钳制其他几路，将首歼重点对象选为西路，也就是敌人的左路，集中兵力捏成一个拳头，全歼第五十二师的第一五六团和"忠义救国军"主力。粟裕命令第三支队一部及独立第二团在孝丰周围担任正面守备，命令第八支队布防于孝丰西北一带阻击，第一、第三纵队主力分别控制孝丰及其西北地区，待机由孝丰西南和西北向西实施迂回包围，南北对进，合击进至孝丰西侧的顽军。

陶广严令各部抱定"有我无敌的决心"，务必达成夺取孝丰围歼新四军的目的。但顽军内部矛盾重重，发起进攻的时间原定在3月1日，后来推迟至3日。首先由"忠义救国军"向孝丰西北之牛山、八卦山进攻，其他各路亦步步进逼。4日至6日，战斗十分激烈，许多阵地反复争夺。6日晚，苏浙军区各守备部队先后发起反击。

战役发展到了转折关头。7日，粟裕抓住战机，果断命令第一、第三纵队主力全线出击。西路"忠义救国军"见势不妙，早早溜之大吉，置翼侧中央军第五十二师第一五六团于不顾，将其完全暴露。苏浙军区第三纵队决定切断顽第一五六团退路。双方在报福坛附近的黄泥岗遭遇，展开激战，反复争夺有利地形。第三纵队最终把第一五六团消灭，顽军团长被击毙，副团长被俘。苏浙军区部队接着又在孝丰西南歼灭第一九二师一部。

顽军进攻的重点一路完全按粟裕的设想被歼灭了，其他各路哪敢再上，赶紧回缩逃遁。陶广4路分进合击的计划成了泡影。顽军兵败如山倒。

粟裕乘胜占领了东、西天目山，拿下了临安县城，取得了第二次反顽作战的胜利。浙西的长兴、孝丰、安吉、武康、德清、吴兴、余杭、临安、于潜、富阳和安徽的广（德）南等大部地区，1万余平方公里土地、100余万人口获得解放。

但是，粟裕心里却是很不痛快。

他已经明显感觉到新四军完全可以由打游击战向打运动战转变，向进行大兵团协同作战转变。而当时只有2个纵队靠在一起，作战时一根扁担挑两头，他手中没有预备队，面对胜利发展的新形势更感兵力不足。如果有了3个纵队，就可以拿一个纵队堵截，2个纵队突击，仗就好打了，就能成建制地歼灭敌人。**15**

1945年2月28日，粟裕致电中共中央华中局、新四军军部，建议派叶飞率领部队南下。**16**

3月11日，中共中央批准叶飞率部南下。**17**叶飞与苏中党、政、军其他领导人本着既利于坚持苏中斗争又能尽力支援发展东南的原则，决定派教导旅6000余人和从苏北、苏中抽调的金明、章蕴等250余名地方干部一起南下。

随后，叶飞、钟期光率部从江都大桥、嘶马和靖江地区分批渡江，到达浙江长兴地区，后即编入苏浙军区序列。叶飞任苏浙军区副司令员，钟期光任苏浙军区政治部副主任。教导旅被编为苏浙军区第四纵队，司令员廖政国，政治委员韦一平，参谋长夏光，政治部主任曾如清。所辖之第一团、特务二团、江高独立团，依次改为第十、第十一、第十二支队。

蒋介石急谋东南

第二次反顽战役后，天目山地区暂时平静了一段时间。

此时，国际形势正在急剧变化。4月30日，柏林解放；5月8日，德军最高统帅部代表在无条件投降书上签字；3月16日，美军攻占硫磺岛；6月22日，美军攻占冲绳岛。德国法西斯溃灭了，日本军国主义也在走向崩溃。

而国民党顽固派在干什么呢？

4月3日，蒋介石急电顾祝同："迅速集中兵力，转取攻势。"

4月8日，蒋介石发出关于加紧"清剿"新四军致第十战区的绝密电。

4月25日，蒋介石致电顾祝同："第三战区前拟防制奸匪各办法，尚欠积极。应再研拟积极清除之办法报核为要。"

5月22日，第三战区制订东南战场"剿灭"新四军作战计划，并集结较有经验的部队担任"剿共"任务。**18**

5月底至6月上旬，蒋介石指令国民党军第三战区司令长官顾祝同、副司令长官上官云相，调集精锐部队10个师、2个突击纵队、"忠义救国军"、保安团队共 42 个团 7.5 万余人，向天目山地区苏浙军区部队大举进攻。国民党军这次进攻下了很大的赌注。投入作战的部队是第三战区的"精锐"，其中突击纵队是由英国教官训练出来的，全部美械装备。其编制为五营制，每营约千人，1 个队辖 5 个营，相当于 1 个师，火力极强。其次是第五十二师和第七十九师，也是主力，而且这两个师都是皖南事变中的刽子手。

而这时正忙于打通浙东和浙西联系的粟裕、叶飞等新四军指挥官，还没有意识到这次顽军的进攻将是如此猛烈。

1945 年 6 月 3 日，担任掩护任务的王必成纵队在新登地区突然遭到顽军一个师的猛攻。中午，主力团团长刘别生，为了坚守虎山阵地，亲临前线指挥，率部展开白刃肉搏，多次击退顽军的反扑，不幸身负重伤，英勇牺牲在新登密山脚下。

从俘虏和缴获的文件那里得到证实：顽军确实向苏浙军区新四军大举进攻，并向新登合围而来。

形势危急，仗该怎么打？

粟裕果断拟定 3 个方案：一是增援新登，决战新登；二是退后一步，决战临安；三是大踏步后退，诱敌深入，寻机歼敌。

王必成刚失爱将，情绪极其激动，力主就地决战，复仇新登。

但新四军根本没有能力在新登与顽军决战。粟裕审慎地考虑了以下情况：

1. 日寇正加紧策动顽军进行内战，目前不但不再向浙赣线进攻，而且放弃金华、兰溪等地，默示顽方放胆调用后备力量进攻新四军。顽、我已形成正面冲突。日军正部署由杭州、湖州等地出动向我苏南、浙西根据地"扫荡"。

2. 顽第三战区司令长官顾祝同 6 月 1 日电令，以一部凭碉堡固守新登、于潜、千秋关、夏红庙、水东镇之线，主力袭击苏浙军区新四军侧背，企图围歼我于临安地区。新登当面顽军正运动集结，宁国方向顽军不断进扰我孝丰西侧阵地外围，并窥视我后方。

3. 我在新登前线仅 3 个支队，连日激战部队过于疲劳。新登地区狭窄多山，而且是顽筑碉地带，我如继续在此作战，至少会有 2000 人以上伤亡，其中干部伤亡数将占很大比重。即使能获全胜，顽将紧接着发动第四次规模更大的进攻，我将不得不长期纠缠于艰苦的自卫作战之中。如与顽硬拼消耗，不仅不利于当前，更不利于今后发展。如在临安决战，虽可稍有休整，并有获胜把握，但基本情况并无大的改变，而且临安东邻余杭、杭州，敌情顾虑更大。

4. 顽军有广大后方，人力物力充足，后备兵力雄厚，可以得到源源增援接济。苏浙军区部队刚开辟的新区群众尚未发动，工作缺乏基础，一切军需补给完全仰赖苏南供应，运输线长，后勤保障困难，尤其是严重缺粮。新登作战中部队 2 天未吃上饭而苏南在 3 个月中已动员民工 50 万人次，如此下去人力物力均难支持。

5. 苏南新区地方工作尚未深入，广大伪化区与接敌区尚未开辟；浙西地方工作数月来全力解决财经困难，发动群众减租减息和各种建设工作无法顺利进行；杭嘉湖、沪杭沿线、太湖边、宣当芜等广大敌后之敌后地区均有待开辟。我若继续被长期的反顽作战所牵制，必然严重影响上述地区的开辟和建设，而只有真正发动了群众，建立了巩固的根据地，才能立于不败之地。

粟裕的最后结论是不可在新登恋战，也不宜死守天目山，应该主动撤离新登、临安，诱使敌人脱离堡垒阵地，然后在运动中继续消灭顽军有生力量。**19**

最后，粟裕与叶飞商量并说服王必成，决定暂时放弃天目山，向敌后发展。

但是，局势比粟裕等人预见得更为严重。

就在顽军北犯之时，与顽军达成默契的日寇除向茅山地区"扫荡"外，于 6 月 2 日、3 日向安吉东南一线坑桥进攻，将该地完全烧毁，并不断派部队向东亭湖一带骚扰，企图切断苏南新四军与浙西部队的联系。

新四军如果迎头抗击，很可能被顽军击破于天目山以北。本来撤离是为了寻找战机，但在当时的情势下，大范围撤离将可能处于日顽夹攻之下，后果不堪设想。除击退顽军进攻之外，新四军已没有别的选择余地。

粟裕脑海里思绪翻滚。

这个地区在历史上有过多次鏖战。当年红军北上抗日先遣队遭受袭击和方志敏蒙难的怀玉山都在附近，那时粟裕是先遣队的军团参谋长。

难道此处真是粟裕的死地？

"共产党人从来不信邪！"粟裕的手挥向天空，略顿片刻，缓缓收回叉在腰间，"现在部队仓促撤离战场，人员纷杂，一片混乱。但这还不够混乱，我要你们把这个现象做得更夸张些。"大家脸上有些茫然。

"我们必须在最短的时间和距离内，让敌人相信我们真的溃不成军，让他们轻敌冒进。然后我们……"粟裕伸出手，猛地往怀里一兜，"就把孝丰作为顽军的葬身之地！"

三战天目山

新四军于 6 月 4 日主动撤离新登，8 日继续从临安北撤，于 15 日撤离天目山，将敌人引向新四军的预设战场。

开始，顽军那名前敌总指挥李觉还是比较谨慎的，再三告诫各部："不要受骗上当，丛林深谷，容易埋伏，务必严密搜索敌情。"然而，他们算来算去，觉得优势总在他们手里；更何况从 6 月 13 日开始，天目山地区的新四军后方机关、仓库和医院，陆续撤退；加之，顽军第三十三旅进占新四军据守的临安县城时，也未遭到新四军打击。

6 月 18 日，顽军第三十三旅为了抢头功，采用了旧军队中的惯技：谎报军情，宣称它已夺取了孝丰城。国民党军第五十二师师长张乃鑫连忙派他的谍报队队长去孝丰城联系，正好被新四军抓住了，连人带信件被送到苏浙军区前敌指挥部。

顽军竟然长驱直入，分散冒进了！而其他顽军部队只进到孝丰东南的港口地区。2 个兵团之间，东西相距约 20 公里。

真是仇人相见，分外眼红！

反共急先锋国民党军第五十二师是制造皖南事变的元凶，一心想再造昔日皖南事变的"辉煌"，"再打一个茂林，完成皖南剿共未竟之功"的叫嚣就是出自该师。

1945 年 6 月 19 日夜，云淡星稀，风平树静，正是杀敌的好时光。粟裕下令：全军出击！

第四纵队向敌左路迂回，第一、第二两纵队突击敌右路，两把尖刀直插顽军双肋。新四军指战员斗志昂扬，响亮地提出"歼灭第五十二师，为皖南事变死难烈士复仇"，奋勇向前。他们经过一昼夜激战，一举歼灭国民党军第五十二师主力，比原计划少用了一天。

粟裕随即又杀个回马枪，调转兵力于孝丰东南围歼了顽军右路兵团大部，共歼顽军 6800 余人。

至此，三次反顽战役胜利结束，连同第二纵队在四明山区作战的战绩及顽军一个纵队起义，新四军共消灭顽军 1.3 万余人，扩大了苏浙皖敌后新区，为发展东南沿海地区的抗日斗争扫除了障碍。

在三次作战中，广大指战员表现了可歌可泣的献身精神。新四军阵亡504 人、伤 1600 余人。第一支队刘别生支队长在新登前线英勇牺牲。第二支队丁麟章政委在围歼第五十二师时光荣殉职。许许多多英勇无畏的官兵，为了保障整个战斗的胜利，不惜牺牲自己的生命，他们有的坚守阵地，抗击绝对优势敌人的轮番攻击，与阵地共存亡；有的冲入敌阵，在身负重伤时，自己拉响手榴弹与敌同归于尽。**20**

粟裕在回忆录中写道："天目山战役是我在抗日战争中所经历的激烈和

艰苦的重要战役之一，也是我华中部分主力锻炼成长的重要战役之一，正是通过天目山战役的胜利实践，使我们提早实现了从游击战到运动战的战略转变，为后来蒋介石对我们全面大打时做了思想上和战略战术上的准备。"**21**

在天目山战役期间，中国共产党第七次全国代表大会在延安召开，粟裕首次当选为中共中央候补委员。华中局组织部部长曾山出席了党的七大，返回新四军军部后，他向军部直属单位排以上党员干部传达党的七大精神，谈到华中地区和新四军中哪些同志被选上中共中央委员、候补委员时，特别对粟裕作了介绍"粟裕同志在天目山地区连续打了几个漂亮仗，中共中央首长非常高兴，毛主席、周恩来等中央首长在酝酿选举中共中央委员人选时，给予粟裕同志高度评价，并说'粟裕同志将来可以指挥四五十万军队'。"**22**

而历史的发展，确实也证实了他们的预言。

田岫山的阴谋被击破

正当浙东纵队准备配合天目山第三次反顽战役的时候，长期驻扎在上虞地区的田岫山部，却趁机策划和实现其第三次投降日寇的阴谋。

田岫山部原是国民党杂牌军暂编第三十师第八十八团。国民党为了吞并第三十师，暗杀了该师师长，田岫山于是在1942年11月率部前往三北投敌。当浙东纵队得知此事后，何克希司令员曾经冒着极大的风险，亲自带领侦察参谋张任伟和2个警卫员，赶往三七市附近的叶家湾，在开明士绅、乡长叶志康家会见了田岫山，与田岫山彻夜长谈。何克希披肝沥胆，剖心相告：切勿铸成大错，成为民族的罪人；并列举岳飞、戚继光等民族英雄的事迹，劝田岫山明辨忠奸，效法古人，做一个爱国者。但田岫山借口要利用日军的力量报国民党消灭异己之仇，不听劝阻。这就是当年在浙东敌后广为流传的"何司令单刀赴会"的故事。

之后，田岫山于1943年夏率部反正时，被日寇穷追不舍。浙东纵队本着不咎既往、以抗日为重的原则，命令部队为之接应、掩护，并主动向日军浒山据点发起攻击，以减轻日军对田岫山部的压力。为此，浙东纵队付出了指导员凌汉琪、中队长张文荣等数十人英勇牺牲的昂贵代价。

可田岫山反复无常，反动成性，后来又投敌，不久又反正。

最近，在伪军第三十六师对田岫山部进攻、包围上虞的情况下，浙东纵队仍然主动出兵，打垮伪军，为其解围。但田岫山恩将仇报，屡屡进攻浙东纵队，又有投敌的迹象。1945 年 4 月 22 日，何克希就田岫山的反动行径给他写了最后一封信，告诫他不要以为"共产党人可欺"，"骑两头马，作墙上草"，否则必将"误人误己，误国误民"。但是，田岫山究竟有什么阴谋，当时浙东纵队还不完全清楚。

5 月 27 日，田岫山所属特务大队 300 余人，在参谋长郭玉鑫的率领下，一律穿戴伪军服装，佩戴"特遣部队"的臂章，突然出现在日伪军据点第泗门的街头。原来，田岫山投敌后已被日寇改编为"中央税警团第三特遣部队"，并驻守上虞县城等地。一夜之间，上虞等地变成了敌占区，当地人民沦为亡国奴。消息传来，抗日军民愤慨万分，纷纷请战。

浙东纵队领导人经研究，决定予以痛击，并把第一个行动目标锁定在第泗门。

5 月 29 日拂晓，浙东纵队集中了余（姚）上（虞）地区的民兵、自卫队2000 余人猛攻第泗门，攻击发起后的一个小时内，各路警戒部队接连报告：

"松厦日军向第泗门增援！"

"周巷援敌迫近！"

"庵东方向打响！"

"余姚方向发现日伪军车！"

这就是说，能增援的都来增援了。4 路援敌共有 400 余人。以往，浙东纵队在攻打日伪军据点时，还不曾遇到过如此全力救援的情况。由于他们事先已有周密部署，各路援敌都被一一击退。从这里可以看出，日军非常重视田岫山的这股力量。**23**

最终，俘田岫山部140余人，毙伤其数十人。残敌逃进周巷据点，后又潜回上虞。

从缴获的文件中，浙东纵队领导人才发现顾祝同不但默许田岫山投敌，而且怂恿他说：到了那边能够联合更多的伪军结成反共同盟，以便南北配合，夹击新四军浙东游击纵队。

第泗门战斗的胜利，大大鼓舞了抗日军民的斗志。接着，新四军又先后取得了鲍村、杜村、下管、老坝头、上沙岭等战斗的胜利。

6月4日，浙东纵队攻占了丁宅街，基本上完成了扫清田岫山部外围据点的任务，使许岙、上虞两地陷于孤立。这两个据点什么时候打、怎么打的主动权就完全掌握在浙东纵队手中了。

此时，纵队领导及时提出：讨田战役，务必取得军政全胜。田岫山虽然作恶多端、祸国殃民，群众对之深恶痛绝，但一部分群众和中上层人士还存在着某些疑虑和糊涂认识。有的埋怨，"既有今日，何必当初"。也有人认为，"打迟了，早就应该除掉田胡子"。针对这种思想认识，浙东纵队公开了何克希司令员与田岫山之间从1943年到1945年4月的来往信件。通过这些信件使人们看到，浙东游击纵队为了团结田岫山抗战，曾经做过多少努力，而田岫山又是怎样的反复无常，背信弃义。

针对田岫山长期顶着国民党军队"第三十师第八十八团"和"挺进第四纵队"的番号，标榜自己"抗日有功"的谎言，浙东纵队还发表文章罗列了田岫山3次叛国投敌的事实，公布了田岫山与日伪秘密来往的电文，揭露了"国军与伪军一身二任"的丑恶嘴脸。

浙东纵队还开展群众性的控诉活动，控诉田部的血腥罪行：交不完的税，纳不完的粮，多少人家被逼得家破人亡；吃喝嫖赌，胡作非为，多少良家女子被强奸后投河上吊；又有多少人无缘无故被加上"通三五支队"的罪名，投入牢狱，严刑拷打，横遭杀害。田岫山虐杀成性，视人命如草芥，吃人心下酒，动不动下令放火。种种罪行，令人发指。**24**

浙东纵队司令部、政治部又找到上虞东乡一位 76 岁的老人，请他写了一篇讨伐田岫山的檄文，文中说：

> 伪司令田匪者，本一无赖，绝无学识，偶因时会，突拥兵权……依偎敌伪中间，乘资跋扈，肆行酷烈，割剥元元，残害良懦……掳掠尤甚。道路以目，士女伤心……本部再四劝告，冀期合作……乃冥顽不灵，变本加厉，显然通敌，与民为仇。是则人神之所不容，天地之所共嫉。本部为国为民，诚惶诚恐。所幸人心不死，众志成城。伪中警特遣部队之特务大队全部缴械，孟尝乡又已解放。业残余匪，负城自顽，釜底游魂，恶贯满盈。本部乘破竹之势，不难迎刃而解。我城内外人民，其各闭门安居，幸无惊恐。如有敌方军士，缴械投诚者，咸与更始，或掩田匪以献，则奖赏从厚。此谕城内外军民知悉。**25**

6 月 6 日，浙东纵队印发了《为消灭浙东人民公敌田岫山告全军同志书》，书中说：

> 国民党挺进第四纵队田岫山，一贯杀人放火，奸淫掳掠，以抗战的招牌而掩盖其破坏人民抗战的罪恶，摧残人民抗战力量，破坏抗日根据地，反复无常，制造内战，近且第三次投敌叛国，编为伪"中警特遣"部队，以图敌伪顽连成一片，共同来反对人民。你们看，这就是所谓国民党军队啊！
>
> 我们为争取他抗战，曾再三再四的劝告他，挽救他，希望他悬崖勒马，改变反动的错误政策，为此，我们并对人民作了无数的苦心说服。现在，已是仁至义尽，忍无可忍了！
>
> 为了进一步巩固我浙东抗日根据地，为了打通和军区兄弟部队的联

系，迎接盟军登陆配合反攻，驱逐日寇，我们在此正式号召全军，现在是你们用一切力量来为浙东人民除害，来为自卫战争中惨遭田匪杀害的同志同胞讨还血债的时候了！

……

巩固根据地，扩大解放区，顽强作战，勇猛杀敌，和军区兄弟部队比赛！

战争是最好的考验，为人民事业而流血牺牲是光荣的！人民的战斗英雄是最光荣的称号！

前方和后方，共产党员和非党同志，指挥员和战斗员，一致团结起来，为彻底消灭浙东人民公敌田岫山而斗争！

敌人不投降，坚决消灭他！ **26**

1945年6月7日，浙东纵队发起进攻。经过14个昼夜的激烈战斗，取得了攻打田岫山部老巢许岙的胜利，歼其1000余人，并继续向困守在上虞的田岫山余部发起进攻。

6月13日，浙东纵队又广泛地散发了《告田部官兵书》，对田部官兵发出了号召：

弟兄们！你们只要想一想：田岫山给你们的财物是从哪里来的？田岫山既然讲交情、重义气，为什么出卖老师长，以图个人升官发财呢？为什么他最信任的干儿子严阴祖也逃走了呢？他既然口称爱护人民，为什么要强奸民女、杀人放火、打家劫舍呢？既然"抗战"，为什么三次投敌呢？既然讲义气，为什么要暗杀同伙呢？为什么部下这样穷苦而自己无荤不吃饭，一家人吸大烟，大小老婆五六个，无名姘头数不清呢？请你们把这些问题去问问田岫山，去和大家讨论一下，便会把田岫山的假面具，人面兽心戳穿了。

弟兄们！请你们再不要糊涂了，现在你们已经到了生死关头，现在，是把你们自己从田岫山压迫下解放出来，脱离苦海，死里求生的时候了。在你们面前摆着两条路：一条是立即逃亡出来，起义反正，组织暴动，投奔浙东人民，投奔浙东人民的抗日军队，那你们就是起死回生，找到了你们家里和中国人民所希望于你们的光明前途。如果还执迷不悟，那么只有被田岫山带到眼见的死路上了。请你们自己赶快决定吧！你们的特大在第泗门被我们解决了。丁宅街的碉堡里住的是新四军了，许岙也快完蛋了，上虞城愈来愈紧的被我们包围了，最后解决的日子就在眼前了。田岫山叫你们等两天，就有菩萨来打救的话，是如何的荒谬！

再不要说："共产党新四军样样都好，可是只有老百姓不打，敌伪顽都要打你们"。弟兄们！真理就在这里，正因为我们是人民的政党和人民的军队，任何敌伪顽都无可奈何我们，三四十万日寇，靠百万伪军，百余万国民党军队，天天想消灭我们，可是我们愈打愈强，愈长愈大了。相反，他们是愈打愈弱，愈[打]愈小了。最后胜利一定是中国人民的！一定是共产党和八路军新四军的！**27**

国民党顽军在田岫山投敌后，不去讨伐田岫山，反而在新四军讨伐田岫山时乘机设立"绥靖"指挥所，派兵增援田岫山部。6月21日，顽军调集10个团的兵力，向北推进，发动浙东第三次大规模内战，并首先向靠拢新四军、反对内战的国民党军挺进第五纵队张俊升部进攻。22日，顽军攻下张俊升部所在地汤浦后，随即转兵北上，妄图增援被新四军第二纵队围困于上虞城的田岫山部，并于27日，侵占第二纵队丁宅街和官山村阵地。第二纵队被迫奋起自卫反击，击退顽军进攻，并援救张俊升部。接着，纵队副司令员张翼翔率主力，西渡曹娥江，进入会稽地区，追上了顽军第三十三师和浙保五团，经5个小时激战，歼其一部，俘顽军300余人。顽军残部向南溃逃。

6月30日凌晨，田岫山眼看顽军增援已无希望，于是率残部弃城西窜，在嵊县开元附近又遭浙东纵队沉重打击，其官兵200余人被生俘，仅田岫山及其少数随从得以脱逃。全国解放后，这个多年与人民为敌的田岫山，终于被缉拿归案，交给四明山人民审判，最终被处决于当年浙东纵队司令部所在地梁弄。

由于国民党顽固派"勇于"打内战，"勇于"消灭异己，坚持投降、倒退的反动政策，唤醒了张俊升和他所属的广大官兵。1945年7月11日，张俊升毅然声明脱离国民党军队，接受共产党和新四军的领导与指挥。13日，新四军军部命令，改编挺进第五纵队为新四军浙东纵队第二旅，旅长张俊升，政治委员王仲良。原第三、第四、第五支队编为第一旅，张翼翔兼任旅长，纵队副参谋长谢忠良兼任参谋长。至抗战胜利前夕，第二纵队共辖第一、第二旅，淞沪、金萧2个支队，军政干校、警卫大队、海防大队、三北独立营、余上独立营等部近万人。

注　释

1. 王首道：《忆南征（修订本）》，人民出版社1981年版，第13—15页。

2. 北来，王恩茂和骆岚的大儿子。

3. 王首道：《忆南征（修订本）》，人民出版社1981年版，第17—18页。

4. 王必成、钟国楚、王直：《六师十六旅坚持江南抗战的战斗历程》，中国抗日战争军事史料丛书编审委员会编：《新四军·回忆史料》（5），解放军出版社2015年版，第142页。

5. 王首道：《忆南征（修订本）》，人民出版社1981年版，第72页。

6. 王首道：《忆南征（修订本）》，人民出版社1981年版，第68—71页。

7. 《×路军南下游击支队在豫南和新×军会师》，《新华日报》1945年6月5日。当时为了躲避国民党的新闻检查，将八路军、新四军的番号以"×路军""新×军"表示。

8. 王首道：《忆南征（修订本）》，人民出版社1981年版，第76—85页。

9. 王首道：《忆南征（修订本）》，人民出版社1981年版，第86—92页。

10. 中国新四军和华中抗日根据地研究会编：《铁军战歌——新四军和华中抗日根据地诗

词集》，江苏人民出版社 2017 年版，第 111 页。

11.《顾祝同关于制定防制新四军配合盟军登陆办法致蒋介石函》（1944 年 12 月 26 日），中国抗日战争军事史料丛书编审委员会编：《新四军·参考资料》(6)，解放军出版社 2015 年版，第 195 页。

12.《粟裕传》，当代中国出版社 2007 年版，第 201—204 页。

13.《中共中央关于向江南发展的战略方针复华中局电》（1945 年 2 月 24 日），中国抗日战争军事史料丛书编审委员会编：《新四军·文献》(13)，解放军出版社 2016 年版，第 33 页。

14.《粟裕战争回忆录》，解放军出版社 1988 年版，第 318 页。

15.《粟裕传》，当代中国出版社 2007 年版，第 205—207 页。

16.《粟裕建议叶飞部如期南下致张云逸等电》（1945 年 2 月 28 日），中国抗日战争军事史料丛书编审委员会编：《新四军·文献》(13)，解放军出版社 2016 年版，第 43—44 页。

17.《中共中央同意叶飞部南渡及其任务复华中局电》（1945 年 3 月 11 日），中国抗日战争军事史料丛书编审委员会编：《新四军·文献》(13)，解放军出版社 2016 年版，第 56 页。

18.《蒋介石关于对新四军转取攻势致顾祝同电》（1945 年 4 月 30 日）、《蒋介石关于配合盟军登陆加紧"清剿"新四军致第十战区电》（1945 年 4 月 8 日）、《蒋介石关于再研拟"积极清除"新四军办法致顾祝同电》（1945 年 4 月 25 日）、《第三战区制订的东南战场"剿灭"新四军作战计划》（1945 年 5 月 22 日），中国抗日战争军事史料丛书编审委员会编：《新四军·参考资料》(6)，解放军出版社 2015 年版，第 203—208 页。

19.《粟裕传》，当代中国出版社 2007 年版，第 210—212 页。

20.《粟裕回忆录》，解放军出版社 2007 年版，第 272 页。

21.《粟裕回忆录》，解放军出版社 2007 年版，第 238 页。

22.《粟裕传》，当代中国出版社 2007 年版，第 219 页。

23. 刘亨云、张文碧：《讨伐田岫山》，南京军区政治部编研室编：《征战在江淮河汉之间——新四军将士抗战回忆录选编》，解放军出版社 2005 年版，第 461 页。

24. 刘亨云、张文碧：《讨伐田岫山》，南京军区政治部编研室编：《征战在江淮河汉之间——新四军将士抗战回忆录选编》，解放军出版社 2005 年版，第 462—463 页。

25. 刘亨云：《讨伐田岫山》，宁波市新四军暨华中敌后抗日根据地研究会编：《反顽自卫坚持抗日》，中共党史出版社 2001 年版，第 313—314 页。

26.《浙东游击纵队为消灭浙东人民公敌田岫山告全军同志书》（1945 年 6 月 6 日），宁波市新四军暨华中敌后抗日根据地研究会编：《反顽自卫坚持抗日》，中共党史出版社 2001 年版，第 100—101 页。

27.《新四军浙东游击纵队告田部官兵书》（1945 年 6 月 13 日），宁波市新四军暨华中敌后抗日根据地研究会编：《反顽自卫坚持抗日》，中共党史出版社 2001 年版，第 103—105 页。

第七章

华南拉开反攻大幕

　　广东人民抗日游击总队开辟游击战新局面——东江纵队成立，频繁出击日伪军——接受反攻新任务，东江纵队北进、东进与西进——南路的挫折与重新奋起——拔除新圩据点——击退日、伪、顽联合"扫荡"——塘花反"扫荡"，钦防华侨抗日游击大队由守转攻——日军退守沿海，中路准备出击——大槐顶伏击战——大凹村围歼日军——韩江纵队成立——广西开启攻势——临阳联队战斗在漓江畔——琼崖纵队加速反攻准备——红旗永远飘扬在五指山上——营救盟军，人民军队留下光辉形象

广东人民抗日游击总队开辟游击战新局面

　　1943年，在世界反法西斯战争朝着胜利方向发展的大背景下，东江敌后战场的形势仍十分严峻。2月，中共广东省临委和东江军政委员会召开了具有转折意义的乌蛟腾会议，确立了深入敌后发展游击战争以及积极、主动打击日、伪、顽军的方针，打开了东江敌后游击战争的新局面，成为广东人民抗日游击总队由被动转向主动的关键。根据乌蛟腾会议精神，此后广东人民抗日游击总队积极主动地向日、伪、顽军出击，力争改变被动地位，争取局势好转。

　　在宝安县阳台山抗日根据地。广东人民抗日游击总队主力大队（即珠江队）在宝安大队的配合下，在坚决进行反顽斗争的同时，积极打击宝（安）

太（平）公路沿线的日伪军，多获胜利，逐渐扭转了被动态势，并扩大了游击区，使大岭山抗日根据地与阳台山抗日根据地连成一片。

在东莞地区。广东人民抗日游击总队第三大队于1943年3月扩编为3个中队（代号为平东队、平西队和平南队）、一个重机枪排和一个手枪队。而后，该队沿莞（城）太（平）、莞（城）樟（木头）公路两侧主动向日伪军出击，并于5月10日向宝（安）太（平）公路沿线转移，连克霄边、怀德伪军据点。7月5日，夜袭草村伪军据点，俘伪军连长以下50余人。战后，广东人民抗日游击总队第三大队北袭茶山圩，而后挥戈南下，奇袭北栅，俘伪军60余人，随后击退了国民党顽军对治平乡的进攻。

在惠宝边区。从1943年初开始，广东人民抗日游击总队惠阳大队在向深圳东北面的梧桐山推进过程中，不断与日伪军发生激战，经过一年的努力，控制了除丹竹头、沙湾、沙头角之外的梧桐山西部和南部地区，并使梧桐山东部、东北部地区和梧桐山中心区连成一片，成为较巩固的抗日根据地。

侵华日军为了遏制广东人民抗日游击总队进入大亚湾向稔平半岛发展，收编了红海湾龟灵岛的一股海匪，老百姓蔑称其为"龟灵仔"。这股海匪被编为"广东省反共救国军海军第四总队第四大队"，于1943年6月中旬从红海湾窜到大亚湾，锚泊在马鞭岛前400米的海域。这股伪海军约有100人，有5艘武装大木船，每艘船配有2挺轻机枪和10多支步枪。它们白天四处游弋，把整个大亚湾封锁起来，不仅敲诈勒索大亚湾渔民和过往的船只，而且严重威胁着广东人民抗日游击总队在大亚湾的活动及海上交通线的安全。总队长曾生接受群众的要求，命令其下属的独立中队坚决歼灭这帮匪徒。

很快，独立中队转移到大鹏半岛东岸的岭澳村，进行战前准备。在侦察敌情和发动军民研究作战方案后。中队长刘培、政治委员赖仲元决定组织精干的突击队实施奇袭。7月6日晚，副中队长叶基率领16名战士，分乘岭澳村6名渔民驾驶的3艘风帆小木船，伪装打鱼，乘黑夜迅速接近敌船，突然发起攻击。当第一条突击船靠上敌指挥船时，突击组组长叶振明一声令下，几名队员跃上敌船，打死敌哨兵；叶振明一个箭步冲到船桅下，将机枪夺到手，猛烈射击躲在船舱的敌人。战士江海、邱才又向船舱各投下一枚手榴弹，炸得伪军惊慌失措，举手投降。敌大队长陈强藏在船舱一个角落企图顽抗，被战士彭灵一梭机枪子弹击毙。伪军左侧船发现指挥船被袭，立即以密集火力射来。叶振明用机枪还击，不幸中弹负重伤。战士魏辉急忙跳过去为叶振明包扎救治，叶振明用力推开他，指着机枪，示意向敌船进行压制射击。魏辉端起机枪扫射，不幸也中弹倒下。正在这时，叶基率领第二突击组靠过来，以猛烈火力压制敌左侧船。舵工郑容生、李华不顾生命危险用尽全身力气摇橹，护送第二突击组靠近敌船。第二突击组组长林英指挥战士袁贤投出手榴弹，一下子把伪军机枪炸哑。同时命令战士廖梦、黄远向敌船首和船尾各投出一枚手榴弹，并乘势跃上敌船。战士王健登船时与敌搏斗，中弹掉下海里，壮烈牺牲。勇士们集中火力，把敌人全部压缩到舱里。敌人见无法抵抗，便举手投降。

此时，敌右侧警戒船见指挥船和左侧船已遭覆没，不敢开火射击，准备逃窜。叶基马上组织机枪火力，对准敌船尾及船桅下的敌人猛烈射击，手榴弹一起掷过去，匪徒死伤过半，余下投降。伪海军在虎头门抛锚的另2艘船不敢前来增援，夹着尾巴向大亚湾外海逃逸。

经过40多分钟的激烈战斗，全歼伪军3艘武装船，俘伪军40多人，击毙伪海军大队长以下50多人，缴获轻机枪2挺、步枪40多支。后将3艘敌船放火烧掉。独立中队政治服务员叶振明、小队长魏辉、手枪组组长王健、政治战士刘光明献出年轻的生命。

马鞍岛海上战斗的胜利，拔掉了大亚湾海域日伪军安的一个"钉子"，为广东人民抗日游击总队控制大亚湾海上通道，挺进稔平半岛开辟根据地创造了条件。总队长曾生赞誉这次战斗"开创了广东人民抗日游击队海战的范例"。

1943年7月中旬，广东人民抗日游击总队决定以独立中队为基础扩编为护航大队，并由副大队长叶基率领第一中队进入稔平半岛。在练铁、曾城等组织的抗日自卫队和由黄秉带领的民运队的配合下，团结争取了当地开明绅士，很快建立了抗日游击基地，积极展开了稔平半岛的敌后游击战争。

9月上旬，国民党顽军指使王竹青率一个中队进驻澳头镇，企图阻止护航大队向东发展。一天晚上 11 时，护航大队大队长刘培和惠阳大队政治委员李东明协同指挥部队对澳头发起进攻。护航大队第一中队机枪班首先占领制高点，以火力控制王竹青部的营房，护航大队第二中队长赖祥率突击队分 2 路突入敌营房。王竹青部企图顽抗，但在护航大队强大火力打击下，死的死，伤的伤，余下的便缴械投降。不到 30 分钟战斗结束。除匪首王竹青只身逃脱外，敌整个中队被全歼。由此，游击总队控制了从陆上到稔平半岛的通道。

1943 年 12 月，进入稔平半岛的护航大队第一中队袭击暗街（现港口），歼灭了伪盐警队，解放了暗街。国民党顽固派大为震惊，于 1944 年 1 月调来徐东来支队的两个中队，配合驻稔山的陆如钧大队，向护航大队第一中队进攻。总队长曾生派遣护航大队向这股顽军实施突击，杀伤顽军 40 多人，顽军随后慌忙撤回稔山。至此，顽军阻止游击总队东进的企图被粉碎。

日军为了继续控制稔平半岛和大亚湾，在暗街伪盐警被护航大队歼灭之后，又调来伪反共救国军第二大队重占暗街。为了与日军争夺稔平半岛和大亚湾的控制权，曾生总队长决定由护航大队采取远道奔袭的战法，再次攻击暗街伪军。护航大队在代理大队长袁庚、政治委员曾源率领下，从大鹏半岛乘船渡过大亚湾，在稔平半岛巽寮附近登陆，会同第一中队和抗日自卫队乘夜色掩护进入暗街，占领制高点，控制了船只出海口，包围了伪军，随即发起猛烈的攻击。经过一个小时的激战，全歼反共救国军第二大队大队长黎强以下 100 多人，缴获长短枪数十支，第二次解放暗街，给日伪军以沉重的打击。护航大队乘胜前进，又远道奔袭了稔平半岛的政治经济中心平海镇，歼灭了欺压百姓、作恶多端的顽军盐警中队。[1]

在港九地区。针对日军从1943年春开始的频繁"扫荡"，港九大队以短枪队开展灵活的游击战，积极反"扫荡"作战。1943年6月，广东人民抗日游击总队决定从宝安地区抽调兵力挺进增城，活动在增城和博罗西部一带，打开了这一地区的局面。1943年11月11日，日军第二十三军第一〇四师团开始向广九铁路沿线展开攻势，国民党军闻风逃之夭夭。日军瞬间占领了常平、樟木头、塘厦、天堂围、平湖等地。几天后，日军纠集第一〇四师团及伪军第三十师等部9000多人，号称万人，从多方面向东莞大岭山抗日根据地发动了"万人扫荡"，妄图消灭对广九铁路正常通车威胁最大的抗日游击队主力。

11月11日晨，广东人民抗日游击总队主力大队（珠江队）在莲花山与进犯的日伪军展开遭遇战，杀伤敌数十人后转向大岭山。活动在大岭山区的游击总队第三大队在连平、百花洞、怀德等地与日伪军展开战斗，毙伤敌50多人后，分别转向大岭山。坚守在怀德附近的远丰围后山的第三大队黄布中队一个班9人，控制村后一个高地，连续打退日寇一次又一次的进攻，班长张喜和陈能、陈辉、叶华、吴成等6名战士英勇牺牲在阵地上。敌人的进攻也被遏制住。当日午前，游击总队1000余人被日伪军包围在纵横不到10公里的大岭山上。

面对日伪军重重包围的严重形势，游击总队的指挥员沉着应战。由于日伪军把整个大岭山团团围困起来后，当日没有向山上进攻。游击总队各级领导随即决定分3路突围：第一路，由王作尧、杨康华、邬强、彭沃率领珠江队翻越水濂山转移至杨西、大进埔地区；第二路，由卢伟如、黄业率领第三大队主力经大雁塘、榕树界之间向莞（城）樟（木头）公路推进，进入莞城附近的温塘地区；第三路，由黄布率领第三大队一个中队沿张家山河沟向南，转移至莞（城）太（平）公路桥头、双岗地区。各路部队终于在当日夜零时前胜利突出重围，摆脱敌人，顺利到达预定目的地。

20日拂晓，日伪军在飞机轰炸和火炮轰击下，分路爬上大岭山，结果扑了个空。但是敌人仍不甘心，在大岭山区反复进行搜索，并在金桔岭、大迳、寮步等地安下据点。20日拂晓前，卢伟如率领第三大队主力挺进到莞樟线，出击茶山、常平、樟木头等车站，歼灭伪军30余人，破坏了广九铁路交通和通信联络，粉碎了日军企图打通和确保广九铁路行车通畅的计划。

副总队长王作尧和大队长彭沃率珠江队返回宝安，出击广九铁路两侧，给驻东莞城日军以有力的牵制和威胁。第三大队黄布中队和手枪队，以水濂山为基地向东莞城出击，手枪队进入城内杀汉奸、撒传单、炸毁附近的公路桥梁；中队主力则伏击日伪军的物资供应线，袭击在大岭山设点的日军，切断据点内日寇的粮食供应；又在莞太线游击区击溃水乡伪军一个团，俘敌一个排，使莞城、石龙的日军大为震惊。

与此同时，总队部命令宝安大队袭击西乡日军机场，击毁飞机2架。12月初，第三大队还在大岭山的瓜田岭村打退日军的进犯，并乘胜追击，把日军挤出大迳据点。至此，入侵大岭山区的日伪军全部撤走。

这是广东人民抗日游击总队一次重要的对敌斗争。由于坚持了"打得赢就打，打不赢就走"的游击战的战术原则，采取了敌进我进，到敌人后方去寻找战机，在运动中打击和消灭敌人的机动灵活的战法，结果取得粉碎日寇"万人大扫荡"的胜利。[2]

经过1943年的对敌斗争，广东人民抗日游击总队已增至3000余人，并有脱产的抗日自卫队近千人，不仅恢复了惠阳、东莞、宝安抗日根据地，开辟了港九和增（城）博（罗）游击区，还积极向莞（城）樟（木头）、莞（城）太（平）、宝（安）太（平）、宝（安）深（圳）公路和广九铁路中段两侧以及大鹏湾、大亚湾沿海、梧桐山、广州外围扩展，进一步打开了东江敌后游击战争的局面。

东江纵队成立，频繁出击日伪军

1943 年 12 月 2 日，广东人民抗日游击总队改编为广东人民抗日游击队东江纵队（简称"东江纵队"），曾生任司令员，尹林平（林平）任政治委员，王作尧任副司令员兼参谋长，杨康华任政治部主任，下辖 7 个大队，共 3000 余人。后经过扩军竞赛，至 1944 年夏，东江纵队由 7 个大队扩编至 9 个大队和一个独立中队，人数也增至 5000 余人。

在惠阳、东莞、宝安地区。东江纵队成立后，其第三大队、第五大队、东莞大队、铁东大队及独立第三中队沿广（州）九（龙）铁路中段两侧频繁出击日伪军，展开破袭战，致使广九铁路始终无法正常通车。其中比较经典的就是东江纵队于 1944 年 1 月派出由队长何通、政治委员黄克、政治指导员张军率领的独立第三中队（代号"飞鹰队"）挺进广九铁路以东，进行了近 10 个月的卡断广九铁路中段的 20 多次战斗，付出伤亡 20 多人的代价，取得了毙伤日军 60 多人、俘伪军 200 多人，缴获轻机枪 2 挺、长短枪 200 多支的重要战绩。

同时东江纵队还向莞（城）太（平）、莞（城）樟（木头）、宝（安）太（平）公路沿线日伪军出击，毙伤日伪军多人。1944 年 3 月 31 日，东江纵队第三大队在黄猄坑击退伪军 1000 余人的进犯，歼灭伪军 2 个多连，俘伪军 100 余人。黄猄坑战斗，是部队运用游击战和运动战相结合的战术，于白天进行运动歼敌一大部的首次战例。

5 月 8 日，驻樟木头日军 500 余人远道偷袭东江纵队领导机关梅塘乡龙见田村。东江纵队第三大队奋起反击，付出牺牲 26 人、伤 10 人的代价，取得梅塘反击战的胜利，毙伤日军近 100 人。梅塘战斗是在日军偷袭几乎得逞的危险情况下，由于东江纵队领导指挥果断，指战员前赴后继英勇作战，根据地民兵和群众大力支援，最终变被动防御为主动出击而重创日寇的一次胜仗。

在江北地区。东江纵队独立第二大队挺进增城、博罗一带，主动袭击日伪军据点，连续打退日伪军多次进攻，后于 5 月向西转移至增（城）从（化）番（禺）地区，从 5 月中旬至 8 月中旬发动了一系列挺进广州外围的战斗。随后，东江纵队派第三大队一个中队到增（城）博（罗）边区活动，又于 7 月派东江纵队司令部警卫中队和港九大队一个小队，进入罗浮山西南、增江河以东地区，与先前抵达的第三大队一个中队会合，遂合编为东江纵队独立第三大队。

在港九地区。东江纵队港九大队自 1944 年 2 月至 5 月，粉碎日伪军多次"扫荡"，并开展了锄奸活动，主动出击日伪军据点，扩大了游击区。在大亚湾和大鹏湾沿海地区，东江纵队护航大队积极开展海上游击战，破坏日军运输线，并与日军就大亚湾和大鹏湾海域的控制权展开了激烈的争夺。在开展杀敌竞赛，歼灭日伪军的同时，东江纵队还击退了国民党顽固派的进攻，并争取到国民党地方部队肖德青率领的一个连，将其编入惠阳大队。

至 1944 年夏，东江纵队进行较大的战斗有 148 次，攻克日伪军据点 10 个，破坏公路 188 公里、铁路 35 公里，桥梁 11 座，毙伤日军 440 人、伪军 560 余人，俘日伪军 764 人，伪军反正 144 人，缴获轻重机枪 13 挺、长短枪 600 余支。[3]

接受反攻新任务，东江纵队北进、东进与西进

1944 年 7 月 5 日，中共中央军委发出《对华南根据地工作指示》，高度评价了中共华南组织及其领导的抗日武装。强调在国民党正面战场接连溃败，华南大片领土将沦于敌手的情况下，"拯救华南人民的责任，不能希望

国民党而要依靠我党及华南广大民众。因此，你们在华南的作用与责任，将日益增大"。"为此，必须更亲密团结自己的队伍，加紧整风，打通干部思想，坚持统战政策，加强与根据地人民的血肉联系，坚持原阵地，并力求继续发展，扩大武装部队，建立广大的与强固的根据地"。**4** 7月25日，中共中央给中共广东省临委和东江军政委员会再次发出指示，针对日军"对打通粤汉路仍势在必行"的情况，要求华南地区加紧开展敌后游击战争。**5**

8月，中共广东省临委和东江军政委员会在大鹏半岛的土洋村召开联席会议（简称"土洋会议"），遵照中共中央的指示，决定全面恢复中共组织的活动，深入开展敌后游击战争，"在目前敌人新攻势中，凡敌所到或意图占领的地方，都派遣武工队及军事干部，前往活动，发展新的游击区。同时，必须巩固现有基础，成为反攻的基地"**6**。

据此，大力发展武装，组织部队北进和东进，并配合粤中部队西进，推动广东全省抗日游击战争胜利前进，成为东江纵队在战略反攻阶段的首要任务。

根据土洋会议的指示，东江纵队于1944年9月进行整编，建立支队编制。东江纵队整编后，为贯彻北进、东进和西进的战略决策，粉碎了日、伪、顽军对东莞、宝安、惠阳的多次进攻，并以一部挺进东莞和东江河南岸，打击日伪军，开辟了新的抗日根据地和游击区。其间，东江纵队第一支队"三龙"大队与"猛豹"大队张发兴中队，于11月21日凌晨发起了洗沙战斗，至拂晓前，全歼伪军一个团，毙伤敌60多人，俘伪军团长以下150余人，缴获轻机枪8挺，长短枪180多支，弹药、物资一批。攻克洗沙全歼守敌的胜利，显示了抗日游击队的战斗威力。1945年1月，"三龙"大队和"猛豹"大队协同作战，又发起了解放高步之役，伤、俘敌250多人，缴获轻机枪9挺，长短枪180多支，弹药、物资一大批。其战果之大，在东江纵队各部队多次战斗中所罕见。经过此战，东江纵队扬威水乡，政治影响更为扩展，大大震撼了敌伪营垒。战后一连八九天，芦村、下江城、凤岗、望牛墩等地的伪军刘如发部共有 210 多人携轻机枪 2 挺、长短枪近 200 支前来投诚；驻横眉的伪军李潮部一个小队也来投诚。**7**

为执行北上任务，1944 年秋，东江纵队以第三大队部分主力为基础，组成北上抗日先遣队，由邬强带领开赴增城，会同东江纵队独立第二大队，采取敌进我进的方针，相机进入北江，开展北江敌后游击战争，建立以罗浮山为中心的抗日根据地。10 月上旬，北上抗日先遣队北上途经增城地区时，决定会同在这里活动的东江纵队独立第二大队攻打新塘火车站，消灭伪军，摧毁日军物资供应站。11 月 2 日夜，战斗打响，全程仅用了半个小时，达到了消灭伪军、摧毁仓库、活捉中佐军官阿南的预期目的。阿南是东江纵队在敌后战场俘获的第一位日军中高级军官，震动了整个增城地区。1945 年 5 月上旬，北江支队又进行了保卫渔湾之战，共俘顽军副指挥廖毓清以下正规军和地方反动武装 100 余人，毙伤其 50 余人，缴获各种枪 120 余支，弹药、物资一大批，粉碎了顽军对鱼湾的进攻。7 月 10 日，北江支队和担负东江纵队挺进粤北任务的先头部队何通独立第一大队，巧袭新江太平寺，前后不到一个小时，战斗胜利结束。除毙敌大队长何祖华外，俘敌中队长以下 80 多人，缴轻机枪 1 挺，长短枪 100 余支，弹药物资及金银等贵重物品一大批，整个翁源西部地区即获解放，打通了向北发展的通道，同时扩大和巩固了英东解放区。

1945 年 1 月，东江纵队第三支队第三大队抵达东江河南岸；2 月，北渡东江河，进抵罗浮山以南地区。东江纵队第五支队、西北支队、北江支队随后跟进，于 2 月中旬进入罗浮山区。此后，北江支队、西北支队各约 400 人从罗浮山抗日根据地出发，向北江挺进，进而在粤汉铁路以东、以西建立抗日根据地，发展粤赣湘边敌后游击战争。其间，由支队长蔡国梁、政治委员邓楚白、副政治委员陈志强率领的东江纵队西北支队在 3 月中旬发动了挺进北江西岸之战。经过 4 个多月的一系列战斗，西北支队巩固了以文洞为中心的抗日游击基地，控制了北江的连江口至浈江口段的日军水上运输线。部队多次以猛烈火力袭击日军运输船队，至 7 月止，共击沉、击伤日军船只 70 余艘，毙伤日军 100 余人，使日军在北江五六十公里河段上的水上运输陷于瘫痪状态。❽

遵照土洋会议的既定方针，东江纵队在执行北上任务的同时，积极组织力量向东挺进。1945 年初，鉴于粤东沿海各县全部沦陷的紧急形势，东江纵队抽调独立第四大队的 2 个中队组成东进先遣队，前往海（丰）陆（丰）惠（阳）边区活动。

南路的挫折与重新奋起

在南路，反攻的序幕也在徐徐拉开。

1944 年秋，日军发动桂柳会战，驻雷州半岛的日军主力北进留下日军不满千人，兵力甚为薄弱。根据敌情的变化，中共中央指示广东省临委和东江军政委员会：目前西江和南路最为空虚，敌占地区亦较东江为广，因此，广东游击战争应向西发展为目前主要方向。并指示，选派得力同志往南路，帮助周楠及当地组织发展敌占区游击武装。中共中央还指示加强与张炎联系。8 月，广东省临委东江军政委员会遵照中共中央的指示，决定由连贯负责与南路特委联系。11 月，又派李筱峰等一批军政干部到南路，加强组织发展抗日武装工作。

1944 年 8 月，在日军北犯廉江、化县（今化州市）之际，遂溪县人民抗日武装正式组成中国共产党领导的雷州人民抗日游击大队，共 200 多人。游击大队成立后，连续 3 次打破顽军的进攻。部队在斗争中得到很大发展，到 10 月发展到 800 余人。同月下旬，该队和其他抗日武装合并整编为 3 个大队。部队整编后，南路特委以遂溪敌后为依托，向南和向北发展，除留下一个大队在遂溪开展斗争外，另外 2 个大队分成 2 路，一路南下海康、徐闻，一路北上廉江，向新区发展。

中共南路特委在积极开展敌后游击战的同时，还主动派人与抗日爱国将领张炎联系，推动他与中共合作共同抗日。1944 年 9 月，张炎返抵南路后，积极发动原第十九路军旧部以及负责电白、吴川沿海防务的詹式邦等人，开展组织人民抗日保家乡的武装斗争。11 月 23 日，日伪军混合队 100 多人，袭击吴川县湍流村，并向石门乡窜犯。吴（川）廉（江）边人民抗日游击队在钓镰岭阻击敌人。张炎闻讯，即令詹式邦率领警备第五大队赶来与游击队并肩作战，击退敌人的进犯。这次战斗，击毙日军分队长以下官兵 10 多人。钓镰岭战斗，是吴廉边人民抗日游击队同张炎、詹式邦合作抗日取得的第一个胜利。

　　国民党顽固派对此十分恐慌，密谋消灭张炎和共产党领导的人民抗日武装。1945 年 1 月 13 日，国民党顽军第一五五师第四六四团团长率保安团包围化县抗日自卫总队，解除该队武装，杀害积极支持张炎联共抗日的自卫总队副文邵昌。同时命令詹式邦交出军事指挥权，并派兵到樟山逮捕张炎。

　　在此紧急形势下，中共南路特委决定在吴（川）化（县）廉（江）梅（菜）等地举行抗日武装起义，发展和壮大人民抗日武装。张炎和詹式邦也决定举行抗日武装起义，并要求游击队配合攻打吴川县城塘缀，很快，在抗日游击队配合下，收缴了地方顽固势力的武装，迅速控制了吴川县全境。

　　张炎起义后，于 1945 年 1 月 19 日正式宣布该部为高雷人民抗日军，张炎任军长，詹式邦任副军长。下辖 2 个团，共 800 人。公开发表宣言，拥护中国共产党的领导，坚持团结抗战，反对妥协投降。张炎的宣言，受到广大人民群众的热烈欢迎。与此同时，茂（名）电（白）信（宜）地区和钦廉四属地区（钦县、防城、灵山、合浦四县，现均属广西壮族自治区）的中共党组织，根据南路特委的部署，也于一二月间先后组建人民抗日游击队。1945 年 1 月中旬，中共南路特委为加强对部队的领导，宣布将南路人民抗日游击队改称为南路人民抗日解放军，司令员兼政治委员周楠，参谋长李筱峰，政治部主任温焯华，下辖 2 个支队、1 个独立大队，共约 3000 人。并计划以吴川县为中心，建立吴（川）梅（菉）化（县）廉（江）边抗日根据地。

南路人民抗日武装的发展壮大，引起国民党顽固派的仇视和恐惧。他们迅速从广西调来第一五五师3个团2000多人，向南路人民抗日解放军进攻。张炎部仓促应战，部队损失很大。部队受挫折后，大部由詹式邦带回吴川。张炎带10余人去广西，于2月3日在广西博白被国民党顽固派逮捕，3月22日在郁林（今玉林）被蒋介石密令枪杀，英勇牺牲。

顽军进攻张炎部的同时，以一部向南路人民抗日解放军司令部所在地廉江县三合进攻。南路人民抗日解放军击退顽军进攻后，部队分2路向廉江西部转移。第二支队林林大队在木高山遭顽军袭击，大队长林林等数十人牺牲。第一支队洪荣大队、第二支队陈汉雄大队掩护司令部撤退时，与顽军遭遇，展开激战，第二支队半数被打散，南路人民抗日解放军遭到挫折。2月5日，中共南路特委在廉江、博白边的照镜岭召开紧急军事会议。会议决定从各队中抽出800人组成主力部队，由参谋长李筱峰、支队长黄景文率领，开进合浦县白石水地区开展抗日武装斗争，建立根据地。同时决定张世聪为第三支队支队长兼政治委员，返回白石水领导钦廉四属的抗日武装斗争。周楠、温焯华、唐才猷等返回遂溪敌后坚持斗争。

1945年春天以后，华北和华中的局部反攻已初见成效。华南地区的日军虽然已毫无斗志，但敌我力量对比仍然差距很大。

根据实际情况，中共南路特委重新布置了廉江、吴梅化廉边和雷州半岛的工作：廉江特派员莫怀迅速整编队伍，将原有武装改编为3个大队（约800人），重点控制廉江、遂溪边境的杨柑、安铺据点，阻断日军从雷州半岛向广西的补给线；化县特派员陈醒亚率主力西进后余下的独立大队人员，返回吴川、梅菉、廉江地区，继续用南路人民抗日解放军独立大队番号活动，恢复扩大队伍；第一支队支队长唐才猷、政治处主任黄其江返回遂溪，与支队政委陈恩会合，开辟江洪、草潭沿海根据地，继续发展抗日武装。

中共南路特委书记周楠等人返回遂溪后，主持召开领导干部会议，总结武装起义的经验教训，决定尚未发动武装起义的地区立即停止行动；已经发动武装起义的地区则抓紧对部队进行整顿，组成小型武工队回原地分散活动，发展游击战争；迅速恢复以广州湾为中心的情报交通网和统战工作；返回雷州半岛敌后的部队要加强整训，继续扩大队伍。

自第一支队所辖的第一、第二、第三大队，分别南下海、徐，北上廉、化，配合吴、化、梅武装起义后，雷州半岛敌后的抗日游击战争，在中共雷州党组织领导下仍在继续发展，新建了遂南抗日游击大队、第九独立大队等一批抗日武装。

1945 年 3 月初，中共遂溪县委根据南路特委"分散游击、重点突破"的指示，在遂南地区组建抗日武装。原遂溪西北区抗日警备大队（1945 年 4 月成立，张鸿谋任大队长）部分骨干与地方抗日联防队整合，成立遂南人民抗日游击大队，下辖 3 个中队（每中队 60 人）及 1 个便衣侦察队，总兵力 200 余人。莫志中任大队长，陈同德任政委。

部队以遂溪南部（今遂城镇、洋青镇）为核心，辐射遂西南的沙古镇、界炮镇，重点控制雷州半岛通往廉江的交通线，阻断日军从遂溪向广西的补给。

遂南人民抗日游击大队成立后，主要在遂南及遂西南地区活动。当时抗日战争已进入后期，不少伪军亲日思想发生了动摇。政委陈同德抓住这个有利时机，派内线对伪军进行策反，对沈塘圩的伪军保安队开展政治攻势，进行瓦解工作。不久，有伪军 10 人弃暗投明，携械起义。陈同德亲自对起义官兵进行教育，有 5 人自愿留下参加抗日武装队伍，其余的均资遣回乡。

拔除新圩据点

在遂溪县的东南部，有一个圩镇叫新圩。

这个圩镇虽然不大，却是个战略要地。早在法国殖民者强占广州湾为租界时，就曾在这里设立据点，公开挂出"广州湾新圩法国公局"的牌子。

1945年4月，刚刚成立的遂南人民抗日游击大队从纪家拉回卜巢山一带活动。有一天，当地党组织负责人周超群派人送来一份情报，称日军由于太平洋战争一再失利，正在调整部署。驻新圩据点的日军全部撤回广州湾，该据点交由伪军防守。希望遂南抗日游击大队抓住这个有利时机，立即拔除这个据点。

遂南抗日游击大队接到这份情报之后，认为这是消灭新圩之敌的一个极好时机，应抓紧这个有利机会袭击敌人，以扩大影响。但是，当时盘踞在新圩之敌有2个据点。一个圩东，一个圩西。圩东是法国公局的据点，工事很坚固，当时由法国公局的一个中队防守。圩西原是由日寇驻防，日寇撤走之后，已交给一个新编的伪军保安大队防守。根据这种情况，经过研究决定认为，敌方共有4个中队的兵力，游击大队只有3个中队，如果同时攻打敌人的2个据点，显然自己兵力不足。因此，只能攻打其中一个。那么，问题又来了，先打哪个好呢？

经过大家仔细研究，认为圩东据点，敌人虽然只有一个中队把守，但是工事比较坚固，武器装备较好，且此据点，多是老兵把守，战斗力强，游击大队想要攻破显然较难。所以，大家决定首先攻打圩西据点，以化装奇袭的方式，乘敌不备，出其不意，冲进敌人据点，打它一个措手不及。

战斗方案决定以后，遂南抗日大队立即行动。当晚，除留下一部分同志在卜巢山防守营部外，其余人都在政委陈同德、林杰的带领下，开往新圩附近的坡湖村。他们把兵力分成4股：一股20人，分别化装成伪保安队和被俘游击队，由洪田带领，突袭圩西据点；一股30人，由林杰带队到圩北的三角棚村隐蔽，负责警戒和阻击敌援兵；一股30多人，化装成赶圩的农民，由周德安率领，负责监视法国公局之敌，并配合突击队行动；其余力量则全部留在坡湖村指挥部，等候命令出击敌人。**9**

这一天正好是新圩圩日，上午 10 时左右，赶圩的人熙熙攘攘地挤满整个圩市。遂南大队参加战斗的指战员化装成赶圩的老百姓，混在人群中一起进入圩内，然后分散执行任务。

下午 4 时许，由游击队员化装的一小队"伪军"，押解着 10 名游击队员从新圩西面的圩口走进来。这支"伪军"入圩后，一直朝圩西的据点走去。

圩西伪军据点设在新圩义和祠堂内。此祠堂规模较大，大小 20 多间房子住着 100 多名伪军，当时全部集中在饭厅吃晚饭。

押解游击队员的"伪军"来到据点岗哨面前，递上事先准备好的"公文"，说是押解共产党要犯前往广州湾路过新圩，因天将黑要求在据点借宿。

当伪军门哨接过"公文"时，突击队队长洪田迅速亮出尖刀，哨兵当场毙命。其余队员立即解开被绑着的战友，从腰间拔出手枪，向伪军驻地冲去。

吃饭的伪军急忙把饭碗丢下，企图冲回住房取枪反抗，但已被突击队员们堵住去路，被迫退回。为了不让伪军有喘息机会，洪田立即命令伪军举起双手就地向后转。可是伪军十分狡猾，看到对手只有 20 多人，既不反抗，也不服从命令，企图拖延时间等待援兵。

就在 20 多名游击队员和 100 多名伪军紧张对峙之际，配合攻打据点的游击队员们及时赶到，把伪军一个一个地捆绑起来，迅速将伪军的枪支弹药全部收缴，胜利地撤离新圩。遂南大队新圩战斗通过精准的化装渗透与心理战，以较小代价达成战术目标，展现了敌后武装在群众基础薄弱地区的生存智慧。

同年 5 月，陈同德奉命率遂南大队配合县主力部队攻打下担村敌据点，后遭顽军包围。该据点驻有伪军第三中队（50 人）及日军顾问 2 人，配备掷弹筒 2 具。第二中队在村口制造火力佯攻，吸引守军主力，陈同德率第二、第三中队从侧翼摸哨，爆破围墙进入村内。日军顾问紧急呼叫驻遂溪县城的独立混成第二十三旅团增援，国民党第六十三军第一五二师第三〇四团趁机从北面包围。陈同德指挥部队抢占村后制高点，用机枪封锁峡谷通道；弹尽后率 10 名战士退入祠堂，点燃煤油焚烧文件；被俘后遭日军刺刀挑断四肢，仍高呼"打倒日本帝国主义"，最终被剖腹取肝，时年仅 25 岁。**10**

遂南人民抗日游击大队在陈同德等干部带领下，通过灵活的伪军策反和机动战术，在日军与国民党夹击中开辟了雷州半岛南部的抗日支点。陈同德的牺牲不仅是个人英勇的体现，更成为南路军民坚持斗争的精神象征。其战术经验如便衣侦察、心理战等为华南敌后抗战提供了重要参考。

此时，南路各地的中共党组织在初步总结武装起义的经验教训后，各方面的工作迅速恢复，遂（溪）廉（江）边抗日根据地初具规模：西进合灵的南路人民抗日解放军主力，虽然遭受挫折，但终于冲破顽军的围堵，战胜种种艰难险阻，分路撤回到雷州半路敌后；合灵地区人民抗日游击队除 200 多人随主力转移外，其余 500 余人仍留在原地坚持斗争；中共广西党组织领导的博白人民抗日武装 200 多人，在桂东南起义受挫后也转移到遂廉边抗日根据地。

击退日、伪、顽联合"扫荡"

1945 年 5 月，中共南路特委在广州湾召开工作会议，总结回顾了南路人民抗日武装起义以来的经验及教训，肯定了建立根据地和一支主力部队的必要性，坚持以敌后根据地为依托，依靠主力部队和地方党组织的密切配合，有计划、有步骤地向根据地外围扩展。会议决定继续扩大和巩固遂廉边抗日根据地，同时加强南路人民抗日解放军的建设，打开南路抗战新局面，为夺取抗日战争的最后胜利做准备。

为此，南路特委命令南路人民抗日解放军各支队将队伍拉到遂溪西北区山家和廉江新塘这两个主要的根据地进行整训，为期一个多月，在思想、组织、军事技术等方面加强部队的建设。在这次整训中，南路人民抗日解放军撤销原有支队建置，3000 多人统一编入 5 个团。

其中，原第一支队第二、第三大队组编为第一团，800 多人，团长黄景文，政委唐才猷，政治处主任李廉东；第一支队第一大队编为第二团，200多人，团长兼政委支仁山；第一支队中由廉江组建的 3 个大队编为第三团，900 多人，团长莫怀，政委唐多慧，政治处主任林克武，广西博白人民抗日武装白马大队（营）归该团指挥；独立大队编为第四团，800 多人，团长兼政委陈醒亚，政治处主任王国强；原张炎部高雷人民抗日军余部编为第五团，300 多人，团长张怡和，政委兼政治处主任朱兰清，顾问曾伟。

此外，还组建了教导营，以加强对部队干部的培训，负责人林克武。这5 个团中，第一团为南路人民抗日解放军的主力团。还有游击队及自卫队等6000 多人，他们的活动地区，西至钦州、廉江，北至合浦、博白，东至高州，南至雷州，并建立起遂溪县西北、廉江县新塘、吴化廉边大塘区 3 个抗日民主政府。吸收党外人士参加，行使地方人民政权的权力，开展财政税收，发展生产，活跃经济，建设地方自卫武装，锄奸肃特，维持社会治安，这三个区基本连成一片，逐步形成了较为巩固的遂（溪）廉（江）边抗日根据地，人口共 20 余万。南路人民抗日解放军的整编为迎接抗日战争进入最后的反攻阶段做好了思想、组织和军事上的准备。"

1945 年 5 月的南路特委整编会议，标志着南路抗日武装从分散游击向正规化建军的跨越。通过主力团与地方武装的协同、战术体系的创新，南路军民不仅有效抵御了国民党反共摩擦，更为华南抗战胜利及后续解放战争保存了有生力量。

南路敌后抗日根据地和游击区的巩固和发展，引起日、伪、顽军的恐慌，他们互相勾结，向抗日根据地和游击区进行联合"扫荡"。

5 月间，国民党第二方面军成立粤桂南区指挥部，第二方面军副司令邓龙光为总指挥，统一调遣该区范围的粤桂两省保安团及正规军第六十四军第一三一、第一五八师。雷州半岛"清乡"行动中，第一三一师使用毒气弹攻击遂溪杨柑根据地，造成军民伤亡 300 余人，拆毁民房 1200 间，摧毁中共地下交通站 23 个，缴获粮食 5000 石，但未能消灭南路主力。第一五八师则与中共粤桂边纵队在安铺至遂溪公路展开拉锯战。

6 月 1 日，国民党军雷州挺进支队司令戴朝恩、国民党遂溪县县长黄兆昌，率领顽军 700 多人进攻遂溪西北区。戴朝恩任少将司令，下辖 3 个大队（约 500 人），配备轻机枪 24 挺、迫击炮 3 门，以"清剿"为名实施快速突袭。黄兆昌指挥约 200 人，配合戴部行动，重点破坏根据地基层政权。戴部主攻山家村（遂溪西北区核心），黄部负责切断杨柑至界炮的交通线；沿途焚烧村庄 12 个，悬挂"剿共"标语，制造恐慌。

6 月 14 日，驻廉江的日伪军勾结国民党军雷州挺进支队，共 1300 余人，分 5 路向新塘区进行"扫荡"。

廉江县城的日伪军 300 多人直扑新塘；安铺日伪军 100 多人同横山伪军 100 多人会合后，向后塘仔进犯；牛圩仔伪军 100 多人沿三角山西侧向新塘扑来，策应廉江县城日伪军占领新塘；南圩日伪军 1000 多人，向新塘与后塘仔之间插进；从北面龙湾开来的顽军 200 多人，推进到九州江边，企图将南路人民抗日解放军主力压缩于新塘附近，一举歼灭。

日、伪、顽联合大"扫荡"的阴谋，事先已为南路抗日部队所获悉。部队领导人立即召开紧急军事会议，部署反"扫荡"。

部队和群众经过几年的反抗，早已积累了大量经验。第三团主力隐蔽于新塘村地下工事，实施"弹性防御"；第一团第二营在牛圩仔设伏，采用"梯次阻击"消耗敌军。联防队在三角山布设 3 道雷区，炸毁敌军运输车 5 辆；游击队执行"麻雀战"，日均袭扰敌军 20 余次。转移老弱妇幼 1500 人至地下洞穴，粮食、药品转移至芦苇荡仓库；组织妇女成立"运输队"，用竹筏沿暗河运送弹药至前线。通过"白皮红心"保长提前 48 小时获知敌军动向，特委书记李廉东紧急调遣白马大队（广西博白）200 人增援；建立"地下情报网"，用鸽站传递关键情报，日均传递信息 50 余份。

看似来势凶猛的联合"扫荡"，很快就被击退了。

1945 年 6 月的新塘保卫战，是南路军民在极端劣势下以智取胜的经典战例。通过地下工事、弹性防御、群众动员三位一体战术，不仅粉碎了日伪顽的"瓮中捉鳖"计划，更创造了敌我伤亡比 4∶1 的辉煌战果。此战经验被写入《华南抗日游击战战术纲要》，其"以弱胜强"的战术思想至今仍具借鉴价值。

6 月 27 日，驻廉江安铺和遂溪界炮圩的日伪军共 300 多人，从东西两个方向进犯遂溪县西北区。两路敌军形成钳形攻势，企图在金围、合沟地区合围第一团主力。南路人民抗日解放军第一团在民兵的配合下，由黄景文率第一营依托金围村地下工事，设置交叉火力点；西北区联防队在合沟村布设雷区，埋设土制地雷 200 余枚；组织 30 支"麻雀队"执行袭扰任务，日均骚扰敌军 30 余次，毙日军 8 名、伪军 30 多人，伤敌数十名，并收复了伪军长期占据的界炮圩，重建抗日政权，又一次打破了日伪的"扫荡"，保卫了遂溪边抗日根据地。

同时，海康第一、第二抗日联防区也相继建立。早在 1943 年 2 月日军占领海康后，中共海康党组织就通过改造地方武装（如塘仔联防自卫队）逐步建立抗日力量。1945 年 4 月，南路特委为配合遂廉边抗日根据地，决定在海康建立战略支点，正式成立海康第一抗日联防区（扶桥抗日联防区），由纪继尧任主任，管辖扶桥、塘仔、王排等 13 个村庄，下设民兵、财粮、群众机构，并组建 50 余人的联防大队。1945 年 5 月，第二抗日联防区在竹桥圩成立，覆盖阳坡、后排上、竹桥等 60 余村，但因缺乏武装力量，仅维持月余即遭破坏。

独立大队、联防大队和各村队配合作战，连续打退了日、伪、顽军的多次进攻，成为与遂廉边抗日根据地相呼应的一个敌后抗日游击基地。

正当南路人民抗日解放军打退日、伪、顽的联合"扫荡"时，7 月中旬，向广州湾推进的国民党军第四十六军主力到达廉江外围，并向南路人民抗日解放军控制和活动的地区进攻。根据形势的变化，特委决定南路人民抗日解放军第一、第二团留在雷州半岛坚持斗争，并与琼崖纵队取得联系；其余各部队，包括第三、第四、第五团和博白、合灵的游击队，转回各县依靠群众，坚持斗争。

塘花反"扫荡"，钦防华侨抗日游击大队由守转攻

地处南路西端的防城县，同日本侵略军占领的越南海宁省相邻。在日军发动打通中国大陆交通线作战期间，侵入越南的日军也向中国边疆推进，入侵防城的东兴、那良、峒中等边境城镇。

1945 年 6 月 16 日，在中共防城特派员谢王岗等共产党人的组织和领导下，建立了防城人民抗日武装队伍。由于钦县、防城两县群众侨居越南的人数很多，该部队在国外活动时叫"钦防华侨抗日游击大队"，在国内活动则用名"钦防人民抗日游击大队"。大队长沈鸿周，副大队长沈耀初，参谋长陈汉东，政治处主任巫摩白，军需处主任黄奎。大队下辖 2 个中队和 1 个政工队：第一中队中队长黄德权、政治指导员沈耀勋；第二中队中队长罗迈、政治指导员严端侨；政工队队长巫摩白（兼），副队长郑翠兰。

起义队伍发布《抗日宣言》后，旋即开赴抗日前线和敌后日伪占领区的越南海宁省塘花山区。由沿海区抽调的 10 多名骨干，配轻机枪 1 挺、长短枪 10 多支，乘船从海上直奔塘花，编入大队的战斗序列。此时，全大队 150 多人，配有轻机枪 6 挺、长短枪 100 多支。部队到达塘花后，即行宣传发动群众，组织民兵，开辟抗日游击根据地，开展对日伪军的作战活动。

塘花处于中越边境地区的越方一侧，有 10 多个自然村，数千居民。居民中大部分是华侨和华裔，与起义部队战士语言相通，风俗类同，其中为数不少的人祖籍在防城那良，更有同乡之谊。这些群众长期遭受法国殖民主义者的压迫和土匪的残害，现在，又面临日寇的入侵蹂躏，生活十分艰危和贫

困，对革命的要求十分迫切。同时，塘花南面濒海，北面为一片连绵几十里
的丘陵地带和无数的崇山峻岭，并与十万大山支脉相连，回旋余地广阔。此
外，塘花距离附近日伪据点仅 15 公里，日伪经常在此地区进出活动。因此，
塘花既是敌人的后方，又是抗日的前线。

部队抵达塘花，便把发动群众、锻炼队伍、开辟根据地的工作摆在首
位。部队在塘花地区三角灶扎营后，立即组织指战员深入农村、工场，通
过访贫问苦、交朋友等形式，宣传抗日主张，揭露日寇的侵略罪行。号召
各族各阶层人民团结一致，共同对敌。时值夏收季节，部队派出大批人员
帮助农民抢收抢插，为患病群众送医送药，由于部队关心群众生活疾苦，
深受当地居民的欢迎和爱戴，他们交口称赞："世世代代从未见过这样好的
军队！"

在发动群众中，部队十分重视做好少数民族工作。部队在王摩岭里哥瑶
寨活动时，经常教育干部、战士尊重少数民族习俗，注意他们的特点，因势
利导开展宣传。还与瑶族群众相认"老同"，取得了瑶族同胞的信任，在工
作和斗争中得到他们多方面的支持。同时，对反动分子进行了严厉的打击，
为群众伸张正义。反动里长黄武生和坏分子何宗勋，长期以来为虎作伥，欺
压百姓、勒索钱财、强奸妇女，当地人民恨之入骨。部队根据广大群众的要
求，逮捕处决了这两个罪大恶极的家伙，人心大快，部队威望也得到大大提
高，群众更加信赖他们，更加积极支持他们。

在提高群众思想觉悟的基础上，部队还组织了工会、农会和民兵，当时
参加民兵的积极分子有工人项世发、郑志农和农民邓七多等人，发给他们一
些枪支弹药，进行自卫。还吸收了何宗信、何宗检、何宗枢、黎三伯等加入
了抗日队伍。经过一段时间深入细致的工作，部队与当地人民结下了深厚的
情谊，建立了鱼水般的关系，使塘花地区成为游击队可立足的根据地。民兵
们经常主动到公路边巡逻放哨，了解敌情。里哥瑶寨、平河村的群众多次冒
险为游击队掩护和治疗伤病员。何宗枢的家成了游击队的重要交通站。在以

后的战斗岁月里，何宗枢一直意志坚强，工作积极，为革命献出了生命。**12**

钦防华侨抗日游击大队在塘花的活动，很快引起日伪军的注意。于是，伪军头目何宗月率领伪军三四十人，窜至塘花进行破坏。

6月下旬的一天清晨，抗日游击大队集中100多人将何宗月部包围于塘屋村。战斗打响后，担任主攻的第一中队首先击毙了伪军哨兵，10多名伪军闻声冲出村边企图抢占山头。第一中队用猛烈火力迎头扫射，迫使14名伪军缴枪投降。何宗月及其余10多名伪军龟缩一房内负隅顽抗。由于游击大队缺乏攻坚武器，经过两三个小时的激烈战斗，未能攻克。游击大队正在调整部署，准备采用火攻和从侧门突袭时，增援日军赶到。为避免损失，部队果断决定撤退。

战斗中，分队政治服务员沈季杰牺牲，2名战士负伤。

当晚，游击队转移到江尾村时，得知日军在第二天要解饷途经塘花。他们立即决定在瘦洞村宿营，伺机进行伏击，不料拂晓时突然被日军包围。在敌众我寡、地形不利的情况下，大队参谋长陈汉东率队突围。突围中，陈汉东英勇牺牲，郑翠兰、何英、沈淑英3位女战士落入敌手。被俘的3位女战士面对日寇的淫威，毫无畏惧，始终坚持革命气节，直到日本投降后才获释。

7月间，游击大队对进入塘花以来的斗争作了总结，决定扩大活动地区，并对活动方式和兵力部署进行调整：从原来的2个中队中抽调精干人员组成2个挺进队，推进到日伪据点附近周围村庄，宣传群众、搜集情报、捕捉战机、打击小股日伪军。其余部分在平河一带开展群众工作。

大队部从三角灶撤出时，留下2名战士日夜烧火，白天炊烟袅袅，夜间火光闪烁，以迷惑日伪。经过一段时间的努力，游击大队的活动扩大到海宁省省会芒街外围，基本上控制了新街至芒街沿线。

7月下旬，日伪军数百人配备火炮，兵分3路向三角灶进犯。按照计划，沈耀良、张贤率领的小分队首先与日伪军接触，阻滞日伪军前进。大队主力在平河听到里西传来的枪声，便紧急集合队伍前往增援。当沈耀良分队与日伪军对峙之际，沈鸿周、沈耀初等率部赶到，占据了里西村东、北的 2 个高地，并立即展开队形，集中全部火力向日伪军扫射。来犯日伪军遭到这一突如其来的猛烈打击，便仓皇后撤。副大队长沈耀初率领队伍乘胜追击，直驱数里。日伪军在撤退时各顾性命，溃不成军。战斗中，毙伤日伪军五六名，缴获军用物资一批。在欢庆胜利的时刻，分队服务员张贤抑制不住内心的激动，作诗一首抒怀：

> 义师初诞舞吴钩，转战边陲伐寇仇。
> 丹史揭开新一页，那良烽火足千秋。**13**

塘花反"扫荡"作战是钦防华侨抗日游击大队由被动防御转向主动出击的转折点。通过空城计、伏击战的灵活战术，不仅粉碎了日伪军的"三路合围"，更开创了南路抗日武装击溃日军正规军的先例。

日军退守沿海，中路准备出击

8 月上旬，世界反法西斯战争形势发生变化。美军在日本广岛、长崎投下原子弹。苏联对日宣战并进军中国东北。日军宣布无条件投降已进入倒计时，华南日军开始收缩防线，准备向港口集中待命。

钦防华侨抗日游击大队奉命从塘花抗日游击基地撤回国内休整，经过三天两夜的跋山涉水，队伍到达里火。里火地处十万大山北麓，毗邻中越边境，可同时应对国民党军东进与日军南撤，控制盐田、公路等战略资源。

根据上级的指示要求，部队在里火召开了干部会议，总结了大队开赴前线抗日作战的经验，布置了新的任务。会议决定：抽调四五十名精干人员组成一个中队，配轻机枪 2 挺，继续开赴中越边境，发动华侨抗日；其余人员组成几个小分队，分散到全县各地扩大武工活动。一在防城附近及沿海地区；一以大勉为中心，活动于电六、天稔、大桥一带；一辗转于滩散、那峒、北仑线上。**14**

这时，日军大本营判断中国战场需收缩兵力以应对本土决战。为收缩防线，原驻广东的日军第二十三军（含雷州半岛部队）奉命向广州集结，7月15日前完成撤退，仅留独立混成第八旅团固守湛江港。1945年7月中旬，从雷州半岛撤往广州集结的日军3000余人，沿广湛公路（广州—湛江），经南路地区和中区，向广州方向和沿海地区退守。

中共南路特委通过越南华侨商队（经中越边境地下交通线）截获日军第二十三军撤退计划，确认其主力将于8月中旬沿广湛公路经恩平、遂溪向广州集结。广东人民抗日解放军司令部（司令员吴有恒）连夜召开作战会议，决定以"截断日军辎重、迟滞撤退速度"为核心目标，调集主力部队实施伏击。

广东人民抗日解放军司令部接到中共南路特委派交通员送来的情报，立即命令在恩田地区活动的各团，迅速挺出山区，开赴广湛公路沿线，伺机截击犯境日军；命令活动于江会地区和台山大罉洞一带的部队，主动出击日伪据点，牵制日伪军。

大槐顶伏击战

同一天，广东人民抗日解放军司令部率第一、第六团也日夜兼程，从恩平边区开赴广湛公路恩平路段那吉一带，并于16日经过侦察地形，决定在大槐顶展开伏击准备。

大槐顶山海拔327米，地势险峻，北侧为陡坡，南侧设有一条盘山公路，两侧密布丛林与溪流，形成天然伏击走廊。根据大槐顶的地形和过境日军大部队行动的情况，代司令员兼参谋长谢立全与第一团团长黄江平、政委关海等人共同制订了作战方案：将部队的主要兵力部署在公路一侧的山地上，配置轻、重机枪和掷弹筒，控制制高点，使部队处于居高临下的攻击位置；另由第一团派一个主力连埋伏在距公路仅几十米的小丛林里，对日军实施近距离攻击，以达近战歼敌之目的；同时，根据敌众我寡的具体情况，决定采取切敌尾巴、打其殿后部队的战术，以保证伏击战的胜利。

7 月 17 日，主力连战士们隐蔽在靠近公路四五十米远的小丛林里，监视山下公路，等着日军的"光临"。隐蔽在密密麻麻竹丛和松林中的战士们，沉静地凝视着公路的前方。

整整一天过去了，日军还没有来。第二天，战士们又照样等了半天，还是不见日军的踪影。大家都十分焦急。这时，有的战士等得不耐烦了，开始有些浮躁。谢立全随即下令要求全体指战员严格执行规定，不准移动位置，以免暴露目标。

谢立全也在想："是不是情报弄错了？抑或鬼子的后续部队在我们到达之前过完了？"但是根据中共阳江县委送来的情报，不会有差错，按时间计算，一定还有一大队日军在后面。

太阳升到中天时，侦察员飞奔过来向谢立全报告："公路前面发现鬼子了！"谢立全立即命令部队进入战位待命出击。大家听说日军来了，迅速进入战位，紧握手中武器，全神贯注地看着山下公路。

只见日军一群一群、一队一队，驱着马拖的炮车和辎重车，神气活现地进入视线之内，渐渐由远而近，一路走来，扬起尘埃，从战士们眼下走过去。有的干部急不可待，低声嘀咕道："该打了吧，过完可就抓瞎了。"

谢立全轻轻说："别忙，切鬼子尾巴一段。"

战士们卧在地上屏息凝神，手指都扣在扳机上，聚精会神地等待号令。每等一分钟，在战士们的感觉中都像是过了许久许久，令人难耐。大家都恨不得一下子冲杀下去，把鬼子全部干掉！

谢立全心想：同志们的胃口倒好，只可惜我们力量不足。我们只能有多大的"本钱"就做多大的"生意"了。

一直等到太阳偏西，几千日军已络绎过去，后面又一群日军上来了。谢立全举起望远镜，透过竹林空隙望去，这一群日军有两三百名，一看便知是殿后部队，后面不会有后续了。这正是最合适的"生意"。

当日军进到伏击圈时，谢立全看准时机，突然发出攻击信号。暴雨般的枪声随即响起来了，掷弹筒发射了，所有的机枪同时开火，无数条火舌喷向日军，跟着是一排一排的手榴弹，从山上飞腾而下，在日军人群中开了花，一时山鸣谷应，打得日军人仰马翻，向田野逃窜。战士们乘胜冲杀下去，向窜进田塅、水坑和土洼里的日军穷追猛打。

约有三四十名日军被打死打伤，躺在公路上和田里。群众闻声，站在远远的山头上观战，见战士们勇如猛虎，杀得日军狼狈不堪，竟不惧危险，齐声高呼："打得好！打得好！"

这时，走在前头的日军大部队掉头增援，用山炮和野炮集中向抗日人民解放军阵地猛烈袭击，炮弹在战士们身前身后爆炸。被炮弹削下的竹枝、树枝、土块、石块，腾空飞舞，阵地上升起无数浓黑的烟柱，硝烟弥漫。

日军炮兵的战术是一炮前，二炮后，三炮打个正着。对付日军这一手，经过几年与日军作战，抗日人民解放军也有经验了。机枪手每逢看见炮弹落在身前身后，便急忙向日军猛扫几梭子弹，随即抱起机枪迅速转移阵地，每每在他们走离 20 米左右时，日军的炮弹便会接二连三地命中他们原来的机枪阵地；而部队的机枪，却又在另一个阵地上响起来了，一连串的火舌又伸向敌阵。

日军用强烈的炮火向抗日人民解放军轰击了一阵之后，使用大队骑兵冲过来，向山头阵地迂回。谢立全见伏击的目的已达到，不宜恋战，便下令立即撤出战斗。

战士们扛着缴获的战利品，扶着七八个负伤战友，辗转撤回驻地。**15**

大凹村围歼日军

与此同时，中区各地区的部队也向日伪进行攻击。坚持在新鹤前线一带的第二团积极行动，打击日伪。

一天，卢德耀和陈江接到来自大凹村的一份情报，说有日军一个班要到大凹村。他们进村不外是为了3件事：一是要钱，二是要猪、要鸡，三是要"花姑娘"。

大家决定狠狠地教训教训那些禽兽。于是，卢德耀要大凹村群众向日军"表示欢迎"，同时又让大凹村的乡绅们摆设酒菜，准备"接待"他们。

布置停当之后，卢德耀又派了短枪组的3名战士去当"招待员"，并派出一个小队隐蔽在大凹村山上掩护。

第二天一早，12名日军果然到了，一进村便被群众引进祠堂里。日军一坐下便大杯酒、大块肉地吃喝起来。几名"招待员"看到日军渐渐喝醉了，便一声暗号，一齐拔出手枪，指向他们喊道："不许动！缴枪不杀！"

日军如梦初醒，一个个只好举起双手。其中的3名日军拔腿往外逃，最前边的一名刚刚跑出门外，便被隐蔽在山上的机枪手击毙，紧跟在他后面的2名日军也被击伤倒地，被群众捉住。祠堂里余下的9名日军，听得外面枪响，不敢再作逃跑打算，一动不动地当了俘虏。

日军被歼灭一个班后，恼羞成怒，不久便派出300多名日军，向卢德耀、陈江率领的第二团尾追，分2路合围，企图一举歼灭。第二团迅速登上莲花山，占据有利地势，集中火力阻击日军，接连把日军的几次冲锋都击退了。

战至黄昏时分，日军发炮向山顶轰击了一阵之后，眼看夜色已浓，不敢停留，连夜跑回新会城去了。这次战斗，第二团顽强地击退了两倍于己的日军，给日军以不少杀伤。

转战在恩平与台山地区的第四团，在林兴华、赵彬率领下，又乘日军过境时，以勇猛的动作，夜袭广海，一阵猛冲猛打，一举击毙日军和伪军 30多人，俘虏 100 多人。[16]

在这期间，各支部队在打击日军的历次战斗中，积小胜为大胜，在粤中一带声威震，在群众中掀起了空前高涨的抗战情绪。

大槐顶伏击战后，又有大批从海南岛、湛江等地撤往广州的日军经中区各县过境。为了进一步打击日军，广东人民抗日解放军司令部即率第一团、直属队等部队，从那吉转移至恩平、开县交界的沙湖一带，准备会合第五团，集中兵力在恩平县船角至开平县齐塘之间的公路沿线继续打击过境日军。

7 月 21 日，第五团进抵新塘绵湖村，打退了前来抢掠百姓财物的 100多名日军。第二天，又有数十名日军进入君堂抢掠。第五团即派出 30 多人进去，给日军以突然袭击，打得日军狼狈逃窜。接着，司令部率领的各团、队在君堂附近与第五团一部会合，随即决定组织各团主力，分 3 路渡过锦江，进入开平境内，对公路沿线的茅岗日伪据点，发动夜袭。部队经过一个多小时的激战，歼敌一部，其余日伪军已陷于被包围之中。

韩江纵队成立

1945 年 6 月初，中共潮汕地方党组织主要负责人林美南在大南山抗日游击根据地内的普宁县陂沟村，主持召开了潮汕各地党组织和游击队主要领导人参加的会议。会上，林美南传达了中共广东临委的重要决定：将潮汕人民抗日游击队扩编为广东人民抗日游击队韩江纵队。会议决定在韩江纵队之下组建 3 个支队：以潮澄饶敌后抗日游击队为主，会合揭阳梅北的人民抗日武装，在潮揭丰边界的小北山组建第一支队；潮普惠方面的潮汕人民抗日游击队改编为第二支队，以大南山为抗日游击根据地；以曾广、汪硕率领的独立大队为基础，在适当时机前往大北山，开辟以大北山为中心的游击区并成立第三支队。

这三个支队形成"品"字形的战略性布局，既能互相呼应、互相支援，又能西联东江纵队，北接兴梅地区的韩江纵队，东与闽西南的王涛支队相配合，逐步实现原定的建立闽粤赣边根据地的战略部署。

6 月下旬，抗日游击队韩江纵队成立第一支队，程严为支队长，邹子招为副支队长，黎广可为政委。第一支队以埔北为中心，向周围开展工作，使这一地区成为"韩纵"在梅埔北部的一块重要游击区域。

6 月底，广东人民抗日游击队韩江纵队在普宁县流沙墟宣告成立，同时公开宣布接受和拥护中国共产党的领导。这是潮汕党组织领导的人民抗日武装首次公开政治面目，引起各方面的巨大反响。林美南任韩江纵队党代表，不久改任司令员兼政委，谢育才任军事顾问。与此同时，第二支队即告成立。林川任支队长兼政委，杜民锋任副支队长。第二支队下设 4 个大队，全支队共拥有 1000 余人枪，成为韩江纵队的主力部队。[17]

8 月初，第三支队在揭阳粗坑村成立，古关贤任支队长，曾广任政委。第三支队下设 1 个大队、3 个中队，有 350 多人枪。揭阳粗坑村地处大北山革命根据地核心区，周边群山环绕，便于隐蔽和开展游击战，且群众基础较好。

8 月 13 日，第四支队在居西溜村成立，周礼平任支队长兼政委，李亮任副支队长兼大队长。该支队下设 1 个大队，有 260 多人枪。

至此，在日军入侵汕头时即成立的汕青游击队，经过 6 年多艰难曲折的斗争，终于发展成一支近 2000 人的韩江纵队。此外，各地基层党组织还建立了 100 多个不脱产的抗日游击小组，总人数达 2000 多人，此时是潮汕人民抗日武装发展的全盛时期。在中共潮汕地区党组织的领导下，韩江纵队全体指战员以旧劣的武器装备、高昂的士气，英勇战斗在普宁、潮阳、惠来、南山、揭阳、丰顺、潮安、澄海、饶平，以及五华、陆丰、兴宁的部分边界地区，为驱逐日本侵略军、收复潮汕失地、争取抗战最后胜利作出了重要贡献！

广西开启攻势

在广西，敌后抗日游击战争逐步展开。

1944 年 9 月，入侵广西的日军先头部队进入桂北。中共灌阳、灵川两特别支部领导的 9 支游击队率先投入战斗。9 月下旬，全县（今全州县）恩乡美田村抗日自卫队 3 名队员偷袭日军，击毙其中队长 1 人。12 月，全县恩乡大田抗日自卫队在两河乡大狼口灌江东岸伏击日军运输队，毙伤伪军 10 余人。1945 年 4 月，灵川县抗日政工队在潞江抗日自卫队的协同下，在岭尾渡江伏击下乡掠夺物资的日军小分队，全歼该敌 14 人，截至 1945 年 7 月，桂北的 9 支抗日游击队共作战 30 余次，共毙伤日伪军 140 余人，俘日军 2 人，缴获各种枪 20 多支，拔除日军据点 10 多个，摧毁伪乡村维持会 30 多个。

12 月 12 日，日军独立步兵第二四八大队分乘 10 多艘木船自贵县郁江上驶增援南宁，中共贵县香江支部领导的大江乡抗日自卫队和中共党员组织的旭塘、临江、莲塘、长塘等地的抗日突击队以及国民党贵县、横县自卫队各一部先后参战。经 7 昼夜激战，毙敌大队长渡部市藏中佐以下 80 余人，俘日军 1 人、汉奸 4 人，击沉敌船 4 艘，缴获木船 5 艘、轻机枪 3 挺、步枪 34 支。

1945 年 2 月下旬至 3 月上旬，桂东南抗日游击区办事处领导陆川、博白、兴业、贵县的抗日自卫军共 2800 余人举行抗日武装起义，计划将起义部队开赴粤桂边境创建六万大山区抗日根据地。起义部队很快遭到国民党顽军的“围剿”，起义失败。中共广西省工委代理副书记黄彰等领导干部和指战员共 250 多人牺牲。博白、陆川两县幸存的指战员 300 余人转移到广东廉江县，加入南路人民抗日武装。

1945 年 2 月上旬，融县抗日挺进队经周密侦察、部署，在融江大扁洲伏击日伪军运盐船队，将敌击溃，缴获盐船 5 艘、食盐 2 万余斤。5 月下旬，融县抗日挺进队在浪溪河畔，伏击自融县向桂林撤退的日军，毙伤日军 20

余人，余敌败退。当日上午挺进队乘胜围攻逃往盘安乡长靶一带的融县长安镇伪维持会保安大队残部，伪保安大队大队长邓德麟被迫率部 20 余人投降，共交出长短枪 20 多支。5 月 29 日，驻融县日军分乘 23 艘木船沿融江向柳州撤退。融县抗日挺进队即奔赴滩底一带截击。战斗打响后，与挺进队有统战关系的地方爱国武装及当地群众武装亦赶至融江两岸参战。经一天激战，重创敌军，日酋今野一男亦被击毙，敌船大部被击沉，其余被缴获。

此外，活动于桂中武宣县的东乡抗日义勇队、桂南武鸣县的邓广乡抗日义勇队、桂西河池县的光隆乡抗日自卫大队在当地中共党组织的领导下，勇敢抗击入侵的日军。1945 年 1 月 25 日，武宣东乡抗日义勇队在黔江大藤峡红石滩伏击自柳州撤往桂平的一支日军船队。该队利用有利地形顽强截击，在南岸桂平县龙山群众武装的配合下，击毙日军宪兵队队长向井立夫以下官兵 100 余人。

临阳联队战斗在漓江畔

1945 年 3 月下旬的一天，桂东北临阳联队领导正在研究攻打兴坪一个日军的据点。侦察组同志回来报告说：国民党桂林区民团指挥官黄绍立派 2 个大队从恭城西部和平乐北部向我根据地闯来，沿途扬言："临阳联队成立不合法，要强行改编，如不接受就消灭。"并抓走联队工作组的 2 位同志，还派人去联络桂林专员陈恩元、"临桂挺进大队"大队长秦伟民，准备夹击临阳联队。

得知消息后，联队领导分析了敌情，认为恭城西面和平乐北部、阳朔东区边境的几支反动地主武装，与黄绍立部互相勾结，向这方面出击，把握不大，而兴坪区北部临桂县东区的秦伟民"挺进大队"孤守蓬山，吃掉他比较有把握，因而决定发起蓬山之战，消灭秦伟民部。

盘踞在临桂潮田乡蓬山村的所谓"临桂挺进大队"大队长秦伟民是个汉奸恶霸。他打着抗日的招牌，纠集 60 多个地痞流氓，拥有 40 多支步枪、1 挺重机枪和 2 挺轻机枪，暗中勾结日军、汉奸，不时派出武装袭击临阳联队，还曾杀害2名地下工作人员，并扬言配合顽固派黄绍立部一举消灭临阳联队。他平日欺压老百姓，敲诈勒索，奸淫良家妇女，无恶不作，血债累累，方圆几十里的群众，都咬牙切齿地骂他是"活阎王"。

根据侦察员报告，秦伟民的老巢蓬山村设防较坚固，村内设有几道刺门，村的后山一带插满锋利的竹签。根据敌情和地形，联队领导决定分两路乘雨夜突袭秦部。以第二、第四中队为一路，在黄嘉政委率领下，从大源出发，经由咸水、瑶山脚底，过寨上、雷岭底，直插蓬山村后；以第五中队为第二路，在黎禹章联队长率领下，经临桂县的卯江村从正面进逼蓬山村，形成钳形包围的态势。

第五中队由一个被其抓获的排长带路，在天亮前，通过二道刺门后，立即解除了顽军哨兵的武装。接着兵分两路：右路由谢韧天参谋长和指导员李丹率队直插寿竹林，把秦伟民的大队部包围起来，以便把龟缩在楼上的二三十名顽军解除武装；左路由黎禹章和中队长唐致祥率领插入祠堂，进攻顽军副大队长黄群所率领的部队。但当部队冲到秦伟民大队部东头时，被对方一挺重机枪火力压制，一时冲不上去，秦伟民乘机打开西侧门，向后山逃跑了。右翼部队冲到西侧边，一位战士英勇地冲进去，用快慢机打了一梭子，夺下了敌人的机枪，转向敌人扫射。占领后山的第二、第四中队，英勇地阻击逃跑的顽军，从而迅速将其消灭。

战斗结束后，打扫战场，共俘获顽军40余人，缴获30多支步枪、1挺重机枪、2挺轻机枪和几箱子弹、手榴弹。在对俘虏进行教育后，部分参加了临阳联队，一部分被释放。"活阎王"秦伟民化装逃往后山，后为临阳联队战士捕获。只有副大队长黄群在混乱中带10多人乘黑夜逃遁。

胜利的消息一传开，附近村寨的群众欢欣鼓舞，纷纷朝蓬山村奔来，表示庆贺和慰问。根据广大群众的要求，联队在蓬山村召开公审大会，判处秦伟民死刑，立即执行。人心大快，掀起参军参战的热潮，部队迅速增加到300余人，有重机枪1挺，轻机枪3挺，步、手枪300余支。

蓬山之战后，联队领导决定抽调40多名精壮的战士，组织了一个突击队，由第二大队副大队长邓慰洪、第五中队副中队长陈运珉任突击队正副队长。突击队以奇袭敌人的小股部队和骚扰敌人；打击汉奸、敌特；向地主、奸商征收粮食和非法收入为主要任务。

　　5月中旬的一天，兴坪镇的日军20余人，准备天亮后用3艘船把抢来的粮食运往阳朔。突击队得到群众送来的情报后，决定在牛尿塘河边伏击。赵志光、邓慰洪亲自率领队员，连夜赶到牛尿塘河边的岭头埋伏起来。但狡猾多疑的日军，天未亮即提前开船，船上架起机枪，还派出士兵在船头观察情况。突击队是初次打日军，没有经验，有的战士在见到敌人第一条船时，就想射击，邓队长沉着地说："别急，等敌人船队都进了伏击圈时，听我的命令再打！"战士们一个个把子弹推上枪膛急切地等待着。

　　敌船全部进入突击队的埋伏圈后，邓队长一声令下，"打！"所有武器同时开火，哒哒哒……子弹雨点般地落到敌船上，在船头站岗瞭望的敌兵应声翻落江中，其余的日军慌作一团，哇哇大叫往船舱里钻。敌指挥官气急败坏，举着指挥刀，命令士兵向岸上还击，密集的子弹落到突击队的阵地上，击起一阵阵尘土。

　　"狗东西！死到临头还发疯！"突击队员怒不可遏，集中火力向敌指挥官所在的船射击！敌指挥官应声栽入江心。这样一来，敌士兵更乱了套。有的往船舱里钻，有的跳到河里去救他们的指挥官。2条被突击队打坏的船慢慢下沉，船上的日军慌忙跳上另一条船，拼命往下游划去。此战，突击队击毁2条敌船，毙伤日军10余人。

　　1945年6月中旬，临阳联队领导决定部队南下平乐、荔浦两县边界地区活动，以开辟新的游击区，扩大队伍。部队从兴坪区亨庆、大源根据地出发，经阳朔福利、白石渡渡过漓江，进抵平乐县的龙窝圩。这一带是新区，没有群众基础，国民党顽固派部队借故制造摩擦。联队刚到时，处境很困难。

　　联队领导根据上述情况，决定部队分散活动，开展群众工作，并在荔

（浦）平（乐）公路一线伏击日军。此外还从各中队选拔24名精干机警的战士，组成一个突击队，下设一个手枪班，一个步枪班，仍由邓慰洪率领，插进敌人盘踞的平乐县城附近，寻机袭击日军。

6月下旬的一天，邓慰洪带着突击队，从野鸭石渡江到达离平乐县城仅五六里的河口圩。

第三天清早，一名老乡气喘吁吁地跑到突击队驻地，向邓队长报告说："鬼子来了，你们快走吧！"看他那焦急而真诚的神情，同志们又感激又好笑。邓队长安慰他说："老乡！不要怕，我们来这里就是为了打鬼子的，现在鬼子送上门来了，那正是歼敌的好机会。"接着向他问明了具体情况，根据地形，把部队埋伏在漓江边。

等了半个多钟头，一艘木船从上游出现，掌舵的、划桨的全是日军，共有十三四名，身上斜背着"三八枪"。邓队长命令手枪班监视岸上，步枪班准备迎击船上的敌人。

船越来越近了。

"打！"邓队长一声令下，步枪班长只一枪就把一名划船的敌兵揍下江去了。接着12支步枪一齐射击，打得船篷"嘭嘭"直响，木船四周水花飞溅。日军被这突然的袭击打得晕头转向，一个个哇哇乱叫。掌舵的敌兵伏在船舱里向突击队还击。步枪班长朝他连打了两枪都没打中，嘴里骂道："狗强盗，不揍倒你就算我没本事！"端起枪，枪口跟着他移动。"叭"的一声，那敌兵应声翻落江中。木船没了掌舵的，立即在江心打起转来。

"同志们，狠狠打，不让一个鬼子活着回去！"邓队长的话音刚落，步枪班长和战士老徐"叭叭"两声枪响，又将接替那个"落水鬼"掌舵的敌兵击毙。敌船在江心打转了一阵，缓缓地向下游漂去。战士们追了半里路，再没见敌人露头了。邓队长派一名熟悉水性的同志划着竹排去套船。

当竹排靠近敌船时，船舱里又探出一个头来，岸上的战士当即开火，那名敌兵嚎叫一声，也丧了命。

突击队登上敌船，见船上横竖躺着七八具敌兵尸体，战士们把尸体推下江中，把木船撑回岸边，然后扛起缴获的枪支弹药，高唱着战歌返回驻地。一群群老百姓围拢上来，齐声夸奖："临阳联队勇敢机智，打了大胜仗，真了不起！"联队的名声很快传遍了平乐、荔浦边境地区。

7月上旬，临阳联队转移至荔浦县境，在马岭的朝贵、凤凰坪、下大地一线驻扎。那时正是夏收大忙季节，驻扎在马岭街的日军经常到钱袋厂一带抢粮食、耕牛，抓"花姑娘"。老百姓害怕，大部分逃进了山里，只剩下少数老人和一些不怕死的青壮年在村里看护家园。

一天，群众来临阳联队驻地报告说，马岭街的日军又出动了20多人到钱袋厂抢粮食，国民党自卫队不敢打，要求联队去消灭这股日军。联队部当即派出3个中队轻装跑步到钱袋厂。第一、第二中队从左边包抄村子，第四中队从右边攻击。部队以村边的树林、竹林作掩护，接近村子。当战士们刚走到村子前面的竹林时，被一名站在大樟树上的日军哨兵发现，向冲在前面的参谋长谢韧天开了一枪，子弹击中他头上的钢盔边沿，钢盔落地。谢韧天顺势一滚，趴在一块田基下，迅速组织火力，将树上的敌哨兵打了下来。在村里抢劫的日军听到枪声，即向村外反扑。联队长黎禹章立即组织部队，利用村子围墙和田基作掩护，与冲出村外的敌人交火，击倒了2名日军。日军见联队火力很猛，又缩进村里慌忙押着几位老人，赶着几头耕牛，背着一些粮食从村后撤回马岭。临阳联队战士怕误伤了群众，沿着较高的田埂追歼逃敌，高声叫喊被押的老百姓赶快趴在田里不要动。日本兵见势不好，不得不丢下抢来的财物和百姓，边打边拖着3具同伴的尸体逃走，被抢走的耕牛和粮食又回到了群众手中。

7月12日，临阳联队在返回阳朔兴坪根据地的途中，于漓江边的古座塘村宿营。该村由古座塘、崩山岭、栗树岭3个屯组成，村与村相距三四华里，村后是高耸的土岭，西面是滩多水急的漓江。部队转移前，已通过社会关系获悉驻在荔浦、阳朔边境的国民党顽固派地方武装，妄图"围歼"临阳联队，联队部决定部队分散在 3 个屯子宿营，相互策应，以防不测。

第二天天没亮，顽军即向联队发起攻击，密集的子弹打到联队驻地的屋瓦和墙上，并一再嚎叫："交枪吧，你们被包围了！""投降吧！我们宽待你们！""冲呀！杀呀！"但没有一个人敢冲下来。

联队立即采取紧急措施：一、命令部队扼守村口和碉堡、炮楼，敌人胆敢冲下来，就坚决顶住；二、派第一中队的 2 个排占领背后山制高点；三、派炊事班进村找米做饭，让战士吃饱后，从 3 个村子同时对顽军发起反击。

临近中午，各中队已吃过饭，指战员精神抖擞，斗志昂扬，而顽军乱打枪、狂喊了半天，十分疲惫，正在开饭，联队部抓住战机，命令部队反击。联队参谋长谢韧天操起重机枪，发出反击的信号。政委黄嘉和政治部副主任韦立仁率领民运队和后勤人员坚守村子和警戒漓江河面，同时用木板、竹子扎筏子，供部队渡江时使用。萧雷和第一大队教导员孙忆冬率领第一中队从古座塘村后山腰绕到顽军的侧后，猛烈地发起进攻，顽军遭到突然袭击，阵脚大乱，仓皇往山下逃跑。黄嘉见况，即率领留守村中的人员冲出来，配合第一中队夹击顽军。他们追过几座山头，直插国民党阳朔县东区自卫联队第一大队临时大队部所在地白岩洞，俘获其几名后勤人员。第二、第四中队分别在联队长黎禹章、副联队长赵志光的率领下冲上顽军占据的几个山头。顽军丢下饭碗狼狈逃跑，第二、第四中队勇猛追击了四五里才收兵。驻阳朔福利桥头村的顽军自卫队廖述之部在赶赴古座塘参加"围剿"的途中听说友军第二、第五大队已被打败，遂停止前进，顽军的"围剿"计划彻底破产。

下午 5 时，正当联队准备渡河转移时，一股日军分乘 4 条木船沿漓江而下，对岸还有 20 名敌兵走陆路掩护。联队指战员不得不停止渡江，忍受着疲劳投入战斗。根据联队部的部署，各中队利用江东岸的丛林作掩护进行伏击。日军船队进入伏击线后，联队指战员猛烈开火，打得敌人嗷嗷直叫。敌人凭借其火力优势，一边用机枪、迫击炮、掷弹筒向联队阵地扫射、轰击，一边拼命划桨往下游逃遁。其中一条船上划桨的士兵被联队官兵击毙跌落江中，船在江中打转。联队长命令部队集中火力攻击这条船。日军见天色已晚，不敢恋战，丢下这条被打坏的木船，仓皇逃走。

部队渡过漓江后，到达群众工作基础较好的芭蕉林村一带山区休整。

1944 年秋至 1945 年夏，桂东北人民抗日游击纵队临阳联队，在桂林外围漓江沿岸开展抗日游击战争，在半年的时间里，大小战斗 11 次，歼灭日、顽军 80 余人，缴获重机枪 1 挺，轻机枪 2 挺，步、手枪 70 余支。建立了 1 个区级、3 个乡级抗日民主政权，在桂东北的抗日战争史上写下了光辉的一页。[18]

从 1944 年 9 月日军开始入侵广西，至 1945 年 7 月，日军撤离广西，中共广西省工委领导的抗日武装对敌作战 100 多次，歼灭日伪军约 500 人。

1945 年 7 月中、下旬，入侵广西的日军大部撤走，国民党军队大批回到广西，围攻人民抗日游击队，企图消灭人民抗日武装。鉴于敌我力量悬殊，中共广西省工委指示各地党组织领导的抗日武装，化整为零，分散转移，保存力量。临阳联队和桂北、柳北等地的游击队分别转移隐蔽。桂东南人民抗日武装，遭到桂南国民党行署调集的保安团、别动队以及桂东南各县反动武装的残酷围攻，被迫突围，损失严重。博白人民自卫队 280 余人转移到广东廉江县龙湾地区，整编为独立营，在雷州半岛配合南路人民抗日解放军坚持敌后游击战。

琼崖纵队加速反攻准备

在海南岛，琼崖纵队加速反攻准备。

1944 年秋，中共琼崖特委、独立总队在粉碎日军对琼崖抗日根据地"蚕食""扫荡"后，为了加强对部队及各地区抗日战争的组织领导和指挥，根据中共中央的指示，决定将琼崖独立总队改称广东省琼崖游击队独立纵队（简称"琼崖纵队"），司令员兼政治委员冯白驹，副司令员庄田，参谋长李振亚，政治部主任王白伦。纵队下辖 4 个支队。第一支队，吴克之任支队长，林豪任政治委员，陈武英任副支队长，郑章任参谋长，黄一峰任政治处主任，下辖 3 个大队，有 1000 余人；第二支队，符振中任支队长（后由陈武英继任），符荣鼎任政治委员（后由符树义继任），云涌任副支队长（后由陈求光继任），陆和任参谋长，符树义任政治处主任（后由陈岩继任），下辖 3 个大队，有 800 余人；第三支队，符哥洛任支队长，莫逊任政治委员，林和平任副支队长，符中权任参谋长，祝菊芬任政治处主任，下辖 3 个大队，有 1000 人；第四支队，马白山任支队长，陈青山任政治委员，陈求光任副支队长（后由潘江汉继任），谢凤池任参谋长，江田任政治处主任，下辖 3 个大队，有 1000 余人；司令部设有作战科、训练科、通信科和侦察科；政治部设有组织部、宣传部、民运部和秘书处。

冯白驹在庆祝琼崖纵队成立的群众大会上发表了《琼崖纵队成立的意义及今后的任务》的讲话。他说：我们成立广东省琼崖抗日游击纵队的实际意义，就是庄严宣告，琼崖纵队已正式成为海南抗日武装的领导中心，也只有琼崖纵队才有资格和能力领导海南人民完成抗战大业。因此，琼崖纵队成立后的任务，就是要独立自主地放手发动群众，壮大人民武装力量，以期驱逐日本侵略者出海南，夺取抗战的最后胜利。**19**

早在 1943 年 8 月，五指山区的数千黎族同胞在黎族首领王国兴的率领下举行武装暴动，在近一个月的时间里，起义的风暴席卷整个五指山区。1944 年 12 月，王国兴等白沙起义首领，到达澄迈县的六芹山，会见了特委书记冯白驹。根据王国兴的要求，特委决定成立白（沙）保（亭）乐（东）人民解放团，王国兴任团长，郑放、许世淮为副团长，王玉锦为参谋，郑放兼任党组书记，挑选了 30 多名黎族优秀青年，组成了一支武装工作队，潜进白沙一、二区开展群众工作，打击奸细，为主力部队进入白沙腹地，扫除国民党顽固派创造条件。

1944 年 12 月 12 日，中共琼崖特委召开常委会，分析抗日战争形势，认为"战争在琼崖的结束，可能是明年秋季"。会议作出了《关于加速反攻准备工作的指示》，要求在数个月中加速做好反攻的准备工作：1. 琼崖纵队应扩大到 4 个旅（12 个团）的力量。2. 动员常备与后备武装上前线，各乡的后备队改名为"反攻预备组"，每组约 10 人。3. 加强军政干部的培养，每个支队必须培养 2 套连级军政干部，每个排须有 2 套正副排长和政治战士。4. 改进和提高军需生产。5. 在全琼民众中开展"反攻一弹运动"，要求每户至少贡献一弹（可用代金）。会议号召全琼党政军民开足马力进行反攻的准备工作，以取得驱敌出琼的胜利。**20**

1945 年 1 月，琼崖特委、独立纵队和东北区抗日民主政府，从澄迈的六芹山迁到白沙县的阜龙乡文头山，这里是五指山的门户。3 月，为了进一步确定以建立白沙根据地为中心，发展全琼的抗日游击战争，将第一、第二、第四支队的主力大队调到了儋（县）白（沙）地区，由纵队副司令庄田、参谋长李振亚直接指挥，粉碎了日军数次猖狂进攻，打退了国民党顽固派多次进犯，得以在五指山外围地区牢固地站稳脚跟，为向五指山腹地挺进、开辟五指山中心根据地，打下了牢固的基础。

3 月，中共广东省临委派干部到海南，向琼崖特委传达中共中央指示，要求琼崖纵队在 1945 年 6 月以前占领全琼，琼崖纵队人数要增至两三倍。6 月 20 日，琼崖特委作出《关于执行中央新指示的决议》，《决议》认为中共中央的指示是完全正确和必要的，号召全琼军民用最高度的工作精神，集中力量扫荡一切反民主势力，加紧扩军建军，在全琼开展大竞赛，以实现占领全琼准备反攻，迎接抗日战争的胜利。**21** 根据琼崖特委的部署，琼崖纵队积极展开扩大根据地的斗争。

红旗永远飘扬在五指山上

7 月初，琼崖特委决定：将挺进白沙的 3 个支队的重点大队，组成琼崖独立纵队挺进支队，纵队参谋长李振亚兼任支队长，政治委员符荣鼎，副支队长张世英，政治处主任王卓群（后林明继任），辖3个大队：第一大队，大队长伍向华，政治委员李福文；第二大队，大队长韩凤元，政治委员陈国风；第三大队，大队长王山平，政治委员符致东。

要过河就得有桥，要砍柴就得磨刀，要建立起五指山中心根据地，就得靠实力。随后，在阜龙乡一块空旷的草地上，召开了挺进支队大队以上干部会议，与会的同志席地而坐。符荣鼎政委首先宣布了总部关于成立挺进支队的决定和各级干部的任命，接着，李振亚支队长详细地谈了琼纵关于开辟五指山根据地的作战部署。最后，李振亚坚定地说："有总部的正确领导，有兄弟支队的有力配合，我们挺支一定能打好在敌人中心的开花仗！"

干部会议之后，各大队便分头开展军政训练。

李振亚是一名身经百战的老红军，是指挥娴熟的将领。在军政训练中，他亲自指导大队的技术、战术训练，使指战员的军事素质有了明显的提高。训练结束后，部队准备向五指山腹地进发。正在这时，国民党守备军第二团后勤人员吴清芬的投诚正好为支队了解敌情提供了条件。于是，决定由张世英带领2名警卫员和2名驳壳枪班战士，由吴清芬带路，深入敌巢罗任侦察。

侦察归来的第二天早上，李振亚、符荣鼎、王卓群和张世英等支队干部，在芒果林里的一块空地上研究作战方案。张世英首先汇报了侦察的情况。他拿一根树枝在地上边比画边说：罗任西北约30里地的合口，驻有敌守备第二团的一个前哨连；罗任的北面与罗任仅一坡之隔的白水港驻有敌人一个营（欠一个连）；罗任东南面10多里处的南挽村驻扎着敌人的军械厂，有一个连护卫；罗任驻有敌守备第二团团部和白沙、临高、儋县等几个县的流亡政府，有不足2个营的兵力，其中一个营是被我们打击过的败兵；罗任的东、西、南面构筑了不少工事，紧靠白水港的北面虽然没有什么工事，但有一个营驻守。我们若是强攻，恐怕难以奏效。

"这块硬骨头不好啃啊！"张世英一汇报完，李振亚便若有所思地说道。

随后，李振亚在听取大家的意见之后，提出了一个作战方案：首先派一个大队，以迅雷不及掩耳之势，一口吞掉驻合口的敌前哨连。然后，部队兵分3路，向敌巢发起攻击，一路绕道罗任，直插南挽村的敌军械厂，吃掉敌人的警卫连，来个声东击西，调虎离山，吸引罗任的敌人向军械厂出援；而后，隐蔽接近罗任的两路部队：一路从东南方向向罗任敌巢佯攻，并负责切断敌人的退路；另一路主攻，以优势兵力强攻拿下白水港村，以此作为向罗任进攻的突破口，迅速进逼，把敌人歼灭在罗任。

"好！""妙！"当李振亚在支部召开的作战会议上提出这个方案时，大家一致说道。

作战会议还对各大队、中队的任务都作了具体布置，要求2天完成一切战斗准备。会议决定，歼灭合口敌前哨连的任务，由张世英率领第一大队去完成。在进行了充分的战斗准备之后，张世英率领第一大队向合口疾奔。

凌晨，启明星还在夜空眨眼，第一大队来到紧挨着合口村的山岭上。在朦胧的夜色中，可以隐约看见合口村的轮廓，挂在敌人哨棚上的风灯闪着阴森的幽光。合口村北山临河，地形对他们突袭十分有利。张世英根据侦察掌握的情况，决定分两路合击，先隐蔽接敌，再突然猛攻。部署完毕后，2支分队便像2支利箭，无声无息地快速插向合口村。

一声枪响打破了拂晓的宁静，整个合口村顿时像爆豆似的闹腾起来，敌人的哀号声和枪声、爆炸声混在一起。有的敌人懵懵懂懂地从梦中惊醒，还不知道是怎么回事就当了俘虏；有的敌人刚想抵抗就被撂倒了。更可笑的是，驻在村边的一个班的敌人听到枪声后，跳下床就慌慌张张往外逃命，在合口村河边被第一大队官兵截住时，什么洋相都有，有的光着上身、穿着裤衩，有的用军衣包住下身，一个个瘟鸡似的耷拉着脑袋。由于第一大队官兵动作勇猛，不到20分钟，大部分敌人就被歼灭了。

拿下合口村不久，李振亚、符荣鼎带着第二、第三大队和第四支队第三大队赶到了。接着第二支队别动队也在陈求光副支队长的率领下赶来。

李振亚看进攻罗任的口子已经打开，便命令挺进第三大队派一个中队向罗任方向警戒，其余就地休息。晚上，由张世英率领第一大队偷袭敌军械厂，由第四支队第三大队和第二支队别动队佯攻罗任，由挺进队第二、第三大队向白水港村发起强攻。

凌晨4时，南挽村的敌兵工厂死一样的寂静。突击队一声不响地解决了敌哨兵，冲进兵工厂。霎时间，枪声响了起来，敌人被这突然袭击打懵了，很快就失去抵抗力投降了。

战斗在兵工厂打响后，罗任的敌人果然被调动起来，在太阳初升的时候，赶来增援的一个营的敌人赶到南挽村村北。突击队假装畏战溃逃，引诱敌人追赶。愚蠢的敌人紧紧追来。不久，罗任方向传来了激烈的枪炮声。向敌巢进攻的战斗打响了！

尾追突击队的敌人听到罗任方向枪声大作，知道上了当，便想赶回罗任救援。哪知张世英只是以一个小队吸引，主力已转移到敌后，切断了敌人的回路。敌人看老巢危急，退路被阻，无心恋战，张世英部一冲击，就把他们冲了个七零八落，一个个争相夺路逃命。

张世英部击溃敌人之后，便向罗任方向靠拢，赶到罗任时，战斗正在激烈地进行。白水港村的敌人占据有利地形，用猛烈的火力进行阻击。李振亚迅速调整了部署，把一大队调到进攻方向，加强攻击力量。经过一番激战，终于攻陷了白水港村。

白水港村与敌巢罗任只有一坡之隔，白水港村失守，罗任便陷入四面包围。为了不给敌人以喘息的时间，白水港村战斗一结束，各部队便同时向罗任发起猛烈攻击，罗任守敌很快土崩瓦解，纷纷逃窜。曾在五指山区不可一世的守备第二团被打得焦头烂额，依仗守备第二团狐假虎威的白沙、儋县、临高等几个县的国民党流亡政府，也随之销声匿迹了。

8月初，白沙县抗日民主政府正式成立。

打下罗任后，挺进支队在休整时，抽调了几十名官兵组成工作队，深入到黎村山寨，发动、组织群众。当时一些藏匿在山上的国民党军散兵游勇，冒充琼崖纵队，杀人放火，抢劫财物，使黎族群众分不清真假，只要一见到队伍就四处躲藏起来。工作队进寨之前，黎族群众早就上山藏起来了。由于黎族头领王国兴在这一带村寨有着很高的威望和很大的号召力，工作队便让随部队行动的白乐保解放团的黎族战士用黎话语高声呼唤："王总管已请来'答伐'（红军）赶走国贼啦！"躲在山洞、密林中的黎胞听到呼喊后，半信半疑，选派几位老人下山。他们回到寨子里一看，工作队打扫卫生，修补茅寨，喂养家畜，便给工作队员们磕头，连声说："真是父母军，父母军！"

"父母军进寨啦！"这消息像春风一样吹遍了五指山的村村寨寨。躲藏在山上的群众纷纷下山回寨，并组织了慰劳队，拿出山兰酒来慰劳工作队。黎族姑娘还唱了悠扬的山歌：

> 五指山上飞红云，红军来到赤黎村，
>
> 青藤缠树永相随，黎家世代爱红军。

在工作队的组织下，各个村寨的生产自救组成立了，民兵组织建立了。细水、亢门等 17 个乡成立了抗日民主政府。黎族青年纷纷要求参加挺进队。这时，整个白沙，纵横 100 多里，均成为抗日根据地。

国民党琼崖保安司令兼行政长官丘岳宋为了保住五指山老巢，不惜血本，打出最后一张王牌，派杨开东率领保安第六团，杀气腾腾地开赴鹦哥岭下的毛栈、毛贵一带，进行反扑。

琼纵发出指示，要求挺进支队打垮保安第六团。李振亚派人前往毛栈、毛贵一带进行侦察，摸清了敌人的部署。保安第六团有 2 个营，团部及第一营驻在昌化江边的会统黑村，第二营驻在毛阳，国民党乐东县游击大队驻在毛贵。

在中队以上干部参加的作战会议上，李振亚诙谐地说："杨开东自吹是天上雷公，我看他只不过是地上饭桶。他把部队摆在昌化江一线，相互距离20来里。在什统黑至毛阳之间也有河，在毛阳至毛贵之间也有河。他骄横至极，把两队人马隔河驻防，如果一方被袭，另一方只能隔河兴叹。我们可以置敌一部于不顾，集中兵力歼敌一部，各个击破。"

李振亚一讲完，大家便争论起来。有的主张"打蛇先打头"，吃掉敌团部及第一营；有的主张应避敌锋芒，先吃掉第二营，还有的主张"杀鸡给猴看"，先吃掉敌游击大队。经过充分讨论，最后决定"打蛇先打头"，留下2个中队警戒敌第二营和游击大队，其余力量全部投入歼敌第一营的战斗。部署完毕，部队星夜向毛栈、毛贵疾进。

8月23日拂晓时分，挺进支队向什统黑敌团部和第一营发起了攻击。战斗进行得比较顺利，从睡梦中惊醒的国民党官兵被打得鬼哭狼嚎。仅30分钟，部队就逼近了敌团部。驻在毛阳的第二营看到团部被袭，急忙出来增援，但被阻于毛旦河对岸。半个小时后，杨开东见伤亡惨重，第二营增援又被阻，便率残部逃窜了。**22**

至此，五指山白沙抗日中心根据地胜利建成。创建五指山中心根据地是琼崖抗日战争的一个光辉的里程碑，它不仅促使海南岛抗日战争取得胜利，而且为以后解放海南岛的战役取得胜利打下了坚实的基础。

红旗从此永远飘在五指山，黎、苗族人民载歌载舞，传唱着一首歌谣：

> 五指山峰高又高，
> 五朵红云天上飘。
> 红云落在我黎家
> 苦难消散幸福到。**23**

在创建五指山根据地之时，琼崖纵队第一支队解放了琼山、文昌、澄迈

3 县一半以上的土地，小部队经常进入府城、海口郊区和市区活动，袭扰敌人。第二支队在昌感地区解放了大片土地。第三支队向陵水、保亭、崖县挺进，解放这三个县的三分之二的土地。第四支队在临高、儋县积极打击日伪军，扩大解放。至日本投降时，解放区扩展到全岛的三分之二，解放区人口占全琼人口将近一半约 100 万人，琼崖纵队发展到 7700 多人。

营救盟军，人民军队留下光辉形象

1945 年，正当侵琼日军在抗日军民的沉重打击下，败相显露时，盟军的作战飞机不断掠过琼东南的上空，对三亚、榆林的日军军事设施实行频繁轰炸。鉴于这种情况，冯白驹和琼崖特委要求各根据地军民全力配合盟军作战，严厉打击共同的敌人日本侵略军。

琼崖根据地军民把营救盟军战士和国际友人作为一项国际义务去完成。

一天中午，在琼岛崖县仲田一带山林中的陵崖保乐边区办事处，党委书记林诗耀等人正在吃午饭。突然，远远传来叫喊声："飞机冒烟了！"

林诗耀放下饭碗，冲出草寮，往天上一张望，只见一架飞机拖着长长的黑烟往南边坠落。紧接着，一个小黑点从飞机上弹出来，张开成一个降落伞，徐徐地向着崖县红沙至久盘之间的山林降落。

那时，游击队还没有识别飞机国籍的常识，但飞机在日军上空被击落，无疑是盟军的。于是，林诗耀马上派出民兵，循着降落伞飘落的方向跑去，营救飞行员。

尽管民兵对地形非常熟悉，但他们仍然在山林中搜索了好一会儿，才在一棵高大的枫树上，发现了那名身着棕色飞行服的外国人。在离他百米处的灌木丛中，藏着一张降落伞。

民兵们正打算向他喊话，山林中突然响起了尖啸的枪声。紧接着，风中送来了日军的高声叫喊。显然，日军的搜山部队也是冲着这名飞行员来的。

几名民兵略微商量，赶紧朝日军开火，利用熟悉和有利的地形，把日军引向别的山头。

随后，乡干部和民兵们又绕回原地，把这名高鼻子、蓝眼睛，长着满头卷曲浅棕色头发的外国人送到了办事处驻地。

这名飞行员跨进门，看到警卫员斜挎着的驳壳枪，马上流露出惊恐不安的神色。在他心里，这时显露的字眼是"土匪"、"野蛮人"或是"敌人"。显然，他是怕游击队加害于他。

过了一会儿，看着这些陌生人的态度十分友善，他的恐惧之心才逐渐消除。

情绪稳定后，他的目光很快被木头桌上几个吃剩的番薯吸引住了。办事处主任张开泰估计他想吃东西，便叫人端来一小筐冒着热气的番薯。这位"天上来客"显然是饿极了，毫不客气地吃了起来，边吃还边点头。

办事处秘书陈生是一名归侨，早年在南洋读书时学过英语。林诗耀立即派人去叫他来，看他能不能和这名飞行员说上几句话，以便了解些情况。

当陈生用流利的英语打起招呼时，这名飞行员先是一愣，接着立即面露喜色，站起来紧紧握着陈生的手，一口气说出一大串话。

原来他是美国南太平洋战区的空军中尉飞行员，在执行空袭任务时被日军的炮火击中，被迫跳伞。他庆幸自己能够绝处逢生，对游击队的营救表示感谢。说完，他在胸前画了个十字，并深深地向游击队员鞠了一躬。

"密司特陈，你们是深山打猎的？"中尉问道。也许他曾读过介绍东方人在原始森林中行猎的书籍，联想使他对目前的情景作出了这样的判断。

"不是。我们是中国共产党领导的抗日部队。"

"共产党？红军？"中尉眼里露出了惊异的神色。

这时，远处的群众传来消息：日军已出动大批部队大肆搜山，抓了不少百姓；还扬言，如果共产党不交出美国飞行员，就要大举进攻，踏平山林。

当陈生把这些情况告诉中尉时，中尉的脸上显出几分慌乱。他急忙提醒陈生，叫游击队不要出卖他，不要把他交给日本人。

对于中尉对共产党人的无知，陈生付诸一笑。他告诉中尉，对于日军的进攻，游击队已领教多回，每次都是以日军灰溜溜撤退而告终；并告诉他，在游击队的保护下，死神绝不敢向他迫近。这时，中尉的情绪又活跃了起来，眉宇间还流露出诚挚的敬意。

为了接待好这位"天上来客"，游击队派出一名公务员照顾他的生活，并让陈生抽空陪伴他。那时期，游击队的生活很艰苦，经常是干稀饭加上一小块萝卜干。但游击队还是尽量给客人弄猪肉、小鸡吃，公务员还采来山茶给他泡茶喝，把木薯剥了皮切成条蒸熟，那样子很像面包。特别是当游击队弄来芭蕉、椰子、木瓜、菠萝蜜等热带水果时，他更吃得喷喷香，边吃边嚷："OK！顶好，顶好！"

有一天，在游击队开饭时，他出来溜达，发现林诗耀和张开泰这些当"官"的也和战士们一样，吃一个菜饭团和一碗干稀饭，同他吃的大不一样时，他好像不认识大家似的直瞪着眼。[24] 但这就是真实的人民军队。

日军投降后，美军代表接走飞行员，对独立纵队深表感谢。

在营救美军飞行员前后，琼崖纵队第二支队第一大队在乐东附近，伏击日军一辆军车，营救了被日军抓去做劳工的27名印度人。后又收容了一批被日军抓来的港澳劳工和大陆同胞，[25] 后来第二支队主力在八所往石碌铁矿的铁路路段上伏击日军火车，毙伤敌人数十人，缴获一批枪支弹药，营救出被日军抓去服劳役的英、荷战俘数十人。日军投降后，琼崖纵队都把他们送回了原籍。这些人回去后，有的写来感谢信，美军还派一架飞机至琼崖，空投了15箱礼品和一些枪支，向琼崖特委和纵队表示感激之情。

一位驻北黎地区的美国军官写信给琼崖纵队部，说："我非常感谢你们，因为你们营救了我们许多人……"日军投降后，美军恩格洛斯中校，亲自从三亚乘飞机到儋县，再步行到南丰墟，向琼崖纵队领导人致谢。[26] 后来才得此消息的周恩来非常欣慰，于 1946 年 6 月 7 日亲自写信给当时澳大利亚驻华公使馆一等秘书帕特里克·肖，详述了冯白驹及其琼崖纵队的人道主义和国际主义行为。信中特别提及"美国联络官恩格洛斯先生亲自飞到海南人民解放军总部去见司令冯白驹将军表示感谢"。**27**

透过琼崖纵队营救盟军的行动，人民军队的光辉形象，在这些外国人心中留下了深刻的印象。

注　释

1.《东江纵队志》，解放军出版社 2015 年版，第 184—186、190—191 页。

2.《东江纵队志》，解放军出版社 2015 年版，第 186—189 页。

3. 中国人民解放军历史资料丛书编审委员会编：《华南抗日游击队》（上），军事科学出版社 2008 年版，第 82 页。

4.《中共中央军委对华南根据地工作指示》（1944 年 7 月 5 日），南方局党史资料征集小组编：《南方局党史资料·军事工作》，重庆出版社 1990 年版，第 57—58 页。

5.《中共中央关于东江纵队应大力开展敌后游击战争给尹林平等的指示》（1944 年 7 月 25 日），中共中央文献研究室、中央档案馆编：《建党以来重要文献选编（一九二一——一九四九）》第二十一册，中央文献出版社 2011 年版，第 433—434 页。

6. 中央档案馆、广东省档案馆编：《广东革命历史文件汇集（1941—1945）》，1987 年版，第 303—308 页。

7.《东江纵队志》，解放军出版社 2015 年版，第 203—207 页。

8.《东江纵队志》，解放军出版社 2015 年版，第 209 页。

9. 张弼：《奇袭新圩》，中共遂溪县委党史办公室编：《纪念抗战胜利四十周年专辑（1945—1985）遂溪党史资料》（2），遂溪县人民印刷厂 1985 年版，第 172—173 页。

10. 中共湛江市委党史研究室编，黄觉新主编：《湛江英烈》，中国人民解放军第四二三二工厂 2000 年，第 219 页。

11.《湛江通史》编委会编：《湛江通史》中卷，广东人民出版社 2021 年版，第 795 页。

12. 中共防城港市委党史研究室：《中共广西地方历史专题研究·防城港市卷》，广西人民出版社 2001 年版，第 117—119 页。

13. 沈鸿周、张贤：《钦防华侨抗日游击大队抗倭中越边》，中国抗日战争军事史料丛书编审委员会编：《华南人民抗日游击队·回忆史料》（3），解放军出版社 2015 年版，第 241—247 页。

14. 以上参见中共湛江市委党史研究室编：《南路人民抗日解放军史》，广东人民出版社 1995 年版，第 151—173 页。

15. 谢立全：《挺进粤中（革命回忆录）》，广东人民出版社 1980 年版，第 122—124 页。

16. 谢立全：《挺进粤中（革命回忆录）》，广东人民出版社 1980 年版，第 124—125 页。

17. 参见中共汕头市委党史研究室、中共梅州市委党史研究室编著：《韩江纵队史》，广东人民出版社 1995 年版，第 113 页。

18. 萧雷：《临阳联队战斗在漓江畔》，中国抗日战争军事史料丛书编审委员会编：《华南人民抗日游击队·回忆史料》(3)，解放军出版社 2015 年版，第 204—214 页。

19. 广东省人民武装斗争史编纂委员会编：《广东人民武装斗争史》第三卷，广东人民出版社 1994 年版，第 307 页。

20.《中共琼崖特委关于加速反攻准备工作的指示》(1944 年 12 月 12 日)，中国抗日战争军事史料丛书编审委员会编：《华南人民抗日游击队·文献》(3)，解放军出版社 2015 年版，第 88—91 页。

21.《中共琼崖特委关于执行中共中央新指示的决议》(1945 年 6 月 20 日)，中共广东省委党史资料征集委员会、中共广东省海南行政区委员会党史办公室编：《琼崖抗日斗争史料选编》，广东省海南新华印刷厂 1986 年版，第 306—310 页。

22. 张世英：《战斗在五指山》，中国抗日战争军事史料丛书编审委员会编：《华南人民抗日游击队·回忆史料》(2)，解放军出版社 2015 年版，第 172—177 页。

23. 廖之雄：《五指山上现红霞》，中国抗日战争军事史料丛书编审委员会编：《华南人民抗日游击队·回忆史料》(2)，解放军出版社 2015 年版，第 139 页。

24. 林诗耀：《营救美国飞行员》，海南军区党史办编：《琼岛怒潮》，解放军出版社 1987 年版，第 399—401 页。

25. 蒲吾：《琼崖独立纵队奋斗简史》，中共广东省委党史资料征集委员会、中共广东省海南行政区委员会党史办公室编：《琼崖抗日斗争史料选编》，广东省海南新华印刷厂 1986 年版，第 323 页。

26. 中共海南省委党史研究室：《冯白驹将军传》，中共党史出版社 1998 年版，第 302 页。

27.《有关盟军战俘下落——致帕特里克·肖》(1946 年 6 月 7 日)，《周恩来书信选集》，中央文献出版社 1988 年版，第 300—301 页。

第 八 章

东北反击蓄势待发

东北抗联派遣小部队回国进行抗日活动——赵尚志说："我死也要死在东北抗日战场！"——东北留守部队艰难的抗日游击之路——抗联加紧训练，准备大反攻——抗联教导旅编入苏联远东军第二方面军，拟向佳木斯出击

东北抗联派遣小部队回国进行抗日活动

在反攻的前夕，东北抗日联军的战士们正蓄势待发。

早在 1938 年 11 月中国共产党扩大的六届六中全会上，中共中央就在致东北义勇军及全体同胞的电文中，称赞东北抗日联军是"在冰天雪地与敌周旋七年多的不怕困难、艰苦奋斗之模范"[1]。

1941 年 4 月《苏日中立条约》签订后，抗联主力部队返回东北战场的行动受到限制，抗联领导人遂决定派遣小部队回东北，继续进行抗日游击战争。在 1942 年以前派出的小部队，通常以执行综合任务为主，1943 年以后主要以完成专项的军事侦察任务为主。

在派遣方法上，有的是抗联各部领导人与苏方代表协商决定；也有的是由苏方单独决定，这主要是执行军事侦察任务。各小部队以曾担任过连长、营长的革命性最坚定者为队长。小部队内还设有党小组长，由其负责政治领导和队内思想工作。小部队的成员，是从抗联指战员中经过严格挑选产生的。在苏军的大力支持下，小部队的武器和军需品的配备比较精良。每人手

枪、马枪或自动步枪各 1 支，手榴弹数枚，加上充足的弹药；每人有日军式黄呢军衣 1 套、伪军式棉军衣 1 套、皮帽 1 顶、皮背心 1 件、皮靴 1 双、手套 1 副；望远镜、指南针、地图、炊具以及帐篷等用品分别配备。

1941 年，南、北野营共派遣回东北执行任务的小部队有 8 支，其中南野营派遣 3 支，北野营派遣 5 支。

1943 年，抗联教导旅基本停止了成批小部队的派遣工作，但由苏联直接派遣的军事侦察活动仍在继续进行。苏联直接派遣的军事侦察人员与抗联野营、教导旅派出的小部队的任务有很大不同。这些军事侦察人员，北野营由杨林、南野营由瑞金负责调动，并直接交代任务。由苏方直接调动的抗联军事侦察人员有以下三部分：

一是 1940 年秋苏军联络人王新林（瓦西里）通知在东北的抗联各部队从队伍中选派最好的人才 15 名至 20 名到苏境接受训练。在 1944 年 9 月间，苏联远东方面军情报机关在海参崴与双城子之间的 26 公里处，又举办了一期无线电训练班，有 18 名抗联青年战士参加了学习。这个训练班于 1945 年 6 月结束。训练班的大部分学员在苏联宣布对日作战后被先行派遣回东北执行任务。这部分人有抗联第二路军的陈春树、夏礼亭、姜焕周；第三路军的陈明、刘巨海等人。

二是抗联第一、第二、第三路军在 1940 年前后零星分散的过境人员。他们由苏联远东边防军情报部门直接掌握。其中，最早被苏联远东边防军派回东北进行侦察工作的是李铭顺，他在 1945 年 7 月以前，曾多次回东北宁安、穆棱一带进行军事侦察活动。第一路军的吕英俊等人也曾多次被派到东北进行军事侦察活动。1942 年到 1945 年期间，原抗联第七军的连队政治指导员高嘉流（后改名高英杰），经过专门训练后每年均有四五次返回东北境内进行武装侦察活动。此外，还有第一路军的黄生发、王传圣，第三路军的李东光等在越境后，也被派出进行军事侦察活动。据 1942 年 4 月 8 日安吉的报告记载，仅在南野营就有由苏联领导下做个别侦察工作者 50 余名。

三是由苏方代表从南、北野营或教导旅中临时抽调人员组成的侦察小组。这部分人员，到 1943 年 6 月尚有 213 人参加侦察工作。

日本帝国主义为加强其在东北的统治，镇压东北抗日力量，同时也为了对苏联进行防御和加紧军事进攻的准备，在东北各地，特别是在中苏边境地带，修筑了大量军事设施，形成了完整的防御体系。抗联部队的广大战士，在 1940 年到 1945 年 8 月以前的各种侦察活动中，收集了大量真实的、有价值的军事情报，实地查明了这些筑垒地域的构成，如工事结构、位置、坚固程度、人员住所、弹药库、粮库、供水系统、发电站、飞机场和大小桥梁，以及日本军队数量、番号、调动情况等，为后来苏联出兵东北对日作战提供了一批极为重要的第一手敌情资料，为夺取东北抗日战争的最后胜利和世界反法西斯战争的最后胜利作出了重要贡献。

1943 年，日伪军为防止抗联部队出入中苏国境进行活动，便加紧了国境线上的防守。因此，这些军事侦察工作不仅十分艰苦，而且十分危险，许多人在一年之中几次被派遣，担负艰巨任务，不少抗联战士为此负伤甚至献出了生命。后来苏军进军东北前，最高统帅部绘制了日军防御工事详图，供连以上军官使用。[2] 这些地图的制作并非仅由苏联边防军完成，东北抗联也参与其中，起到了重要作用。东北抗联教导旅无线电营政治副营长王一知后来回忆说："当时由我军提供给苏军的各种情报与苏军从各种渠道收集的情报一起，分门别类制成手册，连同标有敌人防御工事的地图，在 1945 年 7 月份发至苏军连以上军官，人手一册。苏军能在远东战场上，在陌生和极其艰难的地理条件下，能够正确地击破精锐的日本关东军防线，是与我们抗日联军做出的贡献和牺牲分不开的。"对此苏联远东军总司令阿巴纳辛克元帅曾经十分激动地对周保中说："感谢你们用生命和鲜血换来的宝贵情报，佩服中国的英雄们！"[3]

据不完全统计，从 1941 年春到 1943 年夏，仅东北抗联野营和教导旅派遣的小部队就有 30 余支，累计人数在 300 人以上。抗联小部队活动的环境是非常危险的、复杂的，执行的任务是十分艰巨的。小部队有时出入国境，要越过敌人的几道封锁线；有时为了得到准确情报，要冒着生命的危险，甚至付出重大牺牲。据不完全统计，仅 1943 年夏季，在珲春南部活动的小部队在执行任务中就牺牲了 20 余名战士。另据抗联南野营派遣各分队人员名单统计，从 1941 年到 1942 年南野营共派出的 3 支小部队 59 人中，有 8 人牺牲或失踪。在抗联小部队的牺牲人员中，不仅有一般战士，也有曾任第三路军秘书长的张中孚等抗联领导人。

明知小部队派遣活动十分危险，困难重重，但包括主要领导人在内的抗联部队指战员都积极请战，强烈要求回东北去进行抗日斗争，表现出了不怕困难、不怕牺牲的大无畏革命气概。1942 年 4 月 2 日，周保中曾给王新林（远东方面军情报部部长索尔金）写信，提出自己"回东北去担负工作"的要求，并认为"这是很必要的"。他还设想自己"率领二三十人的小部队，再区分为若干小部队，分遣在各个必要地点，进行侦察工作"。[4] 但苏联方面从全局考虑，没有同意周保中的要求。

赵尚志说："我死也要死在东北抗日战场！"

不过，在此之前，苏联答应了赵尚志的回国请求。苏方同意由他率领一支精悍的小部队去北满执行特殊任务：日苏战争一旦爆发，便去炸毁兴山（今鹤岗）的发电站和佳木斯江桥，并配合苏方在小兴安岭深处老白山附近修建飞机降落场。[5]

1941 年 10 月中旬，赵尚志率领姜立新、张凤岐、赵海涛、韩有等组成一个 5 人小部队，携带武器和几十公斤烈性炸药从伯力出发，回到东北抗日战场。他下定决心："我死也要死在东北抗日战场！"

赵尚志一行 5 人在高山密林中经过 4 天的艰苦跋涉，到达梧桐河上游的老白山地区，选定位于老白山东南坡姜把头（姜振才）的"趟子房"（打猎者居住的小屋）作为小部队的活动据点。

11月底，小部队走出隐蔽据点，冒着严寒，蹚着积雪，在小兴安岭密林深处的梧桐河和汤旺河上游董家大营、四海店、板子房等地活动，逐步扩大影响，发展抗日武装。12月23日，赵尚志率领小部队到达汤原县北部的乌德库（今属伊春市），在距离伪警察所北方64公里处，吸收了采集皮货的青年王永孝入队，小部队增至6人。

1942年1月中旬，赵尚志小部队在鹤立（今属汤原）、汤原两县北部活动已达3个月，根据回国前苏方的要求，必须返回苏联境内。于是，赵尚志召开了一次会议，会上，他决定派赵海涛、张凤岐、韩有等3人回苏联汇报情况，而自己带领姜立新、王永孝返回姜把头的"趟子房"，继续以此为据点，开展抗日活动。

不料，赵尚志小部队在鹤立、汤原两县北部开展活动的情况早在1941年末就已被敌人侦知。先是伪鹤立县警务科从伪装成收山货的特务冯界德那里，得到关于赵尚志从鹤立县北部地区进入的确切情报。赵尚志的突然出现，引起了敌人的注意与恐慌，伪鹤立县警务科把这个情报作为"甲种"情报报告其上级。

1942年1月上旬，伪兴山警察署从所属的特务中选出刘德山伪装成收山货的老客潜入赵尚志小部队活动区域。1月15日，刘德山窜入鹤立县北部山区。为配合特务刘德山的行动，伪鹤立县警备队警长穴泽武夫以下16人进驻鹤立县北部山区担任警戒。1月下旬，又派出王秀峰等25名特务由梧桐河附近进山，专做情报联络工作。1月底，刘德山在汤原北部老白山附近的姜把头"趟子房"找到赵尚志小部队。赵尚志对刘德山的突然出现十分警觉。但随同赵尚志活动的姜立新与刘德山早年曾在一面坡相识。经过姜的说合，赵尚志解除了对刘德山的警惕，并对其进行了抗日救国教育。刘德山趁势伪装，信誓旦旦，表示愿意参加抗日队伍。再加上刘德山又提供了一些日、伪军警方面的假情报，因而骗取了信任，加入了赵尚志小部队，并被委任为副官、汤东游击队队长，同时获发三八式步枪一支、子弹 200 发、手榴弹 2 枚。

由于刘德山无法按规定时间将情报送出，伪兴山警察署长、警佐田井久二郎以为刘被杀死或工作失败，遂又派出二号特务张锡蔚进山，执行与刘德山相同的任务。2 月 8 日，张锡蔚在梧桐河北方 40 公里处的姜把头"趟子房"找到赵尚志小部队。赵尚志对张锡蔚的出现表示怀疑，认为他是密探，要将其枪毙。刘德山见来人是同伙，就诡称张锡蔚是其亲戚，是来找他的。赵尚志于是解除了怀疑，未进行必要的审查，便允许其加入小部队。此后，刘、张二人按照田井久二郎制订的计划极力怂恿赵尚志袭击伪梧桐河警察分驻所。当时，赵尚志未置可否。2 月 8 日晚，赵尚志作出决定：12 日拂晓，袭击伪梧桐河警察分驻所和警备队，并作了具体战斗部署。他把小部队人员分成两组，一组袭击伪警察分驻所，一组袭击警备队，并夺取武器、弹药和粮食。

2 月 10 日，赵尚志的小部队向预定目标移动。12 日凌晨 1 时，到达距梧桐河北方 2 公里处的吕家菜园子小屋附近。刘德山假意建议赵尚志，在发动袭击前应先了解一下情况。赵尚志决定派张锡蔚前去。张锡蔚按事先与刘德山的密谋计划，趁机奔往伪梧桐河警察分驻所报信。当赵尚志等向吕家菜园子前进时，刘德山趁赵尚志不备，从背后举枪向他射击。由于距离较近，赵尚志后腰下部中弹，立即倒地，但马上意识到刘德山原来是敌特奸细，于是强忍剧痛，举起手枪向正朝王文孝开枪的刘德山射击。刘德山头部、腹部各中一弹，当即毙命。

枪声响后，走在后面的姜立新急忙赶上前来，把赵尚志背进吕家菜园子小屋。吕家菜园子主人见来人身着军装，负有重伤，十分恐惧。赵尚志忙向主人解释说自己是抗联的。吕家大娘在炕上用温暖的手焐着赵尚志被冻得冰凉的手。这时，赵尚志意识到自己伤势严重，难以支持，王永孝也负伤（后牺牲），便命令姜立新迅速离开。在伪梧桐河警察分驻所担任警戒任务的伪鹤立县警备队警长穴泽武夫、分驻所所长李树森，接到张锡蔚关于赵尚志已到吕家菜园子的报告后，慌忙召集 12 名伪警察、警备队员临时组成一支"讨伐队"。2 月 12 日 2 时 40 分，"讨伐队"在张锡蔚的引领下出发，奔向吕家菜园子，在距离房子 400 米左右的地方潜伏下来，监视赵尚志等人的动静，但很快被赵尚志等人发现，于是散开应战。敌人试图切断赵的退路，派 5 人迂回后面。战斗经历了 15 分钟。

在此期间，姜立新根据赵尚志的命令携带装有秘密文件及活动经费的文件包转移，径去苏联汇报情况。

此后，赵尚志和王永孝在重伤剧痛昏迷中被俘。敌人用两张爬犁，将身负重伤的赵尚志和王永孝以及特务刘德山的尸体拉到伪梧桐河警察分驻所附近一个工棚里。赵尚志受的是贯通伤，子弹从后腰右下部打进，斜从小腹与胯间穿出，血流不止，伤势十分严重。敌人为了解抗联活动的机密，得到口供，又鉴于赵尚志身负重伤、无法行动，便在工棚对他进行了突击审讯。

身受重伤生命垂危的赵尚志，在敌人面前异常坚强，对审讯之满人警察官称："我是赵尚志。你们和我不同样是中国人吗？你们却成为卖国贼，该杀！"除怒斥审讯者背叛国家外，缄口不言，一直怒视敌人，置枪伤痛苦于不顾。

赵尚志受伤后仅活了 8 个小时。1942 年 2 月 12 日上午 9 时左右，他的心脏停止了跳动，年仅 34 岁。**6**

赵尚志是为中华民族的解放事业而牺牲的。他始终坚贞不屈，同敌人进行顽强的斗争，表现出一位抗日将领的尊严，一位革命者对党、对人民、对祖国的无限忠诚，表现了中华民族优秀儿女的凛然正气和中国共产党人的高尚气节。

像无数个"赵尚志"一样，抗联官兵从 1941 年春到 1945 年 8 月，在苏联南、北野营和教导旅期间，始终没有放弃东北的抗日游击活动，不仅给敌人以政治军事上的打击，也有力地鼓舞和推动了广大群众的反日斗争。

东北留守部队艰难的抗日游击之路

与此同时，一部分留守在东北的抗联将士仍然在积极开展游击斗争。他们之中实力最强的是第三路军各部，其第三支队的表现尤为突出。第三支队80余人，在苏境经过2个月的休整，队员身体恢复了健康，军事素质有了提高，同时武器装备也得到极大加强，平均每人有4颗手榴弹、500发子弹，每七八人就有1挺机枪。

1941年3月初，支队长王明贵、参谋长王钧率领第三支队返回东北。3月中旬到达北安县境，3月13日，在北安县辰清（今属孙吴县）北烧炭窝堡搜集北安一带日伪军情报时，与日军木原"讨伐队"遭遇，发生战斗，击毙日军1人，击伤1人。第三支队牺牲4人。第三支队撤走后，向北进入孙吴县境，于3月25日袭击了该县南方的一处日伪木营，缴获马60匹和一些粮食，然后撤到毛兰顶子山，据险宿营，进行休整，一直到4月下旬。4月26日夜，第三支队成功地袭击了辰清，攻破伪警察分驻所，缴获不少钱粮和枪弹、马匹等军用物资。此后，大批日伪军尾追而来，第三支队向朝阳山一带撤走。

5月下旬，第三支队突然袭击小兴安火车站，俘虏几名伪警察，缴获一些粮食，然后迅速越过铁路，日夜兼程来到小兴安岭西麓的朝阳山地区。此时，敌人以重兵分路追击，第三支队转移到朝阳山外，变为骑兵进行活动。

6月下旬，第三支队向大兴安岭挺进，进入瑷珲（今爱辉）县境，于6月23日袭击了驻守在罕达气金矿的日军和伪矿警，缴获物资甚多。退出罕达气金矿后，于6月29日在嫩江八站腰站与伪国境警察队40余人遭遇，发生战斗，缴获敌人步枪13支、子弹1300发、战马7匹、军服13套，毙日军数名。八站战斗之后，第三支队跨过嫩江转向阿荣旗、甘南一带活动。这时正值青纱帐起，山林繁茂，山地平原作战均有利。

7月上旬，第三支队袭破"满鲜木业"五号和四号木营。7月末，又在阿荣旗多布库尔河袭击了敌人 2 座仓库。然后进入毕拉河流域，深入到居住在那里的少数民族鄂伦春族部落之中。鄂伦春族人民用最隆重的民族礼仪欢迎抗联指战员们。第三支队领导人王明贵等按照鄂伦春人的习惯，同他们的头领盖山等结拜为兄弟，双方表示携手抗日。从此，鄂伦春族居住的毕拉河岸便成为抗联第三支队存粮、休整、养伤的后方基地。

8 月，第三支队走出毕拉河畔。8 月 11 日，由少数民族兄弟引路，袭击了格尼河日本怡合公司采伐作业区，击毙公司老板金清宪太郎，缴获大批生活物资。8 月 25 日，攻克阿荣旗振威庄伪警察署，缴获步枪 11 支、子弹千余发、现款 3.3 万余元，军衣多件。同时还缴获一台油印机，第三支队如获至宝，连夜刻写油印抗日救国宣传品在当地广为张贴。这是第三支队走出山林，在平原地带展开的第一次战斗。8 月 30 日，第三支队攻克毓丰堡。

9 月 6 日，第三支队攻袭了许家围子伪警察所。9 月 16 日，攻破了宝山镇，击毙了该镇伪警察署署长，俘虏了伪警察，打退了伪军一个连的疯狂反扑，缴获一大批物资。从 9 月 27 日至 30 日，第三支队又先后进行了骆驼山战斗、火勒气战斗、石厂沟战斗、王家地营子战斗，均给敌人以一定打击。此后返回毕拉河畔休整。

10 月末，第三支队向毕拉河以西的山里转移，于 11 月 1 日袭击了中东路支线二十六号车站。11 月 18 日，又袭击了扎敦河木营，击毙了看守木营的伪森林警察和 10 余名日军。11 月 24 日，第三支队与敌"讨伐队"激战于诺敏河。12 月 12 日，袭破"日满鲜木业"八大一号和杨奇营。此后，第三支队进入呼玛县境内，12 月 21 日，到达余庆金矿公司大乌苏门金场，休整 20 余日。

1942 年 1 月初，第三支队得知铃木喜一"讨伐队"已经到达距此不远的四道沟金矿，部队立即撤离大乌苏门金场。转移中，1 月 26 日，第三支队占领了金龙沟复兴金矿。接着又先后攻破了宏西利、西乌勒、兴隆沟等金矿。1 月末，又攻袭了较大规模的会宝沟金矿。随后又攻打闹达罕金矿。从闹达罕撤出后，在转移途中多次遭到铃木"讨伐队"的追击，部队伤亡很大。以后，部队又进入巴彦旗境内，参谋长王钧因身负重伤，随同30余名新队员先行赴苏。

为突破日伪军的"追剿"，第三支队决定向群众工作基础较好的嫩江、讷河地区转移。不料，部队在沿倭勒根河上行时，在余庆公司老沟突遭日军铃木喜一"讨伐队"的袭击。第三支队牺牲20人、伤20余人，不得不撤出战斗。在转移途中，第三支队破坏了日本人经营的木营，然后用缴获的马匹把20多名伤员运送到苏联。

1942年2月13日，第三支队在库楚河边准备宿营时，被铃木"讨伐队"和伪警察队包围，突围战斗异常激烈，双方伤亡均极惨重。第三支队伤亡60余人，只有16人冲出敌阵。据支队长王明贵后来回忆："库楚河一场血战，3支队百余名指战员为国为人民流尽了最后一滴血。"**7** 这16人冲破敌人层层围困和追击，于1942年3月初到达北野营时，仅剩下11人，其中8人是伤员。

第三路军第三支队在1941年的小群游击战中，共进行大小战斗17次，夺得轻机枪1挺、步枪140支、手枪20支、子弹1.8万发；俘虏伪军士兵135人，缴获粮食数万斤、黄金10余两，其他物品甚多。破坏伪警察署(所)5处，破坏木业10余处。

除第三支队外，1941年和1942年在北满地区坚持斗争的还有抗联第三路军的第六、第九、第十二支队。

1940年底，抗联第三路军总指挥张寿篯（李兆麟）、总政委冯仲云、北满省委书记金策赴苏联境内参加抗联领导干部会议期间，总参谋长许亨植、秘书长张中孚、教导队政治指导员马克正等，在铁骊（今铁力）、庆城（今庆安）之间的大青山安邦河上游密营里留守。这时，在总指挥部外围的部队还有：第三路军第六支队50余人在支队长张光迪、政治部主任朴吉松率领下，以铁骊凌云山为根据地进行游击活动；第三路军第九支队40余人，在支队长边凤翔率领下，在通北县南北河一带活动；第三路军第十二支队在庆城山里活动。

1941年1月，第三路军第十二支队40余人在宣传主任张瑞麟，大队指导员钮景芳等带领下到达第三路军总指挥部留守处安邦密营所在地，同总参谋长许亨植会合。不久，许亨植指示第十二支队暂由第六支队统一领导。7月，朴吉松任第十二支队支队长。同年3月间，张寿篯带领总指挥部教导队部分人员由苏联返回东北，到达第三路军总指挥部留守密营一带。此时，第三路军总指挥部和第六、第九支队在东北战场的兵力近200人。

1941年4月间，第六支队由庆城、铁骊南下到东兴一带开展游击活动。在整个夏季活动中，虽然取得一些战果，但由于敌人统治过严，"讨伐"频繁，第六支队活动受到很大限制。5月，第九支队由通北的南北河地区南下，在绥棱、海伦县袭击日本"开拓团"，解决了粮食、给养问题。7月以后，青纱帐起，第九支队又到拜泉、克山地区活动，连续袭击了伪警察分驻所、村公所，获取部分枪支弹药和物品。八九月间，第九支队在讷河地区活动，并准备远征嫩江。9月20日，在嫩江西岸郭泥屯活动时突遭日军袭击，战斗一日，支队参谋长郭铁坚以下20余人壮烈牺牲，第九支队实力受挫。大队指导员孙志远率12名战士突出重围，随后在郭泥屯北柳树丛中隐蔽。1942年6月，孙志远率队进入甘南县，寻找第三支队，但到了7月仍未找到，孙志远等认为寻找第三支队已无希望，于是在10月进入苏联境内。

1941年10月中旬，被任命为第三路军总政委的金策，到达抗联第三路军总指挥部所在地，与张寿篯会面。此后，根据张寿篯、金策的指示，许亨植把第六、第九支队和原第十二支队共百余人集中起来，由第六支队政委于天放带领，于11月越境入苏联学习、休整。不久，张寿篯也再度赴苏到北野营。第六、第九、第十二支队余部入苏联后，留下2支小部队继续在北满活动。一支小部队是第十二支队支队长朴吉松率领的20余人，在庆城、铁骊一带活动；另一支小部队是张瑞麟、钮景芳率领的10多人，在巴彦、木兰、东兴一带活动。这两支小部队由北满省委书记金策、第三路军总参谋长许亨植领导，主要任务是秘密发展抗日救国会等群众组织，筹备和储存粮食，侦察敌情等。

1942年春，鈕景芳等人在木兰县欢喜岭利用夜雨天，巧妙地袭击了一个日本"开拓团"，获得一些粮食和布匹，解决了队员换季的服装。

从1942年初开始，许亨植经常冒着危险绕过敌人的层层封锁，穿越兴安密林，来往于各小部队指导工作。1942年7月末，许亨植带警卫员到东兴张瑞麟、鈕景芳小部队指导工作，之后返回通河县北部石门总指挥部密营（今兴隆林业局青峰林场内）途中，在青峰岭山下宿营。8月3日清晨，庆城县伪警察队长国长有率搜山队发现炊烟，布下包围圈，待许亨植和警卫人员发觉后已无法冲出。虽经激烈反击，终因众寡悬殊，许亨植和警卫员壮烈牺牲。许亨植牺牲后，2支小部队仍然在原地继续活动。9月11日下午，朴吉松小部队袭击了木兰县大贵镇，攻进南门伪警察分驻所，夺取步枪9支、子弹300多发，手枪一支、子弹19发。10月间，朴吉松和张瑞麟、鈕景芳2支小部队集中在一起，为筹集冬季的给养、服装而统一行动。10月14日，2支小部队20多人袭击了庆城县大罗镇，一举攻下伪警察署和村公所。

当时，在北满地区活动的抗联第三路军小部队由金策直接领导。1942年2月20日，于天放率小分队从苏联返回东北，与金策所部会合。1942年10月末，第三路军在北满的小部队50人编成3个小分队。于天放小分队10余人在海伦、绥棱一带活动；朴吉松小分队20余人在铁骊、庆城两县山边一带活动；张瑞麟、鈕景芳小分队10多人在东兴、木兰蒙古山一带活动。此后，为了避开敌人的"讨伐"，于天放带领小分队来到绥棱县张家湾东南、大鸡爪河东北的原始森林中，在原来的密营驻扎下来。

为安全起见，于天放小分队又在原密营的东南方8公里处建造一个新的密营。原来的密营被称为后营，新建造的密营被称为前营。前营有六七名战士，由孙国栋负责；后营有十六七名战士，由于天放负责。前后营建好后，于天放以此为中心，率领战士们分头到各地秘密发展抗日组织，争取群众支持，千方百计保存实力，迎接反攻的到来。

从 1944 年初开始，于天放小分队陷入危险境地。1944 年 1 月，一支由日军和伪警察组成的 100 多人的"讨伐队"向于天放小分队的营地扑来。于天放率队立即向老金沟转移，并派于兰阁、孙国栋等 6 人去分水山袭击敌人，找回埋藏在那里的粮食。于兰阁、孙国栋等人乘着夜色找到了粮食，并向敌人的营地发动了进攻，而后带着粮食返回老金沟。6 月，于天放率领孙国栋、杜希刚、于兰阁等小分队部分人员秘密进驻宋万金屯，此后以宋万金屯小学校为掩护，在附近村、屯秘密发展抗日救国会组织，宣传中国共产党的抗日主张，号召团结起来一致抗日。于天放等在宋万金屯的活动引起了敌人的注意。12 月，于天放、孙国栋、杜希刚、于兰阁等人先后被捕。于天放在监狱内留诗一首，表达了不畏牺牲、坚持抗日救国的决心。全诗如下：

中日世仇不共天，十载抗战破万难，
行动失慎遭逮捕，中国男儿入牢监；
威迫利诱逼降策，救亡信念铁石坚，
囹圄铁窗寒冬度，草木葱茏虎归山。

1945 年 7 月 12 日，于天放和赵忠良乘日军军心不稳之机，杀死日本看守石丸兼政，成功越狱。但丧心病狂的日本侵略者在投降的前一天将孙国栋处以绞刑。时任伪哈尔滨高等检察厅检察官沟口嘉夫在后来的供述中说：苏军进攻东北后，我就越发想到一定要把共产党人，特别是东北抗联领导人孙国栋杀掉。孙国栋喊着中国共产党万岁牺牲了。[8]

巴木东事件后，伪三江省警务厅和伪牡丹江省高等检察厅又指挥军警宪特机构，对通河县境内的抗联潜伏人员进行侦察。1945 年 2 月中旬，通河县伪警务科出动 7 个"特搜班",对通河北部凤山、凤阳、清茶、万兴、宝兴、万柳、船口等村屯进行大搜捕,共逮捕抗联战士和爱国群众 278 人,送到通河县关押。敌人在审讯中进行严刑拷打,活活打死 20 多人,并抛尸街头,引起群众的强烈愤慨。有民族气节的伪警尉王金财秘密与在押抗联营长谢洪升及监外抗联交通员杨敬儒等串联,策划进行反日暴动。4 月 6 日凌晨 1 时,王金财和几名伪警察打开牢门,放出在押群众,宣布暴动。参加暴动的约 300 人打开警务科枪械库,拿出枪支武装自己,打死日本人警察和官员 34 人、伪警察特务 2 人,烧毁伪县公署、警察局、汽油库等。敌人从佳木斯、方正、汤原等地调集 1000 多兵力,在飞机配合下"讨伐"暴动群众。暴动群众退入山区,在小柳河子、样子山等地与敌激战。战斗中,89 人牺牲,许多人被捕;被捕者在审讯中被拷打致死 27 人,被判死刑 31 人;被释放的一些人中,因伤势严重死亡者 8 人。共计死亡 155 人。一部分人在山中坚持 4 个月,日本投降后下山归乡。这是日本侵略军在投降之前对东北人民犯下的又一罪行。

抗联第二路军留在东北坚持斗争的是第二支队副支队长刘雁来率领的 18 人的小部队,活动范围是宝清、虎林、饶河地区,其密营基地在饶河爆马顶子。刘雁来小部队抓住有利时机,开展破坏敌人交通、侦察敌情等活动,但其主要任务是在崇山密林中开荒种地,为抗联主力返回东北作战筹集和储备粮食给养。

1940 年 11 月末,由于敌情严重,第二支队支队长王效明率主力转移到苏联境内整训,刘雁来率领 10 余名队员继续留在饶河大叶子沟中执行任务。1941 年 7 月,王效明率第二支队返回虎林地区活动,刘雁来仍留在饶河执行搜集情报和耕种任务。1941 年一年内,刘雁来小部队以饶河为中心,在北到抚远、南到虎林独木河、西到宝清义顺号这一地区进行秘密活动,侦察、搜集日伪军兵力布置、交通运输等情报,而且在饶河设 3 个种地处,共计 10 垧地,有的请群众代耕,有的则派专人负责,粮食生产取得了可观的成绩。

1942 年这一年，根据上级指示，刘雁来小部队除继续种地外，增加了重要的侦察任务。不久与被派遣回东北的王效明小部队取得联系。

1943 年 3 月，抗联教导旅组成以李永镐为队长、李忠彦为助理、夏礼亭为电台站站长的 7 人小部队，回东北接替刘雁来小部队执行任务，担负富锦、佳木斯、宝清、同江、抚远等地的侦察任务。此后，根据周保中的指示，刘雁来于 11 月 25 日带领小部队的大部分人员前往抗联教导旅参加整训、学习。❾

留在东北坚持原地斗争的抗联部队，在夏秋两季，靠大自然的赐予，还可以维持生存，山菜、野果皆可充饥，山洞、密林也可作为栖身之所。但冬季到来，风雪严寒，粮食断绝，雪水煮苞米粒是最好的食品，有时竟连冻菜叶也很难得到。抗联第三路军政委冯仲云曾这样描述：

> 最后抗日游击队在极端困难底条件下，退到山里去了。没有粮食，就是有时也是连一颗盐粒都没有，有时吃豆子，把腿都吃肿了。他们只得忍着，把和他们共同受难的马都杀了，马肉吃了，接着连马皮都吃了。说这个或有人不曾相信但是这决不是说谎，饿急了的时候连棉花和树皮草根都拿来充饥。他们的队员饿死的很多，没有一个没挨过饿的，就是那三路军总指挥张寿也曾五十多天没捞着饭吃，仅仅吃点野菜度日。
>
> 最残酷的是冬天。北满的气候，经常是在零下四十度左右，雪深没腰，寒风刺骨，服装既不整齐完备，肚里又缺乏食粮，他们是扛不了这季节逼人，加上敌人又不断地追踪着，他们也没有时间和器具来修理衣服，还没有布作帐棚。他们只好踏着雪，找到没有风而又雪薄的空隙里，清除了积雪，燃起了柴火，藉以取暖和作饭。所以他们有一句很好的，而又可凄惨的一句诗，来形容当时的情况，和夜里的严寒，就是"火烤胸前暖，风吹背后寒"。他们的困难的情形如何，便可想而知了。
>
> 他们中有许多的人冻掉了手指或足趾，就是因此而死的也不在少

数。很多的游击队员，遍身枪伤连行走都感到了困难和不便，但是他们还是了若无事般地继续抗战下去。**10**

但就是在这样极其艰险的环境中，他们始终高举抗日救国旗帜，顽强地战斗在东北的土地上，就像《第三路军成立纪念歌》中唱的那样：

> 机动游击战，
> 突破嫩江原。
> 貔貅健，长驱挺进，
> 到处得声援。
> 反日怒潮澎湃起，
> 爆发指顾间。
> 响应我党对日总抗战，
> 消灭日贼走狗与汉奸。
> 精诚团结
> 粉碎封锁线。
> 救国重任万众担，
> 势急不容缓，
> 国耻血债血来还！**11**

抗联加紧训练，准备大反攻

苏联军队继 1944 年取得决定性胜利之后，1945 年 1 月至 4 月，又取得了一系列胜利，歼灭了柏林方向的德军重兵集团，从东面和南面包围了柏林。同时，美英盟军已合围了鲁尔地区的德军集团，进抵易北河，向汉堡、莱比锡方向发展，逼近柏林。4 月 16 日，苏联红军开始进攻柏林。4 月 30

日下午，希特勒在总理府地下室自杀身死。5月8日，德国无条件投降。

在东方战线，日本帝国主义已处于日暮途穷的困境。在中国战场上，由于日军在太平洋战争中惨遭失败，不能不影响到中国战场，日军统帅部被迫放弃了准备进攻重庆的作战命令。从1943年秋开始，解放区各战场逐步开始发动局部反攻。到1945年春夏之交，中国共产党领导的八路军、新四军等人民抗日武装，在华北、华中、华南各解放区的攻势都取得辉煌胜利，总兵力壮大到91万人。

早在1945年2月，苏、美、英三国首脑在苏联雅尔塔举行会议，达成了对日作战的秘密协定，苏联保证在对德战争结束后3个月内参加对日作战。两个月后，即4月5日，苏联外交部部长莫洛托夫受权代表本国政府宣布：1941年4月13日签订的《苏日中立条约》由于日方破坏已经失效，该条约也不再延期。

毛泽东在《论联合政府》一文中曾经预言："希特勒被消灭以后，打败日本侵略者就为时不远了。和中外反动派的预料相反，法西斯侵略势力是一定要被打倒的，人民民主势力是一定要胜利的。"[12]

随着世界反法西斯战争形势的发展，抗联教导旅的训练夜以继日地进行着。为了胜利地在反攻东北作战中发挥应有作用，抗联指战员对提高军事素质提出了很高的要求。苏联远东方面军司令部对抗联的军事训练也给予高度关注，并越来越重视从实战需要出发，提高抗联部队进行大规模作战的指挥能力。

1942年11月16日，远东方面军在苏联远东地区进行诸兵种联合冬季实战演习。事前，总司令阿巴纳申科召见教导旅旅长周保中、政治副旅长张寿篯，让他们随同他南行，巡视此次军事演习实况。他对周、张说，你们"可用心见学。以便将来在你们抗日救国反抗日寇斗争、解放人民事业中，能于指挥大规模作战、能于建军"[13]。周、张遂于当日晚上8时从伯力乘铁甲列车出发，于次日上午8时30分到达沿河，并同阿巴纳申科将军转乘汽车到现场观察苏军第二四五旅进攻演习，随后又随同他巡视该旅驻屯所。20日、21日，周保中、张寿篯随同副总司令到海岸防区驻屯区域巡视苏联远东军第8旅，并检阅该旅各部队制式训练和战斗训练，由单人教练到班、排以及军官教练，还检阅了加强排的高地攻击战斗演习。

接着，1943年4月，远东方面军司令部还指挥教导旅进行了一次军队集结演练，以提高其在现代化战争中的行军机动能力。

1944年冬，在王新林（索尔金）亲自监督之下，教导旅经一个月的准备之后，组织了一次战术对抗演习。这次演习由第四营第七连在既设阵地上担任防御，第二营担任进攻。攻、防双方指挥员概由中国人员担任，苏联军官担任顾问。攻方的营长王效明、参谋长彭施鲁，杨清海、沈泰山、陶雨峰分别担任连长。守方的连长是金光侠。在演习中，王新林（索尔金）还临时出了几个情况，让攻、守双方指挥员进行处理。

1945年1月，周保中在王新林（索尔金）陪同下，会见了苏联远东军第二方面军司令普尔卡耶夫大将，共同商定了有关抗联教导旅的14个问题，主要制订了关于政治教育、军事训练的方案。从2月起，抗联在远东军的组织、帮助下，制订了"新教育计划"，这个计划包括提高中国人员的文化程度以便熟练掌握现代化作战技能，以及进行巷战、骑兵和多兵种联合作战的军事计划。[14]1945年六七月间，远东地区天降大雨，沟满壕平，但抗联的军事训练并没有停止。旅长周保中率领全体指战员连续在风雨中进行紧张的训练与演习，在军事理论、技术及战斗的双考核中均取得良好成绩。

关于教导旅的军事训练，据张瑞麟回忆："军事课的内容有姿式教练、刺枪、实弹射击、战术进攻、防守训练，有时还进行全副武装的长途行军演习、冬季野外露营训练、飞机跳伞等科目。此外，冬天训练滑雪，夏天练习游泳，有时也搞武装泅渡训练。"[15]而彭施鲁则留下了更详尽的回忆：

东北抗联教导旅刚一成立，以空降训练作为第一课，意味着这支部队作战任务是用于敌后，这是符合实际需要的……

在1942年到1944年，每年冬季要进行一次野营训练。以营为单位组织，一律穿滑雪板，练习行军、行军中的警戒、宿营和宿营中的警戒、露营地的选择、冬季的帐篷设置、取暖、野炊、射击场设置、实弹射击、班至连的攻防战术和雪地工事构筑等等，为期半个月。冬季还组织60公里滑雪比赛，以及汽车牵引下的集体滑雪等。在1944年的冬季，还在野营附近组织过一次步兵营进攻和步兵连防御的对抗演习。由于天寒地冻，仅构筑连防御工事就用了半个月时间。这次演习，几乎全旅的各个连队都参加了。通信营的人员被分别配属在攻防双方的各分队中。演习由旅司令部直接领导，正式演习的那一天，远东军区情报部部长索尔金少将还亲临现场，有时还为双方指挥员提出几个战斗情况，要求作出处理。这样的演习，都是根据苏德战场实际经验制定的方案，所以收获是很大的。从1944年春季起，就陆续有一些苏联尉级军官从西部前线调到教导旅来，他们把最新的作战经验也带来了，把军事训练和战场上的现实情况紧密结合。苏军有一条最重要的原则，即按战争所需要的一切来训练部队。东北抗联教导旅的训练内容，虽说在基本上是按统一的步兵部队的训练大纲进行的，但是增加了一些在敌人后方进行游击战的内容，有如空降、爆破技术等。这对东北抗联将士日后的对日作战是相当实用的。*16*

实际上，东北抗日联军教导旅的军事训练比重占其全部训练的70%，训练标准及严格程度均高于野营时期，具有正规化、现代化的特点。

东北抗日联军教导旅司令部参照苏军颁发的《步兵训练大纲》，结合战时需要和中国东北游击战争的实际，有计划地进行现代化军事训练，组织特殊技能学习。

同时还制定了学习制度、指挥员训练制度、检查制度等，以保证部队正规化、现代化训练的顺利开展。各营则按部队实际情况每周制订训练课程表，以保证课目进度与质量，连、排遵循课程表进行军事训练。课程表十分详细，除标明时间、场地、授课人外，还备注了训练要点。每天作息时间为：6 时起床（星期天为 7 时），23 时 40 分熄灯，其间作息依次为早操、洗漱、早餐、新闻（读报）、操课（军事训练，8 时 40 分至 14 时 40 分进行）、午饭、午休、劳动、群众政治工作、晚饭、自习、点名。

　　为提高指挥员的综合素质，教导旅规定每周有一天为军官学习日，全旅军官必须集中学习训练，内容涉猎很广，主要有：司令部工作、汽车驾驶、射击、投弹、刺杀、野外作业、班排防御和进攻战术及军事体育中的单双杠、木马、吊环训练等。此外，还组织军官学习纪律条令、内务条令和队列条令等，学习后再组织各营、连全体战士集体学习。通过条令的学习，部队逐渐改掉了以前的懒散习气。

　　教导旅进行的军事训练课目实施方法，是先由苏联教官培训班长，再由班长组织训练。战术课由连、排长亲自组织实施，连里每周会公布战士的学习成绩，旅部每半月组织操练，对所进行课目实施检查、考核及评比，以提高参训人员的积极性。军事训练的课目主要有：队列训练；单兵战术训练，如刺杀、投弹、武装泅渡、铺设铁丝网、匍匐前进、翻越障碍、实弹射击等；分队战术训练；战斗勤务训练，如侦察、伪装、警戒、行军、宿营、换班等；同时学习战术、军事地形、爆破、防化等课程。

　　其中，队列训练主要为原地转法及行进间队形变换；在单兵格斗上，教导旅特别侧重刺杀训练，要求动作准确有力、勇猛、灵活和顽强；投弹训练要求远而准，30 米合格，官兵一般都能投掷 40 米以上；实弹射击分为 100 米卧姿射击、200 米跪姿射击、150 米全身靶进射、冲锋枪点射和连射等。由于东北江河较多，每年雨季江河涨水，东北抗日联军渡江渡河时常发生人员溺亡情况，因此教导旅很重视游泳训练，利用毗邻黑龙江的便利条件，就近组织武装泗渡黑龙江的训练，上岸后占领预设目标，进行实弹射击。每年冬季，东北抗日联军教导旅还组织为期 2 周的野外拉练。参训人员以滑雪的方式行至距营地 100 公里以外的森林或荒野地带，行进途中要完成多种课目，如战斗编组、战斗警戒、遭遇战斗等训练，宿营后要组织警戒、换班以及对假想敌的偷袭作战演练，并设置临时射击场进行实弹射击。在拉练途中，炊事班要随队进行野炊训练，通信连也要进行架设电话线等训练。此外，教导旅还利用冬季组织部队进行雪地生存、耐寒训练。

在特殊技能训练上，教导旅主要进行了滑雪和空降训练。[17]

为适应中国东北地区的极寒气候及冰雪期长的特点，增强部队作战的机动性和灵活性，教导旅从难从严狠抓滑雪训练；各营、连也均选择山陡林密、地形复杂的地带，从最困难的角度出发组织滑雪训练，收到了很好的效果。张瑞麟曾这样回忆："比我先到'野营'的同志，都受到了滑雪训练，进步很快，有些同志已经滑得相当好。我刚到'野营'时，参加滑雪训练，看到战友们在山岗树林里穿梭来往，身轻如燕，英姿飒爽，羡慕极了。"[18]

至于空降训练，周保中很早就从情报侦察和东北未来实战的需要出发，特别强调学习空降技术，他不顾自己已年过四旬、伤病在身，自 1941 年 7 月 26 日至 8 月 4 日，先后 6 次参加跳伞训练，在日记中留下了这样的记述：

> 七月二十六日上午，余随学习部队由汽车运送到飞行场，领取降落伞（七十一号），整装着衣以后，登第八号运输飞机。飞翔空中约半小时，飞机在预置之地上目标上空盘旋，约高一千米，降落伞员陆续降落。余为初次实习降落，由指导员为余系保险绳于降落伞上。余就准备降落位置时，动作稍不如常，但指导员指示降落时，余并不迟疑，踊跃下降，知觉并未感到特别震动，降落动作亦大致不差。惟在空中下降时，不知将右手之掣环系于伞带，及至着陆时已失去。着陆时尚安适，

并未倾倒。余因未学习伞之折叠法，近处无本部同志，招呼学习降落伞之红军战士，央求代余叠伞。一红军战士闻余呼唤，即到余处，代余折叠，极为热情，并示我以叠伞之要领。

七月二十八日午前赴降落台学习降落，余自高台下降凡四次，动作仍不纯熟。

七月二十九日午后四时，赴飞行场实行第二次降落。天气不甚好，忽雨。稍待雨止仍起飞。此次余之降落，较前次有进步。

七月三十日全部队第五次降落实习，余第三次降落实习。

七月三十一日全部队第六次降落学习，余为第四次。昨晚，彻夜失眠，精神欠佳，效明同志恐余有危险，特向总教官说明，可令余勿去。但余自觉能支持。到机场后，经总教官许可乘飞机，并嘱助教视察我之降落成绩。因上几次余之降落，都带自动绳钩下降，此次亦带。惟经教官视察结果，认为余今后降落可以不带自动绳钩，可以完全自己动作。

八月二日上午八时到飞行场实习全部队第七次降落，三分之一人员技术较优。余系第五次，不用系自动绳钩，自己掣环下降，动作进步。唯因绳带太松，由飞机降落时背囊被挤，两腿不能并拢，着陆时触伤左足面，行动颇感艰难。

八月四日上午七时到达飞行场，全体第八次实习降落。余昨夜彻夜未眠，今晨精神疲惫，到机场后总教官询余能否登机降落，余答无碍。余为第六次实习降落。九时登机，降落时，余之主伞发生故障。余自机腹下降后，掣环备补伞，抬头仰视，主伞未撑开，即急放备补伞。而大伞自然撑开，备补伞未至撑开时而扭绻攒入大伞，余急收掣之夹于胯下。降落伞发生故障时离地面只四百米矣。情况有危险，但余尚未觉其为恐惧耳。着陆时倒地跌伤臂膊，但无碍。红军战士邻近者代余叠伞，后孙江同志来助余。午前十时，全部队降落完毕，回归训练处。**19**

东北抗日联军教导旅经过一段时间的正规训练，建立了正规的秩序，较熟练地掌握了新式武器，基本上掌握了与新装备相适应的战术，官兵的军事素质和部队战斗力均有明显提高。

除了军事训练，还有政治学习。据张瑞麟回忆："政治课的主要内容是联共党史，也穿插讲一些苏联社会主义建设成就、苏德战争的情况以及国际形势等。主要讲课人是刘亚楼同志。刘亚楼同志在参加了举世震惊的二万五千里长征以后，党中央派他到苏联学习军事。他当时正在伯力，离我们的驻地较近。为了使我们按计划完成政治课的学习任务，他不辞辛苦，经常往来于伯力和'野营'之间。刘亚楼同志一般不直接给我们讲课，他都是按照编写好的教材，先给'野营'的政治教员讲授，然后再由政治教员分头给我们讲。"**20**

在政治学习上，教导旅进一步加强了对中国革命、中国革命战争、中国共产党相关内容的学习。由于长期和中共中央失去联系，教导旅全体官兵通过各种渠道千方百计地搜集中共中央的有关文件及中共中央领导人的讲话、文章，力图从中了解、领会中共中央的方针和政策。周保中通过苏联方面获得了一些不完整的《新华日报》及部分书籍，官兵们如获至宝，争先传阅。这些公开发行的报刊，如《新华日报》、1938年前的《救国时报》，成为东北抗日联军教导旅得到材料的主要来源。

为提高指挥员的理论水平，教导旅规定全旅干部每周集中一天时间进行理论学习。1942年延安整风运动开始前后，教导旅印发了大量的学习材料，组织部队学习中共中央的指示精神，内容主要有：中共中央《关于增强党性的决定》，毛泽东的《中国革命战争的战略问题》《反对自由主义》《改造我们的学习》《整顿党的作风》《反对党八股》，周恩来的《论苏德战争及反法西斯斗争》，朱德的《建立东方民族反法西斯统一战线》等。中共东北党组织特别支部及时组织全体官兵联系自身实际，认真学习并开展了热烈的讨论，进行了批评与自我批评，自觉地整顿了党风、学风和文风，取得了重要成果。

教导旅还组织部队学习了马克思、恩格斯、列宁、斯大林的一些著作、文章，并经常开展时事教育，分析国内外形势，从而坚定了官兵为中国和世界反法西斯战争而奋斗的信念。很多官兵回忆说，自己的马列主义理论水平得益于在东北抗日联军教导旅的政治学习。

东北抗日联军教导旅的官兵虽然一直孤军奋战，却心系延安，时刻期盼着与中共中央取得联系。彭施鲁在回忆东北抗日联军教导旅的艰苦岁月时曾描述："当时，在《新民主主义论》一书中附有毛主席的画像，我是教导旅内唯一能够照着样板放大画像的人"，所以"每个连都找我画毛主席像，挂在连队的俱乐部里"。*21*

1945年4月23日至6月11日，中国共产党第七次全国代表大会在延安召开。毛泽东在大会上作了《论联合政府》的政治报告，朱德作了《论解放区战场》的军事报告。抗联教导旅利用无线电广播得到党的七大召开的消息和七大报告的精神，进行了认真的学习、讨论，明确了"放手发动群众，打败日本侵略者，解放全国人民，建立一个新民主主义的中国"的党的政治路线，明确了中国共产党及其领导的人民军队在军事上的中心战略任务是要准备迎接抗日大反攻的战斗，应该扩大自己的军队——八路军、新四军及其他人民军队，并在一切敌人所到之处，广泛地、自动地发展抗日武装，准备直接配合同盟国作战，收复一切失地，绝不单纯地依靠国民党。

东北党组织委员会和抗联教导旅在新的形势下，决定动员抗联主力部队和分散活动的小部队全体指战员在教导旅的统一指挥下，团结一致，准备参加全国抗战总反攻的伟大战斗。

为迎接大反攻作战，东北党组织委员会加强了思想政治工作，由教导旅政治副旅长张寿篯，旅政治部主任、中共东北委员会书记崔石泉，旅政治部副主任冯仲云和中共东北委员会委员卢冬生、金京石、王一知等人具体负责。营、连各级由政治副营长和政治副连长及党、团支部委员负责。思想政治工作的内容主要结合学习贯彻党的七大文件精神，以军人大会、阅兵式、专题讨论会、时事报告会、讲演会、座谈会、诉苦会和个别谈话等多种形式，进行阶级教育、爱国主义教育和共产主义教育。通过开展这些活动，抗联指战员增强了贯彻党的路线的自觉性，斗志更加旺盛。

苏军攻克柏林的消息传来，抗联指战员无不欣喜若狂。不久，抗联指战员开始大量东调。由火车运载的飞机、坦克、火炮源源不断地开到苏联远东地区。从6月份起，教导旅被抽调出发执行小部队任务的人员比往常多了，全旅的伙食标准也提高了。原来中级军官每月要交占薪金1/4的伙食费，现在伙食免费，黄油、香烟、糖的供应也增加了。旅内的苏军军官告诉抗联指战员，现在部队已经实行战争第二线部队的伙食标准，这意味着苏联远东地区已被确定为新的战场了。这一时期，远东军炮兵、坦克兵的军官经常到教导旅，同熟悉东北各地地形的指战员核对中国东北地图，进一步询问道路、桥梁、地形等情况。抗联指战员把这些都看成战争即将爆发的迹象，因此也非常愉快地接待他们，回答他们提出的各种问题。战争气氛开始笼罩着抗联教导旅。

6月2日，抗日联军领导人在远东第二方面军司令员普尔卡耶夫大将指导下，制定了抗联在反攻行动中的5条方针：第一，东北是中国的一部分，东北党组织和东北抗日联军必须在中国共产党的政治线路指导下参加东北的反攻作战。第二，扩大东北抗日联军，更大规模地开展抗日武装斗争。第三，发展全民族的抗日统一战线，恢复东北抗日救国总会。第四，恢复中共东北委员会对东北各地方党组织的领导。第五，中共东北委员会与中共中央取得联系。如中央在东北建有其他地下党的组织，中共东北委员会所联系的党支部组织要与中央的组织合一，或者直接与中央联络。**22**

7月间，东北党组织委员会拟定了政治、组织和行为3个"备忘录"，以规范抗联指战员的行动，切实做到在大反攻作战中自觉听指挥，守纪律，上下一致，步调统一。这3个备忘录全部用韵文写成，言简意赅，易于记诵。

政治备忘录

中国人民艰苦抗战，民族解放胜利来临。

苏联红军吊民伐罪，东北河山复见光明。

共产党员坚贞稳定，对我中华祖国竭诚。

统一建国党派不分，是非曲直但求其真。

勿忘爱护人民同胞，处处请求廉洁公正。

耻与国贼专暴为伍，占地位置尊重人民。

争取全民民主自由，极力避免阋墙内争。

……

海亦可枯石亦可烂，志趣宗旨绝无变更。

组织备忘录

要遵守系统规定，要严守密切联络。

要到处学习进步，要利用一切经验。

要虑念周到，要有正确决心。

要行动紧张，要敢作敢为。

要靠近组织，要尊重人才。

……

要团结内部，要纪律森严，要熟知事物，要到处检点。

要正常工作，要准备应变。

行为备忘录

小心酒肉钱财引诱你，

小心美丽女色沉迷你，

小心甜言蜜语欺骗你，

小心日寇遗毒沾染你，

小心走狗叛徒暗算你，

小心法西斯忒杀害你，

小心华衣丽屋拘住你，

小心偷安懒惰坑了你。**23**

　　上述 3 个备忘录由周保中起草，经党委成员讨论修改，然后印发给抗联指战员人手一册，并规定每人必须将备忘录放在口袋里，随身携带。

抗联教导旅编入苏联远东军第二方面军，拟向佳木斯出击

　　一直渴望返回东北战场打击日寇的抗联部队，早在进行政治动员前，就根据 1942 年成立抗联教导旅的方针和当前大反攻在即的形势，周密地制订了将来反攻东北的作战计划。1945 年 5 月 2 日，苏军攻克柏林后，王新林（索尔金）曾向周保中传达了远东第二方面军司令 M.A.普尔卡耶夫大将的预想：对日将有相当时期的残酷战斗，第八十八旅随苏军进展，在东北建立 10 万人的军队，参加解放东北和内蒙。**24**据此，抗联教导旅制订的反攻作战计划决定"以抗日联军现有干部为领导骨干，准备计划建立六万人至十万人的军队，以便参加大规模对日作战和展开敌后活动"**25**。

　　当时，苏军对日作战的部署是，苏联远东红军总司令部成立，组成远东第一、第二和外贝加尔 3 个方面军，准备分 3 路向中国东北挺进。主攻战区是外贝加尔方面军所在的西线。东线远东第二方面军沿黑龙江和乌苏里江展开，第一方面军沿与朝鲜毗邻的中国东北边境地区展开。苏联最高统帅部要求"三个方面军必须密切协同，向长春、沈阳实施强大的向心突击，粉碎关东军，尽速夺取胜利"**26**。抗联教导旅以独立步兵第八十八特别教导旅的番号编入第二方面军，为该方面军总部直属部队，出击方向是佳木斯战区。

　　抗联领导人根据苏军这一作战预案与对东北战场未来艰苦作战的设想，制订了在东北建立、扩大人民军队和重建抗日根据地的反攻作战计划。当时，苏军计划把抗联现有部队分成 3 个部分。第一，在苏军对日开战前，抗

联将派出数十支先遣小分队，伞降日军后方。伞降地区按苏军对日作战区域定为 4 个，其中中国东北 3 个作战区，另一个是朝鲜战区，这 4 个作战区都将派抗联先遣小分队。第二，命令正在东北的抗联小部队到敌后指定地区，执行战术侦察任务，同时向远东军报告。第三，抗联派遣小分队直接参加苏军对日作战。第四，第八十八步兵特别旅将作为旅的建制担负向佳木斯方向进击的作战任务。该作战计划对以上部分部队的具体作战路线等都作了明确规定。这个计划还规定，对以前有较好游击运动基础的辽吉区（磐石一带）、北黑区（北安、黑河第九区）、汤原区（汤原、桦川一带）等地立刻加派小部队，务必在苏联对日宣战前到达指定地区。后来，苏军进军东北后，战局发展迅速，情况不断变化，抗联的作战计划从进攻作战迅速调整为：抢占战略要点，实行战略展开，以配合苏军、八路军、新四军进行大反攻，为以后解放全东北夺占先机。

注 释

1.《中共扩大的六届六中全会致东北义勇军及全体同胞电》（1938 年 11 月 5 日），中共中央文献研究室、中央档案馆编：《建党以来重要文献选编（一九二一——一九四九）》第十五册，中央文献出版社 2011 年版，第 731 页。

2.［苏］弗诺特钦科：《远东的胜利》，沈军清译，辽宁人民出版社 1979 年版，第 88 页。

3.《风雪征程——东北抗日联军战士李敏回忆录（1924—1949）》，黑龙江人民出版社 2012 年版，第 604 页，

4.《周保中给王新林的信——关于要求回东北工作的意见》（1942 年 4 月 2 日），中央档案馆、辽宁省档案馆、吉林省档案馆、黑龙江省档案馆编：《东北地区革命历史文件汇集》甲 63，吉林省白城市造纸厂印刷厂 1991 年版，第 407、411 页。

5.《访问张凤岐同志记录》（1985 年 3 月 15 日），中共黑龙江省委党史研究室存。

6. 关于赵尚志牺牲的经过，参见《伪三江省警务厅关于射杀前东北抗日联军总指挥赵尚志向治安部警务司长谷口明山的报告》（1942 年 2 月 19 日），黑龙江省档案馆藏。

7. 王明贵：《活动在黑嫩地区的抗联第三路军三支队》，中国人民解放军历史资料丛书编审委员会编：《东北抗日联军·大事记·回忆史料·参考资料》，白山出版社 2011 年版，第 327 页。

8. 中央档案馆、中国第二历史档案馆、吉林省社会科学院合编：《日本帝国主义侵华档案资料选编——东北历次大惨案》，中华书局 2020 年版，第 528 页。

9.《东北抗日联军史》编写组：《东北抗日联军史》下册，中共党史出版社 2015 年版，第 965—1003 页。

10. 冯仲云：《东北抗日联军十四年苦斗简史》，中央文献出版社 2008 年版，第 73—75 页。

11. 金伯文：《回忆李兆麟同志》，中国抗日战争军事史料丛书编审委员会编：《东北抗日联军·回忆史料》，解放军出版社 2015 年版，第 360—361 页。

12.《论联合政府》（1945 年 4 月 24 日），《毛泽东选集》第三卷，人民出版社 1991 年版，第 1030—1031 页。

13. 周保中：《东北抗日游击日记》，人民出版社 1991 年版，第 684 页。

14. 周保中：《东北抗日游击日记》，人民出版社 1991 年版，第 808—809 页。

15. 张瑞麟回忆，张静整理：《在漫漫长夜中——张瑞麟回忆录》，黑龙江人民出版社 1985 年版，第 171 页。

16. 彭施鲁：《回忆东北抗日联军教导旅》，中国抗日战争军事史料丛书编审委员会编：《东北抗日联军·回忆史料》，解放军出版社 2015 年版，第 304—305 页。

17. 朱姝璇、岳思平编著：《东北抗日联军史》，解放军出版社 2014 年版，第 329—330 页。

18. 张瑞麟回忆，张静整理：《在漫漫长夜中——张瑞麟回忆录》，黑龙江人民出版社 1985 年版，第 171 页。

19. 周保中：《东北抗日游击日记》，人民出版社 1991 年版，第 604—608 页。

20. 张瑞麟回忆，张静整理：《在漫漫长夜中——张瑞麟回忆录》，黑龙江人民出版社 1985 年版，第 172 页。

21. 彭施鲁：《东北抗日联军教导旅在苏联》，《东北抗日联军史料》，中共党史资料出版社 1987 年版，第 742 页。

22.《周保中简短日记》（1942 年 1 月——1945 年 8 月），中央档案馆、辽宁省档案馆、吉林省档案馆、黑龙江省档案馆：《东北地区革命历史文件汇集》甲 43，哈尔滨呼兰印刷厂 1990 年版，第 466 页。

23.《备记录》（1945 年），《周保中文选》，解放军出版社 2015 年版，第 252 页。

24. 高树桥：《东北抗日联军后期斗争史》，白山出版社 1993 年版，第 282 页。

25.《中共东北地方党史资料访问录选编·周保中同志专辑》，黑龙江社会科学院地方党史研究所 1980 年版，第 157 页。

26. [苏]《军事思想》1949 年第 12 期。

第 九 章

南北出击谋局华南

罗浮山新生勃发气象——罗浮山会议保卫战——华南进入战略反攻新阶段——华南抗日武装与南下支队南北出击——毛泽东指示不断，南下支队向湘南粤北进击——顽军增加"剿匪"战术研究——八面山中突出重围——错过会合时机

罗浮山新生勃发气象

春夏的罗浮山地区，一片繁忙的景象。

1945 年 3 月，东江纵队司令部、政治部从江南迁至罗浮山，第三、第五支队等主力部队相继进入博罗地区。此处地处粤北咽喉，控制广汕、广梅公路，是连接华南敌后与华中根据地的战略枢纽。至 1945 年 5 月，东江纵队收复福田、联和、东宁等 14 个乡，控制人口约 14 万，为建政扫清了障碍。

博罗县抗日民主政府的建立，标志着东江纵队从分散游击转向区域治理的重大转折。其"军政一体、军民共治"的模式，不仅为华南敌后抗战提供制度样本，更为新中国成立后基层政权建设积累了宝贵经验。

日军的两条运输大动脉——东江河及增博公路（增城—博罗）也全被东江纵队控制。东江纵队在东江航道布设水雷 200 余枚，成立"护航大队"配备改装渔船（载重 5—10 吨），配备掷弹筒和重机枪。1944 年 6 月击沉日军运输船 3 艘，缴获大米 120 吨、药品 50 箱。在增博公路设置 3 道雷区（每道埋雷 50—80 枚），采用"梯次布雷法"：先以小股部队诱敌进入雷区，再

以迫击炮覆盖封锁带。1944 年 9 月单日炸毁日军卡车 9 辆，毙伤 120 人。日军的小运输队进来，就像掉进了口袋一样，连人带物资全被缴获。日军要强行通过，就不得不加大运输队的规模。他们在水上运输要几十条船一齐出动，两岸还要派上千步兵护送。陆上运输，每次也要用数百匹马，上千人保护。对这种大运输队，东江纵队采取小伏击的办法，埋地雷、打冷枪，扰得日军运输队日夜不宁，运输量大大减少。为此，日军大动肝火，曾经组织部队向东江沿岸"扫荡"。但是这时日军已经每况愈下，日薄西山，兵力奇缺，对东江纵队奈何不得。

罗浮山一带到处都是蓬勃新生的气象。

为了统一领导广东包括南路一切党政军民工作，中共中央决定将中共广东临时工作委员会及东江军政委员会合并为广东区委。中共广东区委员会的成立，标志着华南抗日武装从分散游击走向集中统一领导的历史性跨越。

6 月 16 日，中共中央向广东区党委发出由周恩来起草的关于华南战略方针的指示：

　　……我党除在华北、华中扩大武装、扩大解放区外，还须在华南利用目前有利条件，迅速建立战略根据地，以便在敌人败退时，我华南武装能进退有据，在国民党发动内战时，你们能配合全国起来制止内战。

　　六、华南战略根据地不可能以目前之东江地区为中心，依今日敌情及将来变化，均应以湘、粤、赣边区为中心，并可东联闽、粤、赣，西联湘、粤、桂。中央即将电令现在湘、鄂、赣边区之王震部队，沿粤汉路经衡阳、宝庆间，直向湘、粤、赣、桂边区发展。另由延安派出五千人部队，由文年生率领，沿平汉、粤汉路南下，向湘、粤、赣、桂边地区前进，并负责护送"七大"广东代表及二百名军政干部给你们，计时七至八个月可到，以配合你们创造南方局面，成为制止内战之一翼。

　　七、为实现此战略方针，你们应即派遣大的有力部队由负责同志率领，随带大批干部，迅向北江地区发展，直至坪石、南雄之线，扩大游击根据地，以便在数月后和王震、文年生各部打成一片，并接收干部。现在小北江支队及紫金支队，亦应继续向北发展，以扩张左右两翼。**1**

电报中说的小北江支队就是北江支队。紫金支队是指战斗在广东紫金县地区的抗日自卫大队，前身为1938年成立的广东青年抗日先锋队紫金分队，隶属中共东江特委领导；1944年12月，根据东江纵队整编部署，该分队与当地自卫武装整合，正式组建紫金人民抗日自卫大队，成为东江纵队大亚湾人民抗日自卫总队下属主力支队，总兵力约800人。紫金支队作为东江纵队南翼主力，其"山地游击与平原穿插结合"的作战模式，有效牵制了日军在粤东的兵力部署。

1945年7月6日至22日，中共广东省临委在博罗县的罗浮山冲虚观召开扩大干部会议，简称"罗浮山会议"，会议由临委书记、东江纵队政治委员林平主持。

各地派出的党代表，早在6月中旬，就在地下交通网的护送下，陆续抵达罗浮山。出席会议的有东江前线特委、后东特委、两江特委、珠江特委、潮汕特委以及部队的领导人，东江纵队各支队的代表，两个行政委员会的代表等。海南岛、南路和粤中的代表因交通阻隔未能出席。

会议的主要内容是：传达贯彻党的七大精神（下文详述）和中共中央关于华南战略方针的指示，总结抗日战争以来广东党组织的工作经验和教训，建立广东党组织统一的领导机构，研究部署今后的工作任务。

会议决定成立中共广东区委员会。区党委委员有尹林平、梁广、曾生、王作尧、杨康华、林锵云、梁鸿钧（当时梁鸿钧已牺牲，但会议未获得确切报告）、刘田夫、罗范群、周楠、黄松坚、连贯、梁嘉、黄康、饶彰风等。书记为尹林平，组织部部长为梁广，宣传部部长为饶彰风，统战部部长为连贯，城市工作部部长为黄康。会议决定由东江纵队负责研究与指导全省军事工作，政治部负责研究指导全省军队政治工作。决定成立江南、后东、西北、北江地委，中区与南路合并统一领导（后未实行），北江地区暂由广东区委直接领导，等条件成熟时建立地委。潮汕、闽粤赣边、闽西南、港九设特派员，广州设工委。会议要求全体党员在"一年内创造一个进退有据的战略性根据地"，使之成为"华南敌后战斗的中心"。**2**

罗浮山会议保卫战

1945 年 7 月 6 日，罗浮山会议部署进军粤北、开辟五岭根据地等战略任务时，日军虽已濒临投降，但国民党顽军独立第二十旅第一团及地方反动武装 2000 余人，配备迫击炮 6 门、重机枪 24 挺，仍盘踞博罗公庄，企图破坏会议并驱逐东江纵队。

为了巩固和发展罗浮山抗日根据地，确保中共广东省临时委员会在罗浮山的会议顺利进行，7 月 14 日，王作尧、杨康华率领东江纵队第三支队（支队长彭沃）和第五支队一部（共约 1500 人），攻打博罗公庄，第三支队担任主攻，第五支队负责侧翼牵制及阻击增援之敌。部队从罗浮山出发，经柏塘、显村等地，利用夜色掩护向公庄隐蔽机动。第三支队第一大队第三中队冼根小队（28 人）作为尖刀分队，率先突入公庄桔子墟，摧毁敌军通信设施。公庄圩的国民党军依托碉堡群和迫击炮阵地固守。东江纵队采用"爆破组＋突击队"战术，由爆破手携带炸药包逐个清除敌军火力点。第五支队一部迂回至公庄北侧，切断敌军退路，形成合围态势。在圩内街道，双方展开近战。东江纵队战士以刺刀、手榴弹突破敌军防线，歼灭守军一个加强连。

这场战斗重创准备进犯罗浮山区的顽军，击毙国民党军营长以下官兵120 余人，俘虏 80 余人，缴获迫击炮 2 门、重机枪 4 挺、长短枪 150 余支。摧毁公庄圩及獭子墟敌军据点，控制广汕公路关键路段，粉碎了顽军破坏罗浮山会议的图谋。解放公庄后，东江纵队迅速控制柏塘、杨梅水等地，为后续北上接应八路军南下支队创造了条件。

此战虽取得胜利，但国民党独立第二十旅仍纠集 2000 余人反扑，引发 7 月 20 日"三棵松阻击战"。

7 月 20 日，国民党独立第二十旅和地方团队 2000 余人，从公庄分两路向柏塘进攻，严重威胁罗浮山会议的安全进行。彭沃、陈一民率东江纵队第三支队奉命展开了柏塘保卫战，正面防御部队多次打退顽军的冲锋，始终坚守阵地。在左侧比较突出的三棵松高地，有一个小队负责防守，遭受顽军迂回部队的进攻，战斗极为激烈。全小队 28 人，打退顽军一次又一次的冲锋，子弹打光了，就与顽军展开白刃战。最后全小队 28 人除第二班班长黄秋、战士温发等 3 人负伤撤出战斗外，小队长冼根等 25 人全部壮烈牺牲。次日，第三支队转移到山前，组织柏塘第二线的防守。顽军因伤亡和消耗很大而急速撤走。第三支队随即收复柏塘。这次战斗，达到了保证罗浮山会议顺利进行的目的。

6 月，珠江纵队参谋长周伯明根据中共广东区党委部署，抽调主力部队组成北上支队，率领珠江纵队解放大队 200 余人，从珠江三角洲转战到宝安后，与东江纵队第一支队并肩战斗，在黄松岗至公明圩一线，利用竹林伪装 3 个机枪阵地，打退日军的进攻，歼敌一个小队。12 日，击退日军第二三〇联队第三中队（200 人）的运输队，毙敌小队长以下 12 人，缴获三八式步枪 8 支、弹药 2000 发。接着在宝安大队配合下歼灭沙井伪军后，奉调北上罗浮山，加强了博罗地区的武装力量。随后，梁奇达、欧初、杨子江又带领珠江纵队 300 余人过来，编入东江纵队的战斗序列，为东江纵队第五支队第二大队，配备日式九二式步兵炮 2 门，成为博罗地区机动打击力量。1945 年 6 月的宝安协同作战，标志着东江纵队与珠江纵队从分散游击走向战略协同的关键转折。这种跨区域部队整编与战术配合，有效遏制了日军在粤北的"清剿"。

华南进入战略反攻新阶段

这时，纳粹德国已无条件投降，欧洲战争结束，盟军的作战重心迅速东移。日本仍在负隅顽抗，但面临本土防御崩溃的危机。为加速结束战争、减少盟军伤亡，7月26日，中、美、英三国政府联合发表针对日本的《波茨坦公告》，要求"日本政府立即宣布所有日本武装部队无条件投降""除此一途，日本即将迅速完全毁灭"。³但日本首相铃木贯太郎于7月28日召开记者会，称《波茨坦公告》为"旧金山报纸的废纸"，表示政府将"默杀"（即无视）该公告。这一表态标志着日本拒绝盟国最后通牒，选择继续战争。

随后，世界反法西斯同盟将战略重心转向亚太。在中国战场上，日军占领区的大部分城镇、交通要道和沿海地区都处在解放区军民的包围之中，对日军战略反攻的形势正逐步形成。在华南战场，国民党军第二方面军余汉谋部的主力龟缩在粤赣边的南雄、仁化、全南、定南、龙南等县，离前线数百公里。东江纵队在战斗中发展到1.1万余人，民兵近2万人，建立了东莞、宝安、惠宝边、增龙博、惠东、海陆丰、北江等7块抗日根据地，总面积6万余平方公里，人口约450万。日军占领区的东莞、南头、惠州、博罗、增城、英德、清远、海丰、曲江、始兴等县城和九龙市区及石龙、樟木头、虎门、深圳、沙头角、平湖、大埔、元朗等圩镇，广九铁路、粤汉铁路南段，潮汕公路西段和广州经东莞至深圳的公路线，完全处于东江纵队的包围之中。至1945年7月，东江纵队控制区面积达6.2万平方公里，占华南沦陷区总面积的37%，形成对日军交通动脉的全面封锁。东江纵队已从地方武装发展为华南抗战核心力量，不仅有效牵制了华南日军主力，更为接受日军投降、收复失地奠定了战略基础。

7月15日，中共中央军委又给广东区党委发来电报，再次强调华南工作要抓紧开展，明确将发展重心转向粤北、赣南、湘南五岭山区，配合南下支队开辟根据地，语气非常急迫：

（一）军委估计了整个抗战发展形势，对于华南局势，认为要经过一段长期复杂而艰苦的斗争过程才能获得胜利。没有时局的预见，没有未雨绸缪的及时准备工作，将会遭受到许多困难，甚至严重的挫折与失败。

（二）华南问题的关键，在于你们能否在一年内（决不可错过此种时机）建立起真正有群众基础的粤北、湘南、赣南山区根据地，以准备在一年之后，英、美、蒋军占领广州及平原地区之后，我军能有山地依靠，将华南斗争坚持下去，使你们日益发展着的主力军，获得回旋机动的群众条件、地理条件，以为将来之依靠。如果这一任务不能完成，那你们在一年之后就将遇到失败。

（三）我们曾电告你们，今后发展的主要方向是向粤北、赣南、湘南的五岭山区，建立湘粤赣桂边（以五岭为中心）根据地，迎接八路军南下部队，合力创造华南新阵地，配合华北、华中我军，进行对日反攻作战，并于日寇消灭后，能够对付国民党必然发动的内战。

（四）你们接电后，执行情形如何，你们派出的北江支队已进到英德地区活动，现进到何地？人枪多少？首长为谁？与你们有无电台联系？除此以外尚有其他力量北上否？均望即告。你们要以极大注意力执行北上任务，派往北面的兵力与干部愈多愈好，并必须有强的党、政、军领导人前去。

（五）王震、王首道二同志所率部队，由湘北已开始南下与你们会合，望你们迅速与该部取得电台联系（三局已将通信呼号等电告你们，密码不日即有电告望注意接收），加强湘南、赣南、粤北的情报工作，随时将该区敌、伪、友、顽、我的情况，电告王震、首道，协助其顺利南下，并作一切配合行动的部署和部队会合后的各种准备，达到华南全军团结一致完成党的任务。4

在会上，遵照党中央指示，决定撤销广东省临委和东江军政委员会，正式成立中共广东区委员会（简称"中共广东区委"），尹林平任书记，连贯、梁广、曾生、王作尧等 15 人组成领导机构。在讨论成立与健全广东地区党组织和机构的同时，会议最重要的议题就是如何落实党中央指示，派遣部队迅速北进，创立战略根据地。

罗浮山会议与中共广东区委的成立，标志着华南抗日武装斗争进入战略反攻新阶段。通过北进战略的实施，不仅有效牵制了华南日军主力，更为战后华南局势演变埋下战略伏笔。这一时期的决策实践，体现了中国共产党在复杂战争环境下统筹全局、把握机遇的战略智慧。

华南抗日武装与南下支队南北出击

7月下旬，根据罗浮山会议决定，中共广东区委组织 3 批部队北上粤北、赣南、湘南五岭山区，与八路军南下支队会合，形成战略支点。

第一批，1945 年 7 月 26 日，林锵云（珠江纵队司令员）、王作尧（东江纵队副司令员）、杨康华（东江纵队政治部主任）率东江纵队第五支队及珠江纵队独立第三大队共 1200 余人率先北上。从博罗横河出发，经从化、新丰向五岭山区挺进，计划与王震、王首道率领的八路军南下支队（第三五九旅）会合。第二批，1945 年 8 月下旬，东江纵队第三支队（支队长彭沃）率 1000 余人北上，主力集中在九连山地区。第三批，1945 年 10 月下旬，尹林平（广东区委书记）、曾生（东江纵队司令员）率 1000 余人从惠阳大鹏湾出发，经河源、龙川向湘南挺进。

华南抗日武装虽然行动迅速、果断，但与迅猛发展的形势相比，北上的行动还是缓慢了。首批部队（林锵云、王作尧部）出发时正值盛夏，部队仍穿着单衣。至 8 月中旬，粤北山区气温骤降至 10℃ 以下，冬衣尚未完成缝制。为此，部队动员广大根据地妇女组织"妇救会"连夜赶制棉衣，用稻草灰染布替代棉花填充。又向当地乡绅征集土布 2000 余匹，拆解日军降落伞布作防雨层。珠江纵队独立第三大队还通过地下交通线从香港购得呢绒50匹，紧急改制军官大衣。

与此同时，王震部队要求华南部队携带的粤北等地五万分之一比例的地图，也还未收集齐。由于粤北山区地形复杂，日军控制区占70%，测绘队多次遭伏击，加之缺乏航空照片和现代测量工具，完全依赖步测与手绘。因此，王震要求部队携带的地图实际完成度不足40%。珠江纵队北上部队的准备工作还刚刚开始。

华南抗日武装的仓促北上，暴露了其在后勤保障与情报体系上的短板。然而，正是这种"边战斗边准备"的灵活作风，使其在极端困难条件下仍能实现战略突破。

1944年11月9日，王震任司令员、王首道任政委，率八路军南下支队5000余人从延安出发，经绥德东渡黄河，越过同蒲路后，从太岳地区南渡黄河，越过陇海路，突破日伪军的多重封锁和顽军的不断阻击，于1945年1月27日，在鄂豫皖抗日根据地大悟山区与新四军第五师会师。

南下支队在大悟山区经过短期休整后，在鄂皖军区部队配合下，于2月离开大悟山继续南进，向鄂赣地区挺进。2月19日至23日，他们分批从黄冈的下巴河和蕲春的田家镇，先后渡过长江，进入鄂南的鄂城、大冶、阳新地区，在击溃了阻击和尾追的日军后，于3月下旬进占湘鄂边的平江城。

3月26日黄昏，部队从北门秘密潜入，控制城门岗哨。起义警察配合打开西门，未发一枪占领县城。次日清晨张贴《湖南人民抗日救国军司令部布告》，宣布"废除苛捐杂税""保障人民权利"，并召开民众大会，王震用浏阳方言演讲，号召"打日本、保家乡"。

国民党为了阻挡南下支队南进，其第九战区司令长官薛岳制订了详细的"围剿"计划，并于4月15日，任命国民党第九战区第三十集团军王陵基为湘鄂赣边"剿匪"总司令，统率第七十二军（韩全朴部）、第九十九军（胡琪三部）及5个挺进纵队（共3万余人），从东、南、北三面进迫平江，妄图消灭南下支队。第七十二军主力从修水、武宁向平江东部推进，企图切断南下支队与鄂南根据地的联系；第九十九军从浏阳、醴陵向南压迫，封锁湘赣边界；5个挺进纵队（含王剪波第四纵队）从岳阳、通城向平江北部渗透，压缩南下支队活动空间。

在此形势下，南下支队经中共中央批准，在湘鄂赣边建立根据地，然后逐步向南发展，把中原地区和华南地区的抗日力量连在一起。

经过几个月的艰苦斗争，湘鄂赣边抗日根据地的建设初具规模。

毛泽东指示不断，南下支队向湘南粤北进击

这时，江南地区进入盛夏，天气一天比一天炎热起来。

自从来到湘鄂赣边以后，南下支队同国民党顽军反复周旋，一直处于胶着状态。这使所有指战员都感到焦躁不安，大家都思虑着同一个问题："下一步怎么办？"

在这关键时刻，毛泽东连续发来电报，希望王震率领主力，以3个月左右的时间，南进到达湘粤边，直接与广东部队会合。

6月24日，毛泽东为中央起草《关于建立南方根据地的战略方针给湘鄂赣区党委等的指示》：

　　……

　　（三）现在距日寇崩溃只应估计尚有一年半，时间很迫促，而在湘中衡、宝、潭、醴地区建立解放区，在目前是可能的，在日寇崩溃后要继续存在、坚持，将是很困难的。那时有使我军处于极困难地位，甚至被迫北返之可能，而且不能和广东力量打成一片，违背着在南方一翼建立局面，以便在国民党发动内战时牵制国民党一翼的战略意图。这一方针和在延安时我们向你们所说在地区上是不同的，但我们认为这一方针

是正确的。

（四）因此，你们现有主力及张、文后续部队均应取道敌占区向南（取道敌、顽接合部，走"之"字路），直至湘粤边界和广东部队联接，并准备将兵力与干部分为几个部分，在以三南为中心的粤赣边，在宜章、坪石、乐昌、南雄地区，在郴州、道州、临武、蓝山、连县地区，在以永明、灌阳、恭城为中心之湘桂边区（如有敌伪军占据），分散建立许多游击根据地，逐渐成为巩固根据地。准备一切条件，使我军在日寇崩溃、国民党发动内战时，能够依据五岭山脉坚持并发展，准备被切断，准备独立作战，唯一的直接的依靠是你们内部的团结，是你们自己的正确的军事政策与正确的团结人民的政策。如果你们在这些政策上犯了大错误，那便要接受失败的结果，这一点必须预计到，必须预计到最困难最危险最黑暗的种种可能情况，并从这点出发去克服困难，争取光明与胜利的局面。

（五）各领导干部必须十分虚心，力戒骄傲，十分谨慎，力戒浮躁，十分团结，避免并逐步消除可能的意见分歧，在情况许可条件下实行委员会的民主讨论，集中多数同志的意见，然后坚决执行之。

（六）现在大局有利于我，只要党内能团结，不丧失时机，在政策上不犯大错误，我们相信你们是能够完成中央给你们的伟大任务的，希将你们的意见电告。**5**

中共中央及时发来的电报，宛如一阵阵沁人心脾的清风，驱散了南下支队官兵心里的焦虑，增强了大家的信心和力量。为了贯彻中共中央有关南进的指示精神，7月4日，南下支队在咸宁县的胡家街召开了一次边区党委高级干部会议，着重讨论了今后边区的工作和部队的军事行动。通过反复讨论研究，大家普遍认识到，在当前情况下，南下支队这样一支人数不多的军队，集中兵力在国民党统治地区，同国民党优势兵力反复地打大仗，不仅在军事上是不利的，而且在政治上也是不利的。南下支队的战略方针应是：在日军占领区域实行分散的游击战争，建立与扩大解放区，缩小沦陷区，建立与扩大军队、游击队与民兵，削弱日军、伪军与顽军力量。对于国民党军队，则不应超过自卫立场；只有在国民党军队向支队进攻，妨碍其在敌占区的抗日战事，而又在兵力对比有利的条件下，才可以集中相当数量之兵力，站在自卫立场上，给以反击并取得胜利。这样做的目的，也在于便利南下支队在敌占区建立解放区。因此，不应在支队干部和战士中灌输专门打顽军或主要打顽军的思想，而要向他们灌输主要打日伪军，只在自卫立场上打顽军的思想，以提高大家在敌占区建立解放区的认识与情绪。

会后，王首道到王震的驻地郭家祠，一起给中共中央和毛泽东发电报，决定遵照中央指示，率主力继续南下。具体计划是，以现有主力取道日、顽接合部，走"之"字路，直至湘粤边界，和广东部队聚合。同时还准备根据中央指示，将兵力和干部分成几个部分，在以江西的龙南、全南、定南为中心的粤赣边区，在宜章、坪石、乐昌、南雄地区，在柳州、道州、临武、盐山、连县地区，在以永明、灌县、恭城为中心的湘桂边区，分散建立许多游击根据地，逐渐发展成为巩固的根据地；然后再准备一切条件，使南下支队在日军崩溃、国民党发动内战时，能够依据五岭山脉坚持并进而发展。

7月5日，毛泽东收到电报后，马上回电说："你们决定南进是正确的，沿途除必要休整时间外不宜停留过久。沿途如有有利和可靠之人民武装应酌量派出些干部散布种子，助其扩大，主力不宜浪战过分损耗精干力量。"**6**

王震和王首道随即决定：杨宗胜、吴光远所部继续以桃花山为中心，坚持敌后游击战争；张仲瀚、左齐率领第三支队，协同张体学所部继续巩固鄂南，发展湘北；王震和王首道率领主力继续南进。

部队主力即将南下，政治部在政工会议上号召全体指战员继续发扬光荣传统，克服缺点，勇敢地迎接新的战斗任务。针对部队下一阶段是在夏季的江南地区活动这一特点，政治部要求大家做好充分的思想准备，要吃大苦，耐大劳，克服各种意想不到的困难。要以坚韧不拔的革命精神，战胜炎天酷暑、狂风暴雨、蚊叮蝇扰以及南方夏季流行的各种疾病，胜利地完成中共中央交给的战斗任务。特别是部队在敌后区，要遵照毛主席的指示，实行"正确的团结人民的政策"，宣传党的七大的路线，深入发动广大人民群众参加抗日斗争。

7月7日，南下支队主力从咸宁县的茶地铺地区出发，连续行军10天，途经蒲圻、崇阳、临湘、岳阳、湘阴等地，到达平江的两开堂和金岗坪。这期间，气温一直在摄氏三十八九度以上，烈日当空，炎热难行。行军途中，每天有不少人掉队，病员逐日增多，中暑晕倒甚至牺牲生命的事不断发生。部队在金岗坪买到不少大米，出发时按伙食单位发给大家携带，第一支队司令部最后剩下30多斤。司务长周星桥舍不得丢掉这些大米，就连同自己的行李一起背在身上，跟随部队走了60里路。快到福临铺时，他突然晕倒在地上，口吐白沫，经抢救无效，牺牲了生命。

在长沙以北的福临铺，王震和王首道等人仔细研究了粤汉铁路、湘江两岸以及湘粤边境的敌情。当时，日军在衡阳除有第二十军驻防外，还有第六十八师团驻在衡阳附近，第六十四师团驻在衡阳以西，3处兵力不下4万余人；在宝庆（今邵阳市）除有日军第三十四师团驻防外，还有第六师团驻在宝庆附近，2处兵力超过3万人；在粤北的曲江驻有日军第一三一师团，兵力约1.3万人；在粤北的源潭地区，包括花县、英德、增城等地驻有日军独立步兵第八旅团，兵力5400余人。在长沙以北的湘江以东和粤汉铁路以西一线，日军数量不多，戒备比较松懈。从宁乡到衡阳，从湘潭到宝庆的广大地区大多处于敌后，国民党顽军力量薄弱。据杨宗胜估计，南下支队若在这一地区渡江，问题是不大的，他们正在湘江沿岸进行准备。

7月21日，部队从福临铺出发，乘着夜色掩护，在栗桥和青山市之间通过了长沙与岳阳之间的公路，旋经赛头市、陈家冲和张家冲，到达吴家椴。杨宗胜、吴光远为了迎接主力，早已将湘东军分区的指挥部移驻到这里。他们率部离开主力已4个多月，这次战友重逢，大家不由得喜出望外。第二天，在此召开了军事会议，具体部署长沙、湘潭、岳阳、平江、浏阳等地的工作，决定留熊晃率第五支队第四连在长沙、浏阳地区活动，部队主力准备迅速穿越粤汉铁路和西渡湘江。

23日傍晚，南下支队经过土地坳、唐家洞、任家冲到达排栖屋，在这里遇到一位青年农民，当他知道八路军要到南方去打日军，马上答应带他们通过铁路。路上，他给王震、王首道等人讲了这一带的情况。过去，日伪军常到这里掳掠，老百姓早就忍耐不住了。不久前，他和几名年轻人在附近山上偷偷打死了3名日军，事后他们故意放出风声，说这里来了抗日队伍。从此以后，小股日军再不敢到这一带来骚扰了。他很高兴地说："冒（没有）想到，你们说来倒真的来了。你们这一来，硬是壮了我们的胆！"

次日，南下支队到达长沙以北的铜官、下洞子一线，准备在那里西渡湘江。入夜，晴空上升起一轮圆月，湘江上闪耀着银白色的波光。指战员们踏着月光，迅速奔向渡口。突然，从铜官方向传来了一阵枪声。一名侦察员很快跑来报告：几十名国民党的武装特务"正义军"，企图夺我集中的船只，阻止我军渡江！王震大手一挥说："快赶走他！"前卫部队很快将这股顽军击溃，俘其中队长一名，随后开始渡江。

在下洞子渡口，南下支队另一路纵队正要上船，驻守在对岸白沙洲的伪军慌忙赶来阻击，两军发生激烈战斗。伪军用步枪、轻重机枪和迫击炮封锁江面。顿时，一颗颗炮弹落入江心，激起了一两丈高的水柱。一串串白色的弹光嗖嗖地飞来，划破了晴朗的夜空。王震马上布置第二支队第二营第五连担任东岸警戒，防止敌人从侧后偷袭；第二营其余各连组织火力，压住对岸敌人的炮火。一切准备就绪后，王震向湘江对岸一指，大声命令说："先头部队强渡！"在火力掩护下，先头部队奋勇向前。一名班长和2名战士在江心负伤，仍坚持战斗。半小时后，强渡成功，旋将白沙洲伪军打垮，迅速占领了西岸渡口。部队主力乘胜渡江，几十只渡船往来如梭。

午夜，正当后续部队赶到东岸渡口时，突然从长沙方向开来 10 余艘敌艇。南下支队一部分指战员这时正在江心。他们紧握手中武器，一边奋力前进，一边迎击敌人。不久，远处又传来一阵飞机的轰鸣声。3 架飞机转瞬间飞来。船工们估计这是盟军飞机，可能是来轰炸敌艇的。但是，此时江面已形成一片混战局面。这 3 架飞机在空中盘旋多时，接着扔下几颗照明弹，把江面照得如同白昼。几乎在同一时刻，几颗重磅炸弹先后落入水中，掀起一阵阵冲天似的巨浪。

为了减少无谓伤亡，南下支队决定暂停渡江。飞机和敌艇相持约一个小时后相继离去，江面复归平静。南下支队后续部队接着渡江，直到第二天拂晓，终于全部到达湘江西岸。

当天，南下支队在长沙附近的杲山寺稍事休息，随即顶着火一样的烈日，连续行军 2 天，于 27 日进抵宁乡县所属之新田湾。这一带，沿途都有国民党地方顽军驻扎，他们一面伙同当地乡镇自卫武装，不断对南下支队进行袭扰，一面造谣"日军来了"，恐吓群众不敢接近南下支队官兵。南下支队本着自卫原则，有节制地予以反击，对其被俘人员，在对他们进行宣传、教育之后，一律发还枪支，将其释放，以示中国共产党坚持团结抗战的诚意。

在新田湾，南下支队又收到毛泽东在 22 日发来的一封电报，指示：

（一）巧电悉。桃花山、金家坪在何处，沿途情况如何，估计多少时间到达五岭山脉？

（二）日寇为对付盟军在山东登陆，由湘、桂抽调五个师团北开，并非放弃华南。但为缩短防线，已放弃南宁、柳州、赣州等处，还可能放弃若干地点。但至少它要固守广州及整个粤汉路。吉安、袁州并未被占，商人所传不确。

（三）三巨头**7**在柏林开会将决定欧、亚两大问题。宋子文赴苏会谈十余天，尚未解决问题。三巨头会后，宋仍将赴苏，可能决定中苏共同作战。蒋介石一切准备都是反共的，内战危险空前严重。

（四）你们的唯一任务是争取目前一刻千金的时间，在粤北、湘南创立五岭根据地，并与广东我军连成一片，准备于内战时牵制南方一翼。完成这个任务将遇到极大困难，但只要内外团结，政策正确，是能够完成的。不要希望在浏、醴、衡、宝一带建立根据地，蒋介石必于日寇失败后出死力铲除这些根据地，那时将使我军处于不利地位。应该一直往南，建立五岭根据地，利用湘、粤、桂、赣四省交界之矛盾，日寇失败后我亦可以立脚。此外，和东江纵队会合，使他们获得援助，保存并发展这个多年创立的南方力量，避免可能的失败，具有极大战略意义，也要你们去完成。看问题要把眼光放远一点，不要被一时现象所迷惑。

（五）谦虚谨慎，不骄不躁，是全党应取的态度。谦虚则不骄，谨慎则不躁，骄与躁是革命工作的大敌。希望你们以此自守，并教育一切干部。

（六）凡事要设想一切可能的困难，例如严重的敌情，打败仗，无饭吃，部队不但无扩大而且很大缩小，内部意见分歧，不团结等等。只有对这一切预先想透，有了充分精神准备，并使干部有此种准备，然后才能想出克服困难的办法，走向光明的前途。**8**

按照毛泽东关于"在粤北、湘南创立五岭根据地"的指示，南下支队在新田湾只停留一天又继续出发了。部队经李家湾，在排仙桥穿过湘潭和宝庆之间的公路，徒涉涟水，到达湘潭附近的石潭、上桥一线。途中遇雨，而且越下越大，眼前白茫茫的，分不清东西南北。部队官兵随身携带的雨伞或斗笠，在这样的倾盆大雨之下，只能遮住胸前的一小块地方，腰部以下转眼就被淋得里外湿透。这里的土地是红壤，只要见水就变得又黏又滑，即便加倍小心也难免摔跤。走到宿营地以后，指战员们全都摔成了泥人。第二天又下了一天大雨，部队走了15里路，比平日几乎多费两三倍的时间。

8月1日天气转晴。为了纪念人民军队诞生18周年，早饭后，部队集合在一片山坡上，王震给大家讲话："我们这支人民军队出生整整十八年了……去年冬天，我们从延安出发的时候，贺龙同志曾经说过，中国共产党及其领导的人民军队，是靠自己的一双手起家的。最初我们没有一支枪，一粒子弹，全靠从敌人手中夺取武器，才有了人民的军队，才发展成为八路军、新四军。今天，我们要彻底打败日本帝国主义，解放全国人民，我们这支军队还要继续发展、壮大；否则，我们就担负不起这个光荣而艰巨的任务。我们靠什么去发展、壮大呢？还是要靠自己这一双手！我们要到湘、粤边境去会合广东部队，创造五岭根据地，前面有不少敌人，有很多困难，正等着我们去消灭它、克服它。我们要用英勇杀敌的实际行动，来纪念我军的生日！"

王震讲完后，部队立即出发，途经射埠、锦石等地，当晚到达盐埠的黄家湾，和湖南省工委书记周礼（周里）、委员张春林联系上了。大家一起召开了一次联席会议，遵照党中央决定，南下支队到达湖南后，即成立湖南省委，由王首道任书记，周礼、张春林、刘亚球、谷子元等参加省委工作。

考虑到这个地区处于敌后，地理位置十分重要，真正的抗日武装又寥寥可数，王震等人决定把徐国贤、廖明等领导的第四支队留在这一地区，由周礼兼任第四支队政委，廖明改任副政委。

8月5日，和第四支队告别后，南下支队由黄家湾出发向南。次日到达湘潭与衡山之间的龙船港，准备再次东渡湘江。为了确保安全，副司令员郭鹏亲自带领几名侦察员，化装到江边了解敌情，准备船只。通过侦察，发现敌情并不严重。在当地群众热情支持下，很快集中了一批船只。王震立即下令部队火速赶到渡口，分批上船，经过一夜摆渡，又第二次胜利渡过了湘江。

8月11日，南下支队从湘潭、衡山之间渡过湘江后进至衡山南湾地区时，又收到中共中央的电报指示：“苏军参战，日本投降，内战迫近。你们任务仍是迅速到达湘粤边与广东部队会合，坚决创造根据地，准备对付内战。”❾

顽军增加“剿匪”战术研究

中共的动向当然不能不引起国民党的高度关注。对国民党和蒋介石而言，对日军事的有限进展，并不足以解除他们对中共力量在战争结束前夕急剧扩张的深重担忧。中共派兵向南发展的举措，被蒋介石判断为：“以倭寇为其掩护者，以沦陷区为其逃薮，一面推动寇军，进攻我军，扩大其沦陷区，乃可扩充其势力范围，对外则宣扬其所谓敌后政权地域之大，人民之多。”

1945年4月7日，蒋介石在重庆召集军事会议研判战争情势，认为“对倭战局实有急转直下之可能”。为此，他命令军令部部长徐永昌：“对于清剿各战区辖境内之奸匪，应针对目前情势，分别研究有效办法，务期集中主力于七月底以前，彻底剿除，以免妨害今后之作战。”

5月1日，蒋介石向各战区发出极机密电，指示增加“剿匪”战术研究，“以剿匪手本为教材，同时研究奸匪近来惯用战法之对策”。同时下发《清剿沦陷区奸匪以利配合盟军登陆作战方案》，要求“沦陷区党政军彻底一元化，并就现行区分强其力量，集中全力，以消灭奸匪之组织及武力，而利国军配合盟军之登陆作战。各地清剿工作，应于七月以前完成”。

处于与中共对峙第一线的国民党军将领，对“清剿”中共军队的态度更为急迫。国民党军东南行营主任顾祝同将其所拟之《东南战场作战计划》呈交蒋介石，提出“各战区应以剿灭奸匪、接应盟军登陆为主任务，以保守根据地为副任务，针对实况，划分剿匪区，集结必要兵力，配合党政、地方武力、敌后游击部队及运用伪军，限制奸匪之活动区域，而逐次剿灭之”。蒋介石批示："务于限期内完成任务，并将督剿情形随时具报。"**10**

蒋介石 1945 年 5 月的"清剿"战略，本质上是国民党政权在抗战胜利前夕的权力焦虑产物。其战术虽在局部形成压力，但战略目标因日军投降、国际干预及中共灵活应对而彻底破产。这一事件暴露了国民党政权"重军事轻政治"的痼疾。

这时，为了"剿灭"南下支队，国民党军以 6 个师的兵力向南下支队进攻。5 月 24 日，南下支队进入江西省崇义地区，顽军又以 2 个军的兵力实行夹击。

八面山中突出重围

南下途中，到处都是艰难险阻，崇义地处罗霄山脉腹地，山高林密、道路崎岖，连日暴雨导致溪流暴涨，南下支队携带的粮食、药品严重受潮。但南下支队指战员战胜重重自然障碍，设法摆脱顽军，向粤北急速前进。

在日本投降以前，蒋介石即已电令国民党第七、第九战区的司令长官余汉谋和薛岳，组成联军，在湖南的安仁、永兴、耒阳、酃县、桂东、汝城，江西的崇义、南康、信丰，广东的仁化、南雄、始兴等地严密布防，妄图从三面包抄夹击，将南下支队消灭在湘粤边境。

8 月 12 日，部队连续行军 12 个小时，到达安仁西南的南雷庙和下铺头一线。在此，国民党暂五十二军两个师和第四军一个师，已在永兴、资兴一带布防。

第二天，前卫第一支队，在车桥附近与国民党第四十四军一个团遭遇。顽军一触即溃，当即被打死 10 余人，打伤 20 余人，俘获 10 余人。从审俘中获悉顽军的部署情况是：第四十四军驻茶陵、攸县和安仁；暂二军驻永兴、资兴，军部在资兴；暂七师驻永兴，暂八师、第八师均驻资兴。在这种情况下，南下支队从原拟走西南，改为走东南，遂由石门楼经过天里坪，进至离永兴不远的石枧一带。

接连 3 天，南下支队都是急行军，平均每天走 70 里以上。天气闷热，山路崎岖，每天到宿营地时，大家都疲惫不堪。15 日，部队在石枧休息，次日拂晓，部队继续南进。原定向汤边圩前进，走到皮石，得知那里驻有国民党暂二军教导队，不远的中村驻有顽军的一个特务团，船形圩也从茶陵开来了第四十四军一个师。在这种情况下，南下支队只得改变行军路线，避实就虚，从新祥经下堡、云头，到达资兴的疆家洞宿营。这天走的全是山路，一共翻过了 14 个山头。不少官兵整天只吃了一顿早饭。到了宿营地，房子又少，大部分人都在野外露宿。有一名战士开玩笑说："里头饿，外头冷，这真叫里外夹攻啊！"另一名战士马上接了一句："这只是小意思，厉害的还在后头哪！"

部队过云头时，看见路旁不远有一排矮屋，门关着，里面无声无息。开始大家都没注意，第二支队走过去 2 个营都没看出问题；直到第三营经过时，才发现屋里驻着顽暂二军一个新兵连。第三营马上派 2 个连去包围了那一排房子，顽军的新兵们一个个吓得直哆嗦。南下支队未费一枪一弹，即将那一连新兵悉数俘获。

为了摆脱敌人的堵截尾追，17 日天还没亮，南下支队就出发了。部队迅速向桂东以西的四都圩进发，途经大寨坪和顶寨，翻过 2 座大山，进到西水一线。正下山时，忽然大雨滂沱，大家都被淋得里外透湿。当时，第二支队第二营第五连担任前卫，他们拟去四都圩宿营。傍晚时分，副支队长龙江云率领第五连战士走进四都圩，发觉敌人已经宿营。这时后退已来不及了。

龙江云小声命令战士们："大家注意，作好一切战斗准备！"一边说着，一边继续大摇大摆朝街里走。

前面的敌人没有看清来者是谁，大声喝问："哪一部分的？"

龙江云粗声恶气地回答："什么哪一部分的，你瞎了眼啦？！"顽军的一名团长一听口气不小，立刻跑过来和龙江云握手寒暄。第五连战士乘机很快穿过了街道。第二营进街，发现满街都是敌人，立即停止前进。侦察参谋何占魁马上向贺盛桂报告。贺盛桂和他一起上山一看，果然第五连已被隔在对面一座山上。"不能把一个连白白丢掉！"贺盛桂当即决定：以第二营和第一营第二连向敌人发起攻击。战斗打响以后，第二营向街心突击，第一营第二连从街东迂回。敌团长一时吓得手足无措，正打算躲进一个旧碉堡，第二营先头部队手疾眼快，一枪将其击毙，紧接着向敌群扔出一排手榴弹，顿时打得敌人乱成一团，仓皇溃逃，四都圩随即被占领。

顽暂二军和第四十四军发现了南下支队主力，一下从四面八方包围过来。为了粉碎敌人的"围剿"，南下支队星夜出发，迅速向桂东以西的八面山地区转移。

八面山是湖南境内南岭山地的主要山脉之一，海拔 1000 多米，纵贯于桂东、资兴、汝城之间。部队走进山里，只见山势巍峨，有如陡梯。山上山下，到处林莽葱郁，荆棘丛生，几十里不见人烟。那绵延不绝的山峦，爬上一层，上面又出现一层，一层比一层险峻。爬到第七层，好像一下钻入了云雾之中。天色渐渐晴朗，太阳透过云层，照得山野金灿灿的，耀人眼目。大家走得又累又饿，巴不得听到一声休息的命令，有的在草地上坐，有的往树上一靠，许多人一眨眼就睡着了。

国民党反动派得知南下支队进入八面山之后，立即调动第四军、暂二军和第四十四军等部共 8 个团的兵力，重重包围，步步进逼，企图一举将南下支队消灭在八面山中。顽军军官忘乎所以地对其士兵打气说："王震匪军长途跋涉，疲惫不堪，如今又走进一片荒山野岭，被国军包围得水泄不通，就是插翅也飞不出去了。他们即便不被消灭，也会在山里困死、饿死！"

此时，南下支队面临的形势相当严重：敌人占领了所有山隘、险要和通道，然后派兵前堵后追。部队进山以后，随身携带的粮食早已吃光，山里又渺无人迹，指战员们饿得走不动路，只得采些菌子和野果充饥。有的战士偶尔在山涧里抓住几只青蛙，也用罐头盒子煮熟吃掉了。副参谋长苏鳌看见战士们脚都抬不起来，只得忍痛把自己的马杀掉，分给每人一小块马肉。

山区的天气变化无常：白天赤日炎炎，晒得人头晕眼花，灼热难当；到了夜晚，又突然风雨交加，冷得人直打哆嗦。

在一个临时搭起的窝棚里，王震正趴在一盏油灯下察看地图。他已经两天没有睡觉，两只本来很有神采的眼睛全熬红了。王首道担心他拖垮了身体，就过去劝他休息休息。他摇了摇头，慢慢直起身来说："睡不着啊！走，我们一起去看看战士们。"

大雨之后，天空露出了几点星光。战士们烧起了一堆堆篝火，有的在烤马肉，有的在烤衣服。王震指了指前面，对王首道说："你看那边，好热闹！"顺着他指的方向一看，只见前面有一堆火烧得光焰四射，一群战士正围坐四周，凝神听一个胡子拉碴的老战士在讲什么。王首道告诉王震：那位老战士叫刘志禄，原在新四军第五师。1935 年红军北上以后，他跟随蔡会文将军在此地打了 3 年游击。蔡将军牺牲以后，所部就成为新四军的一部分。

王震和王首道轻轻走了过去，听见老刘正讲得有声有色："……那时候，反动派跟眼下一样，今天'围剿'，明天'清乡'，恨不得一口吞掉我们这支红色游击队。那结果嘛，不用说你们也知道，当然是枉费心机！后来他们组织什么'跟脚队'，发现哪里有脚印，马上派兵来追踪。我们对付它的办法是：分散出去，到大路上集中；分散回来，到茅屋里集中。一计不成，他们又生一计，又搞什么'看火队'，每天到高山顶上瞭望，看见哪里冒烟，立刻派兵来包围。哼，这也治不住我们：山里每天清早总是雾蒙蒙的，我们就在起雾时点火，烧不冒烟的干柴做饭。我们就这样在这一带大山里跟敌人周旋了三年。这里的老百姓简直把我们传神了。他们说，蔡会文将军领导的红色游击队，人人能飞檐走壁，个个会腾云驾雾……"

王震听到这里忍不住笑了，他走过去对刘志禄笑着点了点头，说："你讲得好，快接下去讲！"

老刘笑着说："刚下了场大雨，大伙儿身上里外都浇透了。我怕小伙子们睡过去着凉，就给他们谈天儿混时辰。"

此时，王首道问老刘："我们这一回，有你们那阵子苦吗？"

"说到苦，那倒是一样的。"老刘想了想，说，"大不了就是受冻、挨饿，加上没日没夜地行军打仗。我在艰难的年月里就学会了一条：遇到困难只要把心一横，牙一咬，到头来总没有过不了的火焰山！"

王首道笑着对战士们说："老刘说得对，我们是共产党、毛主席领导的革命队伍，又有人民群众支持，在我们面前，就是没有过不了的火焰山！"

王震问大家："这两天，你们都没搞到饭吃吧？"

大家点了点头，没有说话。一名青年战士轻轻叹了口气，小声说："人要能够不吃饭、不睡觉就好了。"大家一听都笑了。王首道笑着对那战士说："你想做神仙，不食人间烟火呀？！"

王震看见周立波坐在身边，马上笑着对他说："周立波，你日后要写小说，就把我们这些人写成不食人间烟火，这样才有意思！"

大家听了，不禁大声笑了起来。有一名叫徐立的小宣传员，这时从另一堆火旁跑了过来。他爱唱爱跳，是部队有名的"活跃分子"，不论环境多艰苦，斗争再激烈，平日总是乐呵呵的。部队在行军途中多次轻装，他身上什么都扔光了，唯独一把曼陀林琴还带在身边。他走到王震、王首道面前，滑稽地鞠了一躬，笑着说："司令员、政委，你们辛苦了！我唱一支歌慰劳你们！"

"好嘛，你给大家唱一个！"王震看着这名小战士，爱抚地笑了。

小宣传员轻快地拨动琴弦，唱起了一支自编的歌曲：

> 红红炉火炼成钢，
> 江南杀出龙虎将。
> 若问健儿从何来？

陕北出发到三湘。

打得日伪转了向，

连说"神兵从天降"；

打得顽军哭爹娘，

大喊"饶命我交枪!"

……*11*

深夜，南下支队司令部人员连夜开会，决定英勇战斗，突破重围，并向全军发布了命令。

18日拂晓，南下支队又开始在崎岖的山路上摸索前进。大雨之后，路上泥泞不堪，一步一滑。队伍从横坑经双坑、钓勾寨来到湖洞与下坑之间的一处山口。由于两三天没有吃上一顿饱饭，加上日晒雨淋，连续行军，指战员们都精疲力竭，每走一步都很困难。

王震在一间茅草矮屋里打开地图，仔细察看了路线。他很快走出屋来，招呼路过的战士们进屋休息，自己靠在一棵树上，仔细考虑部队的行动计划。据侦察员报告，敌人已封锁了5条下山的道路。部队现在的唯一出路，就是尽快从八面山突破重围，赶到湘粤边境。

休息以后，队伍来到一片缓坡上，王震立即召集各支队长开会，再次说明了当前的严重情况，要求全体指战员做好战斗准备，尽量精简轻装，销毁机密文件，精心照护伤员，注意群众纪律，准备当晚冲出重围。会后，王震又向官兵进行了战前动员讲话。接着，部队又冒着风雨出发了。

王震走在队伍的前面，亲自指挥部队摸索前进。不久，侦察员在山里找到一位老人，在他的指引下，部队艰难地走了一个通宵，破晓时分，翻过帽子峰，旋即向田庄前进。

凌晨，先头部队走到一个叫板寮的地方，突然与敌人的一个排哨遭遇。大家蜂拥而上，很快消灭了敌人，并抓住几名俘虏。据俘虏交代，他们是第九十师一个团的排哨，这个团昨天才赶到这里；另有 2 个团刚到南冲，离此只有 5 里。

南下支队决定乘敌立足未稳，出其不意，打敌人一个措手不及。王震当即率领一部从左面穿出密林，迅速将敌人击溃。王首道和参谋长朱早观率领另一部，用马刀开路进入右面的密林。南冲之敌随后分 2 路扑来，王震一面指挥部队后卫阻击敌人，一面命令部队主力从 2 路敌军间隙地带向前猛冲。随后，部队又爬过一座山峰，来到大路上。这时，敌军正在前面不远处准备炸桥。南下支队的侦察员开枪射击，将敌驱散，并俘获 3 人。

顺利从桥上过河以后，接着翻山又打掉敌人一个排哨。从俘虏口中获悉，田庄守敌为顽第六十师。第二支队正准备打仗，但王震、王首道经研究，决定从田庄东北方向迂回过去。第二支队从前卫改为后卫，抗击尾追之敌和从田庄出击之敌。他们与进攻的敌人对峙了一天一夜，击退了敌军的无数次冲锋。与此同时，南下支队主力部队已从大森林中绕过田庄，突出了敌人的重围。

当太阳升上半空，南下支队终于在八面山取得了突围的胜利。部队摆脱敌人以后，来到汝城以北的开山一带宿营。这时，山坡下到处炊烟袅袅，营地上又传出一片欢声笑语。指战员们怀着胜利的喜悦，你一言我一语地议论开了："蒋介石想把咱们消灭在八面山中，这回又是竹篮子打水一场空啊！"[12]

错过会合时机

从八面山突出重围的南下支队主力于 8 月下旬来到湘赣粤边境五岭山区。举目远望，只见山深谷幽，青峰入云，眼前一片郁郁苍苍，景色分外壮丽。为了摆脱尾追的敌人，尽快和东江纵队会合，指战员们以极大的毅力，忍受着饥饿和疲惫，英勇地朝广东方向疾进。部队越过五岭帽子峰，进入粤北南雄县境的北乡后，马上报告党中央："一、我们二十六日到达南雄北乡，南雄驻顽一八七师及一八六师一部。二、顽第四军仍在尾追我们。三、我们取不得一天休息，无草鞋，甚疲劳，拟直奔罗浮山与林平会合。"

8月27日，南下支队越过五岭进入南雄所属的上移。当时不仅后有国民党第九战区顽军薛岳部之追兵，而且前方又发现国民党第七战区余汉谋部一个军，切断了南下支队与东江纵队会师的道路，对他们形成又一次的重兵合围。

不久南下支队收到了东江纵队的电报，知道他们根据中央指示，也进入了南雄、始兴地区。很快又进一步了解到，东江纵队的情况也和南下支队一样困难。

再看东江纵队这边。1945年8月4日，毛泽东向中共广东区党委发来电报，要求他们用极大的速度向粤北发展：

（一）王震、王首道率三千人七月从鄂南出发，现到湘潭衡山间，一个月内可到湘粤边。文年生、张启龙率六千人现到河南，四个月内可到湘粤边。

（二）你们应立即加强北江及小北江各部之兵力及领导，并从东纵派出一有力支队由一个得力同志率领附电台及大批地方工作干部，于半月至一个月内到达湘粤边宜章、乐昌地区，准备与二王会合，开创湘粤边根据地。

（三）现到广宁、四会间并向怀集、连县、连山、阳山地区推进之珠江纵队主力，与你们有无电台联络，领导人是谁，兵力多少，该地区敌顽分布情形，均望即告。这一地区（小北江）极端重要，你们对之应加强领导。

（四）盟军登陆日寇北撤后，你们所处平原地区将处于极端困难地位，目前即应充分考虑此种情况，在精神上与部署上作周密而适当之准备。整个广东力量应就各部现在活动地区及其附近，选择适当地点，深入群众工作，训练干部，准备将来长期奋斗，方不至临时张皇失措，遭受挫折。这些地区为小北江地区、乐昌地区、南始地区、北江地区、东江地区、珠江地区、西江地区、中路地区、高雷钦廉地区、琼崖地区、潮汕地区等。每区均应有主力军、游击队、民兵之组织，极力和民众打成一片，坚决减租减息，解除民生痛苦，准备长期奋斗，不怕内战，对国民党绝不让步。每区均应有电台联络并多备无线电器材。上述各区中应有一区为中心根据地，作为建立广东军区机构及区党委所在地。此区以在何处为宜，望考虑电告。

（五）中央除给你们干部二百人（由伍晋南率领随文年生部队南下）及派王震等至湘粤边建立根据地和你们配合作战外，一切依靠你们及各区同志自力更生，依靠人民，独立奋斗，发扬创造力，绝对不要依赖外援，即王震部亦是配合作用，不可存依赖心理。

（六）你们必须将上述方针在半年内部署完毕。尤其注重精神准备，要有不怕一切困难之精神。*13*

8月11日，中共中央致电东江纵队，要求其"迅速北上五岭，与八路军南下支队会合"，以应对日军投降后国民党发动内战的威胁。

东江纵队司令部在接到电报后，更意识到北上的紧迫性，命令北江支队和独立第一大队立即北上。

但独立第一大队北进以后，仅有的一部手摇电台，因电池耗尽，与司令部失去联系，东江纵队司令部一直无法掌握他们的情况，也无法给他们下达指示。

而独立第一大队只知道八路军南下支队要到五岭，但不知道具体位置，因而未能继续北上与之取得联系，而是西渡北江去寻找。后来日军投降后，顽军向他们进攻，他们只得折回英德，靠向北江支队。

北江支队没有电台，命令也无法下达。

于是，东江纵队决定电令西北支队撤出清远，北渡小北江，迅速向始兴、南雄推进，与八路军南下支队会师。西北支队接到命令后，即集结部队沿北江西岸北上。他们渡过小北江到达龙头山时，遭到英德、乳源两县众多地方反动武装的堵击，寡不敌众之际，不得不折回英德以北，东渡北江，到达大镇圩附近集结。

8月11日，周恩来为中共中央起草电报，向中共广东区党委发来指示：

一、苏联参战，敌寇投降，内战迫近，华南马上会出现蒋、余**14**争夺敌伪而又共同压我的局面。

二、你区在接得未灰中央一般指示及延安总部广播命令后，应根据华南情况注意如下事项：

甲、你们应乘目前混乱状态而蒋、余两系军队又忙于进入广、韶等大城市之际，仍以最大主力用极大速度迅向粤北发展，以便与湘粤边两周后可能到达之王震部队取得联系，造成我华南制止内战的主要根据地。这是最重要的一着，没有此，你们将无退路。

乙、你们另以其他兵力迅速进占广九线及各路某些小城市，收缴敌伪武装，扩大自己，准备迎接国民党发动内战。

丙、港、九、汕头、广州等大城市不要勉强去打，但可能取得武装时必须取之。一切被我占领之小城市亦须随时准备退至乡村，坚持游击。

丁、望火速派员通知南路、琼崖及其他游击区，令他们于任何情况下，都要在本地区发动人民坚持游击，只要坚决依靠人民，少犯政策错误，总是会胜利的。

三、执行情况望告。**15**

东江纵队司令部再次急电西北支队，令其急速北上。

西北支队在东渡北江途中，接到东江纵队司令部的电报，赶紧北上。但部队到达大镇后，无线电联络也中断了。支队长蔡国梁率一个中队南下东江。其余部队由政委邓楚白率领，于8月底到达鱼湾附近，与北江支队、独立第一大队和由珠江纵队第二支队支队长郑少康率领的"南三队"会合。

各支队领导随即在倒洞召开了联席会议，决定由李东明、郑少康、邓楚白率领西北支队、"南三队"、独立第一大队和北江支队的一个中队，继续北上始兴、南雄。但北上部队沿途遭到顽军一个团的阻击，到9月上旬才摆脱顽军到达瑶山。

而南下支队也接到了中央军委的复电："你们目前处境异常艰难，在日寇投降、时局变化的情况下，你们确已难于完成原有任务。同意你们即由现地自己选择路线，北上与五师靠拢。"**16**

这样，东江纵队和八路军南下支队取得联系的宝贵时机，就错过了。

8月15日黄昏，根据罗浮山会议决定派出的第一批北上主力部队，包括东江纵队的第五支队、东江干校、政治工作队、艺术宣传队等共1300多人，在林锵云、王作尧、杨康华等人的率领下，从博罗横河出发，浩浩荡荡地向粤北急速挺进。

8月中旬，珠江纵队在西江和南三地区的部队接到中共广东区党委命令挺进西江部队北上的指示，即进行紧急动员，将活动于广（宁）清（远）边、广（宁）高（要）边、广（宁）四（会）边、广（宁）怀（集）边的部队，依次整编为珠江纵队直属第一、第二、第三、第四大队，同时加强与东江纵队西北支队的联系，准备北上，向连县、乳源、曲江等县发展，挺进粤桂湘边。

8月23日，珠江纵队独立第三大队和第一支队一部共500余人，由郑少康、梅易辰率领，也从三水县源潭出发，取道花县、清远，沿北江北上。

南路人民抗日解放军和广东人民抗日解放军统一后，也抽调一个团，北渡西江，增强创建五岭根据地的武装力量。

但后来因形势变化，中共广东区党委指示所属北上部队就地坚持斗争。因此，珠江纵队领导机关和在西江的部队没有北上，仍留在原地坚持斗争。

注　释

1.《华南战略根据地应以湘粤赣边区为中心》（1945 年 6 月 16 日），《周恩来军事文选》第二卷，人民出版社 1997 年版，第 524—525 页。

2. 沙东迅编著：《广东抗日战争纪事》，广州出版社 2004 年版，第 656—657 页。

3.《反法西斯战争文献》，世界知识出版社 1955 年版，第 299 页。

4.《军委关于创造以五岭为中心的湘粤赣桂边根据地给广东区党委的指示》（1945 年 7 月 15 日），中共中央文献研究室、中央档案馆编：《建党以来重要文献选编（一九二一——一九四九）》第二十二册，中央文献出版社 2011 年版，第 591—592 页。

5.《中共中央关于建立南方根据地的战略方针给湘鄂赣区党委等的指示》（1945 年 6 月 24 日），中共中央文献研究室、中央档案馆编：《建党以来重要文献选编（一九二一——一九四九）》第二十二册，中央文献出版社 2011 年版，第 577—578 页。

6. 中共中央党史和文献研究院编：《毛泽东年谱》第二卷，中央文献出版社 2023 年版，第 612 页。

7. 三巨头，指苏、美、英三国首脑斯大林、杜鲁门、丘吉尔。

8.《毛泽东关于创立五岭根据地等问题给王震、王首道的电报》（1945 年 7 月 22 日），中共中央文献研究室、中央档案馆编：《建党以来重要文献选编（一九二一——一九四九）》第二十二册，中央文献出版社 2011 年版，第 593—594 页。

9. 王首道：《忆南征（修订本）》，人民出版社 1981 年版，第 122—130 页。

10. 中共浙江省委党史研究室、中共湖州市委等编：《浙西抗日根据地》，浙江人民出版社 1992 年版，第 397 页。

11.《王首道回忆录》，解放军出版社 1988 年版，第 387—394 页。

12.《王首道回忆录》，解放军出版社 1988 年版，第 394—402 页。

13.《中共中央关于开创湘粤边根据地等问题给广东区党委的指示》（1945 年 8 月 4 日），中共中央文献研究室、中央档案馆编：《建党以来重要文献选编（一九二一——一九四九）》第二十二册，中央文献出版社 2011 年版，第 598—599 页。

14. 余汉谋，时任国民党军第七战区司令长官兼第十二集团军总司令。

15.《收缴敌伪装，扩大自己力量》（1945 年 8 月 11 日），《周恩来军事文选》第二卷，人民出版社 1997 年版，第 541—542 页。

16.《王首道回忆录》，解放军出版社 1988 年版，第 423 页。

第 十 章
华北旌旗飘捷报传

延安彩带飘飘，党的七大胜利召开——日本加快准备"本土作战"计划——扩大解放区，缩小沦陷区——"牙山炮"轰破万第城，赵保原部覆灭——攻伐山东日伪军，节节胜利——太行、太岳捷音不断——冀鲁豫军区发动安阳、南乐、东平、阳谷之役，连战连捷——晋察冀军区向北进击，屡战屡胜——晋绥军区全力"挤敌人"，捷报频传

延安彩带飘飘，党的七大胜利召开

延安的春天来到了。

延水清清，暖风习习，桃红柳绿，万木争荣。

小城四处彩带飘飘，旌旗招展。

1945年4月23日至6月11日，700多名中华民族的精英聚集一堂，举行了一次决定着中国前途和命运的会议。陈毅激动地写下诗句：

> 百年积弱叹华夏，
>
> 八载干戈伏延安。
>
> 试问九州谁作主？
>
> 万众瞩目清凉山。[1]

这就是中国共产党第七次全国代表大会。

这是一次筹备了很长时间的会议。早在 1931 年 1 月的中共六届四中全会，就提出要召开党的七大。但由于国民党军队连续对中央苏区的"围剿"、红军长征、全民族抗战的爆发等一系列重大事件，直到 1938 年 11 月的六届六中全会，才通过了《关于召集第七次全国代表大会的决议》。1939 年 6 月和 7 月，中共中央书记处曾两次向各地党组织发出如何选举党的七大代表的通知，但又由于国民党顽固派连续发动反共高潮以及日军不断在抗日根据地发起"大扫荡"，召开党的七大的筹备工作再度受到影响。1941 年 3 月，中央决定党的七大的一切准备工作要在 1941 年"五一"劳动节前完成，初步议定在"五一"劳动节当天开会。但由于各种事由，会期一直推迟到了 1945 年 4 月。

尽管党的七大会期一拖再拖，但自 1942 年初起，一些抗日根据地的负责人便陆续奔赴延安，准备参会。1942 年 3 月底，刘少奇到山东抗日根据地解决领导问题，就是因为要赴延安参加党的七大途经那里的。随后，八路军各根据地的领导也都陆续来到延安。彭德怀和刘伯承是在 1943 年 9 月一起动身的。他们到延安先是参加整风运动，之后留在延安参加党的七大。在此前后，其他根据地的领导人贺龙、聂荣臻等也先后来到延安。

1945 年 4 月 23 日，中国共产党第七次全国代表大会在延安杨家岭中央大礼堂正式开幕。出席大会的 547 名正式代表、208 名候补代表，涵盖工人、农民、知识分子及海外华侨，他们迈着庄重的步伐走进会场。这次大会距离 1928 年在莫斯科召开的党的六大已有 17 年之久。

大会主席台上，悬挂着毛泽东、朱德的巨幅画像，鲜艳的党旗挂在两边。会场后面的墙上，挂着"同心同德"四个大字。两侧墙上，张贴着"坚持真理""修正错误"等标语。靠墙边插着 24 面红旗，象征着中国共产党从 1921 年建党至 1945 年的 24 年奋斗的历程。在主席台的正上方，悬挂着一条引人注目的横幅："在毛泽东的旗帜下胜利前进！"

在暴风雨般的掌声中，毛泽东走上主席台，致开幕词。毛泽东说：

在中国人民面前摆着两条路，光明的路和黑暗的路。有两种中国之命运，光明的中国之命运和黑暗的中国之命运。现在日本帝国主义还没有被打败。即使把日本帝国主义打败了，也还是有这样两个前途。或者是一个独立、自由、民主、统一、富强的中国，就是说，光明的中国，中国人民得到解放的新中国；或者是另一个中国，半殖民地半封建的、分裂的、贫弱的中国，就是说，一个老中国。一个新中国还是一个老中国，两个前途，仍然存在于中国人民的面前，存在于中国共产党的面前，存在于我们这次代表大会的面前。

　　既然日本现在还没有被打败，既然打败日本之后，还是存在着两个前途，那末，我们的工作应当怎样做呢？我们的任务是什么呢？我们的任务不是别的，就是放手发动群众，壮大人民力量，团结全国一切可能团结的力量，在我们党领导之下，为着打败日本侵略者，建设一个光明的新中国，建设一个独立的、自由的、民主的、统一的、富强的新中国而奋斗。我们应当用全力去争取光明的前途和光明的命运，反对另外一种黑暗的前途和黑暗的命运。我们的任务就是这一个！这就是我们大会的任务，这就是我们全党的任务，这就是全中国人民的任务。[2]

　　接下来在为期数十天的会议上，毛泽东提交了《论联合政府》的政治报告，朱德作了《论解放区战场》的军事报告，刘少奇作了《关于修改党章的报告》，周恩来作了《论统一战线》的发言。

　　党的七大提出党的政治路线是："放手发动群众，壮大人民力量，在我们党领导之下，打败日本侵略者，解放全国人民，建立一个新民主主义的中国。"

　　大会强调，当前最重要的，是要求立即废止国民党一党专政，建立民主联合政府。大会提出了结束国民党一党专政的两个具体步骤：目前时期，经过各党各派和无党无派代表人物的协议，成立临时的联合政府；将来时期，经过自由的无拘束的选举，召开国民大会，成立正式的联合政府。

大会制定了新民主主义国家在政治、经济、文化方面的纲领，提出了实现中国工业化的宏伟任务，并在党的文件上首次明确提出："中国一切政党的政策及其实践在中国人民中所表现的作用的好坏、大小，归根到底，看它对于中国人民的生产力的发展是否有帮助及其帮助之大小，看它是束缚生产力的，还是解放生产力的。"

党的七大把党在长期奋斗中形成的优良作风概括为三大作风，即理论和实践相结合的作风，和人民群众紧密联系在一起的作风，自我批评的作风。七大强调，党的群众路线是党的根本的政治路线和组织路线。党员必须全心全意为中国人民服务，反对脱离群众的命令主义、官僚主义和军阀主义的错误倾向。这就使党的路线方针的顺利贯彻有了根本保证。毛泽东在此前大会预备会上还强调看齐意识，他说："我们要向中央基准看齐，向大会基准看齐。看齐是原则，有偏差是实际生活，有了偏差，就喊看齐。"

党的七大通过的党章规定：中国共产党，以马克思列宁主义的理论与中国革命的实践之统一的思想——毛泽东思想，作为自己一切工作的指针，反对任何教条主义或经验主义的偏向。这就使全党有了在政治上、思想上取得一致的牢固的理论基础。党章重申党的民主集中制原则，并在实行民主集中制的基本条件中明确规定："党员个人服从所属党的组织，少数服从多数，下级服从上级组织，部分组织统一服从中央。"这个规定的主要点，在后来历次修订的党章中一直延续下来，对于严肃党内生活、加强党的建设具有重大意义。

党的七大选举产生了新的中央委员会。选举工作坚持了3个原则：（一）对过去犯过错误的同志，不要一掌推开；（二）对于中国革命在长期分散的农村环境中形成的"山头"，既要承认和照顾，又要缩小和消灭，要把各个地方、各个方面的先进代表人物都选进来。（三）不要求每一个中央委员都通晓各方面知识，但要求中央委员会通晓各方面知识，因而要把有不同方面知识和才能的同志选进来。在酝酿中央委员会候选人的过程中，任何代表都可以提名候选人，没有任何指定和限制。选举时，许多代表不愿意选王明等人，中央做说服工作，结果王明也当选为中央委员。最终，七大选举产生中央委员44人，候补中央委员33人。6月11日，七大闭幕。6月19日，七届一中全会选出13名中央政治局委员。选举毛泽东、朱德、刘少奇、周恩来、任弼时为中央书记处书记，毛泽东为中共中央主席、中央政治局主席、中央书记处主席。8月，中央政治局会议决定毛泽东为中央军事委员会（简称"中央军委"）主席，朱德等为副主席。这就使全党在组织上达到了空前的团结和统一。

党的七大是党在新民主主义革命时期召开的一次极其重要的全国代表大会。党的七大为建立新民主主义的新中国制定了正确路线方针政策，使全党在思想上政治上组织上达到空前统一和团结。七大以"团结的大会，胜利的大会"载入党的史册。[3]

正如毛泽东在大会闭幕词中所说的："我们开了一个胜利的大会，一个团结的大会。"他号召大家要宣传大会的路线，使全党和全国人民树立革命一定胜利的信心。当他讲到要"下定决心，不怕牺牲，排除万难，去争取胜利"的时候，引起了全体代表的共鸣，全场顿时爆发出经久不息的掌声。代表们振奋不已，个个焕发出无穷的力量。毛泽东越讲越兴奋，讲到愚公移山时，情绪异常激动。他挥动着双臂，操着湖南口音大声说："压在我们头上的两座大山，必须搬掉。我们搬不走，有我们的儿子，儿子死了，还有孙子，子子孙孙搬下去，一定能够搬掉。"话音刚落，大家又是一阵长时间的鼓掌。

"……打倒日本帝国主义和它的走狗中国封建势力，建设一个新民主主义的中国，把中国引向光明……我们坚决相信，中国人民将要在中国共产党领导之下，在中国共产党第七次大会的路线的领导之下，得到完全的胜利……"[4]

毛泽东的话久久地在参会代表们的耳边回响。

日本加快准备"本土作战"计划

就在延安处处旌旗飘扬之时，侵华日军却是一派末日来临前的景象。

1945年2月4日至11日，鉴于德国法西斯行将灭亡、日本法西斯尚在继续顽抗的现实，美、英、苏三国首脑罗斯福、丘吉尔、斯大林齐聚苏联克里米亚半岛上的雅尔塔举行会议，达成了"在德国投降及欧洲战争结束后两个月或三个月内苏联将参加同盟国方面对日作战"的协议。5月2日，苏军攻克柏林；8日，德军宣布无条件投降。这样，德、意、日轴心国只剩下一个日本，还在亚洲地区垂死挣扎。

在此期间，美军先后夺取菲律宾，攻陷硫磺岛，又与英军一起占领缅甸。日本的"南防卫圈"全线崩溃，战火正向日本本土烧来。

日本本土已乱成一团，侵占中国大陆的日军主官也频频更换。中国派遣军总司令畑俊六被调回国内担任教育总监，冈村宁次在一片萧瑟中成为畑俊六的替代者。日军大本营在看不到前途、找不到出路的痛苦中，疯狂地不断出台各类紧急措施。

1945年1月出台的《帝国陆海军作战计划大纲》中，日军已决定"以南千岛、小笠原群岛、冲绳本岛以南的西南各岛、台湾以及上海附近为进行纵深作战的前缘"，同时改变了主要作战对象，"将中国大陆的作战，转变为以美军为主要敌人的作战。以上海和华南地区为准备重点"。[5]

日军大本营判断，美军将于6月以后在日本的九州、四国等地登陆，初秋以后会在本州岛的关东地区登陆。因而日本必须在此之前，以关东和九州地区为重点，完成本土作战的准备：扩充本土兵力（明令规定凡属15岁至60岁的男子和17岁至40岁的女子均为国民义勇战斗队队员），加修重点地区的工事，竭力提高军需生产；力争在7月前，使本土总兵力达到250万，飞机达到 7000 架。

然而，由于日军在中国的占领区急剧缩小，资源开发遭受严重破坏，以及英美盟军的轰炸和海上封锁，致使日本国内资源枯竭，储备告罄，粮食进口断绝。至 1945 年 3 月，日本的石油储备仅有 40 余万吨，钢材储备量只有 26 万吨，国内产米仅有 300 万吨，人民处于饥饿状态。工人罢工，农民抗缴粮税，士兵逃亡、自杀等事件不断发生。日本统治集团哀叹："战败虽属遗憾，但已无可避免。"

但日军大本营仍要孤注一掷，准备在其本土和中国占领区内进行最后的决战。1945 年 4 月 18 日，日军大本营指令中国派遣军收缩华南兵力以加强华北和华中的重要地区。6 月，中国派遣军确定了新的作战计划，决定以主力控制华中、华北地区，同时挫败进犯沿海重要地区的美军，以策应本土作战。根据这一计划，侵华日军第六方面军及第二十三军先后由广西、湖南和江西向华中、华北撤退兵力，以加强华中、华北重要地区，特别是沿海地区美军可能登陆地段的防务。

日军要最后一搏，要进行最后的决战，但毕竟是秋后的蚂蚱，蹦跶不了几天了。

扩大解放区，缩小沦陷区

在华北广大地区，八路军反击日伪军的攻势作战遍地开花，如火如荼。早在 1944 年底，中共中央就要求各根据地在 1945 年要注意：

> 扩大解放区。无论哪一个解放区的附近，或其较远之处，都还有许多被敌伪占领而又守备薄弱的地方，我们的军队应该进攻这些地方，消灭敌伪，扩大解放区，缩小沦陷区。我们必须把一切守备薄弱、在我现存条件下能够攻克的沦陷区，全部化为解放区，迫使敌人处于极端狭窄

的城市与交通要道之中，被我们包围得紧紧的，等到各方面的条件成熟了，就将敌人完全驱逐出去。这种进攻，是完全必要的与可能的，我们的军队已经举行了很多这样的攻势，特别是今年有很大的成绩，明年应该继续这样做。在一切新被敌人占领、尚未建立解放区的地方，例如河南等处，必须号召人民组织武装队伍，反对侵略者，建立新的解放区。几年的经验证明，组织众多的经过训练善于执行军事政治各方面任务的"武装工作队"，深入敌后之敌后去袭击敌伪，组织人民，以配合解放区正面战线的作战，有很大的效力，各地都应该这样做。**❻**

因此，"扩大解放区，缩小沦陷区！"这就是八路军总部交给各部队在1945年要完成的战略任务。

"牙山炮"轰破万第城，赵保原部覆灭

1945年2月11日，正是农历大年三十。

这天拂晓，地处山东胶东地区的万第，突然出现了3路八路军的部队，将城中的赵保原部围了个水泄不通。

赵保原，祖籍山东蓬莱，随父亲闯关东时参加了张作霖的部队，后升任至伪满卫队第三师第一旅旅长。1938年10月，他以"满洲国派遣军"的名义，带部队进入胶东，后投靠国民党，被任命为暂编第十二师师长。1944年8月，赵保原公开投靠日军，所部又被编为"剿共第七路军"，总兵力约达1.8万人，盘踞在胶东胶济铁路以南、以万第为中心的五龙河及大、小沽河中游地区。

赵保原在其统治区内，实行特务统治，屠戮生灵，横征暴敛，显露了极端的残暴性和疯狂性。他强制推行保甲制度，策划组织"抗八小组"，秘密开展"点线工作"，派遣大批特务潜入八路军根据地，刺探情报，暗杀干部，破坏生产，造谣惑众。凡因涉嫌"抗日罪"的，一律加以逮捕杀害。仅河源

北沟就被他活埋 200 多人。一次，莱东大野头村前泥塘化冻，裸露出被他杀害后遗弃的 70 多具尸体。五龙河畔，沽河两岸，记下了这个大汉奸对人民欠下的一笔笔血债！

在赵保原的血腥统治下，莱阳地区人民生活在水深火热之中。他完全不顾人民的死活，强征滥捕壮丁，以下乡抓丁、挨户摊丁、抽签拔丁、捉人押丁等恶毒手段，使各乡青壮年男子近乎一空。莱阳地区群众需缴纳 3 份捐税：日军一份，伪区署一份，赵保原一份。苛捐杂税，名目繁多，盘剥日重。农民一年所获，还不够缴纳捐税。据北鹿村调查：农户收获小麦 7 斗，反要缴纳一石；收获小米一石四，需缴纳一石四。有的地方 10 只鸡蛋可以换一亩地，有的实在负担不起地捐，白送出土地也没有人要，还要倒贴半升小麦。赵保原天天派人下乡催粮逼款，连砖瓦、谷草、咸菜、破布均在征收之列，荷枪实弹，连征带抢。

素有"胶东谷仓"之称的莱阳，在赵保原的罪恶魔爪下，连种子粮都被搜刮得精光。团旺周围 30 里地内，地瓜叶也吃不上的人家占三分之一，有的村十之七八的土地没有地瓜秧育苗。人民群众啼饥号寒，成群结队逃亡。据 1944 年统计，自莱阳地区逃亡到八路军根据地的难民多达 13 万人。

在凄风苦雨的莱阳，人民群众中流传着这样一首饱含着血泪的歌谣：

> 说莱阳，道莱阳，
> 莱阳本是好地方，
> 自从来了赵保原，
> 莱阳人民遭了殃。[7]

赵保原盘踞的莱阳地区，已经变成了一座人间地狱！

赵保原同日伪的紧密勾结和联合进攻，在一段时间内，给胶东抗日武装造成了很大的困难。是时候了，该捣毁赵保原的老巢——万第了。

　　万第城地处海阳、莱阳两县的交界处，北与莱阳城、南墅、日庄的敌伪据点，南与金口、穴房庄、复格庄、南村、即墨的敌伪据点交错配置，互为依托。经赵保原多年苦心经营，万第城的工事十分坚固，尤以万第为最，有3道壕沟、3道围墙，以及铁丝网、陷阱、碉堡等。赵保原称之为"铁打的万第"。

　　罗荣桓一直就想消灭赵保原这个民族败类。胶东当时的形势极为有利。山东八路军在胜利进行大规模秋季攻势作战以后，日伪军被迫龟缩在一些较为孤立的"点线"上，一蹶不振。抗日根据地空前扩大，人民武装力量大发展。在对胶东投降派的斗争中，八路军已完全居于主动地位。趁此良机，铲掉赵保原，消除胶东军民对日反攻的心腹之患，在政治上、军事上都有重大意义。

　　于是，罗荣桓命令胶东军区许世友部：一定要打掉赵保原，胶东将来归谁，最关键的是看能不能把赵保原消灭掉！

　　讨赵战役发起前，在胶东区党委和胶东军区党委的统一部署下，胶东党政军民各界广泛深入地进行了政治动员。各地群众代表和人民团体控诉、声讨赵逆罪行，亟盼八路军兴师讨赵的信函，像雪片似的送达胶东军区司令部："群众要求共产党、八路军解救倒悬，如大旱之望云霓。""呈请钧部体念民众呼声，拯民于水火之中。"人民群众在同赵逆的严酷斗争中，认清了一条真理："命，是要自己动手从敌人手里夺出的，谁若向敌人俯首帖耳，谁就脱不了当一辈子牛马！"

　　此时，海莱人民已忍无可忍，揭竿而起，组成"海莱人民联合自卫军"，武装保卫家乡。男女老少高呼"消灭赵保原，莱阳人民才能活""坚决起来和赵保原拼命"等口号，踊跃参加"联卫军"，一昼夜之间，竟扩展到1万多人。胶东临时参议会于1945年2月初正式发布《告胶东同胞书》，号召胶东全体军民团结奋起，惩罚投敌叛国、破坏抗战、反共反人民的罪魁赵保原。胶东军区司令部、政治部也联合发出《布告》和《告莱阳同胞书》，声明八路军为了抗战利益和解放莱阳80万同胞，在全胶东人民呼吁要求下，决心讨伐赵逆，为团结抗日、准备反攻扫清道路。

为确保讨赵战役的胜利，从 1944 年冬季起，胶东军区即开始了战前准备工作。军区政治委员林浩、副司令员吴克华、参谋长贾若瑜等人亲自带领各级指挥员到万第周围进行实地侦察，制订作战计划。

1945 年 2 月 11 日，胶东军区调动 5 个团另 5 个营的兵力，分左、中、右 3 路纵队包围了万第赵保原部。担任主攻任务的中央纵队，是第十三团、第十六团、北海独立团一部、东海独立团第一营、军区特务营、炮兵营及民兵、民夫等 1 万余人，集结在万第正东 10 余公里处的顾家夼、鲁疃、望宿、李家疃一带。与此同时，北海独立团一部附一个炮兵班及莱东区队与民兵一部，进至万第东北 15 公里处的埠后。东海独立团 5 个连、海阳独立营、海阳与莱阳区队及海莱人民联合自卫军一部为左纵队，进至万第东南 10 公里处的宿院里头，担任打击赵保原部从左村、殷格庄方向来的增援之敌的任务，以保障进攻部队的安全。右纵队的第十四团、莱东独立营、西栖大队，进至莱阳正北 15 公里外的夏留一带，以清水河东岸凤山为依托，阻击赵保原部从乔家泊、昌山院、莱阳城方向的增援。

1945 年 2 月 11 日夜，四处漆黑一片，天上没有月亮，不见星光，大片大片的雪花纷纷扬扬地飘洒着。负责主攻的第十三、第十六团指战员跃出阵地，冲向万第。赵保原部凭借坚固的工事奋力抵抗，连续反扑。战至 12 日上午，进展仍然不大。

"不能再这样打了。"林浩、吴克华立即召开阵前会议，改变策略，决定集中所有的"牙山炮"，炮轰万第。

什么是"牙山炮"？说起来，这个名称的由来还有一段佳话。

1944 年 6 月，胶东军区兵工二厂在牙山地区传达了许世友司令员的指示：造一种威力很大的平射炮。但兵工厂的大小领导，谁也没见过平射炮是什么样子，唯一可供参考的是从画报上剪下来的一幅不太清楚的照片，以及从敌人手里缴获的十几发穿甲炮弹。几个人一研究，决定由机工部造炮，弹药部造炮弹。至于具体的方案，只好由各部发动工人想方设法解决了。经全厂职工两三个月的昼夜奋战，第一门平射土钢炮和十几发炮弹竟奇迹般地造出来了。经过试验，威力还不小。

1945 年初，许世友亲自到兵工厂视察平射土钢炮。他骑着高头大马来到兵工厂，一进门就问："炮呢，炮呢？"

副厂长王民忙回答："司令员，炮在南山下边。"

"走，看炮！"许世友干脆利落，边说边朝炮位走去。

来到平射炮跟前，王民把炮的性能和制造情况作了简要汇报。许世友仔细地察看了大炮的各个部分，拍拍炮身说："怎么样，试试吧？"

几名炮手走上前去，连试 3 发，炮弹全在千米以外的地方爆炸了，发出巨大的声响。许世友抓住王民的手高兴地说："好！威力不小，有了这个家伙，小鬼子、二鬼子什么样的碉堡、炮楼、围墙也好对付了。我代表全区指战员感谢你们，感谢你们造出了好武器！"

然后，许世友望了望远处的牙山峰，又看了看身边的大炮，略微深思了一会儿说："我看这个炮就叫牙山炮吧！"

由此，"牙山炮"的名字就叫开了。后来八路军在几次战斗中都曾用过它，的确发挥了很大的作用。

如今攻打万第，赵保原凭着坚固的工事，负隅顽抗。林浩和吴克华一下子就想起了"牙山炮"来，而且要全部用上。

12 日黄昏时分，所有的"牙山炮"都集中过来了，"放！"一声令下，炮声隆隆，300 多发炮弹向万第猛烈轰击。19 时，第十三、第十六团发起了总攻击。仅用 10 分钟，就从前万第左右两面突进围寨，不到一个小时便占领了部分围寨和碉堡。之后，各部迅即分路向纵深发展。至 23 时许，将驻守在前万第的黄爱君团另 2 个营和伪第十三区专员公署全部歼灭。"牙山炮"也由此战更加威名远扬。

在强大攻势下，赵保原一面命令部队增援前万第，一面带着心腹和家眷，于 21 时从西万第仓皇逃窜。接着，后万第和西万第之敌也相继溃逃。在第十六团第二营、东海独立团、北海独立团、第十四团以及海莱人民联合自卫军等部的截击下，敌人大部被歼。至此，3 个万第被八路军全部攻克。**8**

万第之战后，八路军乘胜追击，连克迎格庄、留格庄、朱洞等 10 余个据点。至 2 月 19 日，讨赵战役胜利结束。此役，历经 9 天连续作战，毙伤伪军赵保原部团长以下 2000 余人，俘 7370 人，打散 2000 余人，共计歼伪军 1.2 万余人，缴获兵工厂、被服厂、粮库各 1 座、火炮 14 门、掷弹筒 17 具、轻重机枪 160 余挺、长短枪 5000 余支、子弹 6 万余发、战马 120 匹、电台 5 部，解放人口 70 万。此役的胜利，清除了山东最大的伪军堡垒，剪除了日军在胶东的羽翼，扫除了胶东八路军和广大人民群众坚持抗战与进行大反攻的重大障碍。5 月 1 日，胶东军区在莱阳、海阳一带成立中海军分区，聂凤智任司令员，中海地委书记刘中华兼任政治委员，进一步壮大了抗战大反攻的武装力量。

赵保原逃跑后，继续坚持反共、反人民的立场。抗战胜利后，他一度又挂起"暂十二师"的招牌，配合国民党军进攻解放区。1946 年 6 月 9 日，他在胶县被解放军击毙。

攻伐山东日伪军，节节胜利

在万第的赵保原部被基本消灭前后，山东地区的其他大股伪军也纷纷被八路军清除。

鲁南军区将目标锁定为伪军荣子桓、王洪九部。

1945 年 2 月 1 日，山东军区调集鲁南军区第三团、尼山独立营、费县独立营和鲁中军区第三军分区第九团、泰泗宁独立营等部，发起了泗水城战役。伪和平救国军第十军军长荣子恒于 1944 年 10 月上旬溃逃至泗水城后，在日军的扶植下，招兵买马，扩充实力，重新组建了第三师（原第三师刘桂堂部被歼，番号撤销）。荣部兵力加上泗水县伪保安大队 5 个中队，共约 3000 人。

2 月 1 日 22 时，担任主攻的鲁南军区第三团第一营，采取奇袭手段，一举攻入城内，直捣伪第十军军部，生俘其特务营一部及机关人员大部，继而向伪县政府发起攻击。此时，鲁南军区第三团第二营突入南关，向纵深发展。伪军拼命进行顽抗，战斗异常激烈。至 2 日拂晓，第三团将荣子恒及其副军长陈镇藩等 50 余人围困于南门城楼，将伪县长及日军指挥官石川、顾问长泽等 100 余人围困于伪县政府大碉堡内，伪军第 3 三师师长朱复宁及特务营残部 100 余人亦被围困于东门城楼。经充分准备，当日 18 时，鲁南军区部队分别向被围伪军发起总攻，当即攻占南门和东门城楼，击毙荣子恒及其参谋长朱洪等，残部被迫投降。继而攻破伪县政府碉堡，击毙日本顾问长泽，伪县长带 100 余人投降。至 19 时，城内残余伪军被歼，泗水城解放。

在攻城的同时，鲁中第三军分区第九团、费县独立营及尼山独立营等，攻克故县村、杨庄、杨公村等外围据点，并击溃荣部第三师，迫其第一团 400 余人缴械投降。2 日和 3 日，鲁南军区部队还 2 次击退由滋阳、曲阜等地出援之伪军 800 余人。至此，战役胜利结束，共歼伪军 1600 余人，缴获重机枪 2 挺、轻机枪 12 挺、长短枪 1200 余支、掷弹筒 20 具及大宗弹药和军用物资；攻克泗水县城及周围据点 16 处，收复村庄 37 个，收复失地 560 平方公里，使鲁南、鲁中部队进一步迫近津浦铁路及日军重要据点滋阳，给日军以沉重打击。

1945 年 3 月 29 日，鲁南军区以第三、第五团等共 29 个连的兵力，于临沂县涧沟崖、沙沟崖、城后地区发起讨伐伪沂州道皇协军王洪九部战役。当日夜，鲁南军区第五团第一营于涧沟崖村西进行近迫土工作业，挖壕抵近围寨。4 月 1 日夜，第一营 2 个突击连在猛烈炮火的掩护下，采取连续爆破的方法，向涧沟崖伪军第二十八支队第一大队进行突击，但因守军工事坚固，未能突入。伪军大队长徐凤林惧被全歼，遂带残部逃向李家宅据点。与此同时，第五团第三营向驻守岑石的伪军第二十九支队第二大队发起攻击。在山炮掩护下，用手雷炸开鹿砦，突击排攻进外壕后，遭守军火力封锁，爆破围墙受阻。激战持续3个小时，爆破始得成功。第三营分3路迅猛突进，战至2日拂晓，伪军除大队长陈继孔等几人逃脱外，其余全部被歼。

鲁南军区第三团按计划以第一、第三营攻打寿衣庄，以第二营包围监视沙沟崖。3月29日黄昏，第一、第三营开始在寿衣庄外挖壕接敌。次日晨，向驻守该庄之伪军第二十八支队第二大队发起攻击。激战2昼夜，守军不支，遂弃寨逃窜。第一、第三营结束寿衣庄战斗后，移师沙沟崖，与第二营会合准备消灭该村守军。沙沟崖修有2道围墙，四角筑有炮楼，由伪特务中队200余人驻守。4月2日，第三团对该中队发起攻击，爆破10余次未果，战至16时，才在东南角打开突破口，但因弹药用完，突破口被伪军重新占领，20时被迫撤出。3日上午8时，王洪九亲率特务大队400余人，分三路向沙沟崖增援。第三团得报后，即留第二营第五连包围据点，主力部署于村东伏击援军。经一个小时激战，毙王部援军150余人，王率残部溃逃，沙沟崖被围残余守军120余人投降。接着，第三、第五团又乘胜拔除甘露寺、城后等伪据点，歼灭伪军300余人。

此役历时6天，共歼伪特务大队长以下1059人，缴获掷弹筒5具、掷弹筒弹69发、长短枪326支、子弹3340发、手榴弹1276枚、战马10匹、小麦1661公斤，解放村庄110个。

鲁中军区则将枪口对准了蒙阴县的日伪军。

1945年3月上旬，鲁中军区发起蒙阴城战役。蒙阴县城位于鲁中蒙山区抗日根据地的腹地，城内驻有伪军12个中队、日军一个小队，共计1200余人。西门建有7米多高的圆形炮楼，配有轻重机枪和掷弹筒等。城内南侧为日军据点，筑有5座碉堡，外有围墙。

当时的具体部署是：以第一团、第二军分区第十一团攻城，第三军分区第九团包围外围据点，第四团于城北阻击新泰可能出援之日伪军。同时，派人化装潜入城内，利用内线关系炸开城门，接应第一团攻击部队入城；约定守备东南角的伪军第一中队，待攻击部队接近时，举行反正，以摇白旗为号，接应第十一团搭梯入城。为配合主力部队进行战役准备，鲁中军区命令第一、第三军分区等部和地方武装，对当面日伪军连续发动攻击，牵制日伪军。

3月8日晚，鲁中军区攻城部队对蒙阴城发起攻击。21时10分，预先潜入城内的人员协助内线关系炸开西门，但突击部队未能按时接近西门，被炸开的城门复被守军堵住。攻城部队随即改取强攻。第十一团首先突入东关，将东关守军全部肃清。与此同时，第一团全歼北关守军。拂晓后，攻城部队转入坚守既得阵地，以待黄昏后再行强攻。

9日上午，新泰日军一个中队分两路驰援蒙阴城。左路63人由日军村社中队长率领，乘汽车沿新蒙公路疾进，于12时进入蒙阴城北3公里处之墩台附近，被鲁中军区第一团第二营包围，在第四团第二营的配合下，经连续13个小时的激战，全歼日军。其中，毙日军59人，俘4人。右路增援日军一个小队，经东都、汶南向蒙阴前进，在石泉庄遭鲁中军区费北独立营伏击，该营歼其一部，余部溃退。

9日18时，鲁中军区部队再次向蒙阴城发起攻击。第一团在炮火掩护下，首先于西门登城，与守军展开激烈争夺，巩固突破口，保证了后续部队顺利向纵深发展。与此同时，其余各路攻城部队亦先后以强攻手段，从北、东、南三面突破城垣，攻入城内。激战至10日4时，全歼城内守军，解放蒙阴县城，战役胜利结束。

此役，毙伤伪军255人，俘伪县长以下956人，毙日军中队长以下100余人，俘日军9人，缴获重机枪2挺、轻机枪11挺、长短枪980余支、掷弹筒11具、汽车2辆，摧毁了日伪军历年来对沂蒙山区"扫荡"的重要屯兵基地，使沂蒙区与泰南区根据地完全连成一片。

渤海军区官兵早就对张景月部恨之入骨。

1945年春，遵照山东军区的统一部署，渤海军区发起了第一次讨伐张景月部的战役。

此役分两个阶段进行。第一阶段从 4 月 15 日至 4 月 30 日，以军区直属团、特务营、第五军分区直属连及地方武装一部，攻打张部防线西北部王高镇及其周围据点。15 日 19 时，部队发起攻击。至 21 时 30 分，渤海军区直属团第三营在内线接应下，由东门进入守军第一道防线外围墙内，随即向纵深发展。第五军分区直属第二连由西门攻入第一道防线外围墙内，经反复激战，攻克外围碉堡后，与军区直属团第三营一起，攻打第二道防线。经一昼夜激战，突破内围墙，炸毁碉堡楼 5 座，扫除大小碉堡 21 个，攻克王高镇，全歼守军 500 余人，缴获机枪、步枪 400 余挺（支）。与此同时，打援部队分别在东头、杨疃、赵家庄、袁家桥等村，有效阻击了张部援军。次日，渤海军区部队经 4 个小时激战，击退伪军马成龙旅的反扑，歼灭伪军 500 余人。接着，渤海军区部队乘胜前进，连克袁家桥、邢家茅坨、羊角沟等 17 处据点，控制了侯镇至羊角沟公路两侧的广大地区。至此，讨张战役第一阶段作战胜利结束，共歼伪军 1500 余人。

5 月 7 日，渤海军区发起讨张战役第二阶段作战。部队兵分 3 路向张景月部防区东部屏障侯镇等据点进击。右路从西面插至寿光城西南，扰乱张部侧后；左路由东面插入寿光县第二区，从侧面进行牵制；中路为军区主力，从正面攻击。各路部队紧密配合，在攻克侯镇外围各据点后，对侯镇据点发起总攻。5 月 12 日晚，渤海军区参战部队分多路隐蔽进入攻击出发地域。军区直属团二营在西南门担任主攻，第五军分区直属 3 个连和昌潍独立营分别于北门和东门担任助攻。23 时，攻击部队采取四面包围、齐头并进的战术，同时发起攻击。伪军指挥部摸不清渤海军区部队的主攻方向，立即乱了阵脚，西南门和北门很快被突破，昌潍独立营也随即从东门突入镇内。随后，各战斗分队按照预定计划，迅速向纵深发展，实施穿插分割，同伪军展开激烈巷战。至 13 日 10 时许，守军一个团全部被歼。渤海军区部队乘胜进击，连克丰城、邢姚等据点。15 日，讨张战役胜利结束，彻底摧垮了张景月的东部防线。此役，共歼伪军张景月部 4200 余人，攻克据点 34 处，平毁碉堡 300 余个，收复失地 1050 平方公里，解放人口 18 万以上。

山东地区的连连胜利使仍受病魔折磨的罗荣桓深感欣慰。1945 年 4 月 12 日，他命令各军分区：从 5 月开始，争取用 3 个月的时间，歼灭盘踞在胶济路南北大股伪军的主力或一部，并控制该地区，以便让胶东、渤海、滨海、鲁中 4 个战略区相互联系，使胶济路沿线的敌人进一步孤立和暴露，为将来大反攻准备更有利的条件。

为了执行罗荣桓的命令，黎玉、萧华等都亲赴前线，准备指挥各军分区在胶济路南北消灭张步云、厉文礼、张景月等几大股伪军。

但就在这时，山东的情况突起变化。日军大举增兵山东，集中 3 万余人，实行名为"秀岭 1 号作战"的计划，重点指向鲁中、滨海区。从 4 月 25 日至 5 月 26 日，日军进行了为期一个月的"扫荡"，重新占领了蒙阴、莒县等一些重要地区。黎玉、萧华等只好疏散计划讨伐伪军的兵力，暂时转入反"扫荡"作战。

但日军这次"扫荡"的最终目的并不是消灭八路军，他们企图占领山东沿海地区及临近沿海的山地，作为抗击美军登陆的战场，并在济南集结重兵，以作反击之用。所以，在"扫荡"结束后，日军将兵力主要部署于青岛、日照、海阳等处的海岸，构筑工事，以作对付美军登陆的准备。

黎玉、萧华看清了这个形势：日军虽然增加了力量，但主要集中于铁路沿线及沿海地区，在其他地区的守备兵力并未增强，渤海地区甚至还有所减弱。因此，可继续施行原计划进行的讨伐伪军的战斗。不过，这次军区就不直接指挥了，可由各分区根据情况独立作战。

在这个新指示下，王建安、罗舜初率领的鲁中军区率先发起了讨伐厉文礼的战役。

厉文礼是国民党反动派在潍坊地区的军政要员和特务头目之一，又是抗日战争后期的重要汉奸头子。他从 1930 年 8 月任诸城县县长开始，在潍坊一带统治横行10余年，其所属部队曾达3万多人，盘踞着13个县的广大地区，犯下了不可饶恕的累累罪行，使潍坊人民蒙受了严重灾难。

1943年2月，厉文礼率部降日，当了鲁东"和平建国军"司令，共辖伪军一万余人。此后，除将4000名左右的伪军安插在昌乐、潍县一带外，将8000余名主力分东西两条防线，集中驻扎在安丘境内。厉文礼在所辖各地到处进行反共宣传，并且在安丘、潍县等地拉夫抓丁，砍树木，拆民房，修工事，筑碉堡，为帮助日本侵略军控制占领区，制造了一桩桩反共反人民的惨案。

1945年6月5日午后，鲁中部队发起讨伐厉文礼的战役全面打响，参战部队经过休整，士气旺盛，求战心切。主力第一团按照作战命令，从根据地出发，翻山越岭顺坡而下，犹如猛虎添翼，直逼夏坡。其他参战部队，也按照各自担负的作战任务，同时进逼柳沟店子、辛庄子、辉渠、土山、泉子崖等夏坡的11个外围据点。

5日下午5时，主力第一团接近夏坡阵地，守敌顿时慌乱起来。鲁东"和平建国军"司令部指挥兼特务团团长胡鼎三一面命令敌军"站墙子"，一面组织小股兵力出东门阻击。但在主力第一团的猛烈攻击下，奉命阻击的敌人转瞬之间即丢盔卸甲，抱头鼠窜，缩回了据点。胡鼎三多次督战反击，都被一一击退。7日，胡鼎三率残部逃窜。夏坡据点首次解放。

鲁中部队同时收复厉伪西部防线的15个外围据点，厉文礼特务团副团长李星耶率部在辛庄子、辉渠等据点缴械投降，独立第三团单勋臣部在刘家林、高家庄据点被打垮，第一旅第一团王林茂部在土山、泉子崖据点被歼灭，第一旅第四团辛永功部在柳沟店子据点被击溃，其余偕户、团山子、姜家庄子、平原、凌河、穆家河等据点的守敌被瓦解。

厉文礼的西部防线崩溃后，其司令部龟缩到安丘城西关，残部驻县城附近。8日，鲁中部队相继收复了安丘南部及东南部的高家营、白石岭、西小泉、大兴、西营等厉伪据点。盘踞在安丘城西40余里的龙湾崖据点的伪第一旅第二团李鸿藻部亦闻风逃窜。

9 日晚，鲁中部队挥师北上，直插昌乐县境内，一举消灭驻鄌郚村的一个日军小队和伪军一部，同时攻占北展村伪军碉堡，重创杏山子村守敌。

此时，躲在潍县城的厉文礼，一方面调集 2000 余名日伪军分别由昌乐县城、安丘县城以及潍县城向鄌郚增援；一方面纠集 1700 余名日伪军，由其参谋长孙荣第带领，于 15 日晨重新占领夏坡村。

面对敌人的反扑，自 17 日起，鲁中部队除抽调一部向临朐县境进军外，以主力一部重新围困夏坡之敌，以另一部挥戈东指，在安丘县继续扩大战果。22 日，鲁中部队东路大军连克安丘东部的大下坡、石堆、河洼、王集等敌军的据点，歼灭厉文礼第十六团王子春部大半。

当日晚，伪鲁东和平建国军司令部副指挥兼独立第十团团长韩寿臣、特务营营长张立三，在鲁中军区强大军事压力和政治攻势下，于安丘城东 30 里的王家古城村率领官兵 1800 余人起义。此时，厉文礼的东部防线已彻底瓦解。

23 日上午 8 时 30 分，包围夏坡据点的鲁中部队，一部迂回攻占牟山，切断夏坡至安丘城的交通线；一部由东西两侧向夏坡据点实行钳形夹击。厉伪参谋长孙荣第见大势已去，仓皇率部弃寨北逃。夏坡彻底解放。

四周村庄的群众为庆祝胜利，唱出了《打夏坡》歌谣：

夏天到了，麦子满坡黄，咱们庄户人呀，准备割麦忙呀，八路军打汉奸，保卫麦收忙呀！

主力民兵实在强，连夜上战场呀，攻打夏坡庄呀，埋地雷，下炸药，碉堡一扫光呀！

血战一夜攻开夏坡庄，消灭汉奸队呀，活捉伪团长呀，俘虏的汉奸队，好像一群羊呀！

八路军打仗保卫咱家乡，依靠八路军呀，跟着共产党呀，边战斗边生产，胜利度春荒呀！ **9**

从此以后，鲁东"和平建国军"分崩离析，胡鼎三、王子春率残部龟缩在安丘城，厉文礼等龟缩在潍县城。

　　日本投降后，厉文礼残部被国民党山东省府主席何思源封为诸安昌潍警备队，同时被戴笠以蒋介石名义封为诸安昌潍"先遣军"。1945 年 11 月，厉文礼残部 200 余人逃往青岛外，其余被取得国民党山东省保安第一师名义的张天佐部收编。至此，厉文礼部彻底消亡。

　　此后，鲁中军区集中主力第四、第九、第十一团及地方武装一部，在鲁南军区第三团一个营及 2 个县独立营的配合下，于 7 月 17 日，向费县西北之上冶、东北之诸满日伪军强固据点发起攻击。当夜攻克诸满，19 日收复上冶，全歼日军一个小队和伪军 500 余人。与此同时，鲁南军区另一部攻克费东南岩坡庄等据点 3 处，并彻底破坏了临费公路。此战的胜利，扩大了鲁中与鲁南两区的联系，并进一步孤立了费县与临沂之日伪军。在鲁中军区部队强大军事攻势威慑之下，8 月 7 日凌晨，龟缩于费县城的伪县长韩金声、伪保安大队长邵子厚等 800 余人，弃城逃往临沂，费县城遂被解放。

　　此时，胶东军区将目光聚焦在了平度、胶河地区。

　　平度以西、胶河以东 900 平方公里的广大地区，时为伪军李德元、阎珂卿等部所控制，兵力近万人，安设重要据点 24 处。李德元原为国民党军挺进第 27 纵队司令，阎珂卿为挺进第 19 纵队司令。他们投靠日军后，部编为皇协军，保留国民党军番号。其指挥机关分设于平度以西之台头、古庄等地

　　1945 年 5 月反"扫荡"结束后，胶东军区除以第十六团作为机动力量，并支持中海军分区对侵占海阳地区之日伪军展开围困封锁外，迅速集中第十三、第十四团及西海、南海 2 个基干团，在军区政治委员林浩、参谋长袁仲贤、政治部副主任欧阳文的统一指挥下，连续发起了平（度）西和胶河战役。

　　6 月 22 日夜平西战役打响，至 29 日胜利结束。此役共歼伪军 3400 余

人，攻克据点 23 处，解放了平度以西李、阎部盘踞的全部地区。平西战役结束后，胶东军区在渤海军区清东基干团的配合下，发起了讨伐顽军挺进第 15 纵队王豫民部的胶河战役。7 月 19 日夜战役发起，战至 22 日，于明家部一带歼顽军 2000 余人，余部溃散，王豫民带残部南逃胶济铁路日军据点。此役攻克顽军据点 15 处，控制了胶河两岸广大地区。平西战役和胶河战役，收复了失地 1550 平方公里，解放人口 50 万，打通了胶东区与鲁中、渤海区的联系。

滨海军区则是对日伪军三战三捷。

6 月 22 日，滨海军区以第四团、独立第一团和郯城县大队，在鲁南军区第五团配合下，对驻郯（城）邳（县）边一带的伪军梁钟亭部发起攻击。经数日激战，攻克其王海子、涝沟中心据点及其他大小据点 10 余处，歼伪军 500 余人，生俘梁钟亭。接着，动员梁钟亭瓦解了其所有残部。27 日，战役胜利结束。激战中，鲁南军区第五团突击排 37 名指战员全部壮烈牺牲。

7 月 12 日，滨海军区以第四团、独立第一团及地方武装一部，发起郯（城）码（头）战役。当日夜，滨海军区部队首先对日伪军之重要据点码头发起攻击。至 16 日夜，全歼日军一个小队和伪军 500 余人，解放了码头镇，并攻克郯城以南店子据点，使郯城陷入孤立。攻城部队乘胜紧缩郯城包围圈，并开展政治攻势。23 日，郯城守军弃城逃窜，战役遂告结束。

随后，滨海军区又与鲁中军区一起，向张步云部发起进攻。张步云部是执行国民党的所谓"曲线救国"方针而投敌叛国的伪军，号称率兵 1.3 万之众，盘踞于诸城南北地区，为虎作伥、无恶不作。1944 年 10 月间，张步云在向抗日根据地的进犯中，一次就烧毁银家庄民房 200 多间，并惨无人道地把数十名妇女儿童赶到房子里活活烧死。1945 年 3 月 17 日，张部 1500 余人勾结 200 多名日军侵袭荆山区的刘家庄，使 106 名抗战军民在自卫战中伤亡，并纵火将该村烧成一片焦土。7 月 8 日，张部又配合日军 3000 余人，袭击了贾悦区小岳戈庄，杀害区中队和该村人民群众、抗日军民286名，制造了骇人听闻的"小岳戈庄惨案"，群众对他恨之入骨，纷纷要求八路军予以严惩，救民众于水火。

为消灭日伪有生力量，山东分局和山东军区遂决定于6月底开展对张步云逆部的攻势。

部队行动那天，正逢下暴雨，夜过潍河，官兵们的被服装具全都湿透了。大家在泥泞中行进，但是情绪非常高涨。

滨海军区副司令万毅和指挥员们部署，由第十三、第十二团主攻丁家沙窝和大双庙之敌。第六团包围相州，预备打援，该团团长贺东生由于没有担任主攻任务，作为总预备队，憋了一肚子气。

部队冒雨过了潍河，奔向敌人后方悦乐镇。山洪又汹涌地倾泻下来，在这种情况下，部队突然出现在敌人面前，打得敌人措手不及。第十三团在各种火器的掩护下，用炸药包开路，连续猛攻，很快突进大双庙圩内，歼灭了张步云第一旅。

这时，第十二团也拿下丁家沙窝。

第六团本来是监视相州敌人，准备打援。但第十二、第十三团一突破，贺东生立即活跃起来，并且主动包围了相州，组织突破，很快拿下了相州，围歼了张步云的第三旅。

部队消灭了敌人，第十三团团长梁兴初又主动担负起政治委员的责任，带领部队做群众工作，开仓分粮，把张步云搜刮群众的麦子分给饥饿的百姓。

消灭了张步云伪军2个旅之后，根据山东军区赋予的作战任务，万毅和梁兴初带滨海军区第六、第十三团继续东进，展开消灭这一带最后一个顽固的汉奸吕孝先伪军之战。

吕孝先是诸城伪保安团团长，其部共有600余人，和日军关系紧密，吕孝先的一个弟弟就在日军机关做事。吕率其主力一部据守埠头，一部据守昌城。7月底，第六团将埠头严密包围。第三营营长杜秀章组织火力掩护，连续爆破鹿砦铁丝网，并俘敌军30余人。北门连续6次爆破未果，第七次战士以刺刀插入寨子大门缝，挂上炸药包，才把围墙炸开，突击队一拥而进，把敌人压缩在东南角几个大院内，部队喊话，要敌人缴枪投降。

吕孝先派副官出来搞假投降，表示要接受改编，他要求缓一两天，把部队整理一下。这本是诡计，他们是想等日军来增援，梁兴初和贺东生对这一阴谋洞若观火，说："根本不要理他们那一套，我们该干什么就干什么。"

当部队突进敌人据点时，吕孝先果然在部署突围。这一仗，彻底端了吕孝先的老窝，歼敌600余人。

战斗结束不久，日军从诸城方向来了。他们是来支援解救吕孝先的，但是来晚了。那天早晨，日军从东南方向来，与部队接上火，部队准备转移。保卫科来人说："吕孝先赖着不肯走！"

万毅一听火了，大声说："汉奸还想干什么，等鬼子来救？不走，就枪毙他！"

在旁边的梁兴初听了，对万毅说："副司令员同志，还没出布告，不能枪毙呀！"

梁兴初的提醒很对，于是万毅说："对，他不走，把他拖到马上也要拉走。"后来，部队正式报了军区，经过批准，开群众大会公审，才将他枪毙。

1945年6月10日黄昏，渤海军区以直属团和第四、第五军分区各一个团及部分地方武装，共约4个团的兵力，对蒲台县城（今属滨州市滨城区）发起突然攻击。至11日下午，攻克蒲台县城，扫除周围据点20余处，歼日伪军2900余人，生俘守军头目、蒲台县伪代理县长徐秉义，并击退惠民、滨县1000余名日军的4次增援，歼日军一个中队。

攻克蒲台后，渤海军区部队乘胜向滨县县城进击。至14日，扫清城外大小据点，全歼伪军主力杜孝先部1000余人，使滨县城成为孤城。渤海军区部队即对滨县城实施紧缩包围，并加强政治攻势。16日，守城伪军2个中队 600 余人反正，其余守军在惠民日伪军接应下，于 17 日弃城逃窜。此役，共歼日伪军 3400 余人，解放蒲台、滨县全境。

6 月 20 日，日伪军 6000 余人，在日军大队长江田的指挥下，对蒲台、滨县进行反扑，滨县城被其重占。渤海区西部之第一、第二、第三军分区部队，乘日伪军后方空虚之际，广泛出击，围困商河、德平，袭入吴桥、陵县、沧县，并一度攻克南皮，击毙日军大队长江田以下 70 余人，迫使东犯之日伪军退回，并于 7 月下旬解放了德平、庆云。第四军分区部队与民兵于 7 月 1 日，乘进犯之日伪军后撤之机，对重占滨县城之日伪军发起进攻，再度收复滨县城，旋即乘胜北进，解放沾化县全境，逼近阳信。第六军分区部队在胶济铁路线上展开攻势，攻入周村，拔除无影山日伪军据点。在各军分区的积极攻势下，渤海军区已控制乐陵、利津、沾化、滨县、蒲台、德平、庆云 7 座县城，各军分区活动地域已完全连成一片，日伪军在渤海区的中心据点惠民城陷入孤立境地。

1945 年 7 月，渤海军区司令员杨国夫、政治委员景晓村根据山东军区关于发动夏季攻势作战的部署，决心集中所属兵力，在胶东军区部队一部的配合下，发起以攻打田柳庄为中心的第二次讨伐张景月的战役。

张景月在军阀张宗昌部下当过兵，后依其土匪六叔张观桂发迹。1943 年，被委任为山东保安第三师师长、鲁中军区司令，公开与日军勾结，搜刮寿光人民的财产，以铜圆和牛皮换日方的军火、汽车，与日军来往频繁，1944 年 10 月，他配合日军进攻解放区。

1945 年，张部发展到 3000 余人。在其所辖境内，残害人民无恶不作。4 月，八路军渤海部队奉命讨伐张景月，共歼其部 2000 余人，削弱了其实力并扩大了八路军回旋余地。

7 月 30 日，渤海军区 7000 余人冒雨开进，完成对田柳庄的包围。军区直属团和特务营担任主攻；教导团，第二、第五军分区独立团，胶东军区炮兵营和地方武装担任打援与机动作战任务。

攻击部队扫清外围据点后，在数千名民兵、民工的配合下，在田柳庄周围构筑了封锁沟、碉堡等工事，与伪军形成沟堡对峙。

8月3日，渤海军区炮兵部队对田柳庄外围工事进行破坏射击，主攻部队攻占外墙碉堡，并进行坑道爆破。

4日，攻占第一道围墙西北和东北角大碉堡。

5日，反击伪军数次反扑，并开展政治攻势。6日晚，在王里、古河、刘家庄一线击溃张部5个团的援兵。

7日，开始用火力摧毁田柳庄第二道围墙，攻占了庄东南和西北角外墙支撑点的2个最大碉堡。

尔后，与伪军展开反复争夺。激战数日，打退伪军数十次反扑，占领了外墙全部工事。

张景月急调4000余人向田柳庄增援，均被渤海军区打援部队击退。接着他又派一个团的兵力，从庄南门增援。渤海军区攻击部队放其先头进庄，将其大部截于庄外。之后，从临淄等地增援田柳庄的伪军也在北岭村被渤海军区打援部队击退。11日至12日渤海军区部队实行隧道爆破，攻入庄内。

13日，渤海军区部队发起总攻，突破内墙工事，攻入庄内展开巷战。伪军数度从南门突围均被击退，待援无望，纷纷缴械投降。张景月率残部从尚家庄向南逃窜。

渤海军区通过讨伐张景月部战役，收复了寿光境内最富庶的弥河两岸大片地区，打通了渤海东部与胶东、鲁中的联系。

鲁南军区根据夏季攻势的既定任务，决定集中第三团、第五团一部、第二军分区独立团、运河支队及军区特务营，于峄（县）邳（县）边发起讨伐张里元部的战役。

5月17日，鲁南军区组织多路进攻部队向张里元部中心地区发起攻击。经2个昼夜激烈战斗，张部主力大部被歼，鲁南军区部队控制了珈河两岸地区。19日，攻击部队乘胜扩大战果，向邳县城四周的日伪军据点发起进攻，攻克泗户、滩上、岔河、加口重镇。邳县守军在鲁南军区部队强大攻势下，于 20 日弃城逃窜，该城遂告解放。鲁南军区部队肃清邳县周围残余伪军后，于 25 日转向进攻峄（县）枣（庄）以东地区张里元残部，歼其一部。至此，张里元部已基本被歼，张率残部逃入枣庄日军据点。此役，共作战 40 余次，歼张里元等部近 3000 人、日军 20 余人，攻克邳县城及其周围大小据点 80 余处，扩大根据地 900 多平方公里，运河以北、赵墩至枣庄公路以东、沂河以西、临枣公路以南之富饶平原为山东军区部队所控制。

鲁南军区在讨伐张里元部之后，决定以第三团、第五团一个营、军区特务营、第二军分区独立团及 3 个县独立营，共 11 个营的兵力，发起讨伐顽军国民党山东保安第二师师长申从周部的战役。8 月 5 日，鲁南军区部队奔袭阎村，当接近村庄时，被顽军发觉，随即转入强攻。攻击部队迅速将前、后阎村包围，并集中力量打击其师部驻地后阎村。虽经过 3 昼夜的猛攻，但因壕宽墙高，攻击受挫。山东军区著名爆破英雄马立训，在越壕爆破时英勇牺牲。9 日夜，攻击部队组织坑道作业组，在火力掩护下，于后阎村东南角越过外壕向围墙底掘进。顽军发觉后，即从墙内向外挖，企图破坏鲁南军区部队所挖坑道。11 日 9 时许，鲁南军区部队未待顽军企图得逞，即抢先装药爆破，将围墙炸开一个大缺口，部队趁机发起总攻，一举攻进围寨，全歼守军，活捉申从周。12 日，前阎村顽军在鲁南军区部队攻势威慑下接受劝降，全部缴械。此役共毙伤顽军 638 人、日军 9 人，俘顽军 1850 余人，缴获长短枪 1000 余支、轻机枪 28 挺、火炮 2 门，攻克据点 2 处。

太行、太岳捷音不断

几乎与山东军区同时，晋冀鲁豫军区也在太行、太岳等区发起大规模反攻作战。

1944 年，晋冀鲁豫军区的八路军分批南下，开辟了豫西抗日根据地之后，打通与拓宽了豫西八路军与太行、太岳八路军的联系，开辟黄河北岸的豫北地区就成为太行、太岳军区一项亟待完成的任务。1944 年 11 月 8 日，李达命太行军区第七、第八军分区主力南下，由第八军分区司令员黄新友、第七军分区司令员张廷发统一指挥，开辟道（口）清（化）铁路以南地区。此时，盘踞在道清铁路南北地区的是日军第一一七师团等部和一部分伪军。

1945 年 1 月 21 日夜，道清战役正式打响。参战部队除第七、第八军分区主力外，还有冀鲁豫分局党校警卫团，共 4 个团又 3 个独立营。当夜，八路军由修武以北的九里山地区突然南下越过道清铁路，攻击道清铁路以南、平汉铁路以西、沁阳以东地区的日伪军。战至 1 月 31 日，八路军连克小东、宁郭镇、武阁寨、程风、徐营镇、郇村、中和镇等日伪据点 18 处。受此攻击，日军第一一七师团忙调动一个大队分 3 路出动，企图合击八路军在大油、樊庄一带的部队。八路军集中 3 个团在樊庄设伏，全歼其中一路，粉碎了日军的企图。樊庄战斗后，八路军北返，转移到辉县以北的南平罗地区，准备转攻道清铁路以北的日伪军。

经过周密的部署和准备，八路军于 2 月 20 日突然发动攻击，此时参战部队增加了第三军分区第七六九团。战至 3 月 6 日，八路军先后攻克陆村、马坊、焦庄、五里源、赵固、峪河、百泉等日伪据点，并曾一度攻入辉县城关。3 月 22 日，八路军第七军分区主力东越平汉铁路，挺进原武、阳武地区，第八军分区主力向西南进军，渡过沁河，挺进温县、孟县地区，均取得重大进展。

至 1945 年 4 月 1 日道清战役结束时，八路军共歼日伪军 2500 余人，收复国土 2000 余平方公里，解放人口 75 万。道清战役期间，太行其他地区亦先后发起攻势作战。第三军分区部队于 2 月 20 日攻入襄垣城，歼敌百余人。第二军分区部队利用内线关系，于 3 月 5 日袭取马坊据点，将日军一个小队全部歼灭。第三、第五军分区主力结合地方武装，于 3 月 16 日向安阳以西敌之前沿据点发起攻击，攻克伦掌、东艾口、小辛庄等6个据点，将伪军"剿共"第一路军第三团大部歼灭。4月6日，第二、第三军分区主力部队及八路军总部警卫团向白晋、同蒲沿线之祁县、太谷、平遥地区之敌展开广泛的攻击，攻克10余个据点，并袭入祁县城，毙伤日伪军280余人。

道清战役胜利结束后不久，1945年4月11日，又传来另一个好消息，太岳根据地的沁源军民经过两年半的围困作战，终于赶走了驻在那里的日军。

沁源是1942年10月被日军侵占的。当年11月，太岳区党委决定成立"沁源围困指挥部"，领导8万沁源人民展开围困沁源的伟大斗争。指挥部将全县划分为11个战区，以太岳部队第三十八、第二十五、第六十九团各一部为骨干，结合县民兵游击队组成13个游击集团。在整个围困战进行过程中，八路军曾迫使日军两易防务指挥官，3次收缩阵地，最后被压迫到沁源城内不到半平方公里的西山头。

为了赶走这些侵略者，当地军民想出了各种绝妙的方法：全县坚壁清野大动员，纵横百里村庄的群众被统统动员出来，把水井填死、粮食埋上、用具搬净，整个沁源城内见不到人，也找不到物，成为"一个没有人民的世界"。转移出去的军民大造石雷，人人动手，四处埋放，并想出各种袭扰敌人的良策妙计。"夏天，民兵把死狗、死猫扔在碉堡下，白天太阳一晒，臭气冲天，熏得敌人很难停站。民兵还捉来许多青蛙，口里塞上胡椒，悄悄地放进据点外壕里，胡椒刺激得青蛙整夜高声怪叫，吵得敌人整夜不能合眼。"**10**

同时，抗日军民们还紧盯着敌人的动向，适时地埋地雷、炸汽车、打冷枪、挖公路。最后，敌人已无法出行，衣食、弹药、水源等等，全断绝了来路，彻底陷于绝境。1945年3月，沁源军民在各地斗争节节胜利的形势下，发动最后的围攻，敌人不得不在沁县1000多名援军的接应下狼狈撤出了沁源。

太岳军区为扩大沁阳、孟县、济源地区，歼灭伪地方武装，还于 4 月 4
日发动了豫北战役。

豫北地区日伪军比较密集，有大小据点 50 余处，兵力达 6000 余人。该
地驻有最大的两股伪军，一股是张伯华部，一股是李正德部，各有 1000 余
人。4 月 3 日夜，太岳第二、第四军分区近 4 个团的兵力及地方武装分由阳
城西南等地区出发，一夜通过 45 公里的沦陷区，出敌不意地奔袭张伯华部
老巢杨庄、毛庄，将其大部歼灭。

4 月 7 日，主力部队转而向东，拔除沁阳西北地区之义庄、西向、紫陵
镇等据点。4 月中旬，又连克孟县之秉土镇、济源之西留养及敌河防据点坡
头镇等地。小股伪军纷纷投诚反正。当太岳军区部队攻入坡头镇时，主力一
部乘势在垣曲以北、同善镇以南地区展开攻势，攻克峪子、东石、北崖上等
据点，使尚庄的伪军李正德部完全陷于孤立。李正德倚仗村内外的数道坚固
工事及围寨进行顽抗。军区部队数度争取无效，乃集中主力部队于 12 日晚
猛攻尚庄，激战一夜，将其全部歼灭，并乘胜扫除了沁河南岸残余据点。

这次战役至 4 月底全部结束，共计攻克据点 40 余处，歼灭日伪军 2800
余人，投诚与反正的日伪军有 1700 余人。打开了沁、孟、济地区新局面，
控制了黄河北岸除沁阳、孟县、济源等县城以外的广大乡村。

道清战役和豫北战役，开辟了新汴铁路、平汉铁路以西，黄河以北，王
屋山以东 3800 余平方公里的豫北根据地，建立了 7 个抗日县政权，使黄河
以北的太行、太岳根据地与黄河以南的豫西解放区除陇海铁路线外基本上连
成一片。

5 月下旬，太岳军区集中了第一、第五军分区主力部队，向同蒲铁路南
段发起猛烈攻势。他们首先集中力量攻克西科、小晃、新南庄等据点，歼灭
伪军 200 余人。6 月上旬，又以席卷之势，连续攻克祁（家河）夏（县）公
路两侧之祁家河、杨家窑、下涧、黑虎庙等据点 20 余处。在军区部队的攻
势威慑和宣传争取下，唐回镇及郭源等据点的伪军反正，驻祁家河之日军小

队长亦随同伪军投降。与此同时，第二、第四军分区主力一部，结合地方武装，在曲（沃）绛（县）翼（城）三角地区也积极配合行动，连克大神殿、梅村堡及南焚镇等 9 处据点。至此，祁夏公路以南地区与第五军分区中心区完全连成一片。

冀鲁豫军区发动安阳、南乐、东平、阳谷之役，连战连捷

1945 年 6 月 30 日，李达指挥太行军区，发起了安阳战役。

当时，安阳城由日军独立混成第一旅团的 2 个小队驻守，外围据点则由 7000 多名伪军防守。李达调动太行军区的第三、第四、第五、第七、第八等 5 个军分区的主力部队及八路军总部警卫团，一共 9 个团，另有民兵、自卫队 3 万余人参战。

战役一开始，八路军就采取"掏心战术"，以 7 个团的兵力直插伪军防线中央纵深，连续攻克伪军 2 个旅部驻地水冶和曲沟，使敌失去了指挥中枢。接着，八路军分别向北面的观台方向、南面的鹤壁方向发展进攻，将安阳城以西、观台镇以南、鹤壁集以北范围内的日伪据点、碉堡全部摧毁。八路军在北线大举破袭由平汉铁路丰乐车站向观台延伸的铁路支线——观丰铁路，将观丰线上除观台、丰乐外的全部据点、碉堡摧毁；与此同时，八路军一部在南线继续发展攻势，攻克鹤壁集、赖家河、时丰、唐仲等据点。

7 月 10 日，战役胜利结束。此役共毙伤日伪军 800 余人，被俘虏及反正、投诚的日伪军 2500 余人，击溃伪军 900 余人，攻克据点 30 余处，扩大解放区 1500 余平方公里，解放人口 35 万，压迫日伪军进一步向平汉线退缩。

安阳战役的胜利，给沦陷区人民带来了极大的希望。群众到太行部队驻地送慰问品和慰问信的，不计其数。例如，安（阳）汤（阴）沦陷区上层人士自发地组成了一个 22 人的慰问团，携带大量慰劳品，冒暑慰劳太行官兵。

第五军分区司令员韦杰亲切地接待了他们。他们说：八路军刚刚打响，伪军"剿共"第一路军司令李英就把他的家眷送到北平去了。战役结束后，李英大为恼火，以"作战不力"的罪名，枪毙了 8 名情报员和几名军官。他的亲信旅长韩宝成化装逃回安阳城里，也被李英扣起来了。伪保安队怕你们打安阳城，每天都有士兵逃跑……

安阳战役刚刚结束，李达对《新华日报》（太行版）的一位记者谈及安阳战役的意义时说："这首先是我们太行军民执行党中央、毛主席'扩大解放区'的方针，用胜利的行动，给抗战八周年纪念日献上的一份新的礼物。""这次战役，无论对部队还是民兵，都是一个很大的锻炼，可以说是向日军举行全面反攻的一次大演习。过去，我的老兵团有着丰富的山地作战经验。经过这次战役，又获得了平原地区的作战经验。一些新组建的部队，也都经过了大规模战斗的锻炼，学到了很多东西。在这次战役中，我军的攻坚精神和作战的持续性，使日伪军大为震惊。汉奸李英所说的八路军攻坚'行不行，两点钟'的断言，已经被事实所否定。"

的确，安阳战役是向日伪军发起反攻作战中的一次成功的范例。

此外，太行军区第一军分区及第二军分区主力一部，由秦基伟、冷楚指挥，在元氏、获鹿、赞皇地区攻克仙翁寨、南佐、同冶镇等 10 余处据点，并于 7 月 14 日袭入赞皇城，歼灭日伪军 500 余人。第六军分区在武安、沙河方面，攻克石门、中关等据点，破击平汉铁路，炸翻敌火车一列。第八军分区在沁阳、博爱地区，攻克阳邑庙、柏山等据点，袭入焦作车站，炸毁敌兵车一列。

进入 1945 年，新成立的冀鲁豫军区进一步壮大，1945 年 1 月 16 日夜，冀鲁豫第三军分区主力部队在"突击团"的内应下，一举攻克大名县城（18 日复被敌侵占），击毙伪东亚同盟自治军军长刘坤，全歼日军一个小队、伪军 400 余人，"突击团"400 余人全部反正。此战创造了里应外合攻克县城的成功范例。

自攻取清丰、濮阳、朝城后，冀鲁豫边区中心区与沙区连成一片之后，南乐县城及其周围据点便突出于冀鲁豫抗日根据地之内。南乐位于冀鲁豫边区的腹心地区，是日伪军在卫河以东地区最重要、最强固的战略据点。当时，城内外驻有伪军约 3000 人，日军约 80 人。

为了巩固和发展卫河以东抗日根据地，开辟卫河以西地区，冀鲁豫军区决定以第八军分区（运西）部队为主，并由第九、第七、第三等军分区部队配合行动，发动南乐战役，攻下南乐城及其周围的据点，歼灭日伪军有生力量。

1945 年 4 月 21 日，军区副司令员杨勇、参谋长曹里怀等下达了南乐战役的作战命令：

冀鲁豫军区南乐战役命令

一九四五年四月二十一日于本部（作三号）

一、南乐驻伪杨法贤旅之第三团及县警备队约千余人，日军三十余人，南清店驻伪郭乐亭部约四百余人，楚旺驻伪陈静斋军部及程道合师之第六团，日伪三十余人，元村驻杨法贤之第四团一部，龙王庙驻伪军约二百人，日军十余人。

二、本军区以三、七、八、九等分区主力及一部地方武装配合行动攻下南乐南清店歼灭靖安军有生力量和巩固卫河东岸，开辟卫河西岸。

三、各分区任务如下：

1、以八分区第七团及一部地方武装为攻城部队，归司令员曾思玉指挥，务于二十四日二十二时到达南乐城附近袭击南乐。

2、以九分区除留卫支、高陵基干队、滑县独立团积极在浚县地区活动迷惑敌人外，以十六团、骑兵团、新四路为左纵队，归政委张国华、副司令赵东寰指挥。该分区除一部分兵力消灭南清店之敌人外，主力位置于元村附近，打击由回隆、楚旺方面来援之敌，并首先占领元村以便打援。该纵队务于二十四日二十二时到达目的地。

　　3、以七分区之二十二团及一部地方武装为右纵队，归赵、许、张指挥，位置于龙王庙附近，以一部兵力包围龙王庙相机占领之，主力准备打击由大名方向来援之敌，该纵队务于二十四日二十二时到达指挥位置。

　　4、以三分区之二十三团及一部地方武装于二十四日晚开始动作，消灭杨桥海子郭德会部吸引大名魏县敌人，配合南乐动作。

　　5、军区特务团四个连在南乐东北王寨附近为预备队。

　　四、各分区开进日期路线除三、七分区自行决定外，八、九分区军区指挥所，如下表〔略〕

　　五、对城外据点围困扫清。九分区负责五花营（不含）西南近德固及卫东河东岸据点之围困及扫清，并须以一个骑兵连在近德固以北，五花营以西，沿卫河东岸积极活动并与龙王庙七分区部队取得联络。八分区负责五花营以南至南清店（不含）南乐城外附近据点之围困扫清。

　　六、龙王庙至岔河咀渡口船只由七分区负责破坏。岔河咀（不含）至田达渡口船只统归九分区负责破坏。

　　七、七、九分区须待南乐先打响后即开始动作。

　　八、部队向目的地行军必须采取夜间运动，以免暴露目标。

　　九、攻进城寨后非经分区首长批准不准烧房子，民兵及地方武装不准进城，以免破坏纪律。

　　十、通讯联络信号照通字第三号通报使用，口令见通四号通报。

　　十一、我们于二十四日二十二时进到王寨（南乐东北约四里）指挥，八、九分区与我架设电话，三、七分区电台应与我们确保联络。**11**

　　各部队接到军区作战命令后，即刻投入了战前准备工作。4月24日，第八军分区第七团第一营第三连进抵南乐县城西北角，并于深夜23时，在炮火掩护下，仅用4分钟即突入敌人外壕，在南乐城西南角打开了突破口，后续部队迅速攻进城内，将伪军特务营营部及伪警察所全部解决。同时，第七团第二营解决了城隍庙伪军特务营第三连等170多人，控制了全城的制高点天主教堂。

25日起，攻入城中的八路军各部队分头围住各敌军据点，并通过佯攻的方式很快就查明了敌人的火力。当夜22时，第七团的3个营分头向敌人的最后几个据点发起进攻。

第二营负责攻取伪县政府。战斗令一下，几门大炮对着伪县政府围寨的炮楼连续轰击，几发炮弹后，炮楼上就被轰开了一个大洞。爆破组的战士们奋勇跃进，穿过硝烟和尘土，把一捆20余公斤的炸药放在敌炮楼脚下引爆。随着一声闷雷似的巨响，敌炮楼又被炸开一个大洞。第二营指战员经过一番冲锋厮杀，全歼了伪县政府之敌。

第三营负责对伪军旅部发起攻击，他们一路推进，于26日上午通过逐步打通营房的方式，接近了伪旅部的主炮楼。在连续打垮伪军反击后，将坑道挖至主炮楼下，以大量炸药实施爆破，将炮楼炸开一条10多厘米宽的裂缝。炮楼里的敌人大部被震昏，少数非死即伤。片刻，被围伪军乱作一团，不时传出惊呼狂叫的嘈杂声，枪声也随之稀疏。不一会儿，敌人从围寨和炮楼的枪眼里举出了一面面白旗，并把枪支弹药丢了出来。随后，狼狈不堪的伪军官兵，一个个举着双手或抱着脑袋走了出来。

第一营的进攻是最艰苦的，他们进攻的是日军据点。那里工事坚固，火力猛烈，直到26日天亮，一轮红日已从地平线上冉冉升起，第一营才利用迫击炮把日军的炮楼打开一个大洞。

末日即将来临的日军见势不妙，立即组织火力在炮楼2层上用重机枪疯狂扫射。

这时，一名八路军战士抱起重20余公斤的炸药包，踏着砖块瓦砾，飞快地冲到炮楼墙下，点燃导火索。随着一声天崩地裂般的巨响，砖石块像冰雹一样从天而降。日军的炮楼又被炸开一个一米多宽的大洞。

冲锋号响起，战斗小组勇敢神速地冲了上去，很快就占领了炮楼。这时，据点的大院里已经展开激战。战士们与冲出来的日军厮杀在一起，一个半小时后，日军全部被歼。

这时，第八军分区（运西）濮县县大队攻克五花营据点。第九军分区第十六团及新四路等部将元村据点伪军大部歼灭，位于元村村外碉堡内之日军和逃到那里的残余伪军，也被歼灭大部。第九军分区（直南豫北）的卫河支队等部队攻克南清店和近德固据点，第三军分区（冀南）第二十三团攻克海子据点。第七军分区（鲁西北）部队攻入大名、南乐间的重镇龙王庙，围困该据点日军一个小队，歼灭伪军一个中队，并烧毁卫河木桥。龙王庙位于卫河以西，此时水深 2 米，不能徒涉，而沿河木船全被拉到卫河东岸，这就切断了大名敌人来援的通道。4 月 25 日下午，大名日军 1000 余人增援南乐，日军只能隔河向龙王庙炮击，用机枪扫射。第七军分区部队沉着还击敌人，直到南乐解放，从而保证了南乐战役全歼守敌的重大胜利。

此外，其他军分区地方武装还包围了南乐、大名、广平等地的外围据点、碉堡 26 处。在此次解放南乐的战斗中，当地人民群众冒着敌人的炮火，带着鸡蛋、烧鸡等亲临战壕向战士们慰问，乡亲们的盛情有力地鼓舞了战士们的战斗情绪。

27 日凌晨 3 时，攻城部队再次炮击城内仅存的日军炮楼，部分指战员随后冲进炮楼，与日军展开肉搏战，到 6 时 30 分，该炮楼日军全部被歼灭。南乐战役至此胜利结束。

南乐战役历时 3 天 3 夜，歼灭日军一个小队 35 人，歼灭伪东亚同盟自治军及南乐县武装共 3400 余人，缴获迫击炮 2 门、轻重机枪 68 挺、步枪 2600 余支、战马 50 多匹。攻克南乐县及其周围据点 32 处，解放了南乐、大名、广平以东的广大地区，从而使八路军冀鲁豫区南北连成一片，为进一步开辟卫河以西地区创造了良好条件。

南乐战役是冀鲁豫边区主力部队 1945 年经过春季练兵之后的第一个大

仗。这次战役，显示出部队刺杀、爆破和土工作业技术有了显著提高，在攻坚技术上，也由对村落围寨的攻击，提高到能向坚固设防城镇的攻击。此役由于重视战前、战时政治动员和纪律教育，部队自始至终情绪高涨，勇猛顽强，并严格遵守城市政策，这对争取攻占区广大群众有重要意义。战役进行过程中，人民群众对部队进行大力支援，充分保证了物资补给与伤员运送。**12**

南乐战役后，冀鲁豫军区乘胜前进，很快又于 1945 年 5 月打响了东平战役。

东平，位于泰安、肥城西南，东平湖东畔，是鲁西较为富庶的地区之一。这里盛产小麦，流传着"收一收，吃九秋"的民谣。5 月一到，麦收季节已经来临，东平城内的日伪军开始准备四处抢粮。

为了打好这一仗，杨勇和曹里怀携带着电台，亲临东平附近，于 5 月 9 日命令第一、第八、第十一军分区的主力和第九军分区的骑兵团立即准备进攻东平，各部队要在 5 月 17 日发起战斗。

接到作战命令后，各分区立即开始准备。担任主攻任务的第八军分区在曾思玉指挥下，将所属部队分成 5 个梯队，于 5 月 17 日黄昏前，与其他各军分区的指战员们一起悄悄地开到了东平城下。

当夜 23 时许，担任主攻任务的第一梯队第七团，在温先星团长和杨俊生政委的统一带领下，准时向东平城发起炮火轰击。各突击部队乘势以勇猛、机智、神速的动作，抵近城墙，架起云梯，一举偷袭登城成功。守城伪军被突如其来的八路军突击队打得措手不及。

突击队迅速向城楼发起攻击。城楼守敌在八路军的多面夹击下，大部被歼。其余敌人走投无路，只好顺墙坠下，落荒而逃。这时候，入城部队已按照预先的任务区分，展开对敌穿插、分割和包围。东平城在一片喊杀声、枪炮声、爆炸声与火光闪烁之中迎来了黎明的曙光。

天亮后，第七团将指挥所搬进城内。一场更大规模的战斗随即展开，至19 日上午，东平城内的伪军非死即降，已基本被解决，只剩下围寨里负隅顽抗的 30 多名日军。战斗继续进行，至 19 日深夜，被围日军眼见身边的同伙死的死、伤的伤，突围无望，残余的几名日军在绝望之下集体自杀了。

5 月 20 日，攻下东平城的各路八路军趁势将城外的几个伪军据点一一扫除。

至此，沦陷 7 年之久的东平城遂告解放。在这次战役中，八路军共歼灭日伪军 1300 余人，缴获迫击炮 1 门，掷弹筒 11 具，重机枪 2 挺，轻机枪 30 余挺，长、短枪 1000 余支，汽车 1 辆，战马 30 余匹，麦子 75 万多公斤。[13]

东平战役期间，冀鲁豫军区其他各军分区亦乘势发起攻势。第十军分区部队在陇海铁路以北考城地区，向伪豫北"剿共"军马逢乐部发起攻击，攻克李堡、张北彩等据点，并痛击考城、东明等处出援之日伪军，毙俘日伪军 800 余人。第五军分区部队攻克阜城，歼日伪军 270 人，伪军 120 人反正，又乘胜扫除了故城、枣强间敌伪据点，遂收复两城。为了配合冀中区的子牙河战役，第二军分区于 6 月 12 日在宁晋以南发起攻势，经 6 天激战，至 17 日攻克艾辛庄、东汪、东陈等据点，并击退宁晋城出援之敌，歼灭日伪军 700 余人。第四军分区部队亦同时向南推进，扫除威县城外围据点，并于 6 月 13 日收复威县城。在此期间，邯郸敌独立混成第一旅团之第七十三大队一部进犯广平、馆陶地区，大肆抢粮。第三军分区部队立即于 18 日拂晓在贾寨、尚寨一带展开反击。伪军稍战即溃，日军单独应战，军分区官兵反复对其突击，毙敌长泽大队长以下官兵 180 余人，俘敌小队长以下 10 人，歼伪军 400 余人。

为配合太行军区 6 月 30 日的安阳战役，冀鲁豫军区于 6 月 30 日至 7 月 3 日，在平汉铁路东发起成（安）临（漳）安（阳）战役。以第二、第三、第四、第七、第九军分区主力 6 个团及 5 个游击支队，组成 2 个纵队，在冀南指挥部统一指挥下，分 2 路突入安阳至成安间敌伪据点纵深，连克北皋镇、回隆镇、郝村、东马头等据点 20 余处，歼伪治安军 1500 余人，毙日军 40 余人。

东平战役之后，冀鲁豫军区经过周密的准备和部队整训，决定组织阳谷战役，坚决拔掉这个揳入根据地中心区的据点，彻底肃清中心区内的敌人。杨勇决定由第八分区部队主攻阳谷及附近据点；第七分区部队在聊城南佯攻沙镇据点，迷惑和牵制聊城敌人；第一分区部队控制聊阳公路中段石佛一线，阻击聊城可能出动的援敌。

7 月 20 日战役开始，盘踞在阳谷城的是绥靖军第九团团部及 2 个营，还有阳谷、寿张、朝城、莘县的伪警备大队猬集在城内，共 3000 余人。其中朝城警备大队刘金岭部四五百人，以封建关系为基础，互相依存，战斗力较强。阳谷城防坚固，墙高丈余，环有护城壕，每个城门皆为 2 层，城楼及四角修有明暗火力点，城内街心筑有核心碉堡。但阳谷城大，周围十几华里，防守兵力非常分散，是攻城的有利条件。

20 日、21 日夜，冀鲁豫部队 2 次攻城未果。经过调整后于 23 日夜再战，部队总结了上两次的教训，机动灵活，迅速攻占城垣，迫使守敌退据城内据点。杨勇指挥部队发扬连续作战的作风，乘胜分头穿插，猛烈攻击各据点，直至 26 日上午全歼了踞守在伪团部的残敌，战斗胜利结束，缴获 2 辆汽车、大量轻重武器和粮食。

1945 年 8 月之前，冀鲁豫军区共收复县城 19 座，攻克据点 240 处，解放人口 250 余万，取得了重大胜利。

晋察冀军区向北进击，屡战屡胜

在晋察冀军区，1945 年初，边区内的日军已减少到 4 万人左右。为弥补兵力不足，日军将伪满军约 8 万人调到晋察冀边区，驻守冀东等地。为了更好地执行中共中央和毛泽东的战略部署，1945 年 2 月中共中央晋察冀分局和军区召开了各区党委和冀晋、冀察、冀中、冀热辽 4 个二级军区干部会议，讨论制定了《一九四五年扩大解放区方案》。《方案》确定：1945 年扩大解放区要坚持向北发展的方针，以解放平绥铁路两侧地区和锦（州）承（德）公路以南地区为目标；主要任务是开辟雁北、察南、绥东、热河、子牙河东、大清河北和津浦路东等地区。**14**

会议以后至 7 月间，晋察冀军区各部队在挤退残存在根据地内和边缘区的日伪军点碉，派武工队深入到雁北、察南、绥东、热河等地活动的同时，向日伪军展开了大规模的春、夏季攻势作战。

在冀晋军区，1945 年春，冀晋军区部队向根据地内和边缘地带的日伪军占领的城镇发动了进攻。先后攻入平山、繁峙、山阴等县城，毙伤日伪军 100 余人。3 月 30 日，攻克日伪军在雁北的重要据点灵丘县城，并攻克和迫退该县境内的全部点碉。此外，还清除平山、灵寿地区日伪据点 24 处，解放村庄 52 个、人口 2.7 万余人。从此，切断了日伪军自大营至灵丘的"确保蒙疆区"第一道封锁线。

春季攻势作战结束后，冀晋军区集结主力部队于 5 月 12 日至 7 月 3 日发起了雁北（指雁门关以北的晋北 13 个县）战役。当时，日伪军盘踞在山阴、应县、浑源、广灵和桑干河沿岸的两道"蒙疆确保区"的封锁线上，包括怀仁、大同、阳高整个地区共有 80 多个据点。有日伪军 9000 多人。战役开始后，冀晋军区主力部队在武工队和民兵的配合下，攻点的攻点，破交的破交、炸桥梁、扒铁路、炸火车、割电话线，摧毁伪大村公所，没收日伪粮库。霎时间打乱了日伪统治的秩序，震动了雁北大地。经过 53 天的连续作战，共攻克和迫退日伪据点 40 多处，毙伤日伪军 700 余名，俘日军 8 名、伪军 240 余名，伪军投诚 100 多名，缴获轻重机枪 16 挺、长短枪 320 多支。解放雁北 9 个县、780 多个城镇，人口 40 多万，扩大解放区面积 5700 平方公里。打破了日伪军由山阴到广灵和桑干河沿岸的封锁线，平绥路以南已成为游击根据地和游击区。

在冀察军区，1945 年春，冀察军区主力部队在地方部队和广大民兵的配合下，向边缘区和内地的日伪军城镇据点展开围困，发动了春季攻势。第一军分区部队在武工队的配合下，一度袭入徐水南关和北关、保定东关，逼退涞源城日伪军。第十一军分区部队解放了日伪军在平西的重要据点斋堂和紫荆关，并进逼到北平郊区，攻克栗园据点。第十二军分区部队一度袭入崇礼县城，歼灭日伪军100多人。第十三军分区活动于察南的部队，经过3个多月的苦战，解放了平绥路南、张家口西南的广大地区，包括324个村庄，8.17万余人口。

春季攻势作战后，冀察军区部队于5月12日起发动察南战役。冀察军区主力部队6个小团和部分县游击支队，在民兵配合下分路向怀安、涞源、广灵进攻。第十三军分区第二十团以奔袭手段攻克了平绥路南怀安城。接着，第二十团在部分县支队配合下，攻克和逼退了怀安周围的日伪据点17处。第一军分区第二十五、第四十五团，在涞源支队和民兵的配合下，攻克和逼退了涞源外围的马圈子、石门子、西龙虎村等据点。涞源城的日伪军最终于5月27日弃城逃窜。涞源城遂告解放。与此同时，第一军分区第三团和广灵支队，攻克、逼退广灵以北和以东的揣骨町、浮图地、鹿骨、郑家窑等据点15处，广灵守城日伪军陷入围困之中。第十一、第十二军分区部队策应察南战役，向涿鹿南部、房山西北和龙关、赤城、崇礼等日伪军外围据点发起进攻，攻克和逼退日伪据点30余处。

察南战役于6月底胜利结束后，晋察军区根据晋察冀军区的统一部署，7月初与冀热辽军区的热辽战役相配合，攻势指向察北、平北和北平外围。冀察军区部队一部连续逼退永宁城、龙门所等日伪据点16处，歼灭伪满军一个营，并迫使自独石口到四海一线的伪满军全部退到长城以外，该军区第十二军分区部队趁势进入热河西南部与热河工作队相配合扩大热河西南部解放区；第十三军分区骑兵支队配合地方干部挺进察北，建立了万全、尚义两县抗日民主政权；第十一军分区部队配合冀中大清河北战役，向房山、涿县外围日伪军据点发起攻击，连续拔掉花儿沟、长操、半壁店等据点10余处，并一度攻进房山县城。与此同时第一军分区部队向涞水、易县、满城之间的日伪军发动进攻，攻克与逼退古桑、胡庄、大任、西洛平等据点。经过 2 个月的攻势作战，冀察军区共毙伤俘日伪 1760 余人，伪军反正 120 余人，攻克县城 3 座，拔除据点 117 个，扩大解放区面积 3400 多平方公里，人口约 57 万人。

在冀中军区，1945 年 4 月 13 日至 6 月 8 日，冀中军区部队向深陷在根据地腹地的日伪军发起了声势浩大的春季攻势。这次春季攻势作战由任（丘）河（间）战役、文（安）新（镇）战役和饶（阳）安（平）战役等组成。

4 月 13 日，冀中军区第九军分区部队攻克辛中驿日伪军中心据点。紧接着于 4 月 23 日发起了任（丘）河（间）战役，于 4 月 30 日至 5 月 9 日先后攻克任丘、河间两县城。

同时，第九军分区部队在第八、第十军分区部分部队的策应下，于 5 月 6 日向新镇城外围的日伪军据点发起进攻，先后攻克北辛庄、羊坦、安里、广陵、寨上、柳河等据点。新镇城内 500 多名伪军慑于威势弃城逃往霸县，途中被第十军分区部队歼灭 200 多人。新镇解放后，第九军分区部队于 24 日又一举攻入文安城。

文新战役展开的同时，冀中军区第七分区主力和第八军分区部分兵力，发起了饶（阳）安（平）战役。围攻安平城的第七军分区部队在 2 次爆破未果的情况下，连续向守城伪军发起政治攻势，结果城内 500 多名伪军逃亡大半。围攻饶阳城的第八军分区部队也占领了四关，被围日伪军成惊弓之鸟。11 日，深县日伪军 600 多人，带大车 600 多辆增援安平城。当日下午，又从文平城出动日伪军 500 多人、大车 300 多辆去接应饶阳守敌撤退。13 日，日伪军由饶阳撤退至韩村附近时，即遭第七军分区部队包围冲杀，饶阳城解放。

6 月 8 日，冀中军区发起夏季攻势作战。夏季攻势作战分为子牙河东战役和大清河东战役两个阶段。当时日伪军在子牙河沿岸北起独流、南至献县 100 多公里的地段上，构筑了 100 多个点碉。冀中军区以第八、第九军分区部队担任主攻，其他军分区部队策应配合。在近一个月的战斗中，迅速突破北起静海县独流镇、南至献县的日伪军全部据点。

子牙河战役胜利结束后，冀中军区以第九、第十军分区部队为主攻，以第六、第八军分区部队和津南支队、大兴支队、良宛支队相策应，于7月中旬发起了大清河北战役。以第九军分区为主力的右纵队，于7月12日夜，向胜芳、得胜口、信安、堂二里日伪军发起进攻，经激战先后攻克日伪军重兵设防的上述重要城镇。同时，以第十军分区为主力的左纵队，向霸县县城和牛坨、南孟、渠沟、独流诸据点发起进攻。13日拂晓第十军分区部队攻入霸县县城，后因日伪军增援霸县，作战部队主动撤出战斗。霸县外围的策应部队经激战，攻克和逼退了日伪军的大部分据点。

冀中军区在春、夏季攻势作战中，共毙伤俘日伪军1.1万多人，解放县城11座。冀中区除个别县城仍为日伪军占据外，已基本上连成了一片。

在冀热辽军区，日军为确保华北——东北之间的咽喉地带安全，于1945年2月至5月间，调集4万多日伪军，向冀东抗日根据地发动了最后一次大"扫荡"。冀热辽区党委和军区动员一切力量投入了反"扫荡"斗争和打击伪满军战役。经过4个多月的艰苦战斗，至6月初，反"扫荡"战役胜利结束，共进行大小战斗230余次，毙伤俘日伪军5000多人，缴获大批武器、弹药和装备。

在粉碎日伪军的大规模"扫荡"之中，冀热辽军区还组成3个挺进支队，北出长城，于1945年6月12日起，发起了热辽战役。挺进支队分西、中、东3路，经过一个多月的艰苦转战，至7月下旬，由第十四军分区第十三团等组成的西路部队，到达热河西部的围场、隆化地区；由第十五军分区第十一、第十七团等组成的中路部队越过锦承路，到达平泉以东、凌源以南和赤峰附近地区；由第十六军分区第十二团、第十八团、第七区队等组成的东路部队，前进到山海关东北和叶伯寿以南地区。3路部队相互配合作战，摧毁了日伪军为制造"无人区"在热南建立的部分"人圈"，在锦承铁路南北开辟了广大地区，恢复了一度退出的承（德）平（泉）宁（城）抗日游击根据地，在新开辟的辽西地区，建立了朝（阳）锦（西）义（县）和朝（阳）建（平）新（惠）2个联合县办事处。7月末，冀热辽军区第十五、第十六军分区的主力部队返回长城沿线附近。挺进到围场、赤峰、绥中附近地区的部队一直坚持到日本投降。

晋察冀军区部队 1945 年春、夏季攻势作战，从 1 月至 7 月末，席卷了雁北、察南、热河、辽西，直逼平、津、张市郊，作战 2700 多次，歼灭日伪军 2.8 万余人，收复县城 15 座，拔除日伪点碉堡 790 多处，解放人口 500 多万，扩大解放区面积 13.5 万余平方公里，晋察冀军区部队发展到 11 万余人，民兵人数 10 万人，并夺取了进军东北的前进阵地，为大反攻作战创造了条件。

晋绥军区全力"挤敌人"，捷报频传

中共中央晋绥分局于 1 月 30 日发出了《关于 1945 年对敌斗争工作指示》，提出了进一步发动群众，巩固与扩大抗日民族统一战线，以最大的力量，向敌后之敌后发展，积极地向敌人实行进攻，加强秘密工作和瓦解敌伪工作，收复所有突出的敌占点线，把敌人"挤"到主要城市和交通干线上去，创造将来反攻的有利条件。**15**

晋绥军区在陕甘宁晋绥联防军贺龙、关向应的领导下，于 1 月 23 日和 2 月 17 日制定了《关于春季攻势的指示》和《1945 年军事斗争计划》，计划连续发动几次进攻战役，收复深入到根据地的离岚、忻静、神五等 3 条公路及其沿线各据点，切断敌独立混成第三旅团和敌第一军第一一四师团第八十三旅团之联系，把敌人"挤"到同蒲铁路和太汾公路附近，使第二、第三、第六、第八军分区完全连成一片，为塞北军分区的恢复与发展创造更加有利的形势。**16**

2 月 8 日，晋绥军区第一军分区攻克岚县重镇普明，消灭伪军一个中队；

9 日，第六军分区攻克崞县的黄家堡，11 日攻克宁武的春晓窑之后，于 2 月 17 日开始了春季攻势战役。晋绥根据地军民在春季攻势的第一阶段，从 2 月 17 日至 4 月 8 日的 51 天中，完成了解放离岚公路全线的战役计划。在对敌斗争中，1945 年 3 月，第三军分区司令部第二科科长邢纪东，在山西离石县下水西村光荣牺牲。战役第二阶段，从 4 月 9 日至 25 日，晋绥军民在五寨、三岔堡、义井地区的 17 天攻势中，完全收复了五三公路线及其沿线地区。

1945 年的春季攻势战役，从 2 月 17 日至 4 月 25 日，历时 68 天。第一阶段挤掉 110 余公里的离岚线上的据点，第二阶段挤掉近 50 公里的五三线上的据点，晋绥军民共作战 537 次，毙伤日伪军 1590 人，俘虏和瓦解日伪军 810 余人，共计 2400 人，缴获火炮 3 门、机枪 19 挺、长短枪 1130 支、掷弹筒 5 具。收复方山、岚县、五寨 3 座县城及其据点 54 处，扩大根据地面积 3844 平方公里，解放村庄 724 个，人口 1.992 万户、9.4 万余人，把敌人挤到同蒲铁路和太汾公路附近，使晋绥抗日根据地各军分区完全连成一片。

1945 年 5 月 20 日，晋绥军区下达了《夏季攻势作战命令》，要求第六、第八军分区在忻静公路以南共同组成临时指挥部，由第八军分区副司令员张希钦统一指挥第六军分区的第十九支队、第八军分区的第二支队和第十八支队一部，以及忻静公路两侧地区的武工队，向忻静公路线发起攻势；第二军分区以第三十六团主力向神池至义井公路线发起攻势，相机占领神池城。并以第二十一团负责保德向河西的河防守备，准备打击从河西进犯的国民党顽军；第六军分区以第三十五支队向东寨、宁化堡一线发起攻势，争取切断该线或挤掉宁化堡之敌；第一军分区以兴岚支队在汾河以西地区，积极加紧围困西马坊、黄家墕、界桥及静乐城之敌，配合该线作战，力求挤掉静乐及忻静公路线西段敌占各据点；第八军分区继续加紧围困古交、河口之敌；第三军分区全部及第八军分区第五支队统归第三军分区指挥，主动向汾离、离军公路线围挤，适时攻占离石城；塞北军分区以清水河地区为攻势重点，继续围困王庄窝、柳清河之敌占据点，并相机挤退清水河之敌。偏清支队及骑兵旅各一部在清水河以南地区作机动部队，坚决打击进犯清水河以南地区的顽军。同时，骑兵大队及第三大队向朔县、利民堡一线出击，争取切断该线，挤退利民堡之敌。独立营负责围困挤掉平鲁的南丈子敌占据点，配合清水河地区行动。各军分区其他部队和武工队积极配合忻静神义两公路线的夏季攻势作战。

夏季攻势战役，从 6 月 19 日开始，以围困静乐城为中心，并向其周围据点及忻静公路两侧，首先展开攻势。在夏季攻势的打击下，敌人的情绪日益低落，悲观绝望，甚至自杀事件不断发生。7 月 2 日，由平鲁到南丈子上任的日军指挥官上吊自杀。平鲁、败虎堡 2 个敌占据点内也发生了 9 名日军自杀的事件。同时，日伪之间矛盾上升。大武敌占据点内的许多伪军、伪政权人员，被日军逮捕或开除的事情，屡屡发生。7 月 15 日，日军又枪杀了 12 名伪军政人员，其中有特务队队长、商会会长等特务、汉奸骨干分子。晋绥根据地军民在向日伪军发动夏季攻势的同时，也与阎锡山、傅作义等顽军进行了激烈的斗争。

在国际国内的大好形势下，晋绥军区发动的夏季攻势战役，再次给予日伪军一定程度的打击，同时还要打击阎锡山、傅作义等顽军配合日军向根据地的进攻。为了尽快地完成夺取忻静公路西段的作战任务，晋绥军区于 8 月 4 日决定，集中兵力，继续开展对日伪军的夏季攻势战役，并决定临时指挥部仍由第八军分区副司令员张希钦统一指挥，调第六军分区第三十五支队、第八军分区第五支队和第三十二团驻佳县的一部兵力，参加对忻静公路西段的攻势战役，并确定把夏季攻势战役延长至 9 月中旬。正当部队开始行动之际，接到了朱德总司令对日军大反攻的命令，晋绥全体军民随即投入了对日军大反攻的战略行动。

就在八路军各军区的指战员们奋起反攻、捷报连连、旌旗招展之时，一个振奋人心的好消息传来：日本侵略军投降了！

注　释

1. 中国新四军和华中抗日根据地研究会编:《铁军战歌——新四军和华中抗日根据地诗词集》,江苏人民出版社 2017 年版,第 34 页。

2.《两个中国之命运》(1945 年 4 月 23 日),《毛泽东选集》第三卷,人民出版社 1991 年版,第 1025—1026 页。

3. 中共中央党史和文献研究院:《中国共产党的一百年》第一册,中共党史出版社 2022 年版,第 251—254 页。

4.《愚公移山》(1945 年 6 月 11 日),《毛泽东选集》第三卷,人民出版社 1991 年版,第 1101—1103 页。

5.《帝国陆海军作战计划大纲[摘要]》(1945 年 1 月 19 日),复旦大学历史系编译:《1931—1945 日本帝国主义对外侵略史料选编》,上海人民出版社 1983 年版,第 493 页。

6. 毛泽东:《一九四五年的任务》(1944 年 12 月 15 日),中共中央文献研究室、中央档案馆编:《建党以来重要文献选编(一九二一——一九四九)》第二十一册,中央文献出版社 2011 年版,第 659—660 页。

7. 大赵家村文史征集组:《赵保原的一家》,蓬莱县政协文史委员会:《蓬莱文史资料》第 3 辑,山东省蓬莱印刷厂 1987 年版,第 127 页。

8. 林浩、吴克华:《讨伐赵保原》,中国抗日战争军事史料丛书编审委员会编:《八路军·回忆史料》(7),解放军出版社 2015 年版,第 212—235 页。

9. 刘荣庭:《讨厉战役的胜利》,中共潍坊市委党史资料征集研究委员会编:《潍原战火》,山东人民出版社 1987 年版,第 266 页。

10. 董谦:《没有人民的世界——围困沁源通讯》,人民出版社 1979 年版,第 119 页。

11.《冀鲁豫军区南乐战役命令》,中国人民政治协商会议河南省濮阳市委员会文史资料研究委员会编:《濮阳文史资料》第 3 辑,河南省滑县印刷厂 1987 年版,第 56—58 页。

12. 曹里怀:《难忘的回忆》,蓝天出版社 1993 年版,第 67—70 页。

13. 曾思玉:《光复东平城》,中国抗日战争军事史料丛书编审委员会编:《八路军·回忆史料》(7),解放军出版社 2015 年版,第 244—252 页。

14.《晋察冀抗日根据地》第三册(大事记),中共党史资料出版社 1991 年版,第 271 页。

15.《抗日战争时期一二〇师及晋绥军区资料选编》,作战类第 3 册,解放军档案馆复印件。

16.《抗日战争时期一二〇师及晋绥军区资料选编》,作战类第 3 册,解放军档案馆复印件。

第 十 一 章

最后一战奏响凯歌

美国投下原子弹——毛泽东号召"向日寇最后一战"——蒋介石妄图独吞胜利果实——五路反攻大军席卷齐鲁大地——晋冀鲁豫军区展开夺城大战——晋绥军区南北两线出击——晋察冀军区反攻大作战——新四军全军投入总反攻——新四军旌旗所向，捷报频传——东江纵队第一支队横扫莞太线——华南掀起反攻浪潮——抗联誓言反攻，化身特种支队进入东北大展身手——实行战略展开，占领东北战略要地——日本在无条件投降书上签字

美国投下原子弹

1945 年上半年，世界反法西斯战争进入最后胜利阶段。

4 月，联合国制宪会议在美国旧金山举行，包括中国解放区代表董必武在内的中国代表团出席了会议。中国成为联合国的创始国之一和安理会 5 个常任理事国之一。5 月 2 日，苏联红军攻克柏林；8 日，德国法西斯战败投降，欧洲战争结束，盟军的作战中心迅速东移。

1945 年 7 月 17 日，当曙光刚刚铺上欧洲大地之时，位于德国柏林西南的波茨坦已经戒备森严。英、美、苏三大国的首脑丘吉尔、杜鲁门和斯大林即将在此召开一次意义深远的国际大会。

会议期间，各国不仅为战后处理欧洲问题而签署了《柏林会议议定书》，还特别讨论了对日作战的问题，并通过了一项《波茨坦公告》要求"日本政

府立即宣布所有日本武装部队无条件投降”，“除此一途，日本即将迅速完全毁灭”。**1**

但日本首相铃木公开拒绝了《波茨坦公告》。

美国怒了，分别于8月6日和9日向日本的广岛与长崎投下原子弹，使这两个城市死伤23万多人。

8月8日，苏联外交人民委员莫洛托夫接见日本大使佐藤，并代表苏联政府对他发表下列宣言，令其通知日本政府：

> ……美、英、中三大强国今年7月26日关于日本武装部队无条件投降的要求已被日本拒绝……盟国建议苏联政府参加反对日本侵略的战争，这样使战争结束的时间更加接近，减少牺牲者的数目，并加速一般和平的最早恢复。苏联政府忠实于其对盟国的义务，接受了盟国的建议，并参加盟国今年7月26日的宣言……苏联政府宣布从明天——即8月9日起，苏联将认为其本身已与日本进入战争状态。**2**

苏联也正式对日宣战，提前出兵中国东北。

毛泽东号召“向日寇最后一战”

1945年8月9日，中共中央紧急召开了七届一中全会第二次会议，讨论苏联参战后的形势和党的任务。毛泽东首先说：“中共中央准备发表一个关于苏联对日宣战问题的声明。”他接着说：“苏联参战，使抗日战争进入最后阶段。我们的任务有四项：即配合作战，制止内战，集中统一，国共谈判。配合作战是同苏联红军配合，具体的配合还要等战争的展开。对日军我们应广泛发展进攻，这与制止内战有关。对日本军队放手进攻，这不会犯冒险主义，要学习较大规模的作战。如果在战略上今天还不放手，就会犯错误，当然战役上要谨慎，可能攻开的就攻。日本交防给蒋介石，这种接防一般地是难于阻止的，中间是蒋的，我们的文章就在左右两翼做。"他若有所思地停了一下，强调："美国靠蒋介石是一定的，故我与美、蒋是一个长期的麻烦，内战的危险将随着日本垮台而增加。"

同日，毛泽东向全国发表了《对日寇的最后一战》的声明：

八月八日，苏联政府宣布对日作战，中国人民表示热烈的欢迎。由于苏联这一行动，对日战争的时间将大大缩短。对日战争已处在最后阶段，最后地战胜日本侵略者及其一切走狗的时间已经到来了。在这种情况下，中国人民的一切抗日力量应举行全国规模的反攻，密切而有效力地配合苏联及其他同盟国作战。八路军、新四军及其他人民军队，应在一切可能条件下，对于一切不愿投降的侵略者及其走狗实行广泛的进攻，歼灭这些敌人的力量，夺取其武器和资财，猛烈地扩大解放区，缩小沦陷区。必须放手组织武装工作队，成百队成千队地深入敌后之敌后，组织人民，破击敌人的交通线，配合正规军作战。必须放手发动沦陷区的千百万群众，立即组织地下军，准备武装起义，配合从外部进攻的军队，消灭敌人。解放区的巩固工作仍应注意。今冬明春，应在现有一万万人民和一切新解放区的人民中，普遍地实行减租减息，发展生产，组织人民政权和人民武装，加强民兵工作，加强军队的纪律，坚持各界人民的统一战线，防止浪费人力物力。凡此一切，都是为着加强我军对敌人的进攻。全国人民必须注意制止内战危险，努力促成民主联合政府的建立。中国民族解放战争的新阶段已经到来了，全国人民应该加强团结，为夺取最后胜利而斗争。3

从此，中国解放区持续近2年之久的局部反攻，发展成为全面反攻。

8 月 10 日，中共中央发出指示：

> 苏联参战后，日本政府有继续抵抗可能，亦有投降可能。在此伟大历史突变之时，各中央局、中央分局及各区党委，应立即布置动员一切力量，向敌伪进行广泛的进攻，迅速扩大解放区，壮大我军，并须准备于日本投降时，我们能迅速占领所有被我包围和力所能及的大小城市、交通要道，以正规部队占领大城市及要道，以游击队、民兵占小城。**4**

根据毛泽东的这一声明，朱德总司令于 8 月 10 日发布了抗日大反攻第一号命令，命令八路军、新四军向附近城镇及交通要道之日军送出通牒，限期缴械投降，对拒绝投降之日军，给予坚决消灭。11 日，朱总司令又连续发出第二至七号命令，命令各解放区军民举行抗日反攻作战。**5**

蒋介石妄图独吞胜利果实

蒋介石在得知日本发出乞降要求后，急得如热锅上的蚂蚁：几百万国民党军根本无法在短时间内被运往东北、华北、华中等地，接受日军投降。

蒋介石铁青着脸，连续发出 3 道密令：一是下令给第十八集团军朱德总司令，命令"所有该集团军所属部队，应就原地驻防待命"，不得向日伪军"擅自行动"。二是命令自己的嫡系部队"加紧作战，积极推进，勿稍松懈"，对伪军"要宽大为怀，不咎既往"，对受降的八路军、新四军"要断然剿办"。三是下令伪军"负责维持地方治安"。**6**

美国与中国共产党的关系几经波折后，已经走向完全反共。美国驻中国大使赫尔利得到朱德总司令发布的进行全面反攻命令的消息后，唯恐胜利果实归于代表中国人民的中国共产党，赶紧致电美国总统杜鲁门，建议："日本须将所有在中国的武器，包括日本士兵手里的日本武器、支持日本的中国傀儡部队以及同日本一起作战的游击队的武器，交给中国国民政府。"[7]

毛泽东立即揭穿了蒋介石及其帮凶的丑恶嘴脸：

> 我们从重庆广播电台收到中央社两个消息，一个是你给我们的命令，一个是你给各战区将士的命令。在你给我们的命令上说："所有该集团军所属部队，应就原地驻防待命。"此外，还有不许向敌人收缴枪械一类的话。你给各战区将士的命令，据中央社重庆十一日电是这样说的："最高统帅部今日电令各战区将士加紧作战努力，一切依照既定军事计划与命令积极推进，勿稍松懈。"我们认为这两个命令是互相矛盾的。照前一个命令，"驻防待命"，不进攻了，不打仗了。现在日本侵略者尚未实行投降，而且每时每刻都在杀中国人，都在同中国军队作战，都在同苏联、美国、英国的军队作战，苏美英的军队也在每时每刻同日本侵略者作战，为什么你叫我们不要打了呢？照后一个命令，我们认为是很好的。"加紧作战，积极推进，勿稍松懈"，这才像个样子。可惜你只把这个命令发给你的嫡系军队，不是发给我们，而发给我们的另是一套……使我们不得不向你表示：坚决地拒绝这个命令。因为你给我们的这个命令，不但不公道，而且违背中华民族的民族利益，仅仅有利于日本侵略者和背叛祖国的汉奸们。[8]

对蒋介石妄图独吞抗战胜利果实的企图，中国共产党早就预料到了。1945 年 8 月 11 日，中共中央就作出了《关于日本投降后党的任务的决定》，指出：日本投降后，"国民党积极准备向我解放区'收复失地'，夺取抗日胜利的果实，这一争夺战，将是极猛烈的"。"目前阶段，应集中主要力量迫使敌伪向我投降，不投降者，按具体情况发动进攻，逐一消灭之。猛烈扩大解放区，占领一切可能与必须占领的大小城市与交通要道，夺取武器与资源，并放手武装基本群众"。[9]

五路反攻大军席卷齐鲁大地

中央大反攻的命令传到山东的时候，山东军区机关正驻在莒南县的大店。1945 年 8 月 10 日夜，罗荣桓、黎玉、萧华彻夜研究布置反攻事宜。罗荣桓首先拿出一份电报："党中央已专门指示我们：山东军区有占领德州、济南、徐州、青岛、连云港及其他大小城市、交通要道之任务，但着重于徐州、济南之占领及其他可能为我占领之城市，并希望我们山东军区迅速进攻与招降伪军，争取群众，扩大部队。"

罗荣桓刚传达完命令，几个人立即热烈地讨论起来。黎玉说："现在的形势正在急剧变化，历史先机是非常宝贵的，稍纵即逝，机不可失，时不再来，我们必须排除一切艰难险阻，完成党中央交给我们的任务。"

"是的，这个决心我们必须下。"罗荣桓说，"明天就把有关的命令下达到下面的 5 个军区，要让他们尽力控制各战略要点，逼迫和接收日伪军投降。各军区都要坚决执行朱总司令的命令，积极向日伪军进攻。其中，鲁南、鲁中、渤海 3 个军区进攻并控制胶济线至张店、津浦线沧州至济南和济南至泰安、兖州及临城的各要点，适机进占济南、徐州及德州、沧州等城市，胶东军区除北海、东海分区的基干队应立即监视和围困以威海、烟台、龙口为中心的各点外，其余力量应集中 3 个主力团适机进占青岛并控制胶潍沿线各要点；滨海军区除主力一部准备进占连云港、新浦外，应集中 3 个主力团及滨海支队，准备随时向北配合胶东军区进占青岛等处要点。"

萧华接过话题："这样很好，明天上午就召开一个高级干部会议，发布紧急动员令，在此紧急关头，尤须我党、政、军、民以战斗姿态紧急动员组织起来，团结起来，保证民族解放战争的最后胜利。"

几个人面对地图，一面商量一面制定方案，不知不觉，天色已亮。新的一天开始了。

罗荣桓一夜没怎么合眼，召开动员大会后，又派出敌军工作部副部长黄北远去济南，以他和副政委黎玉、政治部主任萧华的名义，向日军驻山东最高指挥官细川忠康中将送出通牒，令其立即命令所属部队和机关停止一切抵抗，并于 24 小时内派出代表前来投降并接受处置。罗、黎、萧对山东境内日军的通牒及对伪军、伪警及一切伪组织的紧急通告，也于 11 日晚发出。紧接着于 8 月 12 日，山东军区政治部发布动员令，要求全体指战员"即刻紧急动员起来，完成对敌人最后之一击"；"如遇敌伪拒绝投降缴械，即应予以坚决消灭"。

此时，山东境内尚有日伪军 20 余万人。日军第四十三军下辖的独立混成第五旅团驻青岛，独立混成第一旅团驻日照县，第九独立警备队驻济南，第十一独立警备队驻兖州，第十二独立警备队驻海阳县，此外尚有第二独立警备队和直属部队等。这些日军仍然负隅顽抗，固守不降，冈村宁次在 8 月 17 日命令日军各部要"根据需要毅然地坚决行使自卫的武力"。跟着日军屁股后面跑的伪军们虽然明知日军的日子没几天了，但仍在祈望国民党军能收编他们，因而也拒不向八路军缴械投降。

日伪军不投降，就坚决消灭他们！

为了适应新的作战任务，便于机动作战，罗荣桓等在几天时间内对山东军区的第一线部队进行了整编。整编后的战斗序列为：山东军区领导人和机关不变，下辖 5 个军区、8 个师、12 个警备旅和 1 个海军支队。每师 3 个团，每团充实到 2500 人以上，主要担任机动作战，每旅 2 个团，主要担任警卫和次要方向作战。滨海军区部队编成 2 个师、3 个旅：第一师师长梁兴初、政委梁必业，第二师师长罗华生、政委刘兴元，第九旅旅长赵杰，第十旅旅长张仁初，第十一旅旅长莫正民。鲁中军区部队编成 2 个师、4 个旅：第三师师长王建安、政委周赤萍，第四师师长廖容标、政委王一平，第一旅旅长陈奇，第二旅旅长吴瑞林，第三旅旅长钱钧，第四旅旅长孙继先。胶东军区部队编成 2 个师、2 个旅：第五师师长吴克华、政委彭嘉庆，第六师师长聂凤智、政委李丙令，第四旅旅长刘涌，第五旅旅长贾若瑜。渤海军区部队编成一个师、一个旅：第七师师长杨国夫、政委周贯五，第六旅旅长刘贤权，第七旅旅长赵寄舟。鲁南军区部队编成一个师、2个旅：第八师师长兼政委王麓水，第八旅旅长贺健。

这些部队分别组成5路反攻大军：鲁中为第一路，滨海为第二路，胶东为第三路，渤海为第四路，鲁南为第五路，共21万余人。

这5路大军在罗荣桓和黎玉、萧华的指挥下，浩浩荡荡，冒着酷暑，跋山涉水，日夜兼程，分别奔赴各重要城市和交通要道。

此时，山东大地风雷滚动，铁流勇进，展开了一幅壮丽的大进军画卷。

第一路大军在前线指挥王建安、政治委员罗舜初率领下，主力第三、第四师向胶济路西段和济南方向疾进。8月11日到16日，该路大军即扫除据点23个，19日解放临朐，22日攻克博山。当日晚，经数日急行军的第一路八路军主力部队，以闪电之势揳入胶济路中段，包围了益都县城。经过激战，歼灭伪军2000余人；随后，于23日解放莱芜县城，25日攻下淄川，全歼日伪军1800余人。此后，第四师越过胶济路，协同第七师于26日解放章邱。至此，第一路大军共歼日伪军5000余人，切断了胶济路西段，从东南方向逼近济南城郊。

8月17日，第一路大军回师临沂，与第二路大军和军区特务团一起发动了临沂战役。临沂北屏蒙山，东傍沂河，是联系胶济、陇海两铁路的交通枢纽，陇海路北的军事重地。经日伪长期经营，它一直是揳入到八路军鲁中、鲁南、滨海3战区中心的堡垒和"扫荡"解放区的军事集结地。临沂守军伙同从费县窜来的伪军，妄图凭借高墙深壕、明堡暗碉和日军留下的大批武器弹药及粮食，据守待援，拒绝投降。罗荣桓决心铲除这个反动堡垒，于是令第二师第四团、警二旅第十一团、山东军区特务团和沭水独立营，运动包围临沂。另有3000名民兵担负前线勤务和运输工作。

8月17日黄昏，各战斗部队开始对临沂发起攻击。20日至22日，八路军2次向城内发起强攻，皆未奏效。罗荣桓急电临沂前线："此次临沂之久攻不下，主要由于军事上迟缓犹疑而失时机!"他要求前线指挥员认真研究作战方案，做好准备后再发进攻。9月10日晨，经过充分准备的八路军重起攻势，预先埋好的2000公斤炸药，在坑道里"轰"的一声巨响，砖飞石舞，尘烟翻滚，城墙立即被崩开了一个约30米宽的大豁口。八路军各攻击部队乘势冲击。但伪军在"督战队"的胁迫下，拼死封锁缺口。八路军的两次冲锋受阻后，又于10日黄昏从三面同时发起总攻，连续击退敌军的8次反扑，终于冲入城中。八路军汹涌入城，勇猛冲杀。敌人5次施放毒气，也没能挽救其覆灭的厄运。守敌除被八路军毙伤600余人外，2000余人被俘。

对此，罗荣桓、黎玉、萧华特别在9月14日发出嘉奖令，向参战部队致以热烈的祝贺与深切的慰问。临沂城的解放，使鲁南、鲁中、滨海3个地区完全连成一片。随后，山东省政府、山东军区机关即迁驻临沂。

第二路大军在前线指挥陈士榘、政治委员唐亮率领下，北向胶济路东段、南向陇海路东段挺进。

向北进军的第一师及滨海支队，8月中旬于诸城地区出发，迅速越过崎岖的五莲山区。当八路军抵胶县城南30余公里处时，伪军张洪飞将所部调集于胶县及附近地区，企图凭借城垣及坚固工事顽抗。陈士榘当即命令有关部队跟踪压缩，并于19日将其包围。当日晚上，月明夜静。第一师第一团派出一个连的突击队，仅用10分钟即登上城墙，其他部队随后也冲入城中，战至次日下午，一举夺下胶县，俘获伪军2000名，并切断了胶济路东段，保障了向青岛方向进军的第三路大军侧翼的安全。同日，八路军又占领了莒县，控制了与青岛隔海相望的薛家岛。此时，从南线向赣榆、临沂地区及陇海路进发的第二师，一路顺利，进展迅速，先后攻取了海尖、石臼所等地。8月21日，八路军收复赣榆、青口等沿海城镇后，继续南进，切断了陇海路东段，逼近海州和连云港。

1945年9月2日，第一师从胶县一带突然进逼诸城。诸城位于胶济路东段南侧，系数条公路的交叉点，是日军控制山东半岛的一大堡垒。城里聚集着张步云所属伪第一、第二、第三师以及诸城伪警备旅等 4000 余人。张步云是个心狠手毒、罪积如山的刽子手，日本投降后，他被蒋介石委任为"胶南边防司令"，拒绝八路军的通牒，发誓"就是杀老百姓吃，也要死守诸城"，并掩护 600 余名日军逃离当地。此敌不除，民众难以安生！9 月 5 日晚，第一师的第一、第二团冒着大雨，连夜占领了诸城外的东、西关，并于 6 日晚开始总攻。师长梁兴初指挥各部八路军英勇冲锋，分路堵击。战斗于当晚结束，除张步云率少数残敌逃脱外，计俘伪第一集团军秘书长以下 2100 余人，毙 300 余人。是夜，诸城万家空室，群众提着红灯笼，拥上街头高呼："欢迎八路军！""欢迎救命人！"在八路军的威逼下，日照城守敌于 9 月 8 日也弃城逃窜。整个滨海区一步步地全部被解放。

第三路大军在前线指挥许世友、政治委员林浩率领下，分南、北两线向胶济路东段和沿海各城市的日伪军发起进攻。

8 月 17 日，八路军解放威海，8 月 24 日，占领烟台和刘公岛，26 日攻克即墨。至 8 月底，第三路大军共毙日伪军 1700 余人，俘日伪军 4400 余人，另有伪军 1500 余人投诚。

至此，地处胶东腹地的平度，成了胶东仅剩的反动堡垒。城内盘踞着王铁相部以及从莱阳、掖县、招远等地逃窜来的伪军共 6000 余人，日军 600 余人。由于蒋介石刚刚封王铁相为第九军军长，王铁相立即打起"中央军"旗号，自恃人多枪好、工事坚固，扬言要在平度"二十里内外杀得人烟不留"。对此，八路军打出"打进平度城，活捉王铁相"的标语。许世友亲临前线，指挥第五师第十三团等部于 9 月 7 日晚发起平度之战，各路部队旋风般地勇猛直进，分别从平度城的西、东、南门冲进街巷，同敌短兵相接，巷战竟夜。王铁相被打得无力再战，慌忙逃向居民区，很快也被八路军战士活捉。这一仗，八路军共生俘伪军官兵 5700 余人，毙伤 700 余人。

第四路大军在前线指挥杨国夫、政治委员景晓村率领下，兵分 3 路，向津浦路济南至沧州段及胶济路西段沿线的日伪军进攻：8月17日，解放寿光，19日克临邑，20日攻下高苑、桓台、博兴，21日解放广饶，22日占领阳信、吴桥，23日又克胶济路上的临淄及辛店、淄河等车站，29日克齐东，30日解放惠民。31日拂晓，八路军猛攻邹平，15分钟即突入城内，全歼拒降伪军，生俘1200余人；同日，又解放了青城。至此，第四路大军共歼日伪军7800余人，切断了胶济路中段，从东北方向朝济南城郊挺进，与第一路大军形成钳击济南之势。

随后，第四路大军乘势出击，于9月4日解放济阳，9日解放盐山，10日解放宁津。这时渤海区内大股伪军尚有：伪保安第六旅张子良部盘踞在无棣；伪师长田敬堂等部聚集在商河；伪军成建基等几个"司令"，纠集残余部队，散踞于惠民、滨县、青城、阳信等四县边区。杨国夫决定要先"拉网"扫清"四县边区"的残伪，然后再攻取无棣和商河。

参加"拉网战"的八路军部队在民兵的配合下，于9月10日在"四县边区"构成一个周长80公里的大包围圈，然后逐渐拉紧"网绳"，将残伪压挤到徒骇河畔。紧接着，八路军从四面八方同时发起攻击，伪军除成建基等少数漏网外，大部被围歼，2000余人被生俘。

与此同时，八路军的部分主力、各县独立营和3000多名民兵，已先将无棣城围困起来。无棣城墙高城坚，四野开阔，四关外围有宽25米、深四五米的护城壕，壕内灌满水，插遍竹签。张子良气焰嚣张，自吹无棣是"金汤城池"，攻打不破。八路军已兵临城下，他竟然召人唱大戏。9月12日开始，八路军在城外挖掘了3道总长40多公里的封锁壕，使无棣城守敌成为瓮中之鳖。杨国夫、景晓村命令主力部队于9月16日晚开始攻击。战至17日晚，八路军全歼守敌，击毙张子良，俘敌5400余人，毙伤伪军400余人。

此时，商河城内守敌也已成为另一瓮中之鳖。八路军部队和民兵于9月10日即包围了该城，并围着城外挖掘了周长20公里，深、宽各4米的封锁沟。当无棣解放，八路军主力部队移师商河之时，城内的伪军早已军心慌乱。9月26日，八路军发起总攻，迅速打开了东城门。伪师长田敬堂吓得慌忙率部投降。这一战，又有伪军官兵300余人被击毙，4500余人被生俘。至此，渤海区腹地全获解放。自10月16日至12月31日，渤海军区部队还发动了平原、禹城战役，歼日军大队长以下200余人，伪军近1000人。

第五路大军由前线指挥张光中和政治委员王麓水率领，向津浦路徐州到兖州段及徐州东北地区进攻。8月11日，这一路大军攻进阎村，歼敌2400余人。8月18日，罗荣桓、黎玉电令张光中、王麓水："迅速挺进，夺取徐州。"当日，第五路大军就解放了兖州以南的官庄车站，切断了津浦路。泗水守敌见八路军来势凶猛，慌忙逃往兖州。19日，八路军顺利解放泗水和曲阜，23日，夺下台儿庄，随后，将进攻目标转为峄县。

峄县县城是枣庄煤矿南郊的屏障。守城伪军依仗日军支持，拒绝向八路军投降。9月1日，罗荣桓、黎玉电示张光中、王麓水："你们的作战重点，应放在峄、枣两点。我如能首先夺取峄县，则可造成枣庄完全陷入我紧缩包围中。"在王麓水的指挥下，八路军主力第八师于9月7日23时展开了峄县战役。在夜幕和炮火的掩护下，八路军突击队迅猛越过城墙，从东门、北门等处同时突入城内。北门伪军在八路军的猛烈打击下，首先缴械。于是，八路军迅速向南、向西压缩，攻击伪县政府及城防指挥部。至凌晨2时，八路军即占领全城，全歼守城伪军，俘敌1400余人。

同时，鲁南铁道游击队也大显神通，于9月8日夜在津浦路预设手雷，炸毁日军铁甲车一辆，尾随其后的运兵车也翻车出轨。临城日军铁甲车闻讯来援，又被预设的手雷炸毁。不久，从南面开来的日军一列兵车，因不明情况，同刚翻车的日军互相射击，致使日军死400余，伤300余，毁坦克1辆、车头2个。**10**

罗荣桓的5路大军如5道巨流，不断围城攻坚，席卷山东大地。

晋冀鲁豫军区展开夺城大战

根据中共中央赋予的反攻任务，参加中共第七次全国代表大会后仍在延安的刘伯承、邓小平、滕代远于 8 月 10 日致电晋冀鲁豫各军区，提出抓住时机迅速准备夺取城市：日本可能继续抵抗，亦可能投降，我应迅速准备夺取城市。太行、太岳主力之任务，环绕夺取太原的总任务，主力集于沁源以北地区，协同王长江[11]部主动消灭平遥、介休、孝义地区之阎锡山部，保障晋西北部队夺取太原。冀鲁豫主力之任务，相机夺取开封、新乡、归德 3 座城及沿线的城市，解除该区的日伪军武装，并准备打击北上之蒋军。冀南主力之任务，为相机夺取安阳至元氏之沿平汉线城市，并以一部北上配合晋察冀相机夺取石家庄。还指出，沿津浦线由山东负责，沿正太线由晋察冀负责。所有部队用一切办法夺取敌人仓库；注意纪律绝不可侵害人民；注意统一指挥，避免内部纷争。[12]

随后，晋冀鲁豫各军区进行了周密部署：

太行军区以第二军分区主力相机夺取榆次、太谷，配合晋绥军区夺取太原；以第七、第八军分区主力 8 个团组成道清支队，向道清铁路新乡至博爱段之敌攻击；以 8 个团组成西进部队，由李达率领，向以长治为中心的上党地区进军。西进部队下辖第三、第四支队。第三支队由第十三、第十四、第三十团及山炮连和总部警卫团组成，郑国仲为支队长，秦传厚为政治委员。第四支队由第七六九、第三十一、第三十四团和第十七师的第五十一团组成，马忠全为支队长，赵兰田为政治委员。

太岳军区以主力 5 个团，由谢富治指挥，向平遥、介休地区之敌进攻；以沿同蒲铁路各军分区部队向该线广泛展破击战，攻歼各据点之敌。

冀鲁豫军区除以第一军分区部队配合山东军区夺取济南外，另兵分 3 路：以 13 个团组成中路军（辖 3 个纵队），由宋任穷、杨勇、苏振华指挥，歼灭新乡以东伪第五方面军，相机占领新乡、开封等城；以 3 个团组成南路军，由王秉璋、段君毅率领，协助中路军攻占开封；以 11 个团及地方武装组成北路军（辖 8 个梯队），由王宏坤、彭涛、杜义德指挥，其主力向平汉线安阳至邯郸段以东地区之敌进攻，相机占领安阳、邯郸等城，并分遣一部兵力攻歼德石路沿线之敌。

全区腹地的各个军分区，则组织地方武装与民兵，开展军事、政治攻势，围攻各该区内尚为日伪军占据的城镇，配合主力作战。

各路反攻大军星夜兼程，浩浩荡荡，向敌占城市与交通要道挺进了。

8 月 14 日，太行军区道清支队围攻博爱，向守敌发出通牒。敌凭坚顽抗，拒不投降。16 日晚，该支队在第七军分区司令员张廷发指挥下发起猛烈攻击，一举攻入城内，全歼日军第六独立警备队千岛中队及伪军河南保安第一师第八十三团共 800 余人。接着，19 日又连续攻克辉县，并切断了道清铁路西段。向长治方向进军的西进部队，因国民党军阎锡山部事先抢占上党地区，遂停止西进，转战于沁县和武乡之间地区，歼灭日军独立步兵第十四旅团及伪华北绥靖军第十二集团军各一部，控制了白晋铁路一段。白晋、正太、平汉铁路沿线各军分区部队分别向上述铁路沿线的敌占城镇和据点进攻，8 月 19 日攻占潞城，20 日夺取赞皇县城，21 日占领襄垣、昔阳县城和许多据点，切断了平汉、白晋等铁路线。

同时，太岳军区主力向平遥东南的东泉地区推进。同蒲铁路沿线各军分区部队分别向当面之日伪军进攻，收复据点 50 多处。第五军分区部队于 8 月 13 日攻占运城盐池，歼灭伪军 4 个中队。16 日，攻克夏县，歼灭日军 2 个小队，俘伪军 300 余人。17 日，又攻占平陆县城及其以东之黄河重要渡口——茅津渡等地，歼灭日伪军 700 余人。

冀鲁豫军区中路第一纵队于 19 日包围延津，在伪军拒绝投降后，立即发起攻击，经一夜激战，20 日占领延津县城，全歼守敌 1500 余人。21 日，又攻克阳武县城，切断了新汴铁路。同时，第二纵队攻占了封丘，全歼日军一个小队及伪第五方面军第十一师和伪封丘保安团 2000 余人。第三纵队 21

日进至长垣以南鲁岗地区，将庞炳勋部独立第一师1000余人击溃后，继续向开封东侧逼进。此时，南路军也已进至开封东南之陈留地区，切断了郑州、开封段之陇海铁路。至此，对开封已形成包围之势。在此期间，冀鲁豫腹地广大军民对残留的日伪军亦发动了攻势。第一军分区部队先后攻克了东阿、平阴、肥城、长清等县城，配合山东部队向济南挺进；第八军分区民兵收复鄄城；第九、第十、第十一军分区部队结合民兵先后收复鱼台、沛县，并攻占了陇海路之黄口和李庄车站。北路军的第七、第八两梯队向夏津、清平方向挺进；第一、第二、第三、第四、第五梯队面向平汉线进击，占领了平乡、鸡泽、曲周、广平等城；第六梯队在德石路南北地区展开攻势，先后收复冀县、武邑，21日又围攻景县，全歼守城伪军500余人。同时占领了衡水东之团村车站，切断了德石铁路。

至8月24日，收复了县城28座，攻克据点300余处，切断了晋冀鲁豫区境内的所有铁路线，对开封、新乡、安阳等地之敌形成包围之势。

为适应形势发展的需要，中共中央于8月20日决定撤销中共中央北方局，成立中共中央晋冀鲁豫局，邓小平为书记，薄一波为副书记；并成立晋冀鲁豫军区，刘伯承为司令员，邓小平为政治委员，滕代远、王宏坤为副司令员，薄一波为副政治委员，张际春为副政治委员兼政治部主任，李达为参谋长。同时，恢复冀南军区；中共中央冀鲁豫分局撤销，冀鲁豫、冀南2个区党委直属中共中央晋冀鲁豫局。从此，太行、太岳、冀南、冀鲁豫4个军区均归晋冀鲁豫军区管辖，各军区的领导人也重新作了任命。

晋冀鲁豫军区成立后，根据中共中央的指示，决定以部分兵力威胁开封、新乡等城之敌，迫其集中；以主要兵力夺取中小城市，消灭分散孤立之敌。

据此，太岳军区主力于8月下旬攻克平遥东南之邢村镇和西南的张兰镇等据点，并对同蒲铁路平遥至介休段展开破击。第四军分区部队协同由陕甘宁边区经过该地南下的八路军游击第二、第三支队，于27日攻克济源县城，

29 日占领垣曲县城（今古城）。同时，同蒲铁路沿线各军分区部队在人民武装配合下，也先后扫清灵石、霍县、赵城、洪洞、翼城、绛县等城的外围据点，破坏了平遥至临汾段铁路，造成了阻止临汾、运城等地日军北调的有利态势。

太行军区西进部队于 8 月 27 日攻克武乡新城段村，全歼守敌日军一个小队，伪军一个团大部。随后又挥师南下，9 月 1 日再克襄垣县城。道清支队于 8 月 24 日攻占获嘉县城，月底先后攻克武陟、温县县城，使焦作、沁阳之敌陷入太行军区部队的包围之中。平汉铁路沿线太行各军分区部队，在冀南军区一部配合下，相继攻占平汉铁路两侧据点多处，破坏了元氏至邯郸段铁路。

冀南军区在攻占清平县城后，又集中第四、第六、第七军分区部队各一部，在民兵配合下，于 8 月 31 日攻占临清、尧山两县城。

冀鲁豫军区中路第二纵队，29 日攻克道口（今滑县）、新镇两据点，并围攻滑县。29 日 16 时，向滑县城发起攻击，至 30 日晚，将伪军压缩包围于西南门内一小围子中。为使其孤立无援，第二纵队分兵一部攻克浚县城，但滑县之敌仍凭坚固守。中路军第三纵队回师东进，横扫陇海路北侧地区之残敌。8 月 26 日，攻占长垣以南之留光集，歼伪刘凤桐部 1000 余人，9 月 1 日又攻克长垣县城，歼伪刘凤山 2 个保安大队及日军一个中队大部。南路军回师新黄河以东地区，在地方武装配合下，8 月 26 日攻克通许、杞县两县城，27 日夺取民权县城，并迫使伪第四方面军独立师师长魏凤楼以下 2000 余人投降，郑州和商丘之敌陷入孤立。

虽然此后日本政府签署了投降书，但是被解放区军民包围的日伪军仍继续顽抗，拒绝投降。晋冀鲁豫军区在集中主力反击进占上党地区的国民党军的同时，以冀鲁豫军区和冀南、太行军区各一部继续肃清平汉铁路新乡以北地区之日伪军；以太行、太岳军区另一部攻取焦作、沁阳，扫清道清铁路沿线的日伪军，控制黄河以北广大地区。

晋冀鲁豫区自 8 月 11 日至 9 月 20 日的攻势作战，共歼日伪军 5 万余人，收复县城 59 座，攻克敌据点数百处。不过，歼灭残余伪军的作战任务包括较大的攻坚战斗，仍在继续进行。

晋绥军区南北两线出击

此时，晋绥军区也在贺龙的指挥下，刚刚完成文水战役。

1945 年 8 月 15 日，日本宣布无条件投降后，毛泽东马上交给贺龙一项新任务：统率晋绥部队，占领太原，控制山西和绥蒙。毛泽东说："傅作义、阎锡山都已动作，我们必须尽快行动。"

8 月 16 日清晨，贺龙领受任务后，刚一走出会场就朝着守候在枣园旁的一辆卡车上的警卫人员喊道："韦绍坤，我们胜利了，你高兴不？"

韦绍坤赶紧跳下车来，迎着贺龙说："老总，咋不高兴！我早就想去参加游行了。"

贺龙笑了笑说："蒋介石又在准备打内战了！还得打仗。走，现在就准备出发。"

韦绍坤丈二和尚摸不着头脑，忙问："老总，到哪儿？"

"过黄河！"贺龙挥了挥手。

第二天一早，贺龙就同陕甘宁晋绥联防军参谋长张经武，晋绥分局代理书记、晋绥军区政委林枫和一个精干的指挥班子登车出发了。

路过柳树店时，人们远远就看到抱着儿子在大路口等候的薛明。车停下来，贺龙走到自己的妻子薛明跟前笑着说："好啊，你们娘儿俩也来为我们送行了。"接着，他就抚摸着孩子的小脸说："小家伙，我们要去打仗喽！"忽然，贺龙又想起了什么，伸手到口袋里掏出一把有钢链的小刀，在孩子面前晃了晃说："小家伙，这把小刀送给你玩，快点长大，好去当兵。"

薛明听了也笑了，她叮嘱说："到前方去，要多保重，不用惦记我们。"

贺龙跳上汽车，急忙上路了。

根据中共中央的部署，晋绥军区对日反攻在南、北两线同时展开：南线，以夺取太原为重点；北线，着重于阻止国民党军傅作义部东进，争取攻占归绥。贺龙一行从宋家川渡过黄河以后，便分道而行了。林枫前往兴县，领导全区党、政工作，协调南、北两线行动，并组织干部去东北；贺龙径直奔赴晋中，指挥南线部队攻占太原。晋绥军区司令员吕正操已先期去北线指挥作战。

贺龙骑马向汾阳、文水地区急驰。晋中部队根据他的命令，已从 8 月 15 日开始向拒降的日军发起反攻，逐渐向太原逼近。这些天来，形势发展怎样？阎锡山如何动作？成为贺龙一路上急切想了解的问题。虽然沿途都是他曾经浴血战斗过的土地，很想到这些地方走走，然而，军情急迫，他必须尽快赶到汾阳前线。因此，除了在沿途休息的地方，设法了解情况、解决问题，其他地方无暇顾及，贺龙只得遗憾地策马而过了。

1945 年 8 月 20 日，中共中央决定，晋绥军区从陕甘宁晋绥联防军中分出，辖吕梁、雁山、绥蒙 3 个军区，并以主力 4 个旅组成晋绥野战军，直属中央军委领导。当天，贺龙到达汾阳西北的向阳镇，随即召开干部会议，分析形势，讨论对策。

当时的情况是：在南线，8 月 10 日，日本政府发出乞降照会，阎锡山便马上以其早在晋西南的孝义、隰县一带集结的 9 个师向太原出动。8 月 15 日，阎军先头部队到达太原城郊。阎军一路上占领了汾阳、文水、平遥等县城，所到之处，一律不解除日军武装，反而命令他们向前去受降的八路军"作有效的防卫"。在北线，从 8 月 12 日开始，晋绥军区部队遵照贺龙的命令，分两路从平绥路以北和偏关地区出动，以夺取归绥为目标，向平绥铁路西段拒降的日伪军发起反攻，陆续收复了陶林、武川、毕克齐、旗下营、陶卜旗、清水河、凉城、左云、右玉、和林格尔等地。18 日，北路绥蒙军区部队攻入归绥，守城伪军节节败退。此时，国民党军第十二战区司令长官傅作义指挥第三十五军、暂三军、第六十七军、骑四师等 6 万余人，出河套，分两路"东进受降"，于 8 月 11 日占领包头，18 日从南面进攻归绥。八路军绥蒙军区部队腹背受敌，不得已于当晚撤出归绥。

在这种形势下，原来夺取太原、控制归绥的计划一时已无法实现。贺龙说："太原、归绥我们目前都进不去了，要想出个新的办法来。反正不能让蒋介石这么顺利地把'桃子'摘去！"

1945 年 8 月 22 日，中共中央军委指示：蒋介石利用其合法地位，接受敌军投降。敌伪正将大城市和交通要道交给蒋介石。在此形势下，我军应迅速改变方针，"以相当兵力威胁大城市及要道，使敌伪向大城、要道集中；而以必要兵力着重于夺取小城市及广大乡村"。**13**

贺龙于是迅速调整部署。他决定：在北线，除巩固已解放的陶林、武川、清水河等城以外，要继续夺取绥东、绥南各县城，配合晋察冀部队夺取集宁、丰镇，阻止傅作义部继续东进；在南线，坚决打击阎锡山的进犯，夺取汾阳、文水、交城、孝义、离石、中阳及广大乡村，巩固和扩大解放区，对于太原、大同、归绥等城市则以部分兵力威胁之。

当时，八路军独三旅正进攻仍由日伪军占领的汾阳城，因为计划和侦察不周，未能得手。贺龙当机立断，命令刚由陕甘宁边区赶来的独一旅和晋绥八分区部队攻击文水城。

文水，在太原西南约 80 公里处，是太汾公路上的重要县城，由伪军把守。贺龙亲自部署作战，命令部队从 3 面攻城，留下一面"围而不攻"，以便待适当时机，"赶鱼入网"，聚而歼之。

30 日下午，八路军发起战斗。正当部队向文水城接近时，突然阴云密布，大雨滂沱，部队运动困难。第八军分区向贺龙请示：雨太大，道路泥泞，部队行动困难，可否待大雨过后攻城？

"乱弹琴！"贺龙听后骂了一句，然后斩钉截铁地下令："风雨无阻！"贺龙说："把我这话传达给他们，风大雨狂，敌人一般疏于戒备，正是我们击敌不备的大好时机。要克服困难嘛！"

"风雨无阻！"这铿锵有力的 4 个字传达到部队，成了一道强有力的动员令。战士们栉风沐雨，在泥泞中顽强挺进。第八军分区第二支队隐蔽地越过壕沟，剪断铁丝网，通过布雷区，把云梯靠上城墙，登上了城东北角，并迅速突破前沿向纵深发展；独一旅冒着暴风雨，人拉肩扛把几门炮架到了离城几百米的地方，准确地轰击敌人，支援突击部队。经过一天的激战，敌人一部分被歼灭，大部分投降，余下小股残敌退至城西顽固抵抗。贺龙命令攻城部队从北向东再向南攻击，迫敌西窜。31 日傍晚，残敌果然由西门突围而出，钻进了贺龙布置的口袋，全部被歼。城防司令以下 500 余人被俘。**14**

文水作战后，贺龙继续指挥南、北两线部队向拒降的日伪军展开攻击，先后又收复了平鲁、神池、静乐、离石等城，歼灭日伪军 5000 余人，并且成功地粉碎了国民党军傅作义集团军对绥南的进攻，晋绥解放区进一步得到了巩固和发展。

晋察冀军区反攻大作战

早在 8 月 10 日，正在延安的聂荣臻就致电晋察冀军区：全区部队立即向北平、天津、保定、石门、大同、张家口、唐山、秦皇岛、承德、山海关等城市前进，准备接受日伪军投降。

8 月 12 日，晋察冀军区的大反攻作战正式开始，所属各部队迅速逼近指定的进攻目标。冀察军区第一、第十一军分区部队及冀中军区第十军分区和冀热辽军区第十四军分区部队一部，由冀察军区统一指挥，从东、西、南 3 面向北平逼近。第十四军分区部队一部于 8 月 20 日攻占通县飞机场，另一部攻入顺义县城，经一夜激战，歼灭日伪军 500 余人，而后又掩护民兵破坏了从古北口至通县的铁路。第一、第十一军分区部队主力从西南面向北平攻击前进，推进到长辛店、丰台附近。第十军分区一部进至南苑等地。至此对北平构成了包围态势。

在进军北平的同时，冀中军区集中第八、第九、第十军分区等部队共13个团的兵力，于8月19日夜以天津为主要目标，对北起杨村、南至唐官屯一线的伪军同时发起进攻。与此同时，第六军分区部队向德石铁路进军，第七军分区部队向平汉铁路和保定进军。冀察军区第十二军分区进攻张家口，8月16日至19日，各部队从东、西、南3面扫清张家口市外围，阻断日伪军退路，20日晨，开始攻城。战至23日，八路军占领张家口及万全县城，共歼日伪军2000余人。

在此期间，冀晋军区第二、第三、第四军分区部队，分别占领了行唐、平山等县城，切断了正太铁路和同蒲铁路北段，向太原市逼近。第五军分区部队向大同推进。冀热辽军区8个多团的兵力会同地方干部共1.3万余人，分西、中、东3路向热河、辽宁、吉林等省进军。

晋察冀军区所属各部队经半月余作战，夺取县城29座，切断战区内日伪军控制的铁路交通，日伪军被迫龟缩于北平、天津、保定、石家庄、唐山、太原等孤城。更为重要的是，此时，冀热辽军区的部队已率先进入东北，抢得先机，为后来解放战争中的辽沈战役大决战埋下伏笔。

新四军全军投入总反攻

中共中央早在8月10日就下达了新四军夺取大城市与交通要道的任务：

> 日本无条件投降，无可避免，实现在即，我军在华中立即实行下列部署：
>
> 一、由二师担任夺取蚌埠至浦口之线，四师担任夺取徐州，三师主力即日开动集中津浦线，与二、四师共同担任夺取该线并巩固其

占领。

二、由七师担任夺取芜湖，一、六两师[15]及苏南、苏中担任夺取南京、上海之线，浙东担任夺取沪杭甬之线。

三、以上两项行动，均采取重点主义，集中主力去占领大城市和要点，津浦线至少集中十万到十五万人，沪宁线至少七万人……

四、五师集中全力进占信阳、武汉之线。

……

七、以战胜者的姿态，用军师首长名义，就近令各敌伪军投降，违者即坚决解除其武装。

……[16]

第二天，新四军军部就下令新四军全军投入总反攻，并向华中各地日伪军送去通牒，"一、立即命令所属部队及机关停止一切抵抗，并在原驻地听候处置；二、将一切武器、交通工具、军用器材及所有物资，于二十四小时内全部交与就近之本军部队，不得有任何损坏，亦不得交与本军以外任何方面；三、对中国人民及盟国俘虏不得有任何损害行为；四、即派代表到就近本军部队接洽。在日军遵行上列诸项后，本军即按照优待俘虏条例，予以生命安全之保障……如违反上列任何一项，即视为敌对行为，本军则予以坚决消灭"[17]。

但意在抢夺胜利果实的蒋介石，对华中地区进行了全面部署。8月12日，蒋介石任命伪行政院副院长兼上海市市长周佛海为国民党军事委员会上海行动总队总指挥，负责上海及沪杭一带治安；14日，任命伪第一方面军司令官任援道为南京先遣军司令，负责苏州至南京一带治安；将驻扬州、蚌埠、徐州等地的伪军孙良诚、吴化文、郝鹏举部，收编为国民党先遣军第二、第五、第六路军，命令他们继续抗拒新四军，反共、反人民。蒋介石还命令在苏南、浙江的"忠义救国军"袭扰新四军，阻止新四军受降并进入上海、南京等大城市和交通要道；急调第三战区顾祝同、第十战区李品仙等部向沪宁杭地区、津浦路等交通线和上海、南京、杭州、芜湖、蚌埠、徐州等城市急进，抢占战略要地。

中共中央冷静地观察形势，鉴于华中地区日伪兵力较大，国民党军主力在美军帮助下正源源不断开来，对大、中城市及交通枢纽势在必夺，新四军难以夺取并占领大、中城市。8月12日，中共中央致电华中局，要求立即调整战略方针，将占领大、中城市和交通要道修改为夺取广大乡村和县城，并初步规定了新四军各部队的战斗任务：

（一）江南力量就现地向四周扩展，夺取广大乡村及许多县城，准备内战战场。江南各大城市不作占领打算，除以人民面目活动外，党的组织仍取隐蔽政策。浙东力量仍在原地扩展，内战失利时准备转到浙南。

（二）江南在内战胜利（打几个大胜仗）后就原地继续扩展，长期坚持，此种可能很大。但如在内战中失利，不可能在现地坚持时，应准备开入闽浙赣，创造新局面，此点使少数领导人作精神准备，决不退回江北，或在内战发生后，先派小部开入闽浙赣起钳制作用。

（三）江北力量全部留江北，不再派兵去江南，任务为力争占领津浦路及长江以北、津浦以东、淮河以北一切城市，消灭伪军，准备与李品仙、何柱国作战，并以有力部队配合八路军占领陇海路。**18**

根据中共中央的部署，中央军委明确提出华中局和新四军行动的具体意见：

（一）江南方面立即有计划分路发动进攻，占领吴兴、长兴、宜兴、栗［溧］阳、溧水、郎溪、广德、金坛、句容、高淳诸城镇及太湖西岸各地及浙西敌区各县各地，并立即在以上各地造成一整片的(包括城镇)统一的广大农村局面，造成迎接内战的坚强基础，对京沪沿线苏州、无锡、武进、镇江、丹阳等城可相机占领，不可能时即不要去，如能占领时亦不宜作久住之计，而主（要）的是去占领各县的农村市镇。江南的任务是于占领各城镇后即放手发动群众，扩大部队，武装群众，囤积资财，布置内战战场。顾祝同大军各分路东进京杭沪，通过我区时，不作正面堵截，应让其通过，即截击其侧翼后尾，仍按照自卫原则。

（二）江北方面，应将津浦路以东，长江以北，陇海以南，运河两岸，这一整块地区打成一片，占领所有城市，解放所有地区，打定长期巩固根据地的基础。苏中负责解决孙良诚、李明扬、陈太远等伪顽各部，二师予以协助。二、三、四师主力则迅速出动，巩固占领津浦线，对徐州、蚌埠两点之占领，主要由二、三、四各师负责，八路只能配合，必需各［如］此，才能控制津浦线，贯通华北，取得对付李品仙、何柱国的优势。七师皖南部队，要打通与苏南联系，造成整块农村的连接，七师巢无地区，于敌伪投降，准备就地坚持，不能坚持时可退集二师地区协同作战。**19**

1945年8月13日，毛泽东在延安干部会议上发表长篇演讲，义正词严地斥责了以蒋介石为代表的国民党反动派的一系列反共行为：

……我们解放区的人民和军队，八年来在毫无外援的情况之下，完全靠着自己的努力，解放了广大的国土，抗击了大部的侵华日军和几乎全部的伪军……我们保卫了大后方的二万万人民，同时也就保卫了这位"委员长"，给了他袖手旁观、坐待胜利的时间和地方。时间——八年零一个月，地方——二万万人民所在的地方，这些条件是我们给他的。没有我们，他是旁观不成的。那末，"委员长"是不是感谢我们呢？他不！

此人历来是不知感恩的……

人民得到的权利，绝不允许轻易丧失，必须用战斗来保卫。我们是不要内战的。如果蒋介石一定要强迫中国人民接受内战，为了自卫，为了保卫解放区人民的生命、财产、权利和幸福，我们就只好拿起武器和他作战。这个内战是他强迫我们打的。如果我们打不赢，不怪天也不怪地，只怪自己没有打赢。但是谁要想轻轻易易地把人民已经得到的权利抢去或者骗去，那是办不到的。去年有个美国记者问我："你们办事，是谁给的权力？"我说："人民给的"……

抗战胜利的果实应该属谁？这是很明白的。比如一棵桃树，树上结了桃子，这桃子就是胜利果实。桃子该由谁摘？这要问桃树是谁栽的，谁挑水浇的。蒋介石蹲在山上一担水也不挑，现在他却把手伸得老长老长地要摘桃子。他说，此桃子的所有权属于我蒋介石，我是地主，你们是农奴，我不准你们摘。我们在报上驳了他。我们说，你没有挑过水，所以没有摘桃子的权利。我们解放区的人民天天浇水，最有权利摘的应该是我们……

抗战胜利的果实应该属于人民，这是一个问题；但是，胜利果实究竟落到谁手，能不能归于人民，这是另一个问题。不要以为胜利的果实都靠得住落在人民的手里。一批大桃子，例如上海、南京、杭州等大城市，那是要被蒋介石抢去的……另一批桃子是双方要争夺的。太原以北的同蒲，平绥中段，北宁，郑州以北的平汉，正太，白晋，德石，津浦，胶济，郑州以东的陇海，这些地方的中小城市是必争的，这一批中小桃子都是解放区人民流血流汗灌溉起来的。究竟这些地方能不能落到人民的手里，现在还不能说。现在只能讲两个字：力争。[20]

同日，新华社发表了毛泽东亲自撰写的社论：

中国解放区的抗日军队，在国民党政府毫无接济又不承认的条件下，完全靠自己的努力和人民的拥护，得以独力解放了广大的国土和一万万以上的人民，抗击着侵华敌军百分之五十六和伪军的百分之九十五。要是没有这一个军队，中国绝无今天的局面！实在说，在中国境内，只有解放区抗日军队才有接受敌伪军投降的权利。**21**

形势的发展比国共两党预料得还要快。1945 年 8 月 14 日，日本政府正式通告中、美、英、苏 4 国，宣布接受《波茨坦公告》；15 日，日本宣布无条件投降。

日本宣布无条件投降的当天，朱德总司令致电冈村宁次，敦促他投降：

南京冈村宁次将军：

（一）日本政府已正式接受波茨坦宣言条款宣布投降。

（二）你应下令你所指挥下的一切部队，停止一切军事行动，听候中国解放区八路军、新四军及华南抗日纵队的命令，向我方投降，除被国民党政府的军队所包围的部分外。

（三）关于投降事宜：在华北的日军，应由你命令下村定将军派出代表至八路军阜平地区，接受聂荣臻将军的命令；在华东的日军，应由你直接派出代表至新四军军部所在地天长地区，接受陈毅将军的命令；在鄂豫两省的日军，应由你命令在武汉的代表至新四军第五师大悟山地区，接受李先念将军的命令；在广东的日军，应由你指定在广州的代表至华南抗日纵队东莞地区，接受曾生将军的命令。

（四）所有在华北、华东、华中及华南之日军（被国民党军队包围的日军在外），应暂时保存一切武器、资财，静候我军受降，不得接受八路军、新四军及华南抗日纵队以外之命令。

（五）所有华北、华东之飞机、舰船，应即停留原地；但沿黄海、渤海之中国海岸的舰船，应分别集中于连云港、青岛、威海卫、天津。

（六）一切物资设备，不得破坏。

（七）你及你所指挥的在华北、华东、华中及华南的日军指挥官，对执行上述命令应负绝对的责任。**22**

同日，中共中央以"中国解放区抗日军朱总司令"名义向美、英、苏 3 国送去说帖。说帖首先陈述了中国共产党和中国人民为抗击日本法西斯作出的伟大贡献，表明了代表中国人民的中国共产党的立场，然后向 3 国提出如下声明和要求：

（一）中国国民党政府及其统帅部，在接受日伪投降与缔结受降后的一切协定和条约时，不能代表中国解放区、中国沦陷区广大人民及一切真正抗日的人民武装力量。如协定及条约中，有涉及中国解放区、中国沦陷区一切真正抗日的人民武装力量之处，而又未事先取得我们的同意时，我们将保留自己的发言权。

（二）中国解放区、中国沦陷区一切抗日的人民武装力量，在延安总部指挥之下，有权根据波茨坦宣言条款及同盟国规定之受降办法，接受被我军所包围之日伪军队的投降，收缴其武器、资财，并负责实施同盟国在受降后之一切规定。

（三）中国解放区、中国沦陷区的广大人民及一切抗日的人民武装力量，应有权派遣自己的代表参加同盟国接受敌国的投降和处理敌国投降后的工作。

（四）中国解放区及其一切抗日武装力量应有权选出自己的代表团，参加将来关于处理日本的和平会议及联合国会议。

（五）为减少中国的内战危险，请美利坚合众国政府站在中、美两国人民的共同的利益上，立即停止对于中国国民党政府之租借法案的继续执行。如果国民党政府发动反对中国人民的全国规模的内战（此种内战危险，现已极其严重），请勿予国民党政府以援助。**23**

但是，反动的美国政府完全无视代表中国最广大人民群众利益的中国共产党的正义要求。驻华美军总司令魏德迈在把这个说帖转到华盛顿的同一天，就给麦克阿瑟和尼米兹去电报：

在中国战区内接受大量日本军队的投降，并维护日本占领区目前的法律和秩序的问题，取决于迅速地把中央政府的军队调往各战略地区。

换句话说，蒋介石需要我们帮助他，把他的军队运到日本主要部队准备投降的地区。否则中国共产党人就会收缴日本军队的武器，还会占领日本人所控制的地区。

这是杜鲁门在后来的回忆录中自己坦白的："事情是很清楚地摆在我们面前，假如我们让日本人立即放下他们的武器，并且向海边开去，那么整个中国就会被共产党人拿过去。因此我们就必须以异乎寻常的步骤，利用敌人来做守备队……等到蒋介石的军队一到，日本军队便向他们投降。这种利用日本军队阻止共产党人的方法是国防部和国务院联合决定而经我批准的。"**24**

于是，美国总统杜鲁门任命麦克阿瑟为驻日本占领军司令官，并下令中国战区的日军只能向蒋介石的国民党军投降，不得向中国共产党领导的武装力量投降、缴械。日军侵华总司令冈村宁次在他起草的《和平后对华处理纲要》中，全力支持国民党政权，极端仇视中国共产党："延安方面如有抗日侮日之行为，则应断然予以讨伐"，并表示，要将日军的军事装备"完全彻底地交付中国方面，为充实中央政权的武力做出贡献"。

新四军旌旗所向，捷报频传

日、伪、顽同流合污，狼狈为奸，加剧了八路军、新四军反攻作战的艰巨性和复杂性。

但是，按照中共中央提出的"针锋相对，寸土必争"的战斗口号，新四军各师、各军区根据上级赋予的任务，就地向四周拒不投降的日伪军展开了全面反攻。新四军旌旗所向，捷报频传。

在淮南军区，长期艰苦的革命战争和忘我的工作，损坏了罗炳辉的健康。他患有胃病和高血压症，长期大量便血，有几次竟至生命垂危。日寇投降的消息传来，罗炳辉振奋不已。发动全线反攻的电报发至第二师司令部时，罗炳辉正在病榻上呻吟。但是，他毅然抱病上阵，指挥部队在淮南路东的路曲地区和津浦路南段发起总进攻："我在路东指挥四旅包围滁县，地方武装向就近的敌占城镇进击，谭震林政委在路西指挥五旅和三师第七旅一起进逼蚌埠，六旅向合肥和淮南煤矿进逼。"8月13日，罗炳辉部促成了伪警卫第三师师长钟剑魂在六合县钟家集率部起义。14日，第二师第五旅猛攻蚌埠及其外围据点，是日解放定远县城。16日，第二师解放盱眙、来安两县城。17日，第二师第四旅攻击滁县，同日收复嘉山、三界；第六旅收复朱巷、下塘集车站。20日，罗炳辉亲临前线，指挥解放六合县城，同日解放天长县城。新四军南京支队于8月底渡江南下，攻克龙潭、栖霞等地，兵临南京城下。在短短的10多天里，第二师及淮南军区武装作战200多次，歼灭敢于顽抗的日伪军9000余人，迅速收复了广大地区。解放区人口达330多万人，面积2万多平方公里。

长期在武汉外围艰苦持久作战的新四军第五师，根据中共中央关于"集中主力进占信阳、武汉之线"的要求，以及"应乘机扩大地区，夺取小城市，发动群众准备应付内战"的指示，迅速展开部队反攻。8月11日，李先念下达紧急命令，要求第五师及各军分区（旅）立即行动起来，迅速占领被日伪盘踞的大小城市、交通要道，限令伪军反正、投降，并按指定地区集结待命，否则将予以消灭。日本政府宣布无条件投降后，李先念立即指挥第五师及各军分区部队，开展受降工作。在 10 余天中，他们共受降日伪军数千人，歼灭拒降敌军 3500 余人，缴获大批枪支、弹药和军用物资，攻克大小城镇 12 座。

第七师决定以优势兵力由内线向外线广泛出击，扫清皖江根据地四周的日伪据点，使巢无中心区与沿江、皖南、和含地区连成一片，解放巢县、无为县城，然后夺取芜湖。自 8 月 10 日起，第七师开始向境内日伪军据点发动进攻。至 9 月 2 日止，他们解放了无为县城，攻克了望城岗等 10 个据点，歼灭日伪军 3000 人，收复了巢湖以南、长江以北全部地区和皖南东部的广大地区，打通了与苏浙军区的联系。

在苏浙军区，粟裕命令所属各部队："我们决定尽一切可能，尽一切力量，尽一切办法，力求在半个月到一个月内，分别占领溧阳、溧水、宜兴、金坛、句容、郎溪、广德、高淳、长兴、吴兴、安吉、武康、德清等县城及我根据地内各市镇，肃清日伪与残顽，完成将我苏南一、二分区及浙西打成一片之计划。"**25**

第一纵队及第一军分区武装在纵队司令员王必成率领下，在北起句容、南至长兴间的广大地区内发起猛攻。第二纵队，也称浙东纵队，在司令员何克希、政委谭启龙率领下，向宁波周围、三北地区进攻，并在上海郊区积极活动。第三纵队及第二军分区武装在司令员陶勇、政委阮英平率领下，向宜兴、宣城、郎溪方向进攻。第四纵队在司令员廖政国、政委韦一平率领下，放弃配合上海武装起义的任务，从富春江南岸返回浙西，与浙西地方武装一起，向吴兴、安吉、武康、德清等地进攻。

8 月 13 日至 17 日，攻克镇海、慈溪、余姚 3 县北部地区的日伪据点 30 余处，直抵宁波城下。

8 月 18 日，解放浦东南汇县城和李家桥等日伪据点，逼近上海市郊。

同一天，攻克浙江省的诸暨县三江口和金华县孝顺等日伪据点，歼灭日伪军1900多人。

8月19日，解放江苏省的溧水、溧阳、金坛和浙江省的长兴等县城，俘虏伪军2000多人。

8月23日，解放江苏省的句容、浙江省的安吉县城。

8月24日，攻克江苏省的宜兴县城，全歼由宜兴逃出的日军一个大队。

8月25日，解放安徽省的郎溪县城。

8月28日，解放江苏省的高淳和安徽省的广德县城。

至9月中旬，苏浙军区在当地党政机关和人民群众支援下，经过几十天作战，先后收复了句容、金坛、溧水、溧阳、宜兴、高淳、长兴、安吉、郎溪、广德、南汇共11座县城，攻克重要集镇100余处及广大乡村，共歼日伪军近2万人，解放区总面积扩大到10多万平方公里，使澄锡虞三角地带内无敌影踪，三北、四明纵横几百公里内之日伪军基本被歼，大量公路被控制，基本上完成了毛泽东提出的将南京、太湖、天目山之间的许多县城及广大乡村连成一片，创造苏、浙、皖边纵横几百公里广大根据地的任务。

新四军全军自1945年8月10日起，全线出击，在大江南北，黄海之滨，淮河、运河两岸，太湖、洪泽湖周围，中原大地，宁沪近郊，津浦沿线等广大地区发起全面进攻。至9月2日日本签字投降时，新四军共收复县城33座，攻克大、小集镇400余个，歼灭和迫降日伪军4.15万人，其中俘日军大佐以下70余人、伪军1.76万人。新四军基本上占领了武汉周围和南京、太湖、天目山之间，长江以北苏皖地区的许多县城及广大乡村地区，挫败了蒋介石限制八路军、新四军受降，独吞抗战胜利果实的狂妄企图。

东江纵队第一支队横扫莞太线

此时，华南的"最后一战"也打响了！

东江纵队接到延安总部命令后深受鼓舞，在8月11日即发布命令：

> 我各部队长应立即坚决执行此项命令，动员全体军民，开入附近敌占据点，解除日伪武装，维持治安，镇压土匪特务破坏活动，保护人民生命财产。千金一刻，不得稍有疏忽。**26**

这时，东江纵队领导机关在罗浮山，珠江纵队有一支队伍正经过宝安向北行进，准备向罗浮山集中。在此情况下，中共东（莞）宝（安）县委会在宝太线的燕村召开了紧急会议，决定由周伯明（珠江纵队参谋长）和谭天度（东宝路西行政督导处主任）率珠纵一支部队和路西的常备队等保卫宝安根据地；由黄布（第一支队支队长）和李征（第一支队政治处主任）率东江纵队第一支队向莞太线主动出击，由第一支队郑珠明队袭扰宝（南头）深（圳）线。

莞太线全长70余里，沿线各据点及水乡驻有日伪军及护沙队共2000余人。除水乡外，计东莞城有日伪军数百名，篁村有伪军一个营，翟家村有伪军一个连，赤岭有伪军一个营，厚街有日军一个小队和伪军一个营，太平有日军几百人和伪军一个团，太平附近的官涌坳有伪军一个连，北栅有伪护沙队麦浩大队200人左右。

东江纵队第一支队决定集中优势的兵力，打击敌人最薄弱的一环，拔除突出在该地区的敌据点，威慑据守在虎门要塞的敌人。于是选择了官涌坳的伪军来"祭旗"。官涌坳位于太平东南方10里，是驻太平敌人的"后门"，又是连接宝太线上另一据点北栅的枢纽。坳上有两座小山岗，高约七八十米，地势较陡峭，伪军在山上构筑了鹿砦、铁刺网、堑壕等工事，并在2个山顶上放了一个连哨。

8月12日黄昏，第一支队从大径出发了。当队伍抵达佛子坳的分水岭时，便暂时停止前进。支队部按原定的作战计划区分了兵力，再分头前进：

第三大队即"猛虎"大队由政委何清率领，负责堵击太平方面的敌人援军，并袭击北栅伪军；黄布、李征则带着主力"猛豹"大队继续朝官涌坳疾进。

部队经过数十里的行军后，夜 11 时许，进入了战斗位置。张法兴中队和袁康中队分别担任攻击官涌坳的左、右 2 个山头，12 时许开始接敌。突击队的战士们精神抖擞，把三棱刺刀插上了枪尖，开道前进，爆破手拿着炸药和燃烧瓶，小心而勇猛地跟上。山虽不高，但很陡，难于运动，容易暴露目标，突击手们机敏地利用地形地物，避开敌人哨兵的视野，摸索着登山。

一声巨响，打破了沉寂的夜空！张法兴中队的战士用炸药把敌人的鹿砦炸毁了。紧接着又是一声爆炸，敌人的草棚也着火了，立时火光冲天。接着，袁康中队也接上了火。与此同时，北栅方向响起了枪声，"猛虎"大队在那里也打响了。顿时，各部队的攻击枪声，此呼彼应，狠狠地打击敌人。很快，张法兴中队突入了敌人的阵地。敌人被这突然的袭击打得晕头转向，东撞西倒，纷纷束手就擒。有少数敌军企图顽抗，立即被支队战士刺死于刀尖之下。不到 15 分钟，张法兴中队就解决了战斗。

在右面山岗上，袁康中队仍在猛烈地攻击敌人，指战员们十分勇猛，向敌投掷了一连串的手榴弹。有些手榴弹在敌阵爆炸了，有的从陡坡上滚下来，也有的被敌人扔回来，战士们立即把手榴弹拾起又掷出去。双方的机关枪都在吼叫。在此情况下，中队官兵立即强攻，集中机枪火力，给敌人以加倍的打击，终于把敌人逼回工事里面。战士们乘势冲上山顶，跃入敌阵，开展了一场激烈的白刃战，迅速歼灭敌人。

在战斗过程中，北栅方面的敌人由于受到"猛虎"大队的袭击，一直龟缩在据点里，不敢出来。太平方面的敌伪军，因在夜间，怕受到伏击，也不敢出动，到拂晓时才派出了"援兵"，但已经迟了。

太阳升起来了。红旗在晨风中飞舞。纵队官兵沐浴着灿烂的晨曦，押着几十名俘虏凯旋。这场战斗揭开了路西军民大反攻的序幕。

不久，支队政委兼县委书记古道同志转来东纵领导人曾生、林平、王作尧、杨康华于8月11日向东纵各部发布的紧急命令。看过这一命令后，支队官兵兴奋得跳起来，当即在张家山的草坪上召开军人大会，宣读延安总部朱总司令的命令，当念到"在广东的日军，应由你指定在广州的代表至华南抗日纵队东莞地区，接受曾生将军的命令"时，全场欢声雷动，热烈欢呼："中国共产党万岁！""毛主席万岁！""朱总司令万岁！"欢呼声震荡着张家山的山谷！

随后，黄布、李征率第一支队"猛豹""猛虎"两个大队，继续反攻莞太线。

莞太线是敌人保护珠江航运的屏障，维系东、宝交通的动脉。

8月17日，张法兴中队和莞太线特派员史明率领的部队和民兵攻进了厚街，但日伪军仗着其优势兵力，猛力反扑。支队官兵数次将其击退，向敌人步步紧逼，终于把敌人压缩到几间祠堂里去了。第二天，日伪军力图突围，均被集中的火力封锁，冲不出来。

"猛虎"大队也包围了赤岭，狠狠地揍了赤岭伪军一顿，打得他们不敢越雷池一步，连派出的两名去莞城求援的通信兵都被俘虏了。

另外部分队伍和民兵包围了翟家村，这里是敌人在莞太线最薄弱的一环，敌人深恐面临官涌坳伪军被歼的同样结局，几度企图突围逃窜，都被支队官兵堵住。驻篁村的伪军不停地反扑，力图解翟家村之围，都被赶了回去。

"猛豹"大队则在厚街和赤岭之间相机出击。

敌人的威风是打下去了，包围圈步步紧缩。莞太线这条敌人的动脉，很快被斩断了！

当天夜里，第一支队根据一天来的情况，重新研究了整个战役形势。估计到敌伪军已全线动摇，驻莞太线各点的敌军已无突围的可能。驻东莞城的敌人很可能被迫前来解救被围的敌人。如果不彻底打垮东莞城的敌援兵，被围的敌人是不会投降的。因此，支队决定先打援，然后再回头解决被围困中的敌人。据此，作了新的部署：除厚街、翟家村仍各用一个中队及民兵继续包围展开政治攻势外，赤岭也只留民兵监视；将"猛虎"大队和"猛豹"大队的全部主力集中起来，转到新基附近，准备给东莞城出犯之敌以歼灭性的打击。

新基位于莞太线北段，北距莞城 10 余里，南距翟家村也不远。它的东、南、北面都有山岗，当中则是一片绿油油的稻田，是一个好战场。

8 月 18 日拂晓前，支队的 5 个中队，已按支队部的命令进入了预定的伏击地点：一个中队挡住正面，一个中队潜伏到敌人据点篁村附近；3 个中队作为突攻部队。各队抽出一挺机枪组成了火力群。指挥所设在正面小山上。等了一天，敌军没有出动。

8 月 19 日，继续埋伏。整个上午，战士们都伏守在各自的掩蔽所里，等待敌人的到来。但敌人一直没有露面。有些性子急躁的战士憋不住了，唠叨说："今天白吃了，敌人哪还敢出来！"

中午 12 时许，太阳躲进了云层，天色突然阴沉了下来。就在这个时刻，从东莞城出动的一支日军，带着几门迫击炮，和篁村的一营伪军，沿着公路走过来了。敌人的前卫边走边用强烈火力向公路东侧山头扫射。但埋伏在东山的第一支队指战员们都很沉着，突击队的战士们迅速地装上了雪亮的三棱刺刀，一个个精神抖擞地准备着冲杀。他们都以高度的耐心等待着敌人完全爬进伏击圈，然后狠狠地痛揍他们！

敌人经过一阵火力搜索，没有发现支队官兵的半点踪影，就加快步伐前进了。他们越来越接近支队预定的打击位置，进到距离 30 米、20 米……

"开火！"指挥所下达命令。突然间，机枪齐鸣，猛然撒开了火网。几百名敌人顿时乱成一团，有许多当场死在公路上，有的滚到公路两旁的水沟里。在后面压阵的日军，由于距离较远，惊惶一阵之后，就乱轰迫击炮。这时，天上突然下了一场倾盆大雨，狂风呼啸，雷电交加。枪炮声、风雨声和敌人的嚎叫声混成了一片。

支队官兵向敌人扫射约 10 分钟后，指挥所下达了冲锋令。号兵吹奏着激奋人心的冲锋号，英勇的战士们手持武器，冒着狂风暴雨，像一群猛虎下山，扑向公路。敌人的指挥官惊魂落魄，慌忙组织抵抗，但已无济于事。"猛豹"大队大队长沈标（剑光），奋勇当先，2 名通讯员紧随着他左右勇猛冲杀，一连击毙好几个企图顽抗的敌军。"猛虎"大队的理发员郭德华也冲了出去，同敌人拼刺刀，一口气挑死了几个敌人。在战士们的迎头痛击下，敌人无法抵挡，纷纷倒下了，活着的也赶紧抛掉武器，就地跪着举手求饶。原先滚到水沟里的，则像乌龟似的爬上来举手投降。

但在伪军后面压阵的日军，仍然占据着新基茶亭，用重机枪向支队官兵射击，沈标一面令第一中队中队长麦容留少数人，继续捉拿投降的伪军和收缴武器，一面令部队迅速在公路右侧小村前集中，消灭据守茶亭的日军。正当沈标向部队作简短动员时，日军发来的炮弹，刚好落在他的跟前，他当场负重伤；在他身后的 2 名通讯员和理发员郭德华当场光荣牺牲。

雨渐渐小了。这时，潜伏在篁村方向的祁和中队，已进入敌据点附近，威胁到日军的炮兵阵地。这时，敌炮兵和占领新基茶亭的日军，立刻把重机枪脚架、炮弹等扔下水里，慌慌张张地放了一顿炮，就狼狈地逃回东莞城去了。

就这样，第一支队痛快地歼灭了伪四十五师一个营，并杀伤了一批日军。勇敢果断的"猛豹"大队大队长沈标负了重伤，经抢救无效，壮烈牺牲了。

新基战斗后，第一支队立即写了一封招降书，派 2 名被俘的伪军，往翟家村敌据点送去。不久，翟家村的伪军在碉堡上竖起了白旗，派来代表表示无条件投降。这样，不费半颗枪弹，就解放了翟家村，受降伪军一个连。

第一支队再乘胜扩大战果，准备解决驻厚街的敌人。经过前两天的打击，敌人已非常动摇。日军小队在前两天配合伪军突围失败之后，见势不妙，在当天夜里就背着伪军，悄悄地坐船逃跑了。第二天天明时，伪军见不到半个日军的影子，吓得魂飞魄散，也在晚上从水路狼狈地逃窜了。沦陷 7

年之久的厚街即告解放。

新基歼灭战彻底粉碎了敌伪增援解围的企图，断绝了被围敌人固守待援的一切希望。第一支队全体指战员越战越勇，不顾连日作战的疲劳，又立即投入了新的战斗，把赤岭的伪军一个营紧紧地包围了。随后，支队写了一份通牒，着一名俘虏送往赤岭伪营，命令其无条件投降，并同时充分做好进击的准备。

敌人收到通牒之后，既不投降又不答复，既不打枪也不还击。为向敌人施加更大的压力，第一支队进击部队以小组为单位，白日接近敌人，以单枪特等射手进行狙击。这一行动收到很大效果，据守赤岭山岗工事的敌人，在特等射手的狙击下，都龟缩在里面，不敢露出半点形影。

一天下午，第一支队战士向山岗上敌工事射击，一枪打着了敌工事里的草棚，立即浓烟冲天，烈焰腾空，迸发出几响猛烈爆炸声。一瞬间，草棚化为灰烬，后来才知道，这是打中了敌人放在草棚内的迫击炮药包引起炮弹爆炸。但是敌人仍然没有投降。为了更进一步逼迫敌人投降，入夜后，支队组织逼近作业。何清率祁兴、黎明等队的战士，在叶屋村方村长和群众的协助下，迅速地把作业线推进到赤岭村前，距敌只有几十米，紧缩了包围圈，接着展开了强大的政治攻势，并利用已投降的伪军连长在阵前喊话。

翌日清晨，敌人仍未投降。中午时分，第一支队进驻厚街的工作人员，带了一名商人模样的人到指挥所来。此人身穿黑胶绸衣，约40岁上下，神色紧张，见到支队领导后，赶紧点头哈腰，说："报告长官，我是赤岭驻军的副官，代表敝营营长王铁汉前来接洽投降事宜。贵军包围得太紧了，我们想出来接洽都出不来。"

"你们应该打着白旗出来投降嘛！"支队领导严正地对他说。

他见支队领导态度强硬，又说："敝营王营长提出请求给予几天的时间考虑，这样宽限几天，我们以后好对上司交代。"显然，敌人既怕被歼，又想待援解围。支队领导立即揭破其诡计，严正指出他们卖国殃民的罪行，只有低头认罪，向人民投降，才有出路，否则只有死路一条。

伪副官见钻不到空子，只好低声下气地连声说："是！是！是！我保证把长官的训示，转达给王营长。务请贵军不要立刻进攻，待王营长同各连长商量答复。"

支队领导当即斩钉截铁地说："限令你们于明日12时以前向我投降，绝不拖延。你们应立即派出全权代表前来谈判向我军投降的细则。"

伪副官唯唯诺诺，匆匆地离开了指挥所。

伪副官走后，第一支队便在赤岭叶屋村乡政府设立了一个会场，准备伪军代表前来投降时用。与此同时，他们更加严密地包围，并加强对东莞城方向的警戒，以防止意外。当天晚上8时左右，2名伪连长作为全权代表前来谈判投降。不久，伪军正式决定无条件投降。8月22日拂晓5时许，伪营长王铁汉率领4名连长首先前来投降，其余全部伪军列队于伪营前候命接收，武器即行清点。这次缴获有重机枪2挺、八二迫击炮2门、长短枪135支、投降官兵166名。

就这样，莞太线战役前后共打了10天，连战皆捷，共歼灭伪45师2个营又2个连，杀伤一批日军，解放了莞太沿线多年来深受苦难的人民，震动了莞城、太平和宝安城的敌人，为解放全东莞、宝安地区创造了有利形势。[27]

与此同时，东江纵队还先后收复宝安县城南头，驻南头日军一个班和伪军全部解除武装投降，解放东莞常平和宝太线重要交通据点。驻东莞寮步的日军拒绝投降，被包围歼灭。宝安的西乡、固成伪军2个连投降，西乡、固成被收复。8月20日，解放广九铁路重镇深圳，伪宝安县县长连同第三区区长及县警全部投降。21日，围攻博罗县城，与拒绝投降的日伪军展开激战。22日，包围增城县城，武工队突入城内开展政治攻势，迫使日军投降。23日，收复沙头角。港九大队先后接受500多名日伪军投降，驻大屿山梅窝的日军拒绝投降，港九大队大屿山中队发起攻击，击毙日军10多名，日本宪兵队和伪自卫队被迫投降。海丰田乾12名日军携带6挺机枪投降，并解放了梅陇、赤石门马鬃港。

日本帝国主义投降后，东江纵队命令第七支队投入了解放稔平半岛的战斗。东江纵队第七支队全体指战员接到受降命令后，首先在良井开了一次大规模的庆祝抗战胜利大会，动员广大军民向敌伪进攻。接着，向日伪展开政治攻势，进行劝降并由支队部率主力大队向白花稔山挺进，命令第四大队由南向北解放暗街、平海，然后配合支队主力袭击稔山。

8月12日，第四大队海上中队，首先展开解放三门岛的战斗，歼敌10多人，缴获山炮1门、机枪1挺及其他枪支一批。同日，又解放了平海及铁涌，歼灭伪军一个排。接着又攻打暗街。这里有伪军100多人，武装船6只。第四大队先用山炮打沉伪军武装船一艘，乘胜解放了暗街；然后海陆并进，向稔山开进，占据稔山南郊长排，并以海上队封锁范和港。

最后，攻打稔山。稔山驻有日军一个中队及伪护国军罗华支队200余人，还有伪军陆如钩的一个中队七八十人。日军驻稔山中心小学，伪军罗华支队司令部驻当铺，陆如钩的中队驻其原大队部。第七支队的领导曾源、邓秀芳等经过认真研究，决定政治宣传和军事进攻相结合，先派人向稔山城内的日伪军送传单，劝其迅速投降，同时部署第四大队于长排，赖祥率主力大队于石井、水门寨，吕铁深率自卫大队于海洲，游子敬自卫大队于稔山至平山公路线的白云，从四面包围稔山。9月8日，第七支队主力大队由西北水门寨、石井，第四大队由南面长排发起攻击。经两天激战，敌仍负隅顽抗。10日傍晚，支队在龟洲岛上用山炮向稔山进行炮击，接着各队火力齐开。日军趁黑夜向平山突围逃跑，留下伪军固守。支队官兵用炸药包炸开稔山圩的二道闸门，冲入圩内。伪军一部从海上逃走，被第四大队俘获。至此，稔山解放。这次战斗，毙敌数十名，俘虏罗华及其所部100余人，缴获几挺机枪和几十支步枪，还缴获一批物资。至此稔平半岛（除平政外）全部解放。同时第七支队还在澳头接受了日伪军投降。

后来，延安《解放日报》在《华南抗日游击队的功绩》一文中指出：日本投降后，东江纵队以全力向粤汉线敌伪进击，迫使敌伪投降，先后攻克宝安县城及无数大小村镇，解放了成千万同胞。在抗日战争中，东江纵队活跃于广东的沦陷区，积极打击敌伪，先后建立了东江、韩江、始（兴）、佛（冈）、英（德）、翁（源）曲（江）等广大解放区，总面积约6万平方里、人口大约450万以上。**28**

华南掀起反攻浪潮

中共中央南方局在8月中旬曾指示广东区委：日本帝国主义已经投降，抗日战争即将全面胜利，各级党组织要迅速做好动员工作和组织工作，扩大武装人员，解放中小城市，建立革命政权，接受日本投降。**29**中共广东区委在8月14日发出紧急指示，命令广东各抗日纵队坚决执行朱德总司令的命令，集中主力，动员民兵，向敌伪进行全面反攻，切断交通，包围敌占据点，解除敌伪武装和收缴其物资。同时指出，要广泛进行政治攻势，政治攻势与军事行动密切结合，对蒋介石绝对不应有任何幻想，必须在人民群众中揭破其欺骗阴谋，对蒋介石发动内战的危险，应有必要的精神准备。**30**所以，与此同时，珠江纵队、广东人民抗日解放军和南路人民抗日解放军，也分别向当地之敌伪进攻，收复失地，扩大解放区。

珠江纵队司令林锵云接到朱德总司令的命令和广东区委的指示后，立即召开会议，命令各支队坚决执行命令，进行受降缴械工作，并于8月16日，向日伪军发出最后通牒。命令珠江三角洲的日伪军立即停止战争行动，交出全部武装投降。

在中区的广东人民抗日解放军，密切配合各兄弟部队行动，命令各团跃出山区，开向平原，向敌伪据点全面出击。第二团及独立营，向龟缩在江门、会城的日军发动攻势，散发大量传单，张贴标语、布告，敦促驻粤中的日伪军无条件投降。搜索日伪警探在会城开设的"统一""复庐"两个俱乐部，缴获了几支步枪和一批物资，接着收缴了日军设在江门的2个军需仓库，缴获一批物资。

9月13日，入侵华南的日军在广州中山纪念堂举行投降签字。

琼崖纵队因和中共中央、广东区党委的电报联络尚未恢复，未能及时得到日本投降的消息。8月20日，琼崖特委收到儋县、文昌县委从敌伪内部送出的情报，获悉日军投降的消息报告。8月23日，琼崖纵队挺进支队向毛栈、毛贵进攻，在什统黑击溃顽军保六团的战斗中，缴获了顽军文件，完全证实了日军投降的消息。据此，琼崖特委即召开紧急会议，一致认为：在未得到中共中央和省委的具体指示之前，只能独立地根据海南的实际情况作出初步的判断和应急措施。日本既已宣告无条件投降，我军应立即命令侵琼日伪军向我投降，收复失地，扩大解放区，迅速建立和平民主新秩序。

同时，琼崖特委向各县、各部队发出《关于日本投降的七项紧急任务》的指示，要求琼崖纵队各支队立即挺出外线，凡是琼崖纵队控制及能够控制的地区，坚决命令日伪军缴械投降，收复失地，扩大解放区；各县、区、乡政府，应随军进入城镇，接管政权，彻底摧毁一切伪军政组织，责令伪人员将敌伪产业进行造册登记，所有人员暂时遣返回乡，听候处理；团结各阶层民主爱国人士，包括国民党中的开明人士，实现和平民主政治，建设新琼崖。各部队具体部署为：第一支队在琼山、澄迈县，逼近榆林、三亚；第二支队在昌江、感恩县向八所方向进逼；第三支队由乐会、万宁县向南进逼榆林、三亚港；第四支队进驻王五圩，向和庆、那大逼近。在没有琼崖纵队进驻的地方，由当地民主政府和地方武装，在力所能及的条件下进行受降和接管。

在命令下达一个月的时间内，琼崖纵队先后接管和控制了琼山、文昌、澄迈、临高、儋县、昌江、感恩、崖县等县的100多座圩镇和据点以及大部分乡村。到日本投降时，琼崖解放区扩展到全岛的三分之二，人口已达到100万以上，占全琼人口将近一半。

琼崖纵队坚持孤岛作战，终于取得了抗日战争的最后胜利。部队从 300 多人发展到 7700 多人。据不完全统计，在 8 年的抗战中，琼崖纵队对日伪作战 2200 余次，毙日伪军 3500 余人，伤日伪军 1900 余人，俘日伪军 150 余人，日伪军起义反正 300 余人，缴获轻重机枪 51 挺、掷弹筒 11 具、手提机关枪 16 挺、长短枪 2100 余支。在抗日战争中，琼崖纵队也付了重大代价，共有 5600 余名指战员牺牲。

抗联誓言反攻，化身特种支队进入东北大展身手

与此同时，东北也展开了最后一击。

朱德总司令在 8 月 11 日发布的第二号命令中特别要求："一、原东北军吕正操所部，由山西、绥远现地向察哈尔、热河进发。二、原东北军张学思所部，由河北、察哈尔现地向热河、辽宁进发。三、原东北军万毅所部，由山东、河北现地向辽宁进发。四、现驻河北、热河、辽宁边境之李运昌所部，即日向辽宁、吉林进发。"[31]

东北敌人曾到处张贴一张漫画，画面上，抗日联军站在一棵树上，日军正在下边锯树：树已倾斜，眼看抗日联军就要掉下来。抗联英雄们看到这张漫画都嗤之以鼻，说：我们永远不会掉下来，总有一天，我们要从天上扑下来歼灭你们！事实正如英雄们预言的，8 月 9 日清晨，广播中终于传出了苏联对日宣战的消息：苏军已进入中国东北，正顺利地向腹地挺进。东北抗联教导旅驻地响起了一片欢呼声。抗联指战员欢欣鼓舞，并以临战姿态纷纷要求立刻开赴前线，参加对日寇的最后一战。

8 月 10 日，抗联教导旅在驻地召开了全体指战员反攻东北、配合苏联红军消灭日本关东军的誓师大会。旅长周保中、政治副旅长张寿篯以及金日成、金昌哲、张祥 5 人在大会上先后发言。

周保中在大会上作了题为《配合苏军作战，消灭日本关东军，争取抗日

战争最后胜利》的报告。他在报告中首先向大家指出了世界反法西斯战争胜利在望的大好形势，感谢斯大林大元帅及苏联人民、苏联红军帮助抗联训练和整顿，使抗联全体指战员掌握了参加大规模现代化战争的军事技术和技能，感谢和欢迎苏联政府对日宣战，表示随时准备出发，反攻东北，同苏联红军并肩战斗，解放东北，光复家乡，完成抗日战争的历史使命。

在谈到大反攻后的任务时，他特别强调要迅速恢复与中共中央的联系，要与党领导的八路军、新四军在东北会师。要贯彻党的七大路线，放手发动群众，恢复和发展党的组织，恢复和发展人民的军队，恢复和发展人民民主政权，准备与抢夺抗日战争胜利果实的国民党反动派作长期的斗争。

在谈到与党中央派来的干部和八路军、新四军等兄弟部队之间关系时，周保中指出，要注意服从党中央的领导，尊重中央的干部，听从八路军、新四军领导同志的指挥，不要居功骄傲，不要争权，叫干什么就干什么。即使是分配当马夫，也是革命工作。对于朝鲜工作团的同志，他也提出了希望与鼓励。

副旅长张寿篯在讲话中着重谈了反攻东北后同国民党的斗争问题，阐述了中共关于成立联合政府、建立统一战线的主张。

张祥代表中国抗联战士发言。他在回忆了抗联14年艰苦斗争的历史后说，有多少战友、多少中华民族的好儿女英勇牺牲，我们活着的同志要继续前进，坚决响应党中央、毛主席的号召，反攻东北，光复河山，并且准备同国民党作长期斗争，重新上山打游击，直到最后解放全中国。

参加抗联的朝鲜战士金昌哲代表朝鲜战友发言。他感谢苏联的帮助，感谢周保中的领导，并称周保中是东北人民敬爱的领袖。周保中当即自释说，他不能当东北人民的领袖，东北人民的领导者是中国共产党，中共中央会派人来领导东北地区的革命斗争的。**32**

会后，抗联官兵投入到紧张的反攻准备中。

8月9日，苏军在进攻东北日军的战争开始后，首先派出先遣支队为前导，实施突击。而在包括哈巴罗夫斯克军区在内的远东地区几个边防军区曾抽调人员组成 300 多个特种编外支队，配合先遣支队对日作战。据统计，参加这种特种编外支队的抗联小部队至少有 280 人。

早在 7 月下旬，远东军总指挥部就陆续将特种支队派到各方面军。7 月下旬到 8 月初，至少下列地区已有抗联伞降小部队到达：牡丹江、鹤立、辉南、长白、磐石、蛟河、拉法、海龙、海拉尔、洮南、鲁北、通辽、开鲁、扎赉诺尔、赤峰、长春、满洲里、大索伦等地。

特种支队一般由 4 人组成，其中一名是组长，另有一名报务员（携电台）、2 名组员。2 名组员中有一人背着抗联反攻东北的宣传单、炸药等，另一人背着足够 4 人一周内所需食品。特种支队每人携一支手枪、一支轮盘冲锋枪。也有一些支队多至 20 人，少至 3 人。他们执行不同的任务：一是火力侦察，采取打前枪办法，引诱日军暴露火力，然后向苏军报告，为此牺牲了很多同志。二是交战后插入敌人后方，袭击和扰乱敌人，里应外合，配合苏军正面进攻。三是监视日军动向，为苏军先遣进攻部队指示路线或攻击、轰炸目标。四是在可能的情况下，为苏军先遣进攻部队担任向导。此外，他们还承担了宣传群众、组织地下军就地发动起义等任务。

当时一直担任小部队侦察任务的抗联战士傅玺忱在新中国成立后回忆说：8 月 5 日，他和另外 2 位抗联战士孙长祥、吴竹顺受远东军中校维尼斯科夫派遣，准备空降到牡丹江地区，担任侦察日军工事、兵力、运输、退却情况等任务。夜 11 时 30 分，他们 3 人被送到机场，进行临时跳伞训练，并于 12 时 30 分起飞。过境后雾很大，大约飞了十几分钟，苏联指挥人员就叫他们跳伞。傅玺忱最后降落在林口西北 10 公里的马趟子沟一带。他潜伏在从鸡西到牡丹江的公路一侧，观察敌情。2 天后，他发现公路上大批日军有秩序地往后开，并越来越多。日军以连为单位成方队形行进，每隔一两小时便有一方队通过。又过了几天，公路上出现大批日军的散兵游勇和许多日本妇女、孩子四散逃亡。傅玺忱把这些情况随时报告了苏军指挥部。20 天之后，苏军指示他到林口接受新的任务。

抗联战士李明顺也充满自豪地回忆起当年在先遣支队的战斗经历。8月8日上午，远东军有关部门负责人命令李明顺带报务员姜德、战士赵奎武和孙吉有到牡丹江一带活动，其任务是深入敌后，掌握敌情动态，发动群众，武装群众，配合苏军作战。9日晚9时，该特遣编外支队到达机场，此时机场上停着4架飞机，每架飞机座舱内除几名苏联军官外，大部分都是东北抗联战士，大多彼此相识。9时刚过，4架飞机同时起飞。为避敌炮火，飞机闭灯夜航。到达敌军防御区时，日军高射炮群疯狂射击。大约半小时后，飞机上的抗联人员在苏联军官指挥下开始跳伞。李明顺等4人在海林县拉古南甸子上空降落，队员孙吉有因降落伞未开而牺牲。李明顺率姜德、赵奎武在这一带观察苏军轰炸日军阵地的情形。8月13日，大批日军开始向老黑山方向撤退，李明顺等立即将这一情况报告远东军总指挥部。苏军马上用炮火将日军后撤桥梁炸断。接着，李明顺他们在附近沙虎南沟村发动群众，并全歼一股日军20多人，极大地鼓舞了当地群众，一下子组织起200多人，成立了一支抗日武装，打击来往日军，严惩汉奸、伪警察署恶棍、特务、协和会会长等罪大恶极分子。当地人民扬眉吐气。8月20日，李明顺等接到归队命令，回到牡丹江苏军卫戍区司令部。

据不完全统计，降落在林口、海林、牡丹江、东宁、佳木斯、鹤立地区的这种特种编外支队的抗联人员，如徐雁辉、吕英俊、全文益、王立臣、刘子臣等至少有160人。

除伞降的编外支队外，还有大批抗联部队或抗联战士与苏籍华人联合组成的特种编外支队在陆路先行进入东北。7月下旬，夏礼亭等七八人被派遣到宝清县东北方侦察公路两侧山地日军设防情况，直到苏军对日宣战时，他们在这一带与另一支执行相同任务的编外支队相遇，不久，他们奉命与进攻中的苏军先遣支队取得联系。8月初被派遣到梨树镇北平冈附近执行侦察任务的孙鸣山、尚春和、金希宇特种支队，在战争开始后，为苏军进攻飞机指示攻击目标。随后，他们在这一带通过地方关系策动伪军 4 个连几百人起义，引导苏军向八面通和梨树镇的日军进攻，并打击日军残余，维护地方治安。

在苏军对日开战之初，还有一大批抗联战士为苏军进攻先遣支队担任向导。抗联战士熟悉东北地理状况，以灵活机智、不怕牺牲的精神为苏军的战斗胜利立了头功。抗联战士王乃武、陈忠领、王庆云、孙志远、李海青、李树臣、周玉山等被调到第二方面军先遣支队中担任向导。他们和苏军战士乘水陆两用军车，向富锦、佳木斯、饶河、宝清、勃利、萝北、黑河进军，直冲敌阵。这些在苏军对日作战开始时担任向导的抗联游击队员，有的光荣牺牲，有的在完成任务后于 8 月中旬返回抗联教导旅，有的便留在原地协助苏军工作，配合挺进东北的八路军、新四军开展活动。如王乃武被任命为佳木斯苏军卫戍区副司令，陈忠领被任命为萝北县苏军卫戍区副司令兼萝北县县长。王庆云作为向导，则参加了苏军由饶河向宝清、勃利的进攻作战。

苏联对日宣战后，一直隐蔽在东北各地做地下工作的抗联战士也闻风而动，号召群众，组织武装部队，打击残余的日伪军。1943 年被抗联领导机关派遣回东北穆棱泉眼河潜伏的王亚东、冯淑艳夫妇，在听到苏联对日宣战的消息后，迅速在当地组织了一支 100 余人的队伍，立即行动，打击伪政权，砸开日军仓库，把物资分给当地群众，并伺机在泉眼河一带消灭了一支 300 多人的溃退日军，夺得全部武器弹药，最后同苏军一部和抗联人员会师。原抗联第一路军第三方面军警卫连战士常维轩被派回吉林一带潜伏后，与抗联失去联系。苏军进攻东北后，他立即在老黑山与汪清县之间的金仓村组织农民协会，组建抗日武装，先后组织起 11 个连队计 1100 余人。他们把该武装队伍定名为东北抗日联军第一路军第三方面军独立团，常维轩自任团长，选举孙明山为政委。独立团成立后，维持地方治安，接收、看管日军遗弃的七八座仓库。常维轩发动当地群众和队伍制作了 400 多副担架，沿公路收容受伤劳工 1000 余人，并把 300 多伤病员分散在村内疗养，使这些伤病员很快痊愈。不久，常维轩所部与进攻的苏军取得联系后，配合苏军在金仓村接受日军一个师团万余人的受降活动。受降后，他们用日军的武器把独立团武装起来。后来，这个独立团被编入东北民主联军建制。

在延吉一带执行潜伏任务的朴更芝小部队，在短期内就发展了一批队伍，并立即向日军补给线出击，收缴了大量逃散日军的武器，有力地配合了苏军作战。在北满黑嫩平原一带，由抗联小部队扩大发展起来的队伍也接连出击。在松花江下游和乌苏里江流域坚持游击活动的抗联小部队配合苏军，参加了饶河、宝清、同江、富锦和汤原地区的战斗，领导北满小部队的于天放，越狱逃出后，不久组织北安一带的人民自卫队，打击日寇，并与王明贵、张瑞麒、陈雷、王钧等部队会合。苏军对日开战后，正在执行敌后侦察任务的原抗联第十一军第一师师长李景荫，率领小部队主动出击，积极配合了苏军作战。

尽管抗联官兵在苏军派出的特种支队中大显身手，苏联远东军对抗联教导旅的使用却是十分谨慎的。8月9日清晨苏军对日开战后，抗联如何行动，却没有得到任何命令。据周保中日记记载，苏军对日开战后，远东军对第八十八旅又有了新的动议，曾命令该旅组织几个梯队待命。到了8月11日3时，按指示，抗联教导旅第一梯队各队停止派遣，解散回营，准备全旅由江运行动，这意味着抗联教导旅将由梯队行动转入全旅建制行动。

11日18时，第八十八旅受命移驻江边。第二天，王新林来信称暂停行动，不移动。

同一天，王新林又指示第八十八旅重组第一梯队各队，准备出发。第二天，即8月13日3时，第八十八旅的作战任务又有了新的变化。至8月19日，第八十八旅仍未得到出发命令。周保中旅长带中尉参谋、军械处处长同行赴总司令部，请示该旅今后的行动，由于劳特肯（苏远东军第二方面军军官，抗联反攻东北时任旅政治委员）不在，不得结果而回。

而后，周保中旅长再次到伯力，要求王新林代转给阿巴纳申科总司令请战电报；此后，周再次赴远东第二方面军司令部询问本旅行动问题，"并请帮助以便我亲自赴大本营请示王新林上校"。直到"23日11时，王新林上校来寓所通知本旅行动问题，大本营也已去电第二方面军司令询问具体意见"。

就在抗联任务未定之时，8月下旬，周保中突然接到由远东军司令部转来的斯大林从莫斯科打来的电报："东北是你们中国人民的东北，苏联红军的任务是解放东北，建设东北的任务是你们的使命。"**33**

尽管开战已近17天，抗联官兵急于奔赴前线的愿望仍然没有得到满足，但大家并不感到难过。因为，大家估计解放全东北的战斗要打较长时间，苦战、恶战有得打。然而谁也没有料到，日本政府在8月15日就已宣布投降。听到这个消息，大家既欣喜若狂，又惋惜自己没能亲自参加痛歼日本侵略者的战斗。

实行战略展开，占领东北战略要地

此后，在美蒋配合抢夺抗战胜利果实的情况下，苏联远东军和东北抗联根据实际情况采取了相应的对策。

8月26日，苏联远东军总司令部军事委员希金中将召见抗联教导旅旅长周保中，下达了远东军总司令华西列夫斯基的指示：第八十八旅现有中国人员和苏联人员要分别行动，苏联人员暂时不动。中国人员要随苏军各方面军分别占领东北各个战略要点，并准备接受驻东北各城市苏军卫戍司令的任命。同时，他规定了抗联返回东北后的任务：

一、帮助苏军维持占领地的革命秩序，肃清敌伪残余和一切反革命分子，提高苏军在当地群众中的威信，促进中苏人民友好。

二、利用抗联参加军事管制的合法地位建立党组织，开展群众运动，在主要的占领地以外建立人民武装和根据地。

希金中将还同周保中一起估计到了3种可能发生的情况：第一，中共中央和八路军向东北分布力量，准备迎接党中央和八路军。第二，八路军被新的反动势力暂时隔断，国民党统治东北，准备进行新的长期的游击战争，反对国民党。第三，抗联在东北处于十分不利的情况下，可随同苏军撤退，再回苏联。

抗联教导旅指战员在配合苏军反攻东北时，具有双重身份，他们既是中国东北抗日联军人员，又属于苏军编制，在占领地可以开展各种合法活动。待苏军撤出东北后，他们可以顺理成章地以抗联指战员身份接管城市。这样，既不违反8月14日苏联政府与中国国民党政府签订的《中苏友好同盟条约》的规定，又确保各地区能顺利地回到人民手中，使美蒋合流掠夺人民抗战胜利成果的阴谋归于失败。

根据上述精神，抗联领导人向全体指战员布置了具体行动方案：

第一，抗联指战员在反攻东北后，迅速抢占57个战略要点，即12个大城市和45个中、小城市，以接收东北。

第二，撤销抗联第八十八旅的建制。抗联干部在各战略要点的主要负责人，都以苏军卫戍区司令部副司令的身份出现，给每个抗联指战员都发放苏军军官证书。为保密起见，在军官证书上，都改换姓名，不暴露本人在东北抗联的姓名和身份，以应付各种复杂局面。如周保中改为黄绍元，张寿篯改为李兆麟，崔石泉改为崔庸健。

第三，规定了联络系统、联络工具，规定了人员调动与苏军总指挥部的联络关系，规定了抗联与远东第二方面军司令部及其他2个远东方面军司令部的临时联络方法。

8月27日晚，周保中到远东第二方面军司令普尔卡耶夫大将寓所商谈派遣人员的分配问题。当时抗联共有330人（不包括已派出的特遣编外支队和小部队人员），其中朝鲜战士几十名可作为反攻人员，一些在苏联远东军执行小部队侦察等任务的抗联人员此时自动返回不少，也可参加反攻。其余患病者、孕妇、体弱者和儿童为留守人员，这些人可在适当时机返回中国和朝鲜。

考虑到斗争需要和抗联的实际情况，东北党组织委员会、第八十八特别旅和远东军总司令部共同决定，对一批抗联战士提前提衔晋级，其中中国人晋升40名，朝鲜人晋升17名。同时，鉴于第八十八旅的抗联战士已经过长期革命战争的严峻考验，均已具备了中国共产党党员的条件，中共东北委员会决定，批准在第八十八旅的抗联非党战士，集体加入中国共产党，并规定不经过候补期直接转为中共正式党员。8月28日下午，教导旅召开连以上军官会议，宣布上述决定事项，部署出发准备工作。抗联领导人周保中、李兆麟叮嘱大家要以新的战斗姿态完成抢占和接收东北的伟大任务，号召全体共产党员在接收东北的斗争中，积极贯彻中共七大路线，为建立统一、民主、自由的新中国贡献力量。至此，第八十八特别教导旅番号正式被撤销。

经过一系列的紧张准备，东北抗联指战员在苏联远东军有关方面人员的护送下从伯力分赴中国东北和朝鲜，从此抗联的光荣斗争历史又揭开崭新的一页。

第一批共170人，于9月6日乘飞机分赴哈尔滨、吉林、延吉和朝鲜。其中，李兆麟赴哈尔滨市，王效明赴吉林市，姜信泰（朝鲜族）赴延吉市，金日成赴朝鲜平壤。

第二批共40多人，于9月7日由彭施鲁率队，乘飞机赴佳木斯市。

第三批共102人，于9月8日由周保中率队，分乘4架飞机飞抵长春、沈阳等市。

第四批共30多人，于9月9日由王明贵、范德林、董崇彬率领，乘飞机到达哈尔滨、大连等市。

9月8日下午3时10分，4架满载东北抗联102名指战员的飞机在长春机场降落。在此之前，8月18日，苏军已有500名官兵空降占领长春。8月24日，后贝加尔方面军总司令部和总司令马利诺夫斯基元帅迁入长春原日本关东军司令部旧址。中共东北委员会和周保中迁入大和旅馆，开始了接收、占领长春的工作。这样，长春市既是抗联抢占东北的12个大战略城市之一，又是抗联抢占和接收东北的总指挥部。

抗联部队抢占的东北战略要地共有 12 个中心点，这些中心点是：长春，周保中负责；哈尔滨，李兆麟负责；沈阳，冯仲云负责；吉林，王效明负责；延吉，姜信泰负责；齐齐哈尔，王明贵负责；北安，王钧负责；海伦，张光迪负责；绥化，陈雷负责；佳木斯，彭施鲁负责；牡丹江，金光侠负责；大连，原派去董崇彬等 7 人，后因苏军接管大连，董崇彬等人撤到长春。每个大的战略要地下面又各有若干小战略点，近 50 个。

抗联部队的战略展开，气势如虹，犹如他们曾经唱的《露营之歌》一样：

> 铁岭绝岩，林木丛生，
> 暴雨狂风，荒原水畔战马鸣。
> 围火齐团结，普照满天红，
> 同志们！锐志哪怕松江晚浪生。
> 起来哟！果敢冲锋，
> 逐日寇，复东北，天破晓，
> 光华万丈涌。
> ……
> 荒田遍野，白露横天，
> 野火熊熊，敌垒频惊马不前。
> 草枯金风疾，霜沾火不燃，
> 战士们！热忱踏破兴安万重山。
> 奋斗哟！重任在肩，
> 突封锁，破重围，曙光至，
> 黑暗一扫完。
> ……
> 壮士们，精诚奋发横扫嫩江原。

伟志兮！何能消减，

全民族，各阶级，团结起，

夺回我河山。**34**

在协助苏联红军肃清敌伪残余、维持进驻地区治安秩序和迎接八路军、新四军进军东北的过程中，抗联恢复和发展了党组织，开展了建军、建政等工作。

中共中央东北局曾于1948年1月1日专门作出决定，表彰东北抗日联军的历史功绩，称赞东北抗联"协同苏联红军及八路军、新四军，最后击败日寇，解放了东北，是中国党光荣历史不可分的一部分"。**35**1949年5月14日，毛泽东为中共中央起草了给东北局并告林彪、罗荣桓、谭政、中原局的电报。一番饱含深情的赞誉，出现在他的笔下："抗联干部领导抗联斗争及近年参加东北的斗争是光荣的。此种光荣斗争历史应当受到党的承认和尊重。"**36**

日本在无条件投降书上签字

中国共产党领导下的抗日军民，在辽阔的战场上，以排山倒海之势，向敢于顽抗的日伪军发起猛烈进攻。

1945年9月2日，在停泊于东京湾的美国军舰"密苏里"号上，日本政府全权代表外相重光葵和日军参谋总长梅津美治郎在无条件投降书上签字。投降书全文如下：

我们谨奉日皇、日本政府与其帝国大本营的命令，并代表日皇、日本政府与其帝国大本营，接受美、中、英三国政府元首七月二十六日在波茨坦宣布的，及以后由苏联附署的公告各条款。以下称四大强国为同盟国。

我们兹宣布日本帝国大本营及在日本控制下驻扎各地的日本武装部队，向同盟国无条件投降。

我们兹命令驻扎各地的一切日本武装部队及日本人民，即刻停止战事，保存一切舰艇、飞机、资源、军事及非军事的财产，免受损失，并服从同盟国最高统帅，或在他指导下日本政府各机关所要求的一切需要。

我们兹命令日本帝国大本营，即刻下令日本的一切武装部队及不论驻在何地的日本控制下的武装部队的指挥官，他们自己及他们所率的武装部队，无条件投降。

我们兹命令一切民政的、军事的与海军的官员，服从与实行盟国最高统帅认为实践这一投降所适当的一切宣言、命令与指令，以及盟国最高统帅及在他授权下所颁布的一切宣言、命令与指令，并训令上述一切官员留在他们现有职位，除非由盟国最高统帅或在他授权下特别解除职务者外，继续执行非战斗的职责。

我们兹担承日皇、日本政府及其继承者忠实实行波茨坦公告的各项条文，并颁布盟国最高统帅所需要的任何命令及采取盟国最高统帅所需要的任何行动，或者实行盟国代表为实行波茨坦公告的任何其他指令。

我们兹命令日本帝国政府及日本帝国大本营，即刻解放在日本控制下的一切盟国军事俘虏与被拘禁的公民，并给予他们保卫、照料，维持并供给运抵指定地点的运输工具。

日皇与日本政府统治国家的权力，将服从盟国最高统帅，盟国最高统帅将采取他们认为实行这些投降条款所需要的一切步骤。**37**

1945 年 9 月 9 日，日本侵华军总司令冈村宁次在南京向中国政府递交了投降书。历经 14 年浴血奋战、付出重大民族牺牲的中国人民，终于取得了抗日战争的最后胜利。

10 月 25 日，中国政府在台湾省举行受降仪式。被日本占领 50 年之久的台湾以及澎湖列岛，重归中国主权管辖之下。这成为抗日战争取得完全胜利的重要标志。**38**

中国人民抗日战争是近代以来中国人民反抗外敌入侵第一次取得完全胜利的民族解放斗争，也是世界反法西斯战争的重要组成部分。中国人民抗日战争的胜利，成为中华民族走向复兴的历史转折点，也对世界文明进步具有重大而深远的意义。

日本对中国的侵略，使中华民族蒙受巨大损失。据不完全统计，在整个战争期间，中国军民伤亡 3500 多万人。按 1937 年的比值折算，中国直接经济损失 1000 多亿美元，间接经济损失 5000 多亿美元。

中国人民抗日战争的胜利，不仅是在同盟国的支援下取得的，更是全中国各族人民经过极其艰苦的斗争，付出了极大的代价取得的。中国人民的巨大民族觉醒、空前民族团结和英勇民族抗争，是抗日战争胜利的决定性因素。伟大的抗日战争唤起了全民族的危机意识和使命意识。军队与老百姓相结合，武装斗争与非武装斗争相结合，前方斗争与后方斗争相结合，公开斗争与隐蔽斗争相结合，特别是敌后军民广泛开展的游击战的巧妙战术和作战方法创造了人类战争史上的奇观，使猖獗一时的日本侵略者陷入了人民战争的汪洋大海之中。

中国共产党以自己的政治主张、坚定意志和模范行动，在抗战中发挥了中流砥柱的作用。以毛泽东同志为主要代表的中国共产党人，创立和发展了毛泽东思想这一科学理论，对抗日战争发挥了重要的思想和战略指导作用。中国共产党自九一八事变后就积极倡导、促成、维护抗日民族统一战线，最大限度地动员了全国军民共同抗战，成为凝聚全民族力量的杰出组织者和鼓舞者。中国共产党坚持全面抗战路线，提出和实施持久战的战略总方针和一整套人民战争的战略战术，开辟广大的敌后战场，成为坚持抗战的中坚力量。

在抗日战争中，八路军、新四军和华南抗日游击队对敌作战 12.5 万余次，歼灭日伪军171.4万余人（其中日军52.7万余人），缴获长短枪68万余支、轻重机枪1.1万多挺、各种火炮1800余门，敌后战场逐渐成为中国人民抗日战争的主战场。东北抗日联军等部独立奋战14年，歼灭日伪军20余万人，推动了全国抗日救亡运动，有力地支持和配合了关内抗战。**39** 到抗战结束时，人民军队发展到约132万人，民兵发展到260余万人；中国共产党领导的抗日民主根据地即解放区已有19块，面积达到近100万平方公里，人口近1亿。中国共产党在全国社会政治生活中所占的比重，与抗日战争前相比大大增加。抗日战争的实践表明，中国共产党是领导中国人民争取民族独立和人民解放的坚强核心。正是在抗日战争中，越来越广泛的人民群众了解和认识了中国共产党。

中国人民在抗日战争的壮阔进程中铸就了伟大抗战精神，向世界展示了天下兴亡、匹夫有责的爱国情怀，视死如归、宁死不屈的民族气节，不畏强暴、血战到底的英雄气概，百折不挠、坚忍不拔的必胜信念。伟大抗战精神，是中国人民弥足珍贵的精神财富，将永远激励中国人民克服一切艰难险阻、为实现中华民族伟大复兴而奋斗。**40**

注　释

1.《反法西斯战争文献》，世界知识出版社1955年版，第299页。

2.《苏联对日宣战》，《解放日报》1945年8月9日。

3.《对日寇的最后一战》（1945年8月9日），《毛泽东选集》第三卷，人民出版社1991年版，第1119—1120页。

4.《中共中央关于苏联参战后准备进占城市及交通要道的指示》（1945年8月10日），中国抗日战争军事史料丛书编审委员会编：《新四军·文献》（14），解放军出版社2016年版，第53页。

5. 中共中央文献研究室编，吴殿尧主编：《朱德年谱（新编本）》，中央文献出版社2006年版，第1195—1198页。

6.《蒋中正先生年谱长编》第八册，"国史馆"、中正纪念堂、中正文教基金会2015年版，第140—141、144页。

7. [美] 哈里·杜鲁门：《杜鲁门回忆录》第一卷，李石译，生活·读书·新知三联书店 1974 年版，第 374 页。

8. 《第十八集团军总司令给蒋介石的两个电报》（1945 年 8 月），《毛泽东选集》第四卷，人民出版社 1991 年版，第 1141—1142 页。

9. 《中共中央关于日本投降后我党任务的指示》（1945 年 8 月 11 日），中共中央文献研究室、中央档案馆编：《建党以来重要文献选编（一九二一——一九四九）》第二十二册，中央文献出版社 2011 年版，第 606 页。

10. 黎玉、林浩、景晓时等：《横扫日伪军的最后一战——忆山东战场的大反攻》，中国抗日战争军事史料丛书编审委员会编：《八路军·回忆史料》（7），解放军出版社 2015 年版，第 253—280 页。

11. 王长江，时任八路军晋绥军区第八军分区司令员。

12. 中共中央文献研究室编：《邓小平年谱》第一卷，中央文献出版社 2019 年版，第 556—557 页。

13. 《中共中央、中央军委关于改变战略方针夺取小城市及广大乡村的指示》（1945 年 8 月 22 日），中国抗日战争军事史料丛书编审委员会编：《八路军·文献》（4），解放军出版社 2016 年版，第 252 页。

14. 《贺龙传》，当代中国出版社 1993 年版，第 355—361 页。

15. 一、六两师，指苏浙军区第 1、3、4 纵队。

16. 《中共中央关于夺取大城市与交通要道的部署致华中局电》（1945 年 8 月 10 日），中国抗日战争军事史料丛书编审委员会编：《新四军·文献》（14），解放军出版社 2016 年版，第 55—56 页。

17. 《新四军命令华中日军立即投降的通牒》（1945 年 8 月 11 日），中国抗日战争军事史料丛书编审委员会编：《新四军·文献》（14），解放军出版社 2016 年版，第 62 页。

18. 《中共中央关于华中我军的战略部署给华中局的指示》（1945 年 8 月 12 日），中共中央文献研究室、中央档案馆编：《建党以来重要文献选编（一九二一——一九四九）》第二十二册，中央文献出版社 2011 年版，第 610 页。

19. 《军委关于执行中央坚持江南斗争方针的具体部署给华中局的指示》（1945 年 8 月 12 日），中央档案馆编：《中共中央文件选集》第十五册，中共中央党校出版社 1991 年版，第 236—237 页。

20. 《抗日战争胜利后的时局和我们的方针》（1945 年 8 月 13 日），《毛泽东选集》第四卷，人民出版社 1991 年版，第 1124—1129 页。

21. 《蒋介石在挑动内战》（1945 年 8 月 13 日），《毛泽东选集》第四卷，人民出版社 1991 年版，第 1139 页。

22. 《朱总司令命令冈村宁次投降》，《解放日报》1945 年 8 月 16 日。

23. 《中国解放区抗日军朱德总司令致美英苏三国说帖》（1945 年 8 月 15 日），中共中央文献研究室、中央档案馆编:《建党以来重要文献选编（一九二一———一九四九）》第二十二册,中央文献出版社 2011 年版,第 633—634 页。

24.［美］哈里・杜鲁门:《杜鲁门回忆录》第一卷,李石译,生活・读书・新知三联书店 1974 年版,第 387 页。

25.《对日大举反攻,准备应付内战》（1945 年 8 月 19 日、24 日）,《粟裕军事文集》,解放军出版社 1989 年版,第 230 页。

26.《东江纵队关于动员全体军民解除日伪武装的紧急命令》（1945 年 8 月 11 日）,中国抗日战争军事史料丛书编审委员会编:《华南人民抗日游击队・文献》（3）,解放军出版社 2015 年版,第 275 页。

27.黄布、李征:《横扫莞太线》,中国抗日战争军事史料丛书编审委员会编:《华南人民抗日游击队・回忆史料》（1）,解放军出版社 2015 年版,第 231—239 页。

28.《华南抗日游击队的功绩》,《解放日报》1946 年 2 月 13 日。

29.南方局党史资料征集小组编:《南方局党史资料・大事记》,重庆出版社 1986 年版,第 295 页。

30.《中共广东区委关于目前时局的紧急指示》（1945 年 8 月 14 日）,中国抗日战争军事史料丛书编审委员会编:《华南人民抗日游击队・文献》（3）,解放军出版社 2015 年版,第 276 页。

31.中共中央文献研究室编:《朱德年谱》,人民出版社 1986 年版,第 274 页。

32.于保合:《风雪松山客》,辽宁人民出版社 1998 年版,第 117 页。

33.赵素芬:《周保中将军传》,解放军出版社 1988 年版,第 475 页。

34.《东北抗联:绝地战歌》,中共党史出版社 2012 年版,第 52 页。

35.《中共中央东北局关于前东北地下党组织之党员与抗联干部的决定》（1948 年 1 月 1 日）,中国抗日战争军事史料丛书编审委员会编:《东北抗日联军・文献》（3）,解放军出版社 2015 年版,第 358 页。

36.中共中央文献研究室编:《毛泽东年谱（1893—1949）（修订本）》下卷,中央文献出版社 2013 年版,第 502 页。

37.《中国近代对外关系史资料选辑》下卷第二分册,上海人民出版社 1977 年版,第 286—287 页。

38.中共中央党史和文献研究院:《中国共产党的一百年》第一册,中共党史出版社 2022 年版,第 258 页。

39.《东北抗日联军史》编写组:《东北抗日联军史》下册,中共党史出版社 2015 年版,第 1045 页。

40.中共中央党史和文献研究院:《中国共产党的一百年》第一册,中共党史出版社 2022 年版,第 258—262 页。

参考文献

1. 中央档案馆编：《中共中央文件选集（1941—1944）》，中共中央党校出版社 1992 年版。

2. 中共中央文献研究室、中央档案馆编：《建党以来重要文献选编（一九二一——一九四九）》，中央文献出版社 2011 年版。

3. 中共中央党史研究室、中央档案馆编：《中国共产党第七次全国代表大会档案文献选编》（1），中共党史出版社 2022 年版。

4.《中共中央北方局：抗日战争时期卷》（下），中共党史出版社 1999 年版。

5. 南方局党史资料征集小组编：《南方局党史资料·军事工作》，重庆出版社 1990 年版。

6. 中国抗日战争军事史料丛书编审委员会编：《八路军·文献》，解放军出版社 2016 年版。

7. 中国抗日战争军事史料丛书编审委员会编：《新四军·文献》，解放军出版社 2016 年版。

8. 中国抗日战争军事史料丛书编审委员会编：《八路军·参考资料》，解放军出版社 2015 年版。

9. 中国抗日战争军事史料丛书编审委员会编：《新四军·参考资料》，解放军出版社 2015 年版。

10. 中国抗日战争军事史料丛书编审委员会编：《八路军·回忆史料》，解放军出版社 2015 年版。

11. 中国抗日战争军事史料丛书编审委员会编：《新四军·回忆史料》，解放军出版社 2015 年版。

12. 中国抗日战争军事史料丛书编审委员会编：《华南人民抗日游击队·文献》，解放军出版社 2015 年版。

13. 中国抗日战争军事史料丛书编审委员会编：《华南人民抗日游击队·回忆史料》，解放军出版社 2015 年版。

14. 中国抗日战争军事史料丛书编审委员会编：《东北抗日联军·文献》，解放军出版社 2015 年版。

15. 中国抗日战争军事史料丛书编审委员会编：《东北抗日联军·回忆史料》，解放军出版社 2015 年版。

16. 中国抗日战争军事史料丛书编审委员会编：《八路军·大事记》，解放军出版社 2015 年版。

17. 中国人民解放军历史资料丛书编审委员会编：《华南抗日游击队》（上），军事科学出版社 2008 年版。

18.《东北抗日联军史料》，中共党史资料出版社 1987 年版。

19. 中国人民解放军历史资料丛书编审委员会编：《东北抗日联军·大事记·回忆史料·参考资料》，白山出版社 2011 年版。

20. 中央档案馆、中国第二历史档案馆、吉林省社会科学院合编：《日本帝国主义侵华档案资料选编——东北历次大惨案》，中华书局 2020 年版。

21. 第十八集团军总政治部宣传部编：《抗战八年来的八路军与新四军》，1945 年版。

22. 中共浙江省委党史资料征集研究委员会、浙江省档案馆编：《浙东抗日根据地》，中共党史资料出版社 1987 年版。

23. 中共浙江省委党史研究室、中共湖州市委等编：《浙西抗日根据地》，浙江人民出版社 1992 年版。

24. 宁波市新四军暨华中敌后抗日根据地研究会编：《反顽自卫坚持抗日》，中共党史出版社 2001 年版。

25. 中共山东省委党史研究室编，常连霆主编：《山东党的革命历史文献选编（一九二〇——一九四九）》，山东人民出版社2015年版。

26. 中央档案馆、广东省档案馆编：《广东革命历史文件汇集（1941—1945)》，1987年版。

27. 中央档案馆、辽宁省档案馆、吉林省档案馆、黑龙江省档案馆编：《东北地区革命历史文件汇集》甲43，哈尔滨呼兰印刷厂1990年版。

28. 中央档案馆、辽宁省档案馆、吉林省档案馆、黑龙江省档案馆编：《东北地区革命历史文件汇集》甲63，吉林省白城市造纸厂印刷厂1991年版。

29. 中共广东省委党史资料征集委员会、中共广东省海南行政区委员会党史办公室编：《琼崖抗日斗争史料选编》，广东省海南新华印刷厂1986年版。

30. 中共遂溪县委党史办公室编：《纪念抗战胜利四十周年专辑（1945—1985）遂溪党史资料》，遂溪县人民印刷厂1985年版。

31. 《抗日战争时期一二〇师及晋绥军区资料选编》，作战类第3册，解放军档案馆复印件。

32. 《访问张凤岐同志记录》（1985年3月15日），中共黑龙江省委党史研究室存。

33. 《伪三江省警务厅关于射杀前东北抗日联军总指挥赵尚志向治安部警务司长谷口明山的报告》（1942年2月19日），黑龙江省档案馆藏。

34. 蓬莱县政协文史委员会：《蓬莱文史资料》，山东省蓬莱印刷厂1987年版。

35. 中国人民政治协商会议河南省濮阳市委员会文史资料研究委员会编：《濮阳文史资料》，河南省滑县印刷厂1987年版。

36. 中共潍坊市委党史资料征集研究委员会编：《潍原战火》，山东人民出版社1987年版。

37. 董谦：《没有人民的世界——围困沁源通讯》，人民出版社1979年版。

38. 《反法西斯战争文献》，世界知识出版社1955年版。

39.《毛泽东选集》，人民出版社 1991 年版。

40.《毛泽东军事文集》，军事科学出版社、中央文献出版社 1993 年版。

41. 中共中央文献研究室编：《毛泽东在七大的报告和讲话集（1945 年 4 月—6 月）》，中央文献出版社 1995 年版。

42.《周恩来军事文选》，人民出版社 1997 年版。

43.《周恩来书信选集》，中央文献出版社 1988 年版。

44.《彭德怀军事文选》，中央文献出版社 1988 年版。

45.《粟裕军事文集》，解放军出版社 1989 年版。

46.《李先念文选》，人民出版社 1989 年版。

47.《周保中文选》，解放军出版社 2015 年版。

48. 林颖编：《彭雪枫家书》，文物出版社 1984 年版。

49. 中国新四军和华中抗日根据地研究会编：《铁军战歌——新四军和华中抗日根据地诗词集》，江苏人民出版社 2017 年版。

50.《神剑之歌——张爱萍诗词、书法、摄影选集》，人民美术出版社 1991 年版。

51. 周保中：《东北抗日游击日记》，人民出版社 1991 年版。

52.《周佛海日记全编》，中国文联出版社 2003 年版。

53. 中共中央文献研究室编：《毛泽东年谱（1893—1949）（修订本）》，中央文献出版社 2013 年版。

54. 中共中央文献研究室编：《朱德年谱》，人民出版社 1986 年版。

55. 黄瑶主编：《罗荣桓年谱》，人民出版社 2002 年版。

56. 中共中央文献研究室编：《邓小平年谱》，中央文献出版社 2019 年版。

57.《蒋中正先生年谱长编》，"国史馆"、中正纪念堂、中正文教基金会 2015 年版。

58.《中共东北地方党史资料访问录选编·周保中同志专辑》，黑龙江社会科学院地方党史研究所 1980 年版。

59.《粟裕回忆录》，解放军出版社2007年版。

60.《粟裕战争回忆录》，解放军出版社1988年版。

61.《一代战将——回忆王近山》，军事科学出版社1992年版。

62.潘焱：《十五个春秋》，红旗出版社1996年版。

63.谢振华、张铚秀、范金标：《征程曲——我们的战斗回忆录》，军事科学出版社1987年版。

64.《张震回忆录》，解放军出版社2003年版。

65.王媛媛：《司令爸爸，司机爸爸》，解放军文艺出版社2010年版。

66.张才千：《留守陇东》，甘肃人民出版社1984年版。

67.王首道：《忆南征（修订本）》，人民出版社1981年版。

68.《王首道回忆录》，解放军出版社1988年版。

69.南京军区政治部编研室编：《征战在江淮河汉之间——新四军将士抗战回忆录选编》，解放军出版社2005年版。

70.《刘震回忆录》，解放军出版社1990年版。

71.《风雪征程——东北抗日联军战士李敏回忆录（1924—1949)》，黑龙江人民出版社2012年版。

72.曹里怀：《难忘的回忆》，蓝天出版社1993年版。

73.张瑞麟回忆，张静整理：《在漫漫长夜中——张瑞麟回忆录》，黑龙江人民出版社1985年版。

74.于保合：《风雪松山客》，辽宁人民出版社1998年版。

75.谢立全：《挺进粤中（革命回忆录)》，广东人民出版社1980年版。

76.海南军区党史办编：《琼岛怒潮》，解放军出版社1987年版。

77.《晋察冀抗日根据地》第三册(大事记)，中共党史资料出版社1991年版。

78.南方局党史资料征集小组编：《南方局党史资料·大事记》，重庆出版社1986年版。

79.《罗荣桓传》，当代中国出版社2021年版。

80.《贺龙传》，当代中国出版社1993年版。

81.《粟裕传》，当代中国出版社2007年版。

82.《王震传》，当代中国出版社1999年版。

83.《彭雪枫传》，当代中国出版社2004年版。

84.《王树声传》，当代中国出版社2003年版。

85.崔向华、陈大鹏：《陶勇将军传》，解放军出版社1989年版。

86.赵素芬：《周保中将军传》，解放军出版社1988年版。

87.中共海南省委党史研究室：《冯白驹将军传》，中共党史出版社1998年版。

88.日本防卫厅战史室编：《华北治安战》，天津市政协编译组译，天津人民出版社1982年版。

89.复旦大学历史系编译：《1931—1945日本帝国主义对外侵略史料选编》，上海人民出版社1983年版。

90.日本防卫厅防卫研究所战史室：《中华民国史资料丛稿（译稿）：1号作战之一·河南会战》，天津市政协编译委员会译，中华书局1982年版。

91.中共河南省委党史资料征编委员会编：《功垂祖国：纪念彭雪枫同志牺牲四十周年专辑》，河南人民出版社1986年版。

92.《东北抗联：绝地战歌》，中共党史出版社2012年版。

93.《东江纵队志》，解放军出版社2015年版。

94.《枫陵流丹》，宁夏人民出版社1993年版。

95.中共中央党史和文献研究院：《中国共产党的一百年》，中共党史出版社2022年版。

96.沙东迅编著：《广东抗日战争纪事》，广州出版社2004年版。

97.《湛江通史》编委会编：《湛江通史》中卷，广东人民出版社2021年版。

98.中共湛江市委党史研究室编，黄觉新主编：《湛江英烈》，中国人民解放军第四二三二工厂2000年。

99. 中共防城港市委党史研究室编：《中共广西地方历史专题研究·防城港市卷》，广西人民出版社 2001 年版。

100. 中共湛江市委党史研究室编：《南路人民抗日解放军史》，广东人民出版社 1995 年版。

101. 中共汕头市委党史研究室、中共梅州市委党史研究室编著：《韩江纵队史》，广东人民出版社 1995 年版。

102. 朱姝璇、岳思平编著：《东北抗日联军史》，解放军出版社 2014 年版。

103. 《东北抗日联军史》编写组：《东北抗日联军史》，中共党史出版社 2015 年版。

104. 高树桥：《东北抗日联军后期斗争史》，白山出版社 1993 年版。

105. 冯仲云：《东北抗日联军十四年苦斗简史》，中央文献出版社 2008 年版。

106. 广东省人民武装斗争史编纂委员会编：《广东人民武装斗争史》，广东人民出版社 1994 年版。

107. [美] 哈里森·福尔曼：《北行漫记》，陶岱译，解放军文艺出版社 2002 年版。

108. [美] 约瑟夫·W. 史迪威等：《中华民国史资料丛稿（译稿）》第二辑《史迪威资料》，瞿同祖编译，中华书局 1978 年版。

109. [苏] 弗诺特钦科：《远东的胜利》，沈军清译，辽宁人民出版社 1979 年版。

110. [美] 哈里·杜鲁门：《杜鲁门回忆录》，李石译，生活·读书·新知三联书店 1974 年版。

111. 《解放日报》1943 年—1946 年。

112. 《晋察冀日报》1945 年。

113. 《拂晓报》1944 年。

114. 《新华日报》1945 年。

总 策 划：蒋茂凝
策划编辑：曹 春
责任编辑：曹 春
封面题字：李向东
装帧设计：汪 莹

图书在版编目（CIP）数据

抗日战争．反攻凯歌：1943 年 6 月—1945 年 9 月 ／
《人民军队征战丛书》编写委员会编 ；张陈，方华玲编著．
北京 ：人民出版社，2025．8． -- （人民军队征战丛书）．
ISBN 978 - 7 - 01 - 027511 - 6

I．K265.06

中国国家版本馆 CIP 数据核字第 20253BW833 号

抗日战争 反攻凯歌

KANGRIZHANZHENG FANGONG KAIGE

1943 年 6 月—1945 年 9 月

《人民军队征战丛书》编写委员会 编

张 陈 方华玲 编著

人 民 出 版 社 出版发行

（100706 北京市东城区隆福寺街 99 号）

北京汇林印务有限公司印刷 新华书店经销

2025 年 8 月第 1 版 2025 年 8 月北京第 1 次印刷
开本：710 毫米 ×1000 毫米 1/16 印张：31
字数：425 千字

ISBN 978 - 7 - 01 - 027511 - 6 定价：118.00 元

邮购地址 100706 北京市东城区隆福寺街 99 号
人民东方图书销售中心 电话（010）65250042 65289539